HISTOIRE

DE LA RÉUNION

DE LA LORRAINE

A LA FRANCE

AVEC NOTES, PIÈCES JUSTIFICATIVES ET DOCUMENTS HISTORIQUES
ENTIÈREMENT INÉDITS

PAR

M. LE COMTE D'HAUSSONVILLE

TOME QUATRIÈME

PARIS

MICHEL LÉVY FRÈRES, ÉDITEURS

RUE VIVIENNE, 2 BIS

1859

L'auteur et les éditeurs se réservent le droit de reproduction
et de traduction à l'étranger.

HISTOIRE

DE LA RÉUNION

DE LA LORRAINE

A LA FRANCE

PARIS. — IMPRIMERIE DE J. CLAYE
RUE SAINT-BENOIT, 7

Ce dernier volume n'a pas paru aussi tôt que nous l'avions d'abord espéré. Quelques amis lorrains ayant bien voulu insister pour que nous comprenions dans notre récit le règne entier de Stanislas, il a fallu nous livrer à de nouvelles recherches qui peut-être expliqueront suffisamment ce retard.

Arrivé au terme d'une tâche qui nous a coûté dix années de patiente étude et de consciencieuses investigations, qu'il nous soit permis de témoigner toute notre reconnaissance à ceux dont l'aimable indulgence et le bienveillant concours ont tant servi à seconder nos efforts.

Paris, 15 janvier 1859.

HISTOIRE

DE

LA RÉUNION DE LA LORRAINE

A LA FRANCE

CHAPITRE XXXIII

Situation de la Lorraine à la mort de Charles V.— État des esprits. — La domination française devient de plus en plus impopulaire. — Gouvernement intérieur de Louis XIV. — Souffrances des provinces françaises. — Ces souffrances sont plus vives en Lorraine qu'ailleurs: — La Lorraine traitée en pays conquis. — L'opinion publique change en France et au dehors sur le compte de Louis XIV. — Mme de Maintenon. — Ses commencements. — Son caractère. — Son influence. — Son mariage avec Louis XIV.— Révocation de l'édit de Nantes. — Ses effets en France et en Lorraine. — Campagne du roi en 1693. — Il quitte l'armée de Flandre, pour revenir à Versailles. — Détails à ce sujet. — Effet produit par ce brusque retour. — La réputation du roi en est atteinte à l'étranger, et particulièrement en Lorraine.

La mort de Charles V (avril 1690) jeta par toute la Lorraine une profonde consternation. Les Lorrains n'avaient pas appris sans émotion l'échec récent des armées françaises en Allemagne. Ils s'étaient réjouis des succès du chef des troupes impériales. La prise de Bonn et de Mayence avait surtout contribué à enflammer les esprits et réveillé partout l'espoir d'une prochaine délivrance. Voyant le duc de Lorraine déjà parvenu sur les bords du Rhin, nul n'avait douté, parmi ses anciens sujets, qu'il ne voulût passer le fleuve au printemps, afin de tenter la conquête de ses États. A Nancy et dans les villes occupées par les garnisons françaises, les bourgeois s'étaient mystérieusement assemblés pour se communiquer leur joie commune et leur secrète attente. Au sein des campagnes, l'agitation n'avait pas été moins vive, et s'était plus ostensiblement produite. Les gentilshommes, que la méfiance des agents de Louis XIV avait relégués dans leurs châteaux à demi rasés, s'étaient presque tous armés à la hâte. Ils avaient appelé à la révolte les paysans de leurs domaines, pauvres et ruinés comme eux par les exactions des Français ; mais, comme eux aussi, demeurés invariablement fidèles à leur souverain dépossédé. C'était au plus fort de cette fermentation, et juste au moment où la guerre de partisans allait éclater dans les montagnes des Vosges, que la fin prématurée de Charles V était venue dissiper tout à coup ces rêves patriotiques. Privés du prince excellent qu'ils chérissaient depuis son enfance, les Lorrains regrettèrent surtout en lui le représentant le plus glorieux de leur nationalité détruite et le vengeur longtemps attendu de leur indépendance opprimée. Sa mort leur sembla d'autant plus cruelle, qu'elle les livrait sans défense au joug de Louis XIV; et jamais ce joug n'avait été aussi pesant et plus détesté.

Vingt années s'étaient écoulées depuis le jour où, sur un signe de son maître (août 1670), et par une incroyable violation du droit des gens, le maréchal de Créqui s'était, en pleine paix, emparé de Nancy et de toute la Lorraine. Pendant ces vingt années la réputation de Louis XIV n'avait fait que grandir en Europe. Aussi heureux qu'habile, il n'avait pas cessé de triompher en diplomatie comme en guerre. Toutes ses entreprises avaient réussi. Vaincus tour à tour, les cabinets étrangers avaient dû céder aux impérieuses volontés du monarque français et reconnaître son incontestable supériorité. S'il fallait donc, pour juger de l'état d'un royaume, ne considérer que sa puissance extérieure, que la force de ses armées et les magnificences de sa cour, la France aurait alors touché, sous ce règne justement fameux, à l'apogée de sa fortune, et les années qui s'écoulèrent entre la rupture de la paix de Nimègue et la conclusion du traité de Ryswik, auraient marqué pour notre pays une ère exceptionnelle de grandeur et de prospérité. Jamais, en effet, Louis XIV n'avait tenu sur pied des troupes plus nombreuses. Jamais il ne s'était environné de plus de faste. L'âge n'avait encore diminué ni son ambition ni son activité. Parvenu au delà de sa cinquantième année, il n'avait rien perdu de la confiante fierté de la jeunesse; il avait conservé les mêmes goûts dispendieux et les mêmes besoins de luxe et de représentation. Soit qu'il quittât la capitale, tantôt pour mettre le siége devant quelque place ennemie, et tantôt pour visiter ses récentes conquêtes; soit que, rendu à de plus paisibles occupations, il s'amusât à embellir les royales résidences que lui avaient léguées ses ancêtres, ou qu'il se plût à créer à grands frais de plus somptueuses demeures, il n'avait pas discontinué de traîner après lui un cortége de plus en plus magnifique, et de prodiguer à son entourage de nobles seigneurs et de dames élégantes des fêtes chaque année plus brillantes et des divertissements chaque jour plus coûteux.

C'est précisément cet appareil de forces toujours croissantes et de magnificences redoublées qui, après avoir trompé les auteurs de la plupart des mémoires contemporains, a, de nos jours, induit en erreur plus d'un historien. Les yeux exclusivement fixés sur le cercle privilégié où le grand roi s'enfermait tous les ans davantage, et, à force de s'y complaire, oubliant volontiers le reste de la France, les uns semblent en être venus à se persuader, avec le marquis de Dangeau, que le soleil ne se levait alors chaque matin à Paris, que pour se coucher le soir à Versailles. Dans toute la France, ils n'aperçoivent, de parti pris, que cette société éblouissante qui remplissait l'Europe entière d'admiration par les exploits de ses généraux, par l'habileté de ses diplomates, par le talent de ses écrivains, par les grâces exquises de tant de courtisans spirituels et de tant de femmes séduisantes. Sensibles avant tout à la gloire militaire, et portant de préférence leurs regards vers les frontières, les autres ne se soucient que de triomphes et de conquêtes. Ils sont uniquement frappés du courage déployé dans les camps par ces vaillantes troupes qui, en Flandre, faisaient tête aux Hollandais, bravaient les Impériaux de l'autre côté du Rhin, triomphaient des Espagnols sur les versants des Alpes et des Pyrénées, et savaient en même temps maintenir, contre les Anglais, l'honneur du pavillon national. Mais que peuvent des appréciations complaisantes contre la simple et rigoureuse vérité! Le sort d'une nation ne dépend ni de la gloire de ses armées ni de la magnificence de sa cour. Peu importe aux masses la réputation du prince et la condition brillante des classes privilégiées, s'il leur faut payer par la gêne et par la souffrance cette pompe inutile et cette dangereuse suprématie.

Tel était cependant, vers 1690, le triste état où Louis XIV avait réduit peu à peu la portion la plus nombreuse de ses sujets. Dans les lieux qu'il favorisait habituellement de sa présence, les folies de son luxe inconsidéré avaient entretenu, au profit de quelques industries improductives, une aisance éphémère, qui cessait elle-même aux portes de Versailles, de Compiègne ou de Fontainebleau. A Paris, si l'on excepte les richesses rapidement acquises par les ministres ou par les financiers qui avaient traité avec eux des fournitures de l'État, il y avait peu de familles dont les fortunes ne fussent obérées. Hors du rayon de la capitale régnait la misère, une misère réelle et quelquefois hideuse, qui atteignait, non-seulement la classe des malheureux paysans, mais les commerçants et les bourgeois, les gentilshommes possesseurs de petits fiefs aussi bien que les plus grands seigneurs terriers du royaume. En 1690, les généraux, chefs des armées de Louis XIV, n'avaient pas cessé de vaincre, la cour de Versailles n'avait pas cessé d'être éclatante, mais la France avait cessé d'être prospère [1].

Les souffrances des populations, si grandes partout, même au sein des provinces les plus fidèles et les plus anciennement réunies au vieux sol national, n'étaient nulle part aussi excessives qu'en Lorraine, pays de récente acquisition et si difficilement réduit en servitude. Ce n'était pas seulement la fréquence et la lourdeur des contributions mises à leur charge qui rendaient la domination française odieuse aux habitants des Deux-Duchés, c'étaient surtout les procédés tyranniques des ministres français et les allures hautaines de leurs agents inférieurs. En vertu de leur ancienne constitution, les Lorrains n'avaient ja-

---

1. Voir l'*État de la France*, par M. de Boulainvillers. — *L'Ancien régime et la Révolution*, par M. de Tocqueville, etc., etc.

mais payé à leurs souverains que des impôts librement
consentis. Le plus avide et le plus dur d'eux tous,
Charles IV lui-même, lorsqu'il les avait si souvent
et si cruellement mis à rançon, n'avait jamais prélevé ses tributs de guerre qu'à titre d'avances et
pour chasser, disait-il, les étrangers de la Lorraine. Contents de l'usage qu'il prétendait faire de
leur argent, ses sujets lui avaient plus facilement
passé ses violentes exactions qu'ils ne pardonnaient
à Colbert ses perceptions régulières, et à Louvois
l'emploi qu'il faisait des ressources du pays pour
fournir aux besoins d'une armée ennemie et au
luxe d'une cour étrangère. Louis XIV avait promis à ses nouveaux sujets de respecter leurs libertés
locales et leurs franchises particulières ; mais ils n'avaient accordé qu'une médiocre confiance à cette
parole royale, échappée aux premiers jours de la
conquête et presque aussitôt oubliée. Les rigueurs
exercées lors de l'introduction de la ferme du tabac
et du papier timbré, dans les anciennes provinces, et
la cruelle répression des troubles qui agitèrent la
France, pendant l'année 1675, firent promptement
comprendre aux Lorrains combien il serait dangereux de vouloir résister ouvertement aux volontés
d'un maître si jaloux de son autorité. Les traitements infligés aux habitants de la Guyenne, et la
ruine du commerce de Bordeaux [1], les violences

1. Voir un Mémoire touchant le désordre des troupes qui sont à

exercées contre les magistrats de Rennes et le massacre des paysans bretons étaient, pour les trois ordres en Lorraine, un suffisant avertissement[1]. S'ils préféraient employer des procédés plus doux et réclamer paisiblement leurs antiques priviléges, l'exemple de ce qui se passait à leurs portes, en Bourgogne, servait à leur apprendre à quoi menait alors la voie des humbles suppliques et des modestes remontrances [2].

Aussi longtemps cependant qu'avait duré la rude mais intègre administration de Colbert, l'esprit d'ordre et d'économie, sinon la parfaite entente des véritables intérêts de l'État, avait présidé à la direction des finances de la France. Lorsque ce ministre mourut, presque disgracié (septembre 1683) pour avoir trop souvent représenté à Louis XIV l'énormité de ses dépenses et la misère de ses peuples [3], le pouvoir tomba presque sans partage aux mains de Louvois, son rival. Louvois avait principalement fondé son crédit sur le goût du roi pour la guerre et pour

---

Bordeaux, envoyé par M. de Montaigu à M. de Louvois avec sa lettre du 15 janvier 1676. — *Recueil de Lettres pour servir à l'histoire militaire du règne de Louis XIV.* Tome IV, page 283.

1. Voir les Lettres de Mme de Sévigné des 3 et 24 juillet 1675 ; des 17, 26 et 30 octobre ; 6, 13, 24 et 27 novembre; et 8 décembre 1675.

2. Voir : *Une province sous Louis XIV. — Situation politique et administrative de la Bourgogne de 1661 à 1715.* — Alexandre Thomas. Paris, 1849, page 28 et suivantes. — M. de Tocqueville, l'*Ancien régime et la Révolution.*

3. *Histoire de la Vie et de l'Administration de Colbert*, par M. Pierre Clément.

les constructions ruineuses ; son influence désormais prédominante fut une nouvelle cause de mécontentement et de ruine pour les provinces françaises ; elle mit le comble aux griefs de la Lorraine.

Ce fut surtout dans la conduite des opérations militaires et dans le gouvernement des pays nouvellement conquis que Louvois laissa voir toute la dureté de son âme. Le ministre qui avait deux fois brûlé le Palatinat par convenance politique, n'était pas homme à traiter avec plus de ménagement une contrée qu'il pouvait, à bon droit, considérer comme ennemie, car elle ne cachait ni son affection pour ses anciens souverains, ni ses répugnances contre ses nouveaux dominateurs. La Lorraine se trouvait placée sur le chemin direct des troupes qui allaient périodiquement grossir les armées que Louis XIV entretenait de l'autre côté du Rhin. Elle était ainsi obligée de donner chaque année passage à une foule de gens de guerre, de les héberger, de les nourrir, de leur fournir, à ses frais, tous leurs moyens de transport et d'approvisionnement. La campagne finie, il lui fallait les recevoir une seconde fois à leur retour et loger en quartiers d'hiver ces mêmes soldats dont la première apparition l'avait déjà à peu près ruinée. La Lorraine partageait, sous ce rapport, la triste condition de la Champagne et de l'Alsace. Mais la Champagne était l'une des plus vieilles provinces de France ; les régiments français qui la traversaient n'auraient pas osé s'y comporter autrement qu'aux environs mêmes de Paris, et les garnisons qui l'occupaient étaient partout astreintes à la plus stricte discipline. Quoique si récemment acquise, l'Alsace était considérée comme définitivement réunie à la couronne de France; et la politique conseillait de traiter avec douceur une contrée qu'on supposait avec raison ne devoir jamais retourner à d'autres maîtres. Il n'en était pas ainsi de la Lorraine. Louis XIV se flattait bien de la garder aussi longtemps que durerait la guerre; mais la guerre n'était plus aussi heureuse que par le passé, et déjà il entrevoyait la nécessité de s'en dessaisir au moment de la paix. Il estimait donc qu'il était habile de tirer de cet infortuné pays tout ce qu'il pouvait donner, et s'il fallait le restituer un jour à ses légitimes possesseurs, de ne le rendre qu'épuisé et appauvri pour de longues années. Plus les Impériaux avaient de succès en Allemagne, plus les habitants des Deux-Duchés étaient pressurés [1].

En 1690, lorsque Charles V, après la prise de Mayence et de Bonn, s'était approché des rives du

1. Les confiscations des biens des Lorrains demeurés fidèles à leurs princes ou servant à l'étranger dans les armées des puissances ennemies de la France, étaient une branche de revenus publics figurant dans les comptes que les intendants de la Lorraine rendaient au roi. Nous trouvons à la date de 1690, vingt ans par conséquent après l'invasion de 1670, dans un résumé annuel de l'administration de MM. Chéruel et Moncrit, ce paragraphe : « A l'égard des confiscations des biens qui furent saisis sur les sujets du roi, qui s'étaient retirés en

Rhin, M. Cheruel, intendant de Lorraine et des trois Évêchés, reçut ordre de mettre sur pied la milice du pays ; les Lorrains ayant, dans cette circonstance, montré moins d'empressement à servir dans l'armée française que d'ardeur à s'engager sous le drapeau de leur prince, les enrôlements avaient eu lieu par force, et les communes avaient été rendues responsables de l'absence de leur contingent[1]. La campagne de 1691 ne fut pas beaucoup plus favorable à Louis XIV, et les troupes de l'Empire s'avançant toujours vers le Rhin, Louvois résolut d'établir, pour l'hiver, en Lorraine, tout ce qu'il serait possible d'y loger d'infanterie et de cavalerie [2]. L'année suivante, le gouvernement français profita de la mort de M. Cheruel pour séparer l'intendance de la Lorraine de celle des trois Évêchés. Tandis qu'un homme du pays, M. de Sèves, premier président au parlement de Metz, était mis à la tête des Évêchés de Metz et de Verdun, du duché de Luxembourg et de la comté de Chiny, un

pays ennemis, ou sur les étrangers qui étaient au service des puissances liguées contre la France, elles produisirent, au profit du roi, une somme de 22,297 livres. » — Archives du dépôt de la guerre, année 1690, volume XXXIV.

1. Correspondance de M. Cheruel, avec le marquis de Louvois, octobre 1690, mars 1691. — Archives du dépôt de la guerre.

2. « L'intention du roi étant de loger pendant l'hiver prochain le plus de monde qu'il se pourra dans les places de votre département, je vous prie de me mander ce que l'on y pourra mettre de cavalerie et d'infanterie sans être trop incommodés dans leurs logements, afin que j'en puisse rendre compte à Sa Majesté. » (Le marquis de Louvois à M. Cheruel. Juillet 1691.) — Archives du dépôt de la guerre.

maître des requêtes, M. de Vaubourg, fut envoyé de Paris pour gérer la nouvelle intendance qui comprenait, avec l'évêché de Toul, la Lorraine et le Barrois [1]. M. de Vaubourg avait pour instructions de tenir sévèrement la main à la levée des impositions, et de prendre grand soin que les garnisons françaises ne manquassent jamais de rien. Il était impossible aux populations lorraines de suffire longtemps à de pareilles charges; mais c'était en vain qu'elles s'adressaient à Louvois. Un exemple choisi entre mille suffira à montrer quelle était la dureté de ses procédés. Un jour les magistrats d'Épinal lui écrivirent pour se plaindre de la présence de trois compagnies de cuirassiers dans leur petite ville, réduite à cette époque à trois cents habitants [2]. C'était presque un soldat par habitant. Cependant, le ministre de Louis XIV s'était fait une loi de n'écouter jamais les doléances des particuliers; nulle réponse ne parvint aux magistrats d'Épinal, et quelques jours après la garnison était encore augmentée.

Parfois le désespoir forçait les malheureux Lorrains à quitter brusquement leurs maisons et à se réfugier dans les bois; ils n'étaient pas alors traités avec moins de rigueur que les habitants du pays

---

1. Correspondance du marquis de Louvois avec l'intendant de Lorraine, année 1691. — Dépôt des Archives de la guerre.

2. Réclamation des magistrats d'Épinal jointe à une lettre de M. Cheruel du 19 novembre 1690. — Archives du dépôt de la guerre.

de Bade, naguère si horriblement ravagé par les troupes françaises. Les instructions remises à M. de Vaubourg n'étaient pas différentes de celles qu'en 1675 le même Louvois avait adressées au maréchal de Bouflers lorsqu'il lui mandait : » Sa Majesté a vu avec peu de satisfaction ce qui s'est passé dans l'action que vous avez envoyé faire au bourg de Schonow. Puisque les paysans avaient fait résistance, il fallait détruire entièrement ce lieu et en faire un exemple qui portât la terreur dans le pays. C'est ce qu'il aurait fallu faire pour le bien du service, au lieu que quand on ne le fait pas, l'on donne aux peuples la hardiesse de se défendre et de s'empêcher de contribuer...; puisque les Baillis des châteaux de Rottelin et autres, appartenant à M. le Prince de Baden, ne veulent pas venir quand on les mande, il faut envoyer brûler dans les villages et continuer jusqu'à ce qu'ils aient obéi... A propos de quoi, je vous prie de croire, que quand on vous mande la volonté du Roi, c'est afin que vous la fassiez exécuter sans demander de nouveaux ordres [1]. » Tous les chefs de corps n'hésitaient pas comme M. de Bouflers devant des ordres si barbares, et les commandants de places en Lorraine n'auraient pas osé se les faire répéter deux fois.

---

1. Lettre du marquis de Louvois à M. de Bouflers, 29 décembre 1677. — *Recueil de Lettres pour servir à l'Histoire militaire du règne de Louis XIV.* — Tome IV, page 295.

L'irritation causée par des maux si cruels n'était pas d'ailleurs le seul motif qui rendait en Lorraine la domination française de plus en plus insupportable. Aux griefs que nous venons d'énumérer, à l'antipathie naturelle qu'inspire toujours aux races fières le joug humiliant de l'étranger, venait s'ajouter le sentiment de répulsion qu'excitait maintenant la politique de Louis XIV. Le prestige des premières années était en effet passé. Au sein de sa famille, parmi son entourage intime, et chez les courtisans, l'habitude fortifiée de l'intérêt prolongeait encore pour le souverain, naguère adoré de ses sujets, et si imposant encore jusque dans son déclin, les mêmes formules obséquieuses d'obéissance, de dévouement et de respect. Mais hors de Versailles, et dans le gros de la nation, le désenchantement s'était fait jour ; et le discrédit était déjà considérable. L'opinion n'attendit pas, pour se montrer sévère, l'instant où de fâcheux échecs vinrent, pendant la guerre de la succession d'Espagne, abaisser tout à coup la prodigieuse fortune du vieux monarque. On vit, par une étrange anomalie, ses sujets passer assez vite de l'engouement extrême à une rigueur peut-être excessive, précisément à l'instant où, réformant tout à coup le scandale de ses amours publics, Louis XIV s'appliqua à mettre enfin un peu d'accord entre les habitudes de sa vie privée et les préceptes d'une religion qu'au plus fort de ses passions, il avait toujours fait profession d'honorer. Chose singulière ! Personne n'avait songé, en France, à se choquer de la conduite d'un roi jeune et galant, si peu gêné pour afficher ses maîtresses, et si prompt à sévir contre les maris récalcitrants qui trouvaient à redire à ses choix [1]. Les populations de son royaume l'avaient vu sans étonnement, et presque avec admiration, promener, au milieu d'elles, dans un même carrosse, comme un sultan de l'Asie, la reine et ses deux favorites en titre, Mlle de la Vallière, et Mme de Montespan [2]. La curiosité seule avait agité la bonne compagnie

1. La colère et les menaces de M. de Montespan au sujet de la liaison de sa femme avec le roi firent grand scandale à la Cour. « C'était un homme fort extravagant, » dit Mademoiselle dans ses Mémoires, « peu content de sa femme; et se déchaînant sur l'amitié qu'on disait que le roi avait pour elle; il allait par toutes les maisons faire des contes ridicules. Un jour il s'avisa de m'en parler. Je lui lavai la tête..... Je lui fis comprendre qu'il manquait de conduite par ses harangues dans lesquelles il mêlait le roi avec des citations de la sainte Écriture et des Pères..... Il voulait faire entendre au roi, qu'au jugement de Dieu il lui serait reproché de lui avoir ôté sa femme. » (*Mémoires de Mlle de Montpensier*, tome 3, p. 197.) — Voici une lettre de Louis XIV à Colbert sur le même sujet. — « Monsieur Colbert, il me revient que Montespan se permet des propos indiscrets. C'est un fou que vous me ferez le plaisir de suivre de près. ..... Je sais qu'il a menacé de voir sa femme, et comme il en est capable et que les suites seraient à craindre, je me repose encore sur vous pour qu'il ne parle pas. N'oubliez pas les détails de cette affaire et surtout qu'il sorte de Paris au plus tôt. » (Lettre de Louis XIV à Colbert, de Saint-Germain-en-Laye, 15 juin 1678.) — *OEuvres de Louis XIV*, tome V, page 576.

2. De 1668 à 1673, Mlle de La Vallière et Mme de Montespan vécurent ensemble à la Cour, et toutes deux dans l'intimité du roi qui avait déjà des enfants de l'une et de l'autre. — Voir les Mémoires de Mlle de Montpensier, les Lettres de Mme de Sévigné, etc., etc. — Non-seulement les courtisans de Versailles, mais les membres du clergé français,

du temps, lorsque devenu plus âgé, mais non moins amoureux, il avait donné à sa cour attentive le spectacle public de ses inclinations, flottant indécises entre Mme de Montespan, son ancienne amie, la belle Mme de Soubise, l'aimable chanoinesse de Ludres, la brillante Mlle de Fontanges et la discrète veuve du poëte Scarron [1]. Après la mort de la reine (1683), le roi ayant une dernière fois rompu avec Mme de Montespan, s'était enfin décidément converti. Il avait contracté avec Mme de Maintenon, sans vouloir la divulguer tout à fait, une union mysté-

---

si l'on excepte Bourdaloue, et parmi eux les plus fermes, se montrèrent presque toujours pleins d'une incroyable indulgence pour les désordres publics du grand roi. On voit par la lettre de Bossuet au maréchal de Bellefonds qu'il ne se mêla de la conversion de Mme de La Vallière qu'avec mystère et réserve. Et l'on chercherait vainement dans le sermon prononcé pour la prise de voile de la sœur Louise de la Miséricorde une seule pensée, un seul mot, un avertissement quelconque, général ou détourné, à l'adresse du monarque premier auteur des égarements de l'illustre pénitente, et qui venait de contracter avec Mme de Montespan une nouvelle liaison non moins patente et bien autrement scandaleuse. Pendant tout le temps qu'elle dura, jamais le Père La Chaise n'osa interdire à Louis XIV l'usage des sacrements. On les défendait seulement parfois à Mme de Montespan, qui venait alors s'en plaindre à son royal amant. C'est ce qui faisait dire avec dépit, à Mme de Maintenon, en parlant du Père La Chaise : « Pourquoi n'interdit-il pas au roi l'usage des sacrements? — Il se contente d'une demi-conversion ; vous voyez bien qu'il y a du vrai dans les Petites Lettres (les Lettres Provinciales). » Lettre de Mme de Maintenon à Mme de Saint-Géran. La Baumelle, etc., etc.

1. « Mme de Montespan veut absolument que je cherche à être la maîtresse du roi. Mais, lui ai-je dit, il y en a donc trois? Oui, m'a-t-elle répondu; moi de nom, cette fille de fait (Mlle de Fontanges), et vous de cœur. — Lettre de Mme de Maintenon à Mme de Saint-Géran. — La Baumelle, — citée par le duc de Noailles. *Histoire de Mme de Maintenon.*

rieuse que l'Église avait eu hâte de consacrer secrètement. Aussitôt tout avait été transformé comme par un coup de baguette. La religion, la piété, les mœurs graves et décentes, se trouvèrent subitement en honneur, marquant désormais d'un certain cachet d'austérité et de tristesse un règne qui avait tout autrement commencé. Mais ce fut aussi le moment où l'enthousiasme cessa, où les cœurs naguère si dévoués se refroidirent, puis se glacèrent. En peu d'instants, l'obéissance facile se changea en un vague et sourd mécontentement. Mlle de la Vallière, amante sincère et passionnée, favorite modeste presque honteuse de son élévation, pénitente admirable, avait été sans ennemis à la cour, et populaire parmi ses contemporains [1]. Mme de Montespan, esprit fantasque et maîtresse emportée, qui se jeta dans de si grands écarts, et entraîna le roi dans de si fâcheuses prodigalités, a presque trouvé grâce devant la postérité. Les contemporains et la postérité ont au contraire montré beaucoup plus de prévention que de goût pour l'irréprochable compagne des dernières années de Louis XIV. Peut-être y a-t-il un peu d'équité sous cette apparente injustice.

C'est l'habitude et, jusqu'à un certain point, le droit des peuples de n'estimer chez les femmes mon-

---

1. ....« Cette petite violette qui se cachait sous l'herbe et qui était honteuse d'être maîtresse, d'être mère, d'être duchesse, — jamais il n'y en aura sur ce modèle. » Lettre de Mme de Sévigné, — 1680.

tées sur le théâtre des grands événements, que les qualités et les vertus dont ils ressentent eux-mêmes le bénéfice. L'influence de Mme de Maintenon, si puissante dans le cercle de la famille royale, et si heureusement efficace sur les mœurs de la cour, fut stérile ou funeste dans les affaires de l'État. La France se fût réjouie de la conversion du roi, si cette conversion avait eu pour résultat de diminuer les dépenses publiques, si follement exagérées, et de réduire les charges dont chacun souffrait cruellement. Elle eût béni la pieuse amie du vieux monarque, si elle avait usé de son empire pour le dégoûter des conquêtes, ou seulement pour adoucir la rigueur de son despotisme. Quoique, par la sagesse de son esprit, naturellement opposée à la guerre, et, par la modestie de ses goûts, fort ennemie des prodigalités, Mme de Maintenon ne l'essaya pas. Les épreuves « qu'avait traversées avant son mariage avec Scarron cette charmante malheureuse de seize ans », comme l'appelle Saint-Simon, et les embarras d'une condition devenue, après son veuvage, presque voisine de l'indigence, avaient de bonne heure rendu Mme de Maintenon très-circonspecte et prudente. Introduite à la cour pour élever les enfants illégitimes de Louis XIV et de Mme de Montespan, elle avait borné les scrupules de sa conscience à vouloir ne dépendre que de Sa Majesté [1]. Grâce à une conduite exemplaire,

---

1. .... « Si les enfants sont au roi, je le veux bien. Je ne me chargerais

soutenue d'un art infini, elle était parvenue à s'acquérir, dans cet obscur emploi, une très-grande considération. Peu d'années lui avaient suffi pour se rendre de plus en plus indispensable au sein de ce royal intérieur qu'elle menaçait de quitter chaque jour, mais dont elle n'avait garde de s'éloigner jamais[1].

pas sans scrupules de ceux de Mme de Montespan. Ainsi, il faut que le roi me l'ordonne, voilà mon dernier mot. » Lettre de Mme de Maintenon. — La Baumelle.

1. Il est parfois curieux de rapprocher les passages des lettres écrites par Mme de Maintenon, à des personnes différentes. Voici quelques extraits de lettres adressées, à peu près en même temps, et sur les mêmes sujets, à l'abbé Gobelin son confesseur, à Mme de Saint-Géran et à M. d'Aubigné, son frère. On saisira facilement les oppositions d'idées et les différences de ton :

(A l'abbé Gobelin) .... Il est certain que je cherche mon salut, en m'éloignant d'un trouble qui y est fort opposé (la cour).... Demandez à Dieu, je vous en supplie, qu'il conduise mon projet pour sa gloire et pour mon bien. Il me semble que je suis dans un grand détachement, et qu'en me retirant d'ici, je ne suis point les conseils de mon impatience....

(A Mme de Saint-Géran) .... On ne m'envierait pas ma condition si on savait de combien de peines elle est environnée, et combien de chagrins elle me coûte.

(*Idem*) ... Nous sommes nés pour souffrir. Chaque jour de ma vie est marqué par quelque peine nouvelle.... Je ne vis pas, je meurs à chaque instant.

(A M. d'Aubigné) .... Si M. le duc du Maine marchait, je serais fort content de la mère et du roi.... Je m'enferme et mène une vie très-douce. Je me porte à merveille. Le duc du Maine a la fièvre quarte, la princesse, la fièvre tierce; je fais de mon mieux et me console des événements.

(*Idem*) .... Ne vous croyez pas mal à la cour. Nous nous y soutiendrons. Jouissez en philosophe de ce que vous avez. Comptez pour rien tout ce que vous n'avez pas. Le roi arrive à Versailles lundi. — Nous y serons dimanche. On se croit défait de nous. — Vous me connaissez; on ne s'en défait pas aisément. — *Lettre de Mme de Maintenon*. — La Baumelle. Plusieurs de ces lettres sont citées par M. de Noailles. — *Vie de Mme de Maintenon*.

Elle avait ainsi passé les plus belles années de sa vie, tantôt à prêcher la pénitence à M™ⁿᵉ de Montespan et à la soigner pendant ses couches, tantôt à éconduire doucement les poursuites du roi qu'elle renvoyait, suivant ses propres expressions, « toujours désespéré sans être rebuté ». Ces pieuses remontrances et ces attentions délicates, reçues avec colère par une rivale qui se plaignait d'être ainsi perfidement supplantée, avaient trouvé près du roi un accès plus facile. En détachant peu à peu Louis XIV de Mᵐᵉ de Montespan, Mᵐᵉ de Maintenon n'avait point cherché à s'en emparer pour elle-même; elle s'était honnêtement appliquée à le rendre à la reine. Enchantée d'avoir recouvré les bonnes grâces d'un époux si longtemps infidèle, la fille de Philippe IV n'avait point cessé, tant qu'elle vécut, de louer à haute voix la généreuse conseillère à laquelle elle devait un rapprochement si longtemps et si vainement attendu. La reine morte, et Mᵐᵉ de Montespan décidément mise hors de cause, Mᵐᵉ de Maintenon était toute désignée au choix de Sa Majesté, par l'habitude, par l'affection et par l'estime. Un double héritage était vacant, elle le recueillit, et remplaça du même coup la compagne que le roi venait de perdre et la maîtresse qu'il n'aimait plus.

Des commencements si pénibles, quoique si heureusement traversés, une carrière si humble quoique si habilement conduite vers une fin surprenante avaient laissé leurs traces dans le caractère de Mme de Maintenon. Elle ne se faisait aucune illusion sur sa situation. Elle savait parfaitement quelles étaient au juste l'étendue et la limite de l'empire qu'elle exerçait sur le roi. Elle n'avait gagné son affection qu'à la longue, par le charme insinuant et tout nouveau pour lui d'un honnête et paisible commerce [1]. Elle n'ignorait pas que la passion tenait peu de place dans cette liaison. L'amitié tendre, un goût réfléchi, le besoin de la confiance facile et de l'épanchement sans contrainte en faisaient le fonds principal. Celle qui pendant de longues années, à force de prudente réserve, d'adroite souplesse et d'infatigable complaisance, avait tissu avec peine ces liens fragiles et compliqués, n'aurait, pour rien au monde, risqué de les briser par un effort compromettant. Quoique fière et désintéressée, Mme de Maintenon n'avait d'ailleurs ni l'âme très-haute, ni, sur toutes choses, des idées fort élevées. Sa piété sincère était assez étroite. Les grands côtés de la religion étaient ceux qui la frappaient le moins. Elle avait, en matière de foi, communiqué au roi ses propres convictions. Louis XIV était sincèrement converti, mais il n'était nullement changé. La ferveur de son zèle nouveau avait suffi à modifier ses habitudes, elle n'avait nulle-

---

1. « Elle lui fait connaître un pays tout nouveau, je veux dire le commerce de l'amitié et de la conversation sans chicane et sans contrainte. Il en fut charmé. » Lettre de Mme de Sévigné.

ment renouvelé son caractère. Les fortes doctrines de Port-Royal avaient presque seules, alors, le don d'opérer de si complètes transformations ; et le roi les détestait. Il y avait trop d'orgueil dans son âme royale pour qu'il consentît jamais à ployer sous un pareil joug. L'exemple de Mme de Maintenon et les exhortations du père Lachaise lui présentaient l'image engageante d'une religion tout à la fois douce, raisonnable et modérée, qui ne s'armait point de rigueurs trop pénibles, qui ne commandait pas de trop violents sacrifices ; Louis XIV l'adopta sans effort. Il lui en aurait trop coûté pour devenir un véritable chrétien ; il se fit simplement régulier et dévot.

Cependant, n'attendant jamais rien que du roi, la nation française épiait avec anxiété les conséquences d'un changement qui lui semblait autoriser tant d'espérances. Son désappointement fut extrême lorsqu'elle vit Louis XIV continuer, après sa conversion, sans plus de scrupules que par le passé, ses entreprises militaires dont le bon droit était à coup sûr fort douteux, et qui, chaque année moins glorieuses et moins profitables, devenaient de plus en plus désastreuses pour les finances de l'État. Elle s'étonna de la persistance de son goût pour les constructions extravagantes, et de son ardeur à réaliser des projets ruineux, aussi gigantesques qu'inutiles. Les sommes incroyables prodiguées pour embellir Versailles, et pour amener, dans ses jardins arides, les eaux lointaines de l'Eure, parurent, en ces temps de misère générale, des dépenses indignes d'un prince vraiment soucieux des souffrances de son peuple[1]. A l'étonnement se joignit un peu de blâme et même de ridicule, lorsque entraîné dans des querelles théologiques aussi ardues qu'oiseuses, le vieux roi se mit, avec l'ardeur d'un néophyte, à prendre violemment parti contre les maximes des saints de Fénelon et les thèses quintessenciées de Mme Guyon. Le scandale l'emporta au contraire sur la surprise, quand parurent à la même époque les étranges déclarations qui, au mépris de toute morale, plaçaient audacieusement sur les marches du trône et associaient aux princes de la maison de France les enfants doublement adultères de Mme de

---

[1]. « .... C'est un beau spectacle que voir une armée entière travailler à l'embellissement d'une terre. » Lettre de Mme de Maintenon à Mme de Saint-Géran, 28 juillet 1687.

« Il y a là plus de trente mille hommes qui travaillent, tous gens bien faits, et qui, si la guerre recommence, remueront plus volontiers de a terre devant quelque place sur la frontière que dans les plaines de Beauce. » Lettre de Racine à Boileau, 24 août 1687.

M. le duc de Noailles, *Histoire de Mme de Maintenon*, chapitre II, page 43, redresse avec beaucoup de soin et d'exactitude les assertions malveillantes et très-exagérées de Saint-Simon, au sujet des pertes d'hommes et d'argent qu'occasionna la malheureuse entreprise d'amener les eaux de l'Eure à Versailles. Il résulte des calculs de M. de Noailles qu'il y périt plusieurs milliers de soldats, et qu'on y dépensa inutilement 8,880,261 livres, c'est-à-dire un million de plus que la subvention donnée à Riquet, pour le percement du canal du Languedoc.

Le marquis de Sourches prétend dans ses mémoires que le duc de Lorraine, ayant offert au roi de lui céder tous ses droits sur la Lorraine moyennant huit millions, Louis XIV refusa, et il ajoute : « Il aurait mieux valu les employer à cela qu'aux ouvrages de la rivière de l'Eure. » La réflexion est juste, mais nous n'avons pas trouvé de trace historique de la circonstance relatée par M. de Sourches.

Montespan, cette maîtresse abandonnée, dont le mari vivait encore, que le roi n'aimait plus et que Mme de Maintenon avait enfin réussi à reléguer loin de la cour. Mais l'opinon s'émut surtout au bruit des persécutions renaissantes. La conscience publique s'indigna, en apprenant que le souverain dont la piété était pour lui-même si accommodante, qui travaillait à son salut par des voies si faciles et si larges, préoccupé tout à coup de la foi des autres beaucoup plus que de sa propre conduite, et cédant aux inspirations du plus déplorable fanatisme, venait de prendre contre la liberté de conscience d'une partie de ses sujets une série d'odieuses et impitoyables mesures. — Nous voulons parler de la révocation de l'édit de Nantes et des rigueurs déployées contre les protestants.

La révocation de l'édit de Nantes fut l'acte le plus important de la seconde moitié du règne de Louis XIV. Il ne fut pas uniquement suggéré au roi par l'ardeur de ses nouvelles convictions religieuses. Cette mesure était en elle-même tout à fait conforme aux tendances du prince qui, toujours obsédé des souvenirs de la Fronde, n'avait pas un instant cessé de rabaisser les priviléges des parlements, d'amoindrir les franchises des provinces et de diminuer les prérogatives de la noblesse. Elle couronnait parfaitement l'ensemble des mesures par lesquelles il se plaisait à faire peser, sur toute l'étendue de son royaume, un même niveau d'égale obéissance et d'uniforme asservissement. Louis XIV venait d'ailleurs d'abandonner peu à peu le système de politique extérieure légué à la France par Henri IV et par Louis XIII, par Richelieu et par Mazarin, système admirable qui consistait à s'aider de toutes les forces du parti réformé en Europe, pour combattre la maison d'Autriche. Il avait commencé par renoncer à l'amitié de la Suède; il n'avait pas hésité à s'aliéner plus tard l'Angleterre, et faisait maintenant la guerre aux Hollandais. Quoique depuis longtemps ils eussent cessé de se conduire en rebelles, les protestants de son royaume lui avaient toujours déplu. Il voyait moins en eux des sujets dociles que des alliés naturels pour ses ennemis. Professer, en matière de foi, des croyances qui n'étaient pas les siennes, n'était-ce pas lui manquer de respect? En tout cas, c'était rompre cette magnifique unité, rêve chimérique et dangereux que poursuivait depuis longtemps son fol orgueil.

Aux jours de sa tiédeur, Louis XIV, tout en la restreignant beaucoup, avait à peu près respecté la liberté de conscience de ses sujets calvinistes; la tolérance est si facile quand les convictions sont faibles! Devenu fervent catholique, il ne songea plus qu'à convertir, de gré ou de force, les hérétiques de son royaume; et la conversion des protestants devint à l'instant pour lui-même et pour tout le monde la grande affaire du jour [1]. Peu soucieux de mettre à de trop rudes épreuves la foi de son nouveau pénitent, le clergé catholique aimait mieux lui persuader qu'il rachèterait aisément ses égarements passés en faisant, d'un seul mot, rentrer dans le sein de la véritable Église tant de membres égarés. Le père Lachaise donna parole « qu'il n'en coûterait pas une goutte de sang ». Louis XIV le crut, et charmé d'avoir trouvé pour expier ses fautes un moyen si commode, et pour mériter son salut une voie si assurée, il signa, le 18 octobre 1685, l'édit qui enlevait aux protestants jusqu'aux derniers vestiges des libertés que leur avait solennellement jurées son aïeul.

On a beaucoup exagéré la part de Mme de Maintenon dans la révocation de l'édit de Nantes. Il n'est pas douteux qu'elle ne l'ait vivement souhaitée ; elle y travailla beaucoup. Elle en pensa, avec toute

---

[1]. Voir les lettres de Mme de Sévigné et de Mme de Maintenon. « Le roi est plein de bons sentiments. Il lit quelquefois l'Écriture sainte, et il trouve que c'est le plus beau des livres ; il avoue ses faiblesses ; il reconnaît ses fautes.... Il pense sérieusement à la conversion des hérétiques, et dans peu on y travaillera tout de bon. — Lettre de Mme de Maintenon à Mme de Saint-Géran. La Baumelle ; — citée par M. de Noailles. *Histoire de Mme de Maintenon.*

« Le roi a dessein de travailler à la conversion des hérétiques ; il est prêt à faire tout ce qui sera jugé utile au bien de la religion. Cette entreprise le couvrira de gloire devant Dieu et devant les hommes. » Lettre de Mme de Maintenon à Mme de Saint-Géran, datée du 13 août 1684. — La Baumelle.

« En songeant à se convertir, on désirait convertir les autres : le prosélytisme était la piété à la mode. » *Histoire de Mme de Maintenon*, par le duc de Noailles, tome II, page 390.

la belle société de son temps, ce que Mme de Sévigné en écrivait à sa fille, quand elle lui mandait, peu de jours après la signature du décret : « Rien n'est si beau que tout ce qu'il contient et jamais roi n'a fait et ne fera rien de si mémorable [1]. » Il est avéré qu'elle avait su mauvais gré à Colbert de la protection qu'il avait accordée à plusieurs artisans de la religion réformée [2]. Elle n'eut même d'abord que de l'admiration pour le zèle de Louvois, et le félicita du succès de ses ingénieux procédés de conversion. Cependant, elle ne conseilla point les rigueurs extrêmes et jamais elle ne les approuva entièrement. « Il ne faut point précipiter les choses ; il faut convertir et non pas persécuter [3] », répétait-elle souvent, mais en cette occasion, comme toujours, elle soutint toutefois faiblement son avis, par crainte de déplaire. Les conversions forcées ne lui répugnaient pas non plus entièrement, « car Dieu se sert de toutes les voies pour ramener à lui les hérétiques », écrivait-elle à l'une de ses amies, « et si les pères sont hypocrites, les enfants du moins seront catholiques [4] ». Elle eût préféré qu'on employât uniquement ce mé-

1. Lettre de Mme de Sévigné à Mme de Grignan, 28 octobre 1685.
2. « M. Colbert ne pense qu'à ses finances, et presque jamais à la religion. » Lettre de Mme de Maintenon. La Baumelle ; citée par M. Clément. *Histoire de la vie et de l'administration de Colbert*, — page 392.
3. Lettre de Mme de Maintenon, du 13 août 1684. — La Baumelle.
4. Lettre de Mme de Maintenon à Mme de Saint-Géran. — La Baumelle.

lange de fraudes pieuses et de violences adoucies qui lui servirent à convertir, malgré la volonté de leurs parents, les jeunes membres de sa propre famille [1]. Cependant l'impulsion donnée ne devait plus s'arrêter. Afin de s'attirer la faveur du roi, les politiques et les habiles s'étaient fait convertisseurs en titre. Pour eux tous les moyens étaient bons.

M. de Louvois, craignant de voir son crédit diminuer par la paix de 1688, prit les devants sur ses collègues, et son ardeur dépassa tout d'abord celle des plus pieux docteurs et des plus fervents ecclésiastiques. On s'était procuré les premières abjurations en exemptant les nouveaux convertis du logement des troupes lorsqu'elles étaient en marche. Cette circonstance suffit à l'entreprenant secrétaire de la guerre pour prendre la direction d'une affaire qui, à coup sûr, ne rentrait pas naturellement dans ses attributions [2]. Des régiments entiers furent envoyés dans beaucoup de provinces où leur présence n'était nullement nécessaire. Les intendants des

---

[1]. Voir dans *M. de Noailles*, tome II, chapitre IV, page 465, comment Mme de Maintenon fit donner une mission lointaine à son oncle, M. de Villette, capitaine de vaisseau, qui plusieurs fois avait refusé de lui confier ses enfants; et comme elle profita de son éloignement pour lui enlever ses deux fils, marins comme lui, et deux filles qui furent plus tard mesdames de Mailly et de Caylus.

[2]. « Louvois eut peur, voyant la paix faite, de laisser trop d'avantages sur lui aux autres ministres, et voulut, à quelque prix que ce fût, mêler du *militaire* dans un projet qui ne voulait être fondé que sur la charité et la douceur. » (*Souvenirs de Mme de Caylus*, collection Petitot, tome LXVI, page 370.)

provinces et les chefs de corps reçurent l'ordre de placer successivement dans toutes les communes où ils le jugeraient convenable « de la cavalerie, de l'infanterie ou des dragons », qui devaient loger entièrement chez les religionnaires et y demeurer jusqu'à ce qu'ils fussent convertis [1]. » Les soldats ainsi placés chez les protestants avaient, outre le logement et la nourriture, le droit de prélever 20 sols par jour sur leurs hôtes. Une même famille protestante était parfois tenue d'héberger ainsi jusqu'à cent dragons. On comprend aisément quelles devaient être les suites d'un pareil système, surtout lorsque le ministre qui l'avait inventé ne se faisait point scrupule d'écrire à ses subordonnés : « Sa Majesté veut qu'on fasse sentir les dernières rigueurs à ceux qui ne voudront pas suivre *sa religion*, et ceux qui auront la sotte gloire de vouloir rester les derniers *devront être poussés jusqu'à la dernière extrémité*[2]. »

C'est toujours un soin superflu que de stimuler en France le zèle des fonctionnaires ; les intendants de provinces et leurs délégués, les colonels de régiments et leurs officiers n'avaient pas besoin des

---

[1]. Lettre du marquis de Louvois au maréchal de Boufflers, aux intendants du Béarn, du Poitou, du Languedoc, pendant les années 1685, 86, 87, 88, 89, 90, 91. Dépôt du ministère de la guerre à Paris ; voir *Gouvernement de Louis XIV*, par M. Pierre Clément, chapitre VI, page 89.

[2]. Idem. *Éclaircissement historique sur les causes de la révocation de l'édit de Nantes, et sur l'état des protestans en France*, tome I, page 302. — M. Clément, *Gouvernement de Louis XIV*, — page 108.

recommandations de Louvois. Au signal parti de Paris, les protestants furent partout dénoncés, poursuivis et traqués avec cet acharnement que la multitude met toujours volontiers au service des passions religieuses ou politiques. Faiblement contenus, ou plutôt dangereusement excités par les décrets royaux, par les proclamations militaires et par les prédications catholiques, les soldats et les gens du peuple se firent les impétueux instruments de l'oppression. L'emprisonnement, la confiscation, l'exil, les meurtres juridiques et les exécutions populaires jetèrent la plus épouvantable désolation au sein d'une foule de familles chrétiennes éparses sur tout le territoire. Un million d'inoffensifs et paisibles habitants de la France virent la majorité de leurs concitoyens les traiter tout à coup en ennemis publics et se porter contre eux à d'incroyables excès. Scènes affreuses où le ridicule le dispute parfois à l'odieux, crises sinistres dont le retour fréquent projette sur notre histoire nationale de si sombres lueurs, alors que le narrateur impartial ne sait plus ce qu'il doit détester davantage, du fol égarement du pouvoir, de la honteuse servilité des subalternes ou des coupables violences de la populace.

Il faudrait citer la série innombrable des déclarations royales, des ordonnances en conseil et des arrêts du parlement, pour donner une faible idée des mesures dont les protestants furent alors victimes. Les unes étaient atrocement cruelles, les autres simplement absurdes et presque toutes étrangement incohérentes. La sortie du royaume était interdite aux nouveaux convertis. Les biens des relaps étaient confisqués, les hommes conduits aux galères, les femmes déportées dans des couvents éloignés de leur famille. S'ils mouraient en refusant de recevoir les sacrements, on faisait le procès à leurs cadavres, qui devaient être traînés sur la claie et jetés à la voirie [1]. Il y avait des primes de 500 louis pour la capture d'un ministre réfugié ou caché dans le royaume, et des récompenses de 50 pistoles pour ceux qui dénonceraient les assemblées secrètes des réformés. Une grande part d'arbitraire était en même temps laissée aux autorités locales. A Paris, sous les regards directs du souverain, on usait de cette latitude pour adoucir l'effet des prescriptions les plus rigoureuses, en province, elles furent presque toujours dépassées. Tandis que Louis XIV permettait au maréchal de Schomberg et au marquis de Ruvigny de quitter sa cour et d'aller prendre du service en Portugal, les gouverneurs de province se seraient crus compromis s'ils avaient laissé le plus mince gentilhomme protestant, ou le pasteur le plus obscur sortir secrètement du royaume; et les intendants renchérissaient encore sur la sévérité des

---

1. Déclaration royale du 29 avril 1686.

gouverneurs. Plus la situation des fonctionnaires était précaire et dépendante, plus leur zèle était excessif et leurs procédés violents ; car il y a toujours la part de la faiblesse dans la cruauté. Les commandants d'un grade inférieur et les délégués secondaires de l'administration civile tenaient d'ailleurs à prouver leur dévouement et à faire parade de leur savoir-faire[1]. « Il faut que chaque officier s'applique dans son quartier », écrivait le commandant des troupes du Languedoc, « à voir si les nouveaux convertis vont à la messe, et s'ils envoient leurs enfants aux écoles. C'est principalement à ces choses qu'il faut s'appliquer pour qu'on y satisfasse... Il y a une chose essentielle à remarquer, c'est que les gens qui composent les assemblées des religionnaires ont soin de poser des sentinelles une lieue à l'avance de l'endroit où ils les font. Ainsi, il y a de la prudence à prendre les précautions nécessaires pour se saisir de ces sentinelles ; et lorsque l'on aura tant fait que de parvenir au lieu de l'assemblée, il ne sera pas mal d'en écharper une partie, et d'en faire arrêter le plus qu'on pourra, du nombre desquels on fera pendre sur-le-champ quelques-uns de ceux qui se trouveront armés, et conduire le reste en prison, soit hommes ou femmes et principalement le prési-

---

[1]. Voir l'*Histoire des réfugiés protestants de France*, depuis la révocation de l'édit de Nantes jusqu'à nos jours, par M. Weiss, et un article de M. A. Thomas. *Edinburg review*. Avril 1854.

dent. Il faut observer de ne point tirer à moins qu'on ne tombe sur l'assemblée [1]. » Le retentissement de tant et de si abominables cruautés fut si grand qu'il parvint jusqu'à Versailles. Mᵐᵉ de Maintenon ne les ignora pas. Elle en fut émue ; elle parut même regretter d'avoir, au début, contribué à la persécution de ses anciens coreligionnaires. — « Vous êtes converti, ne vous mêlez plus de convertir les autres, » écrivait-elle, à cette époque, à l'un de ses parents, « je vous avoue que je n'aime point me charger envers Dieu, ni devant le roi, de toutes ces conversions-là [2]. » Il restait cependant un pas de plus à faire ; c'était d'avertir celui qui, d'un mot, pouvait arrêter le cours de ces atrocités et qui, dans son royaume, était seul à les ignorer. Mᵐᵉ de Maintenon ne l'osa point. Elle se tut par les plus misérables motifs, et commanda le silence autour de Louis XIV. « Il est inutile, » disait-elle, « que le roi s'inquiète des circonstances de cette révolte (celle des protestants dans les Cévennes), cela ne guérirait pas le mal et lui en ferait beaucoup [3]. »

Si fâcheuses que fussent en elles-mêmes ces atteintes portées à la liberté de conscience des pro-

---

1. Instructions adressées aux chefs de troupes par le marquis de La Brousse, commandant du roi en Languedoc (sans date). Recueil général des anciennes lois françaises citées par M. Clément, gouvernement de Louis XIV. Page 137.
2. Lettre de Mᵐᵉ de de Maintenon, La Baumelle, citée par M. le duc de Noailles.
3. *Ibidem.*

testants, il ne serait pourtant ni sensé ni équitable
de les reprocher trop sévèrement à leurs auteurs.
C'est commettre une véritable injustice que de transporter nos sentiments d'aujourd'hui dans l'appréciation des faits d'autrefois. La tolérance, fruit précieux
de notre civilisation moderne, est une vertu publique
de date fort récente. Louis XIV et Louvois ne
sauraient être sérieusement accusés de n'avoir pas
devancé leur époque; tous deux seraient assez excusables s'ils n'avaient été qu'intolérants. Mais la
révocation de l'édit de Nantes et les rigueurs exercées contre un million de citoyens inoffensifs n'étaient pas seulement des actes d'intolérance. Outre
qu'elles violaient impudemment la foi jurée, elles
outrageaient grossièrement le bon sens, la saine
politique et la simple humanité. Il y a une mesure
de modération dans le mal, dont les gouvernements
ne peuvent point se départir impunément, et les
plus puissants se heurtent contre le sentiment général, dès qu'ils osent méconnaître certaines notions
immuables d'équité qui sont, grâces à Dieu, de
tous les temps et de tous les pays. L'oppression, en
matière de foi, n'était pas encore un anachronisme,
au XVIIe siècle. Seule elle n'eût pas suffi à choquer
la conscience publique. Ce qui indigna la France et
l'Europe, ce fut de voir tant de pieuses victimes
livrées par un prince sans mœurs à des persécuteurs
sans religion, et la foule obséquieuse des subalternes

afficher un zèle hypocrite et un fanatisme menteur.

En Lorraine plus qu'ailleurs Louis XIV était donc, à l'époque où nous voici maintenant parvenus, très-sévèrement jugé. Aux yeux des habitants des Deux Duchés, son gouvernement n'avait pas seulement le tort impardonnable d'être celui de l'étranger. Par ses allures arbitraires, par ses façons de commander despotiques, il violentait toutes les habitudes d'un pays qui, sous ses maîtres légitimes, avait pendant de longues années joui d'une complète indépendance, possédé de sérieuses franchises et pratiqué une véritable liberté. Les ordres absolus qui, partis brusquement de Paris, ne laissaient pas de rencontrer, dans quelques villes de provinces éloignées de la capitale, une certaine résistance timide presque aussitôt comprimée, soulevaient, à Nancy, une véritable opposition populaire. Pas plus qu'ailleurs on n'osait désobéir ; mais on cédait plus tard, on murmurait davantage, on conservait plus longtemps le souvenir du tort éprouvé et de l'injure ressentie.

Les effets directs de la révocation de l'édit de Nantes se firent peu sentir dans la Lorraine proprement dite, car la population y était presque exclusivement catholique ; mais le retentissement des violences commises contre les protestants n'en fut pas moins la cause d'un profond émoi. Quelques circonstances particulières contribuèrent surtout à frapper les esprits, en leur donnant un triste échantillon des scènes révoltantes qui désolaient alors la plus grande partie du territoire français. Depuis longues années, les protestants vivaient paisiblement en communauté à Phalsbourg et à Lixheim, terres autrefois distraites de l'Empire et données en souveraineté à la sœur aînée de Charles IV. Le peu d'importance de ces villes, situées sur les confins mêmes de l'Allemagne, ne les sauva point de la persécution. Un matin les habitants de Nancy furent informés que leurs compatriotes de Phalsbourg et de Lixheim avaient été dénoncés comme des rebelles à Louis XIV par M. de La Feuillade, évêque de Metz ; peu de jours après, ils apprenaient que le fougueux prélat venait d'entrer de vive force à Lixheim, escorté de trois compagnies de grenadiers que conduisait le commandant de Phalsbourg. Sur ses ordres, le temple protestant fut aussitôt démoli et les religionnaires contraints à s'enfuir en Allemagne, tandis qu'on saisissait en même temps une somme de deux mille livres, déposée par eux chez un banquier de Strasbourg.

Mais ce fut surtout la conduite des autorités françaises dans la ville de Metz qui répandit au loin la consternation, car il n'y avait alors qu'un même parlement pour la Lorraine et les Trois Évêchés, et les protestants étaient assez nombreux dans le pays Messin. Là, comme ailleurs, on avait agi avec autant de violence que de précipitation et de légèreté, et les mesures les plus contradictoires précédèrent la révocation de l'édit de Nantes. C'est ainsi qu'une déclaration royale, enregistrée au parlement, vint d'abord interdire aux gens de la religion prétendue réformée de recevoir aucun catholique dans les temples [1] ; puis, à quelques mois de distance, arriva une autre déclaration, également enregistrée, leur enjoignant de disposer un banc de six places pour recevoir les jésuites et les ecclésiastiques romains, qui voudraient s'y placer. Un décret inattendu supprima tout à coup l'Académie protestante de Sedan, où le savant Abbadie avait pris ses degrés de docteur, où le célèbre Bayle professait encore la philosophie. Enfin, parut l'édit de révocation. A peine était-il publié à Metz, le 22 octobre 1685, que le temple protestant était fermé et, le 25 du même mois, les soldats du comte de Bissy étaient employés à le raser jusqu'au sol. Le maréchal de Bouflers, gouverneur de Lorraine, fit à la même époque brûler tous les livres des hérétiques, et envoya des dragons chez ceux qui ne voulaient pas *faire leur devoir* [2].

Il y avait alors, parmi les protestants de Metz, deux hommes que l'autorité de leur situation et la pureté de leur vie désignaient particulièrement à l'attention publique : C'étaient le pasteur Ancillon,

---

1. Note manuscrite sur l'Église réformée de Metz, Archives du ministère des cultes.
2. *Ibidem.*

et Paul Chenevix, doyen des conseillers au parlement. Ancillon résista noblement. Il n'était pas sans connaissances à Paris et même à la cour ; il envoya Charles Ancillon, son fils, auprès de Louvois pour tâcher d'obtenir quelques adoucissements à tant de rigueur, et lui exposer la malheureuse situation des pasteurs de la ville de Metz : « Quoi ! monsieur, » répondit durement le ministre de Louis XIV, « ils n'ont qu'un pas à faire pour sortir du royaume et ils n'en sont pas encore dehors [1] ! » Peu de temps après, Ancillon et ses collègues s'embarquaient en effet sur la Moselle et quittaient la France au milieu des larmes de leurs coreligionnaires [2].

M. de Chenevix fut moins inflexible. Une lettre de cachet du roi, en date du 17 octobre, avait chargé le premier président de faire connaître aux magistrats de la religion réformée qu'ils eussent à se convertir ou à se défaire immédiatement de leurs charges [3]. Infirme et presque octogénaire, M. de Chenevix consentit à rentrer, au moins publiquement, dans le giron de l'église catholique. Mais atteint, en mars

---

1. Discours sur la vie de feu M. Ancillon..., etc., par Charles Ancillon, son fils. — Basle 1698.
2. Note manuscrite sur l'Église réformée de Metz, Archives du ministère des cultes. — La famille Ancillon, établie depuis cette époque à Berlin, a fourni à la Prusse plusieurs hommes distingués qui ont occupé dans ce pays des situations considérables. Le dernier, M. Ancillon, mort en 1837, fut conseiller d'État, gouverneur du prince royal aujourd'hui régnant, et ministre des affaires étrangères.
3. Histoire du Parlement de Metz, par M. Michel, conseiller à la cour royale de Metz.

1686, d'une maladie mortelle, il revint sur son abjuration et refusa de recevoir les sacrements. Aussitôt la saisie du corps fut ordonnée par le lieutenant criminel de Metz. En vain la veuve de M. Chenevix réclama les restes de son mari ; en vain plusieurs membres du parlement furent d'avis d'user, en cette occasion, d'un peu d'indulgence. Plusieurs mois perdus à dessein en longues formalités de justice ne suffirent même pas à calmer les emportements des fanatiques. Les instances de l'évêque de Metz étaient si pressantes, et les ordres du roi si positifs, que la cour intimidée n'osa pas atermoyer davantage. Toutes les chambres réunies, elle prononça, le 28 novembre 1686, un arrêt conforme à la stricte rigueur des ordonnances ; et le cadavre du doyen des conseillers du parlement fut livré au bourreau et traîné sur la claie dans les rues de la ville de Metz. Un traitement si barbare, à l'égard d'un si respectable vieillard, causa par toute la Lorraine une indicible horreur, et les esprits s'aliénèrent de plus en plus[1].

Il y avait toutefois un prestige qu'après son étrange mariage, et malgré les fautes commises depuis plusieurs années, le monarque français n'avait

---

[1] « Parmi les personnes auxquelles on appliqua cette loi barbare, Jurieu mentionne avec douleur une demoiselle de Montalembert dont le corps fut traîné nu à travers les rues d'Angoulesme... Il cite également Paul Chenevix, doyen des conseillers du parlement de Metz. » (Ch. Weiss, *Histoire des Réfugiés*, tome I.— Benoît, *Histoire de l'édit de Nantes*, t. V.— *Lettres pastorales* de Jurieu, t. II, p. 214 216.)

pas encore perdu, c'était celui qu'il devait à la grandeur de son rôle personnel et à sa constante activité. Louis XIV n'avait jamais été, à vrai dire, ni un brillant homme de guerre, comme son aïeul Henri IV, ni un habile chef d'armée, comme son rival le prince d'Orange, mais il avait toujours paru avec honneur à la tête de ses troupes quand elles entraient en campagne. Il avait voulu conduire lui-même la plupart des attaques dirigées contre les places ennemies les plus importantes. Versé dans l'art des siéges, qu'il avait soigneusement étudié à l'école de Vauban, il avait tenu à honneur de faire souvent le simple métier d'ingénieur et plus d'une fois on l'avait vu, pour animer les siens, affronter tranquillement le danger. A chacune de ces occasions l'exemple de Louis XIV, son sang-froid, son aisance et sa bonne grâce devant le feu, avaient électrisé officiers et soldats et centuplé leurs forces. Les Français s'étaient sentis de plus en plus fiers de leur maître. Les étrangers eux-mêmes, témoins de l'incurable indolence d'un empereur d'Autriche assez faible pour abandonner sa capitale aux Turcs, et de l'incapacité notoire d'un roi d'Espagne toujours séquestré dans son palais, et maintenant presque réduit à ne plus quitter son lit, ne pouvaient s'empêcher d'admirer le monarque habile et résolu qui, en payant au besoin de sa personne, savait tirer si bon parti du courage de ses sujets.

Malheureusement pour la gloire de Louis XIV, le moment approchait où il allait cesser de justifier cette louange jusqu'alors parfaitement méritée. L'hiver et le printemps de l'année 1693 avaient été remplis par d'immenses préparatifs de guerre. Des forces considérables étaient rassemblées en Allemagne, tandis que d'autres plus importantes encore stationnaient en Flandre. Soixante-dix-huit bataillons et cent soixante escadrons placés sous les ordres de M. de Luxembourg, formaient de ce côté, entre Namur et Liége, une sorte d'avant-garde que soutenait un second corps composé de cinquante-deux bataillons et de cent seize escadrons formant l'armée proprement dite de Sa Majesté [1]. Le roi partit le 18 mai de Versailles pour en aller prendre commandement. Peu de jours après, il arrivait au Quesnoy, suivi des *Dames*, c'est-à-dire des princesses du sang, de quelques-unes de ses filles, nouvellement légitimées, et de Mme de Maintenon qui voyageait seule dans un carrosse séparé. Le mardi 2 juin, il quitta les *Dames* pour entrer en campagne, et séjourna successivement aux camps de Thieusies, de Hairlemont, de Thiméon et de Gembloux. L'armée du roi marchait parallèlement à celle de M. de Luxembourg. Ils étaient tous deux à fort petite distance du roi Guillaume qui, avec des forces très-inférieures,

---

1. Journal de Dangeau, publié par M. Feuillet de Conches. Tome IV, p. 291.

s'était hardiment placé en avant de Louvain, à l'abbaye du Parc, sur la route de Liége, qu'il couvrait entièrement. Dans cette position habilement choisie, mais dangereuse toutefois, car il avait sur les bras deux armées dont la moindre était plus considérable que la sienne, Guillaume obligeait le roi de France à lui passer sur le corps, s'il voulait conduire son armée devant Liége. On ne doutait pas dans le camp français que tel fût le dessein de Louis XIV ; on croyait à une action générale et prochaine ; on en attendait impatiemment le signal, lorsque le 9 au matin, le bruit se répandit que le roi venait de déclarer en conseil, aux princes et aux maréchaux réunis, la résolution prise d'envoyer Monseigneur en Allemagne, et de s'en retourner de sa personne à Versailles. Le lendemain Louis XIV allait en effet retrouver les *Dames* à Namur et repartait avec elles. Jamais depuis il ne remit le pied à l'armée.

Quelques historiens toujours portés à juger favorablement des actions du grand roi assurent qu'une grave indisposition, dont il fut atteint au Quesnoy, nécessita ce brusque départ. Le journal, aujourd'hui publié, du marquis de Dangeau dérange un peu cette explication. D'après ce véridique auteur, si scrupuleusement exact dans les petites choses et si attentif à noter les moindres détails de la santé de son maître, le roi souffrit seulement pendant quelques jours d'une très-légère fluxion qui ne l'empêcha point de sortir et de vaquer à ses occupations ordinaires[1]. Faudrait-il donc admettre, avec les détracteurs habituels de Louis XIV, qu'en cette circonstance, ce prince recula uniquement devant la crainte d'une rencontre décisive avec le roi Guillaume ou bien, comme le duc de Saint-Simon et les ennemis passionnés de Mme de Maintenon, n'imputer qu'à cette dame seule la responsabilité de cette étrange détermination? Il y a probablement une part de vérité et d'erreur dans chacune de ces assertions. Il est certain qu'un notable changement s'était opéré, sinon dans la santé, tout au moins dans les habitudes et dans les goûts du roi. On avait remarqué, dès son départ de Versailles, qu'il était devenu beaucoup plus privé et sédentaire. Il passait maintenant à entendre la messe et à suivre les offices religieux une partie du temps autrefois consacré aux revues et aux manœuvres militaires. C'était, après les prêtres, les dames qui profitaient le plus souvent des heures retranchées aux soldats. Il se plaisait à s'enfermer pendant de longues heures, soit avec le

[1]. « Mardi 26, au Quesnoy. — Le roi, depuis quelques jours, a été un peu incommodé d'une fluxion au col, qui ne l'empêche pourtant pas d'agir comme à son ordinaire. — Mercredi 27, la fluxion du roi continue, et cela ne l'empêche pas de sortir pour aller à la messe et au salut. — Jeudi 28... Comme la fluxion du roi continuait, il s'est fait saigner ce matin à neuf heures; il a vu les courtisans à sa messe, à son dîner, à son coucher, et a travaillé toute l'après-dîner avec Vauban. — Vendredi 29. Le roi est sorti ce soir de chez lui, il est allé chez Mme de Maintenon à son ordinaire; sa fluxion est presque entièrement passée. » (Extrait du Journal de Dangeau. Tome IV, p. 295.)

père Lachaise, soit avec Mme de Maintenon [1]. Les vieux généraux s'étaient tout bas étonnés de le voir inaugurer la campagne en faisant solennellement ses dévotions [2]. Les jeunes officiers avaient assisté avec beaucoup moins d'attendrissement que de raillerie aux adieux fort émus et mêlés de larmes de Louis XIV et de Mme de Maintenon. Le confesseur du roi et sa vieille amie n'étaient pas populaires à l'armée. On les savait mal portés pour la guerre et tous deux étaient soupçonnés de n'ouvrir jamais que des avis très-peu belliqueux. Mme de Maintenon souhaitait en effet la paix avec passion, et se montrait à dessein démesurément alarmée des dangers que le roi allait courir. Dans ses lettres à ses amies et aux dames de Saint-Cyr, elle raconte avec humeur les ennuis de cette campagne qu'il lui fallait faire à la suite de Louis XIV. Elle ne leur cache pas que la vie des camps lui est insupportable, et non moins contraire à sa santé qu'à toutes ses inclinations. — Ce dont elle ne convenait avec personne, ce qu'elle ne s'avouait peut-être pas

---

1. « Jeudi 21, à Compiègne. Le roi alla à la procession et entendit la grand'messe, et alla à vêpres et au salut. — Samedi 23. Le roi en arrivant ici alla au salut. — En arrivant à Péronne, il alla au salut, puis s'enferma pour travailler. — Dimanche 24. Cambray. Il arriva ici de bonne heure. En arrivant il alla au salut. — Lundi 25, au Quesnoy. Le roi, monseigneur et toute la cour allèrent au salut. — Mardi 26, au Quesnoy. Le roi, monseigneur et toute la cour furent au salut, comme on fait durant tout l'octave... » (Extrait du Journal de Dangeau. Tome IV, p. 233 et suivantes.)

2. Dimanche 31, au Quesnoy. Le roi a fait aujourd'hui ses dévotions. (Journal de Dangeau. *Ibidem.*)

à elle-même, c'est qu'au point de vue de ses intérêts particuliers et de la durée de son crédit personnel, elle redoutait les suites d'une expédition qui la séparait momentanément du roi, qui le rendait à ses anciennes habitudes militaires, le remettait en familiarité avec de vieilles connaissances, et le livrait, même pour un instant, à d'autres influences que la sienne. Ni Marie-Thérèse, aux premiers temps de son mariage, ni Mlle de la Vallière, ni Mme de Montespan, au plus fort de leur faveur, n'avaient songé à détourner Louis XIV de ses devoirs de souverain. Elles avaient joui noblement, la reine en femme glorieuse, ses maîtresses en amantes passionnées, de la renommée qu'il s'était acquise loin d'elles. Un pareil sacrifice coûtait trop à Mme de Maintenon. Il y avait quelque chose d'inférieur dans sa situation et de subalterne dans ses sentiments, qui peut-être ne lui permettait pas de préférer généreusement l'honneur du roi à sa sûreté, et le bien de l'État à ses propres convenances. Les fréquents messages et les pressantes instances de sa prudente amie, le chagrin d'en être éloigné et le désir de la rassurer, non moins sans doute que la crainte de se mesurer avec le roi Guillaume, ramenèrent Louis XIV à Versailles.

Nous ne voudrions pas affirmer toutefois que les calculs d'une habile circonspection n'eussent pas fixé alors les irrésolutions de Louis XIV. La position prise par Guillaume et les renforts jetés dans Liége rendaient, comme nous l'avons dit, impossible d'entreprendre le siége de cette dernière place, sans marcher d'abord contre les troupes du roi d'Angleterre. M. de Luxembourg soutenait qu'il serait facile de les écraser en les faisant attaquer par les deux armées françaises réunies : par deux fois il se mit à genoux pour arracher cet ordre au roi. Mais Louis XIV avait plus de goût pour les siéges que pour les batailles; il refusa obstinément. Il avait quitté Versailles pour s'emparer de Liége méthodiquement et à coup sûr, mais non point pour risquer sa réputation et sa fortune en rase campagne. Peut-être, autrefois, eût-il salué avec joie cette occasion d'un éclatant triomphe ; il la déclina maintenant sans vouloir expliquer ses motifs. La confiance intrépide est le don brillant des jeunes années, et la vieillesse moins sûre d'elle-même n'ose plus tant hasarder. La responsabilité graduellement assumée par Louis XIV était d'ailleurs immense, à cette époque de sa vie. Il avait perdu les deux plus grands capitaines de son siècle : Turenne et Condé n'étaient plus ; et parmi leurs lieutenants, aucun n'était de taille à les suppléer. Les hommes éminents qui avaient contribué à fonder sa puissance avaient également disparu. De Lyonne était mort et n'avait laissé personne qui fût en état de continuer sa politique extérieure. A Colbert avait succédé l'honnête et faible Le Péletier, qui avait cédé lui-même la place au spirituel et léger

Phélippeaux, en attendant l'incapable Chamillart. Louvois, emporté tout d'un coup, avait été remplacé par Barbezieux, son jeune fils. Le roi avait paru ne sentir aucune de ces pertes. Il avait mis son orgueil à tout ordonner de plus en plus par lui-même ; il avait choisi ses nouveaux ministres sans s'inquiéter d'autre chose que de ses goûts et de ses convenances personnelles, se vantant « de faire lui-même leur éducation et qu'il saurait bien leur apprendre leur métier. » En réalité les embarras des finances avaient toujours été s'aggravant, depuis que Colbert n'imposait plus à chacun sa sévère économie. Dans la conduite des affaires de la guerre, l'absence de la main active et ferme de Louvois était chaque jour plus cruellement ressentie. Qui sait si au moment de lancer la France et lui-même dans une si périlleuse aventure, le vieux monarque, en songeant à la possibilité d'un échec, ne jeta pas un regard d'inquiétude sur la situation où il laisserait ses sujets, et n'hésita pas à l'idée d'un désastre qui pouvait couvrir sa mémoire d'opprobre et mettre la France à deux doigts de sa perte.

Quoi qu'il en soit, si Louis XIV céda à cette patriotique préoccupation, il en fut assez mal récompensé. Ce fut dans toute l'armée une stupeur profonde et une indignation concentrée qui, un moment contenue, s'échappa bientôt en toutes sortes de propos. « L'effet de cette retraite fut incroyable jusque parmi les soldats et même parmi les peuples, » dit Saint-

Simon. « Les officiers généraux ne s'en pouvaient taire entre eux, et les officiers subalternes en parlaient tout haut avec une licence qui ne pouvait être contenue ». Saint-Simon, trop souvent suspect, n'exagère rien lorsqu'il parle en cette circonstance de la joie des ennemis, qui se répandait en quolibets et en sarcasmes. « Tout ce qui revenait d'eux, ajoute-t-il, n'était guère plus scandaleux que ce qui se disait dans les armées, dans les villes, à la cour même par des courtisans, ordinairement si aises de se retrouver à Versailles, mais qui se faisaient, cette fois, honneur d'en être honteux [1]. »

Lorsque le roi de France était si sévèrement et peut-être si injustement jugé par ses propres sujets, comment aurait-il rencontré moins de malveillance chez un peuple violemment conquis, opprimé depuis longues années, et qui n'avait jamais consenti à le reconnaître pour son légitime souverain ! La Lor-

---

[1]. Mémoires de Saint-Simon, tome 1, page 98. — « Il [Monsieur] attendait avec impatience des nouvelles de l'expédition du roi en Flandre, lorsqu'un courrier lui apporta celle du retour de Sa Majesté à Versailles. Il en fut surpris et fâché au dernier point et avec raison, car le roi se vit en état à Gembloux d'accabler le roi Guillaume, qui était à l'abbaye du Parc sous Louvain, qu'il n'osait abandonner, et n'avait que quarante mille hommes, lorsque le roi pouvait marcher à lui des deux côtés de Bruxelles avec deux armées de soixante mille hommes chacune... Personne n'a jamais su l'auteur de ce conseil; mais on a soupçonné qu'il venait de Mme de Maintenon, sur ce que le roi avait eu quelques accès de fièvre [nous voyons par les Mémoires de Dangeau que cela n'est point vrai], et c'est bien là un vrai conseil de femme, que M. de Luxembourg, et tous les autres ministres ont désavoué. » (Mémoires du marquis de La Fare.)

raine, quoique militairement occupée, n'avait pas un instant cessé d'être en secrète intelligence avec les adversaires de Louis XIV. Elle recevait à profusion les innombrables pamphlets publiés en Hollande et en Allemagne, soit par les protestants exilés, soit par les agents des puissances coalisées contre le monarque français et son gouvernement. A Nancy et dans les principales villes des Deux-Duchés, ces publications étaient lues avec beaucoup plus de curiosité et de faveur que les articles louangeurs des gazettes de Paris, ou les factums officiels de la cour de Versailles[1]. Jamais le ton de ces manifestes

1. Le nombre des pamphlets qui s'imprimaient à l'étranger, pour être clandestinement introduits en France, était fort considérable. Une partie de ces opuscules, fort recherchés, surtout en province, ne renfermait que de vulgaires diatribes, et des accusations fausses ou très-exagérées contre le gouvernement despotique de Louis XIV. Mais d'autres se recommandaient au contraire par un grand fonds de raison et de bon sens. Dans ce nombre, il faut citer une collection de quinze mémoires intitulés : « *Les Soupirs de la France esclave qui aspire après la liberté,* » imprimés à Amsterdam en 1690. Ces mémoires toujours fort remarquables par les questions qui y sont traitées et les idées politiques qu'ils renferment ne laissent pas que d'être, sous une forme un peu surannée, aussi justes que solides, et le style en est souvent excellent. Il y a sur les institutions de la France au moyen âge et sur les rapports des trois ordres de la nation avec la royauté toujours envahissante, des considérations qui n'ont rien à envier à la science politique des temps présents. Ces mémoires, qui ont peut-être inspiré plus d'un moderne publiciste, sont peu connus, et surtout rarement cités. Suivant une opinion généralement accréditée, ils auraient été composés à l'étranger par les réfugiés protestants, peut-être par Jurieu, pour être envoyés à leurs coreligionnaires de France ; mais cette opinion témoigne elle-même du peu d'attention prêtée à ces publications, car il suffit d'une rapide lecture pour se convaincre que leur auteur est un zélé gallican, se rapprochant, par ses doctrines et

étrangers ne fut plus vif, et la polémique des réfugiés français plus insultante qu'au printemps de 1693. Le retour inattendu de Louis XIV à Versailles était raconté, avec toutes sortes de commentaires méprisants. On le signalait avec des transports de joie frénétique comme l'indice de la décadence infaillible de la fortune du grand roi. Il y avait dans ces bruyantes prophéties un peu de forfanterie et beaucoup d'exagération. Elles n'en servirent pas moins à réveiller de plus en plus l'esprit public en Lorraine. Au sein du peuple des campagnes, toujours si prompt à reprendre espérance, on ne doutait pas que l'heure de la délivrance ne sonnât bientôt. Parmi la noblesse et dans les rangs de la bourgeoisie, l'attente d'un affranchissement prochain émut de nouveau tous les cœurs. A considérer l'état présent des affaires de l'Europe et la situation de Louis XIV qui, seul contre tant d'ennemis, n'avait pas encore éprouvé de sérieux échecs, ces généreuses aspirations et tous ces rêves du patriotisme lorrain paraissaient conçus à la légère. Un avenir assez rapproché se chargea de prouver, au contraire, qu'ils n'étaient pas sans fondement.

par son culte pour le passé, des hommes de Port-Royal. Nous citerons, parmi les plus remarquables, les mémoires nos 1, 2, 4, 5-7 et 11.

CHAPITRE XXXIV

Louis XIV continue à diriger de Versailles les opérations de la guerre. — Situation de l'Europe. — Imminence de la mort du roi d'Espagne. — Louis XIV désire la paix, afin de se trouver en mesure de profiter de cet héritage. — Détails sur les négociations secrètes qui précédèrent le traité de Ryswick. — Elles sont plus importantes que celles de Ryswick. — Louis XIV se propose de diviser les cours alliées. — Il détache Victor Amédée de la ligue européenne. — Il envoie un agent secret à la duchesse de Lorraine à Inspruck. — Effet de la mission de M. de Couvenges. — Réunion du congrès de Ryswick. — On n'y tombe d'accord de rien, et les négociateurs perdent leur temps en vaines formalités. — Guillaume III désire la paix comme Louis XIV. — Entrevue de lord Portland et du maréchal de Boufflers. — Ils conviennent d'un accord particulier entre les deux rois. — Situation des plénipotentiaires lorrains au congrès de Ryswick. — Traité signé entre la France, l'Angleterre, les États généraux et l'Espagne. — L'Empereur ne veut point signer. — La duchesse de Lorraine s'emploie à vaincre l'obstination de l'Empereur. — Traité de paix entre la France et l'Empire. — Projet de mariage entre le duc de Lorraine et une fille de Monsieur. — Mort de la reine Marie-Éléonore, duchesse douairière de Lorraine.

Louis XIV, en se retirant pour toujours des champs de bataille, n'avait pas entendu renoncer à gouverner lui-même, comme par le passé, les affaires de son royaume. Après avoir passionnément aimé la guerre, il inclinait maintenant à la paix; son activité n'avait changé que d'objet. De Versailles, de Trianon et de Marly, devenus ses résidences habituelles, il continuait à diriger encore toutes les opérations militaires sans y prendre part. De la même main qui traçait aux chefs de corps des plans de campagne obligatoires dont, en aucune circonstance, nul d'entre eux n'aurait jamais osé s'écarter, il adressait journellement aux agents du dehors des instructions aussi détaillées et non moins impératives. Mais tandis qu'absorbé par ses nouvelles préoccupations, le roi en était venu à n'accorder à ses troupes qu'il ne commandait plus en personne, devenues peu à peu si chères à payer et si difficiles à recruter [1], qu'une attention assez distraite; il appliquait au contraire tous ses soins à la politique extérieure. Les triomphes remportés en son absence par ses généraux ne lui avaient jamais agréé qu'à moitié. Il n'eût pas laissé sans envie un prince du sang ou son fils lui-même acquérir, loin de lui, trop de réputation dans les camps. Tous les despotes sont jaloux, jaloux surtout de la gloire militaire, et n'aiment à voir étinceler d'épées que dans leurs mains. On faisait mieux sa cour en demeurant près du maître à Versailles, qu'en suivant les armées.

1. « Il avait fallu, au mois de janvier, établir pour subvenir aux dépenses de la guerre une imposition fort onéreuse et nouvelle en France : celle de la capitation. » Les Français avaient été classés en vingt-deux catégories. La première, celle des princes du sang, payait 2,000 fr. par tête, et la dernière, seulement 20 sols. — Voir Sismondi, *Histoire des Français*, tome 26, page 197. — *Journal de Dangeau*, *collection des lois françaises*, etc.....

Le recrutement des armées se faisait de force. Des brigades de soldats, et même de gardes du corps, allaient faire la chasse aux hommes sur les chemins. Ils les enfermaient dans des geôles, que dans leur argot militaire ils appelaient des fours, et les vendaient ensuite aux officiers recruteurs. Le roi dut, par décret spécial, fermer les fours de Paris. Mais ce trafic odieux continua dans les provinces. — Voir le *Journal de Dangeau*.

Les années qui précédèrent le traité de Ryswick ne furent signalées par aucun éclatant fait d'armes. De 1694 à 1697, la guerre devint aussi faible et languissante que la diplomatie était animée et brillante. Plus que les victoires douteuses de nos soldats, les habiles démarches de nos négociateurs servirent à rompre à cette époque les desseins de nos ennemis. C'était le roi qui avait présidé aux plus considérables comme aux moindres de ces nombreuses transactions. Il n'en était pas une qu'il n'eût inspirée lui-même à son début et conduite lui-même jusqu'à son terme. Centre immuable où tout aboutissait et d'où partait tout mouvement, il n'avait pas cessé d'apparaître avec raison, aux yeux de ses sujets, comme l'unique auteur de tous les biens et de tous les maux du pays; et si à lui seul incombait justement la responsabilité d'avoir rendu au dedans la France si misérable et si pauvre, malgré ses victoires, à lui seul aussi allait à bon droit revenir l'honneur de l'avoir, malgré tant de souffrances intérieures, maintenue si grande encore au dehors, si puissante et si respectée.

Louis XIV, soit qu'il eût à combattre ou à traiter, avait sur tous ses adversaires de précieux avantages. Son rival le plus redouté, Guillaume d'Orange, ne pouvait rien tenter de considérable sans s'être à l'avance assuré l'assentiment d'une nation sur laquelle il régnait, à titre de prince librement élu, qui, jalouse au dernier point de ses franchises politiques, lui avait à grand' peine accordé des pouvoirs fort limités, et n'attachait alors aux événements qui se passaient sur le continent qu'une assez médiocre importance. Pour soutenir la guerre, il lui fallait arracher péniblement à la Chambre des Communes devenue presque factieuse des subsides qui le rendaient chaque jour moins populaire. S'il voulait accueillir les propositions de ses ennemis ou tenter lui-même quelque ouverture pacifique, il était réduit à se cacher de ses propres ministres trop portés, la plupart, à le dénoncer et peut-être à le trahir. Entre les Hollandais, ses compatriotes, et les Anglais, ses nouveaux sujets, c'était une constante rivalité d'intérêt et des jalousies perpétuelles qui diminuaient encore sa liberté d'action[1]. L'empereur d'Autriche n'était pas moins empêché chez lui, menacé qu'il était toujours de l'invasion des Turcs, aux prises avec ses sujets révoltés de Hongrie, en butte aux exigences contradictoires des électeurs catholiques et protestants de l'empire. Quant au roi d'Espagne, il ne comptait plus que par le souvenir de sa puissance passée. L'immense étendue de cet empire était devenue la cause principale de sa faiblesse. Son roi

---

1. Voir pour se rendre compte des difficultés de toute nature, contre lesquelles le roi Guillaume avait alors à lutter, une publication très-curieuse faite à Londres, en anglais, par un Français, M. Grimblot : *Letters of William III and Louis XIV, and of his ministers*, illustrative of the domestic and foreign politics of England, from the peace of Ryswick to the accession of Philip V of Spain. London.

moribond et son gouvernement abâtardi n'étaient
plus en état de tirer parti de ses lointaines colonies,
ni même capable de défendre les riches territoires
qui, disséminés d'un bout à l'autre de l'Italie, dans
le bassin de la Méditerranée, sur les rives de la mer
du Nord, attendaient un héritier incertain, et déjà
allumaient de toutes parts l'ardente convoitise des
souverains de l'Europe.

Nous croyons, avec le royal auteur des Mémoires de Brandebourg, que l'envie de s'attribuer
une grosse part dans une proie si considérable,
plus que l'ennui de la guerre, ou le goût du repos,
ou même le désir de contenter Mme de Maintenon,
déterminèrent Louis XIV à rechercher la paix [1]. Il
avait parfaitement compris que la succession de
Charles II venant à s'ouvrir pendant la guerre, tous
les ennemis de la France actuellement ligués contre
elle, lui en disputeraient de concert jusqu'au moindre
lambeau. A supposer que les armes dussent vider
ce grand procès, il avait besoin de réparer ses forces
épuisées et de se ménager les moyens de soutenir
ses prétentions. Mais il préférait avec raison la voie
des arrangements amiables. Pour qu'ils devinssent

---

1. .... « Louis XIV, qui voyait Charles II, roi d'Espagne, sur son déclin et d'un tempérament à ne pas promettre une longue vie, se prêta franchement à la paix. Quoiqu'il rendît ses conquêtes presque sans restriction, il sacrifia ces avantages passagers à des desseins plus durables.... » Mémoires de Brandebourg.... *OEuvres de Frédéric le Grand*, publiées à Berlin, 1646, chez l'imprimeur du roi.

seulement possibles, il était urgent de se concilier ces mêmes princes que trop de hauteur et des façons trop outrageantes avaient tant de fois humiliés. Sa résolution une fois prise, le seul embarras, qu'à vrai dire, éprouva Louis XIV fut de convaincre les cabinets étrangers de la sincérité de ses dispositions pacifiques. Le ressentiment des vieilles injures et le souvenir des anciens manques de foi maintenaient, autour du monarque français, une barrière que la méfiance rendait presque infranchissable. La difficulté d'avouer son véritable motif nuisait singulièrement à ses nouveaux desseins; car plus ses concessions paraissaient considérables, plus ses intentions devenaient suspectes.

Peu de temps après avoir quitté son armée de Flandre (juillet 1693), Louis XIV avait fait parvenir à M. d'Avaux, son ambassadeur en Suède, une dépêche contenant des propositions de paix très-raisonnables. Ce fut à peine si les puissances coalisées daignèrent s'en occuper. Elles s'obstinèrent à chercher dans cette preuve de la modération inattendue du roi de France le signe de quelque perfide calcul et resserrèrent plus étroitement leur alliance contre lui. Il ne dépendait pas en effet de Louis XIV de calmer ainsi, d'un seul mot, des adversaires justement exaspérés, et de dissiper en un instant des méfiances inconsidérément excitées. Par un singulier mais juste retour, il rencontrait maintenant, comme obstacle principal à sa politique devenue sage et traitable, les ombrages causés par les desseins ambitieux qu'il avait autrefois follement caressés. Les cabinets étrangers jetés par lui dans une situation violente refusaient, à leur tour, d'en sortir à son premier appel. Tant il est vrai qu'un certain équilibre entre les grandes puissances continentales ne peut jamais être impunément troublé! Tant il est vrai aussi que dans l'Europe moderne, la domination universelle d'un seul, fléau passager pour ceux qui la subissent, finit toujours par retomber en maux non moins cruels et plus durables sur le prince qui l'a imprudemment rêvée et sur la nation qui l'a étourdiment payée de ses trésors et de son sang! Quatre longues années de guerres sanglantes, d'expéditions ruineuses et d'embarrassantes négociations suffirent à peine à Louis XIV pour faire enfin accepter à Ryswick, en 1697, les conditions qu'il avait tout d'abord proposées à Stockholm, en 1693.

Le traité conclu dans le château de Ryswick, près de La Haye, fut à peu près pour les princes lorrains ce qu'avait été jadis la paix signée, dans l'île des Faisans, au pied des Pyrénées. Elle les rétablit dans leurs États héréditaires, en les laissant toutefois à la merci de leur redoutable voisin, le roi de France. Dans ces deux occasions, des intérêts plus considérables que ceux de la Lorraine furent agités entre les principaux contractants. Ce qui regardait uniquement ce petit pays indépendant, mais si pauvre, si dénué de ressources, si incapable de se faire seulement respecter par lui-même, a passé presque inaperçu. Sa part dans ces grands débats fut à coup sûr secondaire; elle ne fut pas cependant tout à fait insignifiante. En 1659, la cause de la Lorraine avait été faiblement défendue par l'Espagne; en 1697, elle était vivement soutenue par toutes les puissances coalisées contre la France, et en particulier par l'Empereur auquel le sort de cette contrée située près du Rhin ne pouvait jamais être complétement indifférent, et qui faisait en ce moment élever avec beaucoup de soin à Inspruck, sous l'œil attentif de leur mère, la reine douairière de Pologne, les jeunes héritiers de son beau-frère Charles V. Nous raconterons donc brièvement les négociations de Ryswick comme nous avons raconté celles des Pyrénées, en nous attachant à mettre surtout en relief les faits qui rentrent directement dans notre sujet; heureux si nous pouvons, chemin faisant, jeter un peu de lumière sur des détails restés secrets jusqu'à ce jour et qui n'étaient pas, si nous ne nous abusons, tout à fait indignes de trouver place dans les histoires générales soit de la France, soit de l'Empire.

On a considérablement écrit sur les conférences de Ryswick, et les pièces authentiques de cette laborieuse négociation composent à elles seules plusieurs volumes. On a donné moins d'attention aux démar-

DE LA LORRAINE A LA FRANCE. 59

ches inofficielles qui précédèrent la réunion des plénipotentiaires ; ces dernières furent cependant de beaucoup les plus curieuses et les plus importantes. Nous n'apprendrons rien de nouveau aux personnes qui savent de quelle façon se traitent ces sortes d'affaires, en affirmant que la portion la plus essentielle de la besogne, confiée aux membres officiels du Congrès, était déjà bien avancée lorsque pour la première fois ils entrèrent sérieusement en matière. Comme toujours, les questions principales avaient été abordées à l'avance, débattues directement, et déjà tacitement arrangées entre les principaux intéressés, à une époque où leurs représentants à Ryswick n'ayant pas encore reçu leurs pleins pouvoirs, attendaient vainement leurs instructions ostensibles et perdaient leur temps en vaines disputes d'étiquette[1]. Il y eut, de 1694 à 1697, plus d'un revirement dans l'attitude des cabinets européens : rien ne ressembla moins, par exemple, au rôle pris par Louis XIV, les conférences une fois commencées, que celui qu'il avait adopté avant leur ouverture. Autant, au début des pourparlers entamés isolément avec chacune des puissances, il s'était secrètement montré facile et disposé aux plus grands sacrifices, autant, lorsqu'à Ryswick il se trouva en

---

1. Voir pour le détail des interminables et ridicules questions de cérémonial, soulevées par les plénipotentiaires réunis à Ryswick, le 3ᵉ volume de l'*Histoire du règne de Guillaume III*, par M. Macaulay.

présence de ses adversaires réunis, il demeura ferme dans ses résolutions, intraitable même sur des questions de pure forme et sans véritable importance. Il y avait un peu d'orgueil dans cette conduite, mais il y eut aussi une profonde habileté.

Cette paix, souhaitée avec tant d'ardeur par Louis XIV, était impossible à obtenir aussi longtemps que ses ennemis resteraient entre eux parfaitement unis. Pour témoigner de leur accord et protester contre toute idée de transaction séparée, les cours alliées venaient de renouveler avec un certain apparat, pendant l'été de 1695, l'acte de la grande alliance. Victor-Amédée de Savoie avait été le premier et le plus empressé à envoyer son éclatante adhésion (21 septembre 1695), suivie bientôt de celles de l'Empereur, de la Hollande, de l'évêque de Munster, du duc de Hanovre, des électeurs de Bavière et de Brandebourg, puis enfin, de l'Angleterre et de l'Espagne (septembre-novembre 1695)[1]. Rien ne coûta à Louis XIV pour dissoudre ce faisceau formidable. Ayant, comme nous l'avons dit, vainement réclamé la médiation de la Suède, par l'intermédiaire de M. d'Avaux, il essaya d'une autre négociation en Suisse, pays neutre où le comte de Velo[2], qui avait fait précédemment plusieurs voyages secrets

---

1. *Mémoires de Catinat*, tome II, page 379.
2. Dépêche de M. de Vaubourg, intendant de Lorraine. Archives des affaires étrangères à Paris.

d'Allemagne à Paris, porta de sa part toutes sortes d'assurances pacifiques. M. le comte de Crécy et l'abbé Morel, envoyés de France, secondés par M. de Seilern, commissaire de l'Empire, furent chargés de s'expliquer sur les réunions que le roi entendait conserver et les pays qu'il offrait de restituer. La Lorraine était du nombre. Plus tard, les Hollandais ayant témoigné quelques velléités de traiter, MM. de Callières, de Harlay et le comte de Crécy furent promptement envoyés à Liége. Mais, en Suisse comme en Flandre, les paroles du roi de France n'étaient pas accueillies sans méfiance, et l'on ne parvint pas à s'entendre [1]. Au mois de juin 1695, M. de Callières fit un autre séjour assez long à Utrecht. Les conditions qu'il offrait de la part de son maître étaient, cette fois, précisément les mêmes qui furent deux ans après acceptées à Ryswick. On s'étonna de leur modération, mais on ne convint de rien, sinon de s'en remettre à la médiation du roi de Suède. Son entremise officielle ne fut toutefois publiquement acceptée de tous les partis qu'au commencement de l'année 1696.

Pendant le temps que duraient tous ces nombreux pourparlers, Louis XIV s'était ménagé ailleurs un

---

1. « Ces démarches ne firent qu'enorgueillir les ennemis, et les éloigner de la paix, à proportion qu'ils nous la jugeaient plus nécessaire, et qu'ils y voyaient un empressement et des recherches si opposées à l'orgueil avec lequel on s'était piqué de terminer toutes les guerres précédentes. » — *Mémoires de Saint-Simon*, tome I, page 262.

immense avantage ; il avait détaché Victor-Amédée de la coalition ; et les conditions accordées à ce prince donnaient enfin à l'Europe une première preuve de la sagesse actuelle de ses vues et de la droiture présente de ses intentions. Ce coup de parti ne fut du reste l'œuvre d'aucun des plénipotentiaires que nous avons nommés. Le roi avait, comme à son ordinaire, tout conçu et tout dirigé lui-même ; ses généraux avaient été cette fois les seuls négociateurs, et jamais transaction ne fut plus rapidement et plus secrètement conduite. Catinat, qui lui servit de principal intermédiaire, commandait en chef en Italie ; outre les pleins pouvoirs qu'il tenait du roi pour traiter avec Victor-Amédée, il possédait l'appui d'une formidable armée, qu'il fit mine, au printemps de 1696, de vouloir conduire jusque sous les murs de Turin. Cette démonstration avança beaucoup la conclusion du traité, et ce fut surtout en menaçant de s'emparer de sa capitale que le maréchal français fixa les irrésolutions du versatile souverain de la Savoie[1]. Catinat ne pouvait de sa personne quitter ses troupes afin de suivre les détails d'une négociation délicate ; mais il s'était fait adjoindre le comte de Tessé, le plus ancien des lieutenants généraux de son armée. M. de Tessé, esprit souple et brillant, homme de cour et de guerre, au besoin rusé diplomate, fit le

---

1. *Histoire générale des traités de paix*, par M. le comte de Garden, tome II, page 147.

malade et demeura souvent en arrière des cantonnements français afin de s'aboucher, d'abord avec un agent piémontais, le sieur Gropello, puis enfin avec le marquis de Saint-Thomas, premier ministre du duc [1]. Ses fréquentes absences avaient à peine éveillé l'attention de ses camarades de l'état-major, que déjà les préliminaires d'une convention définitive étaient secrètement signés, le 30 mai 1696, par ce diligent négociateur [2].

Une fois tombés d'accord, Louis XIV et Victor-Amédée s'entendirent pour jouer ensemble devant l'Europe étonnée une curieuse comédie, dont tous les actes étaient convenus d'avance. Par une communication en date du 6 juin, Catinat fit savoir au duc de Savoie « qu'il avait reçu ordre de marcher droit à lui et que, si Son Altesse Royale n'acceptait pas des propositions raisonnables, quand le roi devrait diminuer ses forces dans les autres pays où il fait la guerre, Sa Majesté a résolu d'exterminer entièrement le pays, avec brûlement des bâtiments, consommation des blés, coupement des bois et des vignes et des arbres fruitiers, dans toute l'étendue où il pourra porter ses armes. » A la réception de cette lettre, Victor-Amédée fit semblant d'être fort troublé des épouvantables menaces que lui adressait directement

---

1. Sismondi, *Histoire des Français*, tome XXVI, page 187.
2. *Ibidem*.

le terrible souverain qui avait jadis si rudement traité le Palatinat. Il réclama à grands cris les secours de ses alliés, sachant très-bien qu'ils n'étaient pas en état de lui en envoyer, ce dont il les obligea de convenir. Alors il les supplia de permettre qu'au moins il traitât avec Louis XIV de la neutralité de son pays. Ces instances, comme il l'avait prévu, furent tout aussi inutiles. Les alliés préféraient perdre la Savoie par la guerre que de la laisser se sauver par une trêve ; ils furent inflexibles. Pendant ces allées et venues, le duc de Savoie, généralissime des cours coalisées en Italie, prit habilement son temps pour concentrer les soldats piémontais dans ses places les mieux fortifiées, tandis qu'il dispersait dans des lieux complétement ouverts, les Allemands, les Espagnols et les religionnaires à la solde de l'Angleterre.

Ces mouvements de troupes occupèrent plusieurs mois. Toutes ses précautions enfin prises, et sa position définitivement assurée, Victor-Amédée jeta le masque. Au grand ébahissement des commandants des troupes étrangères, et des agents d'Espagne et d'Autriche demeurés près de sa personne, il s'unit devant Casal à Catinat, accouru du pied des Alpes. De généralissime de l'Empereur et du roi d'Espagne, devenu tout à coup généralissime du roi de France en Italie, il alla à la tête de cinquante mille hommes mettre le siége devant la place de Valenza, que peu de jours avant il s'était vanté d'aller bientôt secourir [1].

A cette nouvelle, la stupéfaction fut grande en Italie. Le jeune prince de Commercy, qui servait dans l'armée de l'Empereur, adressa un cartel au duc de Savoie et le défia à un combat singulier. Le duc accepta, mais la rencontre n'eut point lieu toutefois parce que des amis communs intervinrent pour l'empêcher. On demeura indigné, mais on s'étonna moins à Vienne comme à Londres, lorsqu'on sut les conditions accordées par Louis XIV au prince défectionnaire. Il lui avait en effet restitué toutes ses conquêtes, la Savoie, Nice, Suze et Ville-Franche. Il avait fait plus ; il lui avait cédé les vallées de Pragela et de la Pérouse jusqu'au mont Genèvre, et cette fameuse forteresse de Pignerol, ancienne conquête de Louis XIII, devenue depuis une sévère prison d'État, où Fouquet et Lauzun avaient longtemps expié le malheur d'avoir déplu au maître actuel de la France.

A l'époque où il tentait ainsi pour la première fois la fidélité douteuse du duc de Savoie, Louis XIV entamait auprès de la reine douairière de Pologne, veuve de Charles V, des démarches conduites avec le même mystère, et qui attestaient mieux encore son désir de terminer la guerre. Il y avait alors retiré à Nancy un Lorrain, M. de Cou-

---

[1]. *Botta Storia d'Italia* — XXXII, page 85., Muratori; *Mémoires de Catinat*, *Mémoires de Tessé*, etc., etc.

vonges, gentilhomme plein d'honneur, fort attaché comme tous ses pareils à la maison de Lorraine, et dont la discrétion inspirait toute confiance. Sur les indications fournies par M. de Vaubourg, intendant de la province, Louis XIV lui fit proposer d'aller trouver de sa part, à Inspruck, la reine douairière de Pologne et les princes lorrains ses enfants [1].
M. de Couvonges hésita d'abord. Averti toutefois que la restitution de la Lorraine faisait partie des offres qu'il serait chargé de porter à Inspruck, il ne fit plus d'objection. Prétextant vis-à-vis de ses compatriotes une affaire de succession qui l'appelait en Allemagne, il écrivit (10 janvier 1696) à mots couverts à M. Lebègue, ministre de la reine douairière, afin qu'on lui fît secrètement parvenir un passe-port. Peu de temps après (mars 1696) ce fidèle serviteur arrivé à la petite cour d'Inspruck, expliquait lui-même à sa maîtresse étonnée quelles étaient, à l'égard de la maison de Lorraine, les dispositions nouvelles et fort inattendues de Louis XIV.

La mission de M. de Couvonges avait un double objet. Il était chargé d'annoncer « que le monarque français n'entendait pas s'en tenir à l'égard des princes lorrains aux seules conditions de la paix de Nimègue qui étaient actuellement tout ce que les

---

[1]. Lettres de M. de Vaubourg, du 18 mars et du 15 avril 1694. Archives des affaires étrangères. — Affaires de Lorraine.

puissances alliées cherchaient à obtenir de lui par l'intermédiaire du roi de Suède. Non-seulement il les rétablirait volontiers dans leurs États héréditaires sur le pied où le duc Charles IV les possédait en 1670, mais il n'était pas éloigné de renoncer aux quatre chemins dont il s'était ménagé le bénéfice par le traité de 1661. » C'était là de grandes concessions[1]. En retour, Louis XIV demandait à la reine douairière de Pologne de vouloir bien s'entremettre auprès de l'empereur Léopold, son frère, pour ménager une paix séparée entre l'Empire et la France. M. de Couvonges devait l'assurer que le roi n'avait pas de plus vif désir que de s'entendre avec le chef de l'Allemagne. Comme la reine Éléonore était fort pieuse et même très-zélée catholique, l'envoyé français était autorisé à lui parler des desseins formés par les électeurs protestants qui faisaient partie de la coalition. Selon Louis XIV ils n'avaient d'autre but que « d'établir le libre exercice de la religion en Savoie et dans les pays du roi catholique, de rendre l'Empire alternatif, de partager les grands bénéfices d'Allemagne, et d'en faire la récompense des princes de la religion qui ont le plus fourni à la présente guerre, et enfin de rendre l'hérésie dominante dans toute l'Europe. Il n'y avait pas d'autre moyen d'empêcher le succès de leur entreprise que

---

1. Instructions pour M. de Couvonges, 30 novembre 1695. Archives des affaires étrangères.

la réconciliation du roi de France et de l'Empereur[1]. »

Si pendant de longues années la veuve de Charles V n'eût pas appris la modération à l'école de son habile et prudent époux, peut-être aurait-elle eu quelque peine à se défendre d'un mouvement d'orgueil en voyant le persécuteur acharné de la maison de Lorraine venir dans ses pressants embarras réclamer presque son assistance ; mais Marie-Éléonore était aussi sage qu'avisée. Elle aimait son frère et possédait toute sa confiance. Elle savait qu'il ne convenait pas à l'Empereur de conclure, en ce moment, une paix séparée. Elle soupçonna un piége dans une ouverture qui n'avait peut-être en effet d'autre but que de rendre Léopold suspect à des alliés dont il avait en ce moment grand besoin. Sans repousser absolument la demande qui lui était adressée, elle ne montra point d'empressement à se charger du rôle que lui destinait Louis XIV. Sa réponse fut pleine à la fois de douceur et de dignité. Elle s'exprima sur le compte du roi de France avec une respectueuse gratitude. « Pour ce qui regardait, » dit-elle, « les intérêts de ses enfants, elle espérait qu'en effet le roi consentirait à leur rétablissement à des conditions justes, telles qu'ils étaient en droit de les attendre d'un aussi grand monarque. Quant à la paix avec l'Empereur, si Sa Majesté Très-Chrétienne désirait

---

1. Extrait des instructions pour M. de Couvonges. Archives des affaires étrangères.

que M. de Couvonges allât en traiter à Vienne, elle lui obtiendrait volontiers un passe-port et s'emploierait avec joie auprès de son frère pour amener la pacification générale de l'Europe[1]. » Louis XIV n'avait pas eu de répugnance à envoyer un négociateur secret s'entretenir amicalement à Inspruck avec les princes lorrains, mais il ne lui convenait en aucune façon d'accréditer publiquement à Vienne un négociateur qui aurait eu l'air d'aller solliciter le bon plaisir de l'Empereur. Le comte de Couvonges reçut donc l'ordre de revenir à Nancy.

Le voyage de M. de Couvonges en Allemagne ne fut pas cependant tout à fait inutile. Il contribua à donner bonne opinion à Louis XIV de cette famille de Lorraine qu'il se proposait de rétablir prochainement dans ses États. Il servit aussi à lui faire connaître les véritables dispositions des petites cours voisines du Rhin. Les rapports de M. de Couvonges, aussi bien que les dépêches de MM. du Harlay, de Callières et des autres agents envoyés à Maestricht et plus tard jusqu'à La Haye, lui représentaient l'Espagne toujours arrogante, mais sans crédit en Europe, les États-Généraux et les électeurs catholiques de l'Allemagne fatigués de la guerre, pressés de la voir finir, mais retenus malgré eux dans le camp des coalisés par l'influence prépondérante du

1. Dépêche de M. le comte de Couvonges, 20 mars 1696. Archives des affaires étrangères.

roi Guillaume d'Angleterre et surtout de l'empereur Léopold. Tel était bien, en effet, l'état des choses lorsque, le 9 mai 1697, s'ouvrirent enfin, au château de Ryswick, sur les instances réitérées de la Suède, les conférences qui devaient procurer à l'Europe une paix momentanée. Pour arriver à ses fins, c'est-à-dire pour diviser entièrement ses ennemis, pour avoir raison de l'incurable obstination de l'Empereur, et, en l'isolant à son tour, lui imposer les conditions déjà arrêtées dans son esprit, il ne restait plus à Louis XIV qu'à tâcher de s'entendre directement avec Guillaume III. Son orgueil y répugnait. Il lui en coûtait beaucoup de tenter la première démarche vis-à-vis d'un prince dont il n'avait jusqu'alors parlé qu'en termes durs et méprisants. Guillaume lui sauva cet embarras.

Ainsi que le roi de France, le roi d'Angleterre souhaitait sincèrement et ardemment la paix. Promoteur et chef de la puissante coalition formée contre Louis XIV, Guillaume III avait supporté presque seul tout le poids de la lutte; il avait d'ailleurs en partie atteint son but, puisqu'il avait enfin arrêté l'extension de la domination française et obligé la cour de Versailles à offrir la restitution de quelques-unes de ses plus récentes et de ses plus considérables conquêtes. Les continuels sacrifices qu'il lui fallait demander à ses nouveaux sujets pour soutenir sur terre et sur mer une guerre devenue chaque année plus onéreuse et moins populaire, lui avaient d'ailleurs suscité en Angleterre des difficultés qu'exploitaient perfidement contre lui les partisans de la dynastie déchue [1]. Jamais à Londres on n'avait vu le crédit public tombé si bas et le commerce plus en souffrance [2]. En Hollande, le découragement n'était pas moins grand, ni les plaintes moins amères. Si faiblement secondé par les peuples mêmes qui reconnaissaient son autorité, le roi d'Angleterre avait été encore plus mal soutenu par ses alliés. « L'Espagne n'avait jamais eu au service de la cause commune que des rodomontades [3]. » Nous avons vu avec quelle prestesse d'évolution le duc de Savoie avait rompu ses premiers engagements. L'Autriche, qui avait jeté feu et flamme contre cet allié infidèle, avait tout à coup, et sans prévenir Guillaume III, pris une détermination non moins contraire aux intérêts de la coalition; elle avait avec l'Espagne consenti à la neutralité de l'Italie [4]. Cette démarche avait à bon droit

1. *Histoire du règne de Guillaume III*, par M. Macaulay, tome III.
2. « Ce fut en 1696 le nadir de la prospérité anglaise. C'est depuis cette époque que, par la faveur de la Providence et l'énergie de la nation, nous nous sommes, quoique d'un mouvement pas tout à fait uniforme, élevés à notre hauteur présente. » (Hallam, *Histoire constitutionnelle de l'Angleterre*, chapitre XV.)
3. « L'Espagne n'a jamais eu au service de la cause commune que des rodomontades. » (Lettre de Guillaume III au pensionnaire Heinsius.)
4. « On voit que les ministres de l'empereur ne se font aucun scrupule de prendre les résolutions les plus importantes et de les mettre à exécution sans notre participation. Cela nous dispensera de notre côté d'être aussi scrupuleux, et nous agirons à l'avenir selon nos con-

excité la mauvaise humeur du roi d'Angleterre et lui donna probablement pour la première fois l'idée de traiter lui-même séparément avec le roi de France. La politique suivie par l'Empereur était, en effet, de nature à dégoûter ses alliés; ainsi que Louis XIV, Léopold d'Autriche aspirait à la succession du roi d'Espagne, dont chacun regardait alors la fin comme prochaine. Il lui importait extrêmement, qu'au jour de la mort de Charles II, une grande coalition européenne se trouvât encore toute formée et en armes contre son rival de la maison de Bourbon [1]. Il ne voulait donc entendre à aucun arrangement. Mais tandis qu'il se proposait de prolonger indéfiniment la guerre, il entrait dans ses calculs d'en laisser à d'autres tous les frais et tous les périls. En Italie, il eût été obligé de faire tête aux Français avec l'appui fort précaire des Espagnols, c'est pourquoi il avait consenti à la neutralité de l'Italie. Comme chef de la Confédération germanique, il avait convoqué tous les contingents allemands, mais au lieu d'employer ses meilleures troupes à protéger le Rhin,

---

venances particulières. » (Lettre de Guillaume au pensionnaire Heinsius, citée par M. de Grovenstein.) *Histoire des luttes et rivalités politiques entre les puissances maritimes et la France*, tome VI, page 568.

1. « Je suppose que la conduite extravagante de la cour impériale prend sa source en partie dans l'humeur personnelle du comte de Kinsky, mais principalement aussi dans ce que le comte de Straatman nous a dit, et ce que le comte d'Aversperg m'a répété au sujet de la succession d'Espagne. » (Lettre de Guillaume III au pensionnaire Heinsius. 12-22 mars 1697.)

il les avait envoyées, sous la conduite du prince Eugène, combattre les Hongrois et les Turcs. Il préférait mettre la défense de l'Empire à la charge presque exclusive de la Hollande et de l'Angleterre. De pareils desseins n'échappaient pas à la pénétration de Guillaume III ; il en était outré. « Les ministres de l'Empereur, » écrivait-il à Heinsius, « devraient rougir de leur conduite. Il est intolérable qu'un gouvernement qui fait tout ce qu'il peut pour faire échouer les négociations ne contribue en rien à la défense commune [1]. »

On le voit, les dispositions de Louis XIV et de Guillaume III n'étaient pas très-différentes. Il n'y avait d'obstacles à un rapprochement que les ombrages provenant de leur longue rivalité. Chacun de ces princes avait peine à se persuader que son rival souhaitât sincèrement la paix. Le roi d'Angleterre fut le premier à reconnaître que rien ne serait possible aussi longtemps qu'on ne voudrait, d'un côté ni de l'autre, rabattre un peu de cette superbe et injurieuse défiance. Il se souvenait que le congrès de Nimègue s'était prolongé pendant six années avant d'aboutir. Son bon sens lui faisait prendre en quelque mépris les solennelles négociations des plénipotentiaires de Ryswick qui, après deux mois de conférence, en étaient encore à discuter sur le nombre de pas

---

[1]. Lettre de Guillaume III au pensionnaire Heinsius, 21 décembre 1696 ; citée par M. Macaulay, tome III, chapitre IV, page 499.

qu'ils feraient l'un au-devant de l'autre, sur les révérences qu'ils se devaient, sur les titres qu'ils se donneraient, sur le rang qu'ils occuperaient autour de la table du congrès, sur les places qui seraient assignées à leurs carrosses dans la cour, et à leurs valets dans les antichambres du château de Ryswick. Guillaume III était décidé à mettre un peu de sérieux à la place de cette comédie. Il préférait la paix ou la guerre à un pareil état des choses; et pour le faire cesser, il résolut d'entrer en communication avec le roi de France.

Villeroi tenait alors officiellement le rang le plus élevé à l'armée française de Flandre; mais c'était un personnage aussi brouillon que vaniteux. « Guillaume qui n'ignorait, » dit Saint-Simon, « ni le caractère ni le degré de confiance et de faveur, auprès du roi, des généraux de son armée, préféra s'adresser à Boufflers. » Il y avait eu précédemment, à la suite de la prise de Namur, où Boufflers avait été retenu prisonnier par les alliés, quelques courtoisies échangées entre le maréchal français si justement estimé de Louis XIV et lord Portland, le confident, l'ami et le conseiller principal du roi d'Angleterre. Restait à trouver, pour envoyer d'un camp à l'autre, quelque intermédiaire dont les allées et venues s'expliquassent tout naturellement. Or, il y avait en ce moment, par un hasard assez étrange, des princes lorrains dans les deux armées opposées de France et d'Angleterre.

Auprès du roi Guillaume, et dans sa plus grande intimité, vivait le prince de Vaudemont. Après avoir jadis émerveillé, par son luxe et par ses belles façons, la cour de Versailles qu'il avait dû quitter à la suite de qnelques galanteries, le fils de Charles IV et de Béatrice de Cusance s'était jeté au service de l'Autriche. Il en avait même épousé si vivement la cause, qu'il s'était fait éloigner de Madrid et de Rome pour des propos indiscrets tenus sur le compte du roi de France. La femme du prince de Vaudemont était sœur du duc d'Elbeuf, qui était lui-même l'un des lieutenants du maréchal de Boufflers. Quoique suivant des fortunes diverses, les deux beaux-frères, également désireux de voir la Lorraine rendue au chef de leur maison, vivaient en de bons termes et communiquaient parfois ensemble avec l'agrément de leurs supérieurs. Un sieur de Gaugy, écuyer du duc d'Elbeuf, chargé par lui d'aller complimenter la princesse de Vaudemont, et, par la même occasion, d'acheter quelques chevaux en Belgique, fut l'agent choisi par lord Portland pour porter, à son retour, les premières paroles et demander un rendez-vous au maréchal de Boufflers [1].

Dans les premiers jours de juillet 1697, lord Portland et le maréchal de Boufflers se rencontrèrent secrètement près de la petite ville de Halle,

---

1. Lettre du maréchal de Boufflers à Louis XIV. Camp de Sainte-Ronelle, 1er juillet 1697. — Archives du dépôt de la guerre.

située à trois ou quatre lieues de Bruxelles, sur la route de Mons. Le maréchal français qui, avant d'accorder cette entrevue, en avait référé à Versailles, avait reçu l'ordre de se maintenir dans une grande réserve et d'écouter simplement ce qui lui serait communiqué. La même obligation n'avait pas été imposée à Portland. Il fut très-explicite; il déclara à Boufflers « que si le roi de France voulait bien donner satisfaction à son maître sur les points qui le concernaient personnellement, il obligerait l'Empereur et les Espagnols à faire la paix, étant satisfait pour lui-même, aussi bien que pour les États-Généraux, des offres que Sa Majesté avait faites dans les préliminaires; et si l'Empereur et les Espagnols persistaient à refuser la paix, il la ferait sans eux, en même temps que les Hollandais [1]. » C'était du premier mot accorder tout ce que souhaitait Louis XIV. Les deux interlocuteurs satisfaits l'un et l'autre convinrent de se revoir, et dès la seconde conférence il fut clair qu'on parviendrait sans trop de peine à s'entendre. Le roi d'Angleterre connaissait parfaitement l'orgueil du monarque français et son faible pour les louanges. Il ne crut pas sa gloire intéressée à refuser à Louis XIV ce tribut d'éloges admiratifs et de soumissions un peu excessives, auquel tant d'autres princes l'avaient accoutumé. Lord Portland avait en effet été

---

1. Le maréchal de Boufflers à Louis XIV. Camp de Saint-Ronelle, 8 juillet 1697 — sept heures du matin. — Archives du dépôt de la guerre.

autorisé à commencer l'entretien en assurant le maréchal de Bouflers « que personne n'avait pour Sa Majesté le roi de France plus d'estime, de vénération et de respect que le prince d'Orange [1]. » Louis XIV ayant répondu aux compliments de Guillaume par les témoignages d'une véritable estime, l'envoyé anglais avait été chargé d'exprimer de nouveau au maréchal « toute la joie et toute la reconnaissance avec laquelle ils avaient été reçus par son maître, à cause de la valeur infinie qu'il attachait à l'estime et à l'amitié du roi, de son sincère désir de les obtenir, et de ses sentiments pour la personne de Sa Majesté, pour laquelle il était impossible d'avoir trop d'admiration et de respect, la considérant non-seulement comme le plus grand souverain du monde, mais personnellement comme le plus grand des hommes à cause de ses rares et admirables qualités... Ajoutant que la paix conclue, son maître serait aussi fidèlement et constamment attaché aux intérêts du roi que jusqu'à présent il leur avait été contraire [2]. »

[1]. Le maréchal de Boufflers à Louis XIV. Camp de Sainte-Ronelle, 15 juillet 1697. — Archives du dépôt de la guerre.

[2]. Le maréchal de Boufflers à Louis XIV. Camp de Sainte-Ronelle, 21 juillet 1697. Archives du dépôt de la guerre. Ces curieuses dépêches ont été publiées pour la première fois en Angleterre par M. Grimblot, dans un très-intéressant recueil intitulé : Letters of William III, and Louis XIV, and of their ministers, illustrative of the domestic and foreign politics of England from the peace of Ryswick to the accession of Phillip V of Spain. London — 1848. Mais le savant éditeur a jugé à propos de traduire en anglais les dépêches du maréchal de Boufflers; nous rétablissons le texte même des fragments que nous citons d'après les pièces officielles conservées au dépôt du ministère de la guerre.

Le temps ne fut pas d'ailleurs employé seulement à échanger de vaines formules de politesses. Les prétentions respectives furent discutées par les deux négociateurs avec le désir sérieux de les arranger. On transigea sur quelques points; on laissa de côté ceux qui auraient été trop difficiles à régler et bientôt l'on fut d'accord. Aucune formalité, nul éclat n'entoura les entrevues de Boufflers et de Portland. Quelques précautions militaires avaient d'abord été prises, tant la méfiance demeurait grande de part et d'autre. Quand elle eut cessé, les commandants des deux armées n'amenèrent plus avec eux qu'une escorte d'honneur composée de la partie la plus brillante de leur état-major. Au premier jour, il n'y eut que de froids saluts échangés; peu à peu les officiers français et anglais s'abordèrent et se mêlèrent; des conversations amicales s'engagèrent entre les deux groupes qui, de loin, pouvaient voir leurs chefs se promener côté à côté, hors de la portée de la voix, sous une allée de pommiers qui bordaient un riant verger flamand. Quand tout fut terminé, les deux généraux entrèrent dans une modeste cabane où Portland avait d'avance fait porter une table, de l'encre et du papier. Ainsi fut signé, le 2 août 1697, le traité séparé de Guillaume et de Louis XIV, qui devait forcément amener en peu de temps la paix générale.

Les points principaux étaient tous réglés en un

seul article par lequel Louis XIV s'engageait sur l'honneur à ne favoriser en aucune manière les tentatives qui auraient pour but de renverser ou de troubler le gouvernement existant en Angleterre. En retour Guillaume promettait de n'encourager aucune tentative contre le gouvernement français ; Louis XIV avait, au début, refusé avec beaucoup de hauteur d'accepter cette réciprocité qu'il repoussait comme un affront. « Son trône, » écrivait-il à Boufflers, « était parfaitement établi, et ses droits hors de toute contestation. Il n'y avait dans ses États ni non jureurs ni conspirateurs, et il ne croyait pas qu'il fût compatible avec la dignité de sa couronne de signer un traité qui semblait impliquer qu'il redoutait les insurrections, comme peut les craindre tout naturellement une dynastie issue d'une révolution. » Mais ce fier langage, convenable peut-être aux premiers temps du règne après l'apaisement des troubles de la Fronde, n'était plus de mise dans la bouche du prince qui, après avoir révoqué l'édit de Nantes, était dans le moment même obligé de prendre ses précautions pour que les protestants mécontents de son royaume ne pussent trouver un asile dans la ville d'Orange rendue à son légitime possesseur [1]. Aussi Louis XIV céda-t-il bientôt sur ce point. De son côté, Guillaume cessa de demander que Jacques II fût no-

---

[1]. Voir les dépêches du maréchal de Boufflers, juillet 1697. Archives du dépôt de la guerre.

minativement désigné dans le traité; et Louis XIV
n'insistant plus sur l'amnistie qu'il avait prétendu obtenir pour les adhérents de la dynastie déchue, il fut
également décidé qu'on ne parlerait ni du lieu où
devrait résider le roi banni ni du douaire de sa femme.
Quand la nouvelle arriva à Ryswick que tout avait été
ainsi réglé en quelques jours par Portland et Boufflers,
il y eut un mouvement de surprise et d'humeur parmi les
gens du métier, surtout parmi les diplomates allemands
qui avaient déjà inutilement produit tant de longues
dissertations et d'interminables mémoires. Les plénipotentiaires français en prirent mieux leur parti. —
« Il est curieux, » s'écria Harlay, homme d'esprit et
de bon sens « que tandis que les ambassadeurs font
la guerre, ce soient les généraux qui fassent la paix[1]. »

Cependant, la négociation générale se poursuivait
toujours à Ryswick entre la France et les cours confédérées. A peine Louis XIV avait-il été informé
par le maréchal de Boufflers des véritables dispositions du roi Guillaume, qu'il avait prescrit à ses
ministres au congrès de tenir un langage plus ferme.
Le 20 juillet, M. Callières et ses collègues remirent
au médiateur une note par laquelle ils signifièrent

---

1. Manuscrits de Prior, cités par M. Macaulay, *Histoire du règne de
Guillaume III*, — tome 3, page 508. — Voir pour les détails des conférences entre lord Portland et le maréchal de Boufflers : Macaulay —
Grovenstein. *Histoire des luttes et rivalités entre les puissances maritimes et la France*, et surtout, *Letters of William III and Louis XIV*.
— Grimblot.

les intentions finales de leur maître. Ils offraient en son nom, « soit de rendre Strasbourg, soit de le garder, en donnant pour équivalent Fribourg, Brisach et Philippsbourg. Ils consentaient à restituer la Lorraine, sans les restrictions insérées au traité de Nimègue, en réservant seulement Sarrelouis. Ils proposaient de remettre au roi d'Espagne les conquêtes faites depuis le traité de Nimègue, à moins que l'on ne pût s'arranger sur un équivalent de la ville et du duché de Luxembourg et du comté de Chiny, que dans ce cas le roi garderait[1] ». Les ambassadeurs de France déclarèrent en même temps, « que Sa Majesté voulait bien demeurer jusqu'au 31 août dans cet engagement, mais que si à cette époque ses ennemis n'avaient pas conclu la paix, il serait alors libre de traiter sur telles autres conditions qu'il croirait convenir à l'état de ses affaires [2] ». Quand vint la fin d'août, la cour impériale n'avait pas encore pris de résolution ; mais l'arrangement particulier avec le roi Guillaume était signé, et Barcelone était tombée aux mains du duc de Vendôme. Louis XIV, se sentant alors plus que jamais assuré de la paix, fit officiellement retirer par ses ministres ses offres antérieures. L'émoi n'avait jamais été si grand dans le congrès.

---

[1]. *Actes et mémoires des négociations de la paix de Ryswick*,—Adrien Moetjus, La Haie, 1707, — tome II, page 219. — *Histoire générale des traités de paix*, Comte de Garden, — tome II, page 155.

[2]. *Ibidem.*

Cependant, comme preuve de sa modération, il voulait bien faire savoir aux confédérés qu'ayant maintenant résolu de garder Strasbourg, il n'en était pas moins disposé à accorder l'équivalent déjà proposé pour cette ville; cette offre devait d'ailleurs être définitivement acceptée avant le 20 septembre, sinon le roi se réservait le droit de mettre alors en avant d'autres exigences. C'était à peine si le terme du 20 septembre était suffisant pour recevoir une réponse de Vienne; il ne permettait pas aux ministres espagnols de consulter leur cour. Ce fut un recri général contre la violence que Louis XIV voulait faire aux cours confédérées. Guillaume III, d'ordinaire si ferme et de si grand sang-froid, était plein de perplexités [1]. Il résolut de renvoyer Portland s'entendre encore une fois avec Boufflers : cette dernière conférence eut lieu à Tubise, le 11 septembre; elle fut longue, difficile, mais décisive. L'envoyé de Guillaume III eut occasion de se convaincre qu'en prenant un ton si impérieux, Louis XIV avait seulement voulu se procurer une satisfaction d'amour-propre, et rendre plus fâcheuse vis-à-vis du public la situation de l'Empereur. Une fois assuré qu'il n'y avait au fond rien de changé dans les dispositions réelles du roi de France, Guillaume n'hésita pas à lui sacrifier un allié qui ne

---

1. « Jamais le sang-froid de Guillaume n'avait été mis à une plus rude épreuve.» (Macaulay, *Histoire du règne de Guillaume III*, tome III, page 409.)

lui avait jamais été très-utile et qui se montrait, en ce moment, si incommode. Quant aux Espagnols, depuis la prise de Barcelone, ils n'aspiraient plus qu'à signer la paix, à tout prix et le plus tôt possible [1]. Aussi le contre-coup de l'entrevue de Tubise se fit-il promptement sentir. Jusqu'au dernier moment, le roi de Suède insista, en sa qualité de médiateur, pour que les plénipotentiaires français voulussent bien laisser Strasbourg à l'Empire, ou du moins augmenter un peu l'équivalent. Mais les agents de Louis XIV avaient reçu de Versailles des instructions positives; ils furent inflexibles. Il fallut céder. Le 20 septembre au soir, à l'heure où expirait le délai fatal, la paix fut signée entre la France, l'Angleterre, les États Généraux et l'Espagne. Un article spécial laissait jusqu'au 1er novembre à l'Empereur et à l'Empire la faculté d'adhérer aux arrangements arrêtés sans leur concours [2]. Le triomphe diplomatique de Louis XIV était complet.

Pendant tout le temps que s'agitèrent devant l'Europe attentive les graves questions dont nous venons d'indiquer les phases les plus saillantes, la position des plénipotentiaires lorrains fut assez singulière. MM. Canon et Lebègue n'avaient au congrès de

---

1. « Les Espagnols pressent fort la signature du traité, ce qui produit le plus mauvais effet.... La cour de Madrid est dans la plus grande consternation depuis la prise de Barcelone. » (Heinsius à Guillaume III, 15 septembre 1697.)

2. *Actes et mémoires de la paix de Ryswick*, tome I, page 65.

Ryswick ni titres ni rangs officiellement reconnus ; ils étaient seulement admis à présenter des mémoires et à faire valoir auprès des cours alliées les droits du duc de Lorraine. Leur rôle ainsi restreint était embarrassant. Ouvertement protégés par l'Empereur, ils ne pouvaient se montrer satisfaits quand celui-ci ne voulait pas l'être. Cependant l'affaire de la Lorraine était, de l'avis commun, l'une des plus importantes parmi celles dont les plénipotentiaires avaient à s'occuper à Ryswick. Guillaume III avait plusieurs fois annoncé qu'elle serait sans doute l'obstacle principal à la paix [1]. Mais lorsqu'au début des conférences, et contre la prévision générale, Louis XIV eut publiquement annoncé aux puissances coalisées son intention, déjà secrètement communiquée à la petite cour d'Inspruck, de restituer la Lorraine à des conditions plus douces que celles du traité de Nimègue, MM. Lebègue et Canon sentirent fort bien qu'ils avaient perdu toutes chances de faire admettre par le congrès le surplus de leurs réclamations. Il leur fallait également éviter, soit en aban-

---

1. « La restitution de Strasbourg et de la Lorraine ; toute la question roule sur ces deux points. » (Lettre du roi d'Angleterre au pensionnaire Heinsius, 2 juillet 1696.) « Si la cour de France voulait consentir à la cession de Strasbourg, et faire des propositions raisonnables à l'égard de la Lorraine, nous pourrions arriver en fort peu de temps à la paix générale. » (Guillaume III à Heinsius, 14 juillet 1696.) — « La grande difficulté que j'aperçois est relative à la Lorraine, car si la France se décide à rendre Strasbourg, j'appréhende qu'elle ne veuille restituer la Lorraine qu'aux mêmes conditions offertes à Nimègue, ce qui serait bien difficile à admettre. » (Guillaume III à Heinsius, 12 juillet 1696.)

donnant les prétentions des ministres impériaux, de changer en une dangereuse malveillance un appui indispensable, soit en montrant des exigences intempestives, d'aliéner des alliés assez froids, et surtout de blesser un ancien adversaire devenu tout à coup si traitable. Tel était le sens des instructions remises par la prudente reine de Pologne aux envoyés lorrains, et que ceux-ci s'attachèrent à suivre scrupuleusement [1]. Ils adhérèrent officiellement à toutes les démarches des représentants de l'Empire, et particulièrement à celle par laquelle le comte Staremberg, envoyé de Sa Majesté impériale, crut devoir demander expressément la restitution de la Lorraine par la France préalablement à l'ouverture du congrès. [2] Ils protestèrent hautement contre toute atteinte que les négociations pendantes pourraient apporter à l'intégrité des droits de leur maître [3].

1. Plein pouvoir de la reine douairière de Pologne et duchesse douairière de Lorraine, pour son plénipotentiaire, M. Canon, en date du 8 octobre 1696.—*Actes et mémoires du congrès de Ryswick*, t. I, p. 275.
2. Mémoires de M. le comte de Staremberg, envoyé de sa Majesté Impériale, présenté au roi de Suède le 7-17 février 1697, par lequel il souhaite que le congrès de la paix ne commence pas que préalablement la France n'ait accordé la restitution de la Lorraine. — *Actes et mémoires des négociations de la paix de Ryswick*, tome I, page 337.
3. Protestation de M. Canon, touchant la restitution de la Lorraine du 5 mai 1697. — *Actes et mémoires des négociations de la paix de Ryswick*, tome I, page 451.
Déclaration du ministre plénipotentiaire de Lorraine, insistant sur un préliminaire plus favorable, et qui assure la restitution de la Lorraine, et cela avant de traiter en plein congrès. Du 15 mai 1697. (*Ibidem*), tome II, page 15.
Proposition de la part de Son Altesse Sérénissime le duc de Lorraine,

Mais ces actes, publics, qui témoignaient de leur déférence pour la cour de Vienne, n'empêchaient pas les agents de la reine Marie Éléonore de faire en même temps savoir au roi de France qu'ils avaient mis leur principale espérance dans les gracieuses assurances que M. de Couvonges avait porté de sa part à leur maîtresse. Une courte note remise par la reine de Pologne à M. Canon, lorsqu'il avait quitté Vienne pour se rendre en Hollande, témoignait de ses véritables sentiments; elle était rédigée en termes dignes, mais modestes, et propres à flatter l'orgueil du monarque français. Elle se contentait de demander en quelques mots à Louis XIV la restitution des États et pays appartenant à son fils. « Ce qu'elle espérait », disait-elle, « de la justice de Sa Majesté très-Chrétienne et du mérite de sa cause [1]. »

L'attitude un peu effacée des envoyés lorrains se releva pourtant, lorsque la paix ayant été signée entre la France, l'Angleterre, l'Espagne et les États généraux, le 20 septembre 1697, l'Empereur abandonné de tous ses alliés se trouva seul en face de Louis XIV, résolu à n'acheter désormais par aucun sacrifice, de fond ou de forme, la tardive adhésion

par son plénipotentiaire, présentée au médiateur, le 22 mai 1697. (*Actes et mémoires des négociations de la paix de Ryswick*, tome II, page 49.)

Nouveau mémoire touchant diverses prétentions du duc de Lorraine, présenté au médiateur le 2-16 août 1697.

1. Demande de la reine, signée à Vienne le 8 octobre 1696. (*Ibidem*, tome II, page 51.)

de l'Autriche. Le chef de la légation impériale, le comte de Kaunitz, par sa fierté hautaine et l'arrogance de ses manières, s'était fait beaucoup d'ennemis parmi ses collègues. La plupart étaient très-mécontents des obstacles calculés que les ministres impériaux apportaient à la conclusion d'un arrangement définitif ; plus d'une fois Guillaume III s'était plaint de leur conduite inexplicable. Dans ses lettres à Heinsius, il reprochait amèrement à la cour de Vienne « de joindre à une complète impuissance une hauteur insupportable »[1]. Pour se disculper, M. de Kaunitz et ses collègues répondaient que leur maître se devait à lui-même de repousser absolument toutes combinaisons qui, en aliénant des portions de territoire germanique au profit de la France, portaient une évidente atteinte à l'indépendance nationale comme aux droits des États les plus faibles, et les plus dignes par conséquent de la protection du chef de l'Empire. Malheureusement, tandis qu'il s'efforçait de rallier à sa cause les États des bords du Rhin,

1. « Cette cour ne cherche que des délais pour faire traîner les négociations en longueur. » (Lettre de Guillaume III à Heinsius, 26 septembre 1696.) « Vous pouvez être assuré que le ministère impérial ne contribuera en rien à faciliter les négociations, mais qu'au contraire il ne cherchera qu'à nous susciter des difficultés ... Il sera donc urgent qu'on le traite un peu cavalièrement. » (Lettre de Guillaume à Heinsius, 8-18 décembre 1696.) « Les Impériaux devraient rougir de honte de n'avoir à faire que des promesses aussi vagues. La conduite de la cour de Vienne est inexplicable ; car à une hauteur excessive, elle joint une impuissance complète de contribuer en quelque chose à la défense commune. » (Lettre de Guillaume III à Heinsius, 11-21 décembre 1696.)

en se donnant le rôle d'un zélé et généreux protecteur, le cabinet de Vienne se voyait enlever tout à coup, par une circonstance imprévue, les avantages d'une thèse si commode, et le dernier prétexte qui lui servait à déguiser l'égoïsme de sa politique. Un petit volume imprimé secrètement à la Haie, et bientôt passé aux mains de tous les plénipotentiaires réunis à Ryswick, apprit brusquement aux petites cours allemandes surprises et indignées ce qu'elles devaient attendre de l'Autriche, quel sort son ambition leur réservait, et quels conseils un beau-frère de l'empereur Léopold lui avait laissés en mourant, afin de préparer peu à peu le complet asservissement de toute l'Allemagne. La publication du testament politique de Charles V, soit qu'elle fût l'œuvre accidentelle d'une spéculation privée, soit plutôt, comme personne n'en douta à Ryswick, qu'elle fût une ruse habile du cabinet de Versailles, dont elle secondait si bien les desseins, produisit à Ryswick un prodigieux effet. Les dénégations embarrassées du comte de Kaunitz ne purent un instant prévaloir contre les affirmations des négociateurs français, qui attestaient formellement l'authenticité de ce curieux document. Ainsi dénoncé à la malveillance de ses derniers partisans, et n'attendant plus d'eux qu'une assez froide assistance, le chef de l'Empire en était enfin réduit à se rendre désormais au vœu de ses alliés. Pour qu'il en vînt à renoncer à des prétentions si hautement et si obstinément soutenues, il fallait cependant lui aplanir les chemins, adoucir un peu les blessures de son orgueil, et lui fournir quelques motifs honorables qui lui permissent d'accepter sans trop de honte les mêmes conditions tant de fois et si dédaigneusement repoussées. En sa triple qualité de femme, de sœur et de mère, la reine de Pologne s'y employa heureusement. Elle avait trop de sagesse pour n'être pas satisfaite des concessions faites par Louis XIV au sujet de la Lorraine, et trop de prévoyance pour ne pas craindre, si la guerre venait à se prolonger entre la France et l'Empire, de voir le sort de ses enfants remis de nouveau en question. Elle représenta doucement à son frère qu'il avait amplement satisfait à tout ce qu'exigeaient de lui son honneur et les intérêts de ses sujets ; qu'à vouloir continuer la lutte seul et sans alliés, il perdrait peut-être les avantages déjà obtenus, et compromettrait de gaieté de cœur les intérêts de ses neveux. Ne pouvait-il, par affection pour les enfants d'un beau-frère qui avait rendu de si grands services à la maison d'Autriche, consentir à des sacrifices que, pour son compte, il n'aurait pas acceptés? Personne ne s'y méprendrait dans l'Empire, et ne prendrait pour un signe de faiblesse cette preuve de sa générosité. L'Europe qui souhaitait la paix lui en saurait un gré infini. Les enfants de Charles V, rétablis par lui sur le trône de leurs ancêtres, lui en conserveraient une reconnaissance éternelle. Quelque vives que fussent les instances de la duchesse de Lorraine, l'Empereur ne céda qu'à la dernière extrémité. Le délai fatal fixé par Louis XIV expirait le 1ᵉʳ novembre ; les ministres impériaux hésitèrent jusqu'au dernier instant. Il est vrai que les négociateurs français venaient encore de mettre à une nouvelle et rude épreuve la longanimité des cours alliées. Sur une injonction venue tout à coup de Paris, ils déclarèrent que Sa Majesté très-Chrétienne entendait exiger le maintien de la religion catholique dans les territoires par lui restitués où cette religion avait été, pendant la durée de la domination française, publiquement pratiquée. C'était imposer l'établissement du culte romain dans toutes les villes de la religion réformée où un aumônier de régiment avait pu dire la messe en passant. Au premier bruit de cette prétention inattendue, les protestants s'émurent. Guillaume III faillit perdre patience. On le voit, dans ses lettres à Heinsius, hésiter entre les conseils de sa prudence et les ardentes sollicitations des électeurs protestants. Cependant l'Europe était lasse de la guerre ; la paix était devenue nécessaire à tous les gouvernements et à tous les peuples. Personne n'aurait osé, sous quelque motif que ce fût, en prolonger les souffrances. L'Empereur mécontent des électeurs protestants, qui n'étaient pas de leur côté plus satisfaits de lui, ne s'arrêta pas davantage devant leurs doléances. Ses ministres signèrent la paix le 30 octobre au soir.

Le congrès tenu à Ryswick ne modifia pas essentiellement la carte de l'Europe. En droit, il renouvela presque intégralement les dispositions du traité de Nimègue ; mais, en fait, il diminua considérablement la puissance de Louis XIV. Le monarque français s'était, après la dernière paix, fait adjuger par arrêts des parlements de Metz et de Besançon, et par le conseil souverain de Brisach, une foule de territoires allemands enclavés dans ses nouvelles possessions et qui, par leur nombre et par leur importance, constituaient à eux seuls une véritable conquête. Il avait gardé la Lorraine, sur le refus qu'avait fait Charles V de la recevoir aux conditions souscrites par les plénipotentiaires de Nimègue. Aujourd'hui, il lui fallait rendre les contrées ainsi réunies, et restituer la Lorraine. La cession de quelques fiefs impériaux dans la basse Alsace ne compensait pas à beaucoup près tant de sacrifices. Mais, comme nous l'avons dit, ce n'était pas la modération, c'était au contraire une ambition plus haute, qui dictait alors la conduite de Louis XIV. Il avait l'œil ouvert sur la succession du roi d'Espagne. Dans le partage de ce riche héritage, la part qu'il espérait s'attribuer avec l'aide de ses nouveaux alliés, et aux dépens de l'Empereur, valait bien les concessions éphémères par lesquelles il achetait maintenant, à peu de frais, une avantageuse réputation de sagesse et d'équité. Que lui importait de rendre Barcelone aux Espagnols, de leur abandonner les places enlevées dans le Milanais et dans la Flandre, d'abandonner à l'Empire quelques territoires épars aux environs de l'Alsace et du Luxembourg, s'il devait bientôt, avec l'assentiment de l'Europe entière, étendre ses frontières des rives de l'Escaut et du Rhin jusqu'au pied des Alpes! Que lui coûtait même la restitution de la Lorraine, s'il était en état de la reprendre prochainement en échange de la Toscane, de la Sicile ou du Milanais! Aux yeux d'un public inattentif ou imprévoyant, les conditions souscrites à Ryswick semblaient marquer, au milieu de la carrière ambitieuse de Louis XIV, une sorte de mouvement de recul; au fond, et dans la pensée du souverain français, ce n'était qu'un répit accordé à ses adversaires, un moment de repos procuré à ses sujets, une halte nécessaire afin de reprendre haleine avant de continuer sa marche ascendante.

La seconde moitié du dix-septième siècle fut surtout une époque de grandes transactions diplomatiques. L'Europe moderne avait déjà vu et devait voir des souverains plus habiles à la guerre, meilleurs capitaines, et plus redoutables à la tête de leurs armées que Louis XIV ou Guillaume III; mais elle n'avait pas vu et ne devait pas voir des princes plus versés dans l'art des négociations. Ce fut pendant la durée du congrès de Ryswick que les deux rivaux se mesurèrent dans toute leur force et avec tous leurs avantages, employant les armes qui leur étaient propres, et se laissant voir sous les traits les plus saillants de leur véritable physionomie. A Guillaume III revenait le succès définitif ; car c'en était un immense pour un petit prince d'Orange, devenu par élection le chef protestant d'une libre nation, non-seulement de se faire reconnaître par l'allié catholique des Stuarts, par le fier champion de l'autorité des rois absolus, mais, après sept années de guerre, d'avoir réduit un si puissant souverain à rendre la plupart des conquêtes faites depuis le commencement de son règne. Cependant ce glorieux résultat avait été obtenu au prix de laborieux efforts. Chef de la coalition dirigée contre la France, le roi d'Angleterre avait dû mettre tant de soins à s'effacer lui-même, pour n'exciter pas la jalousie de ses alliés ; uniquement occupé d'arriver par les moyens les plus simples au but le plus raisonnable, il s'était montré durant la lutte si peu soucieux des apparences, de l'éclat, du bruit, de la renommée ; il avait pendant le cours des négociations déployé tant de sagesse, de prudence et de circonspection, qu'il avait presque eu l'air d'avoir obtenu par grâce les conditions qu'il avait en effet arrachées à son adversaire. C'était Louis XIV qui avait, en réalité, abaissé toutes ses prétentions, et consenti aux plus pénibles sacrifices ; mais seul contre tant d'ennemis, et disposant sans contrôle des ressources infinies d'un pays soumis tout entier à sa volonté, le roi de France avait joué, dans la direction de la guerre et dans le ménagement de la paix, un rôle personnel si prépondérant ; il avait si heureusement dissous la grande ligue européenne ; une fois résigné aux concessions indispensables, il avait mis tant d'adresse à gagner chacune des cours coalisées ; arrivé à les satisfaire isolément, il avait, avec tant de fermeté ou plutôt de hauteur, imposé à l'Empereur les conditions d'un traité conclu sans son aveu, qu'en cédant par politique, il avait semblé agir par générosité, et commander encore en maître à ceux-là même dont il recevait la loi.

Quoi qu'il en soit, la paix signée à Ryswick fut partout accueillie avec plaisir. On s'en félicita dans les provinces de France plus peut-être qu'à Paris, et à Paris plus qu'à Versailles. Somme toute, cependant, la satisfaction fut grande parmi la noblesse comme dans le peuple, de voir terminer une lutte soutenue pendant les dernières années à l'aide des plus tristes expédients, et qui avait jeté dans toutes les classes une extrême détresse et un découragement excessif. En Angleterre où la misère, quoique moins affreuse, avait aussi causé de grandes souffrances, surtout parmi les commerçants, la joie fut universelle. Elle se manifesta par les bruyants témoignages d'enthousiasme qui saluèrent l'arrivée de Guillaume III à Londres, et dont il parut touché quoiqu'il les reçût avec sa tranquillité d'esprit et son sang-froid accoutumés. Mais nulle part les transports de l'allégresse publique n'éclatèrent plus vifs qu'en Lorraine. Pour la Lorraine, la paix n'était pas seulement la cessation des maux causés par la guerre, c'était la fin de l'occupation étrangère, et le retour à une ère d'indépendance et de prospérité. Quoique, par patriotisme, ils regrettassent la perte de la ville de Sarrelouis, retranchée par un article spécial du territoire national, et la ruine des fortifications de leur capitale, destinées à être de nouveau rasées, les Lorrains se réjouirent d'être enfin replacés sous le gouvernement de leur dynastie nationale, à des conditions meilleures que celles jadis acceptées par Charles IV, ou naguère offertes à Charles V. Des bruits qui leur arrivaient de Hollande, et qui prenaient chaque jour plus de consistance, ajoutaient encore à la confiance des habitants des Deux-Duchés. L'annonce du mariage de leur jeune duc avec une nièce de Louis XIV, fille de Monsieur et de sa seconde femme, la princesse Palatine de Bavière, leur apparaissait comme le gage désormais assuré d'un avenir de tranquillité et de paix. L'idée de cette union avait en effet pris naissance au sein du congrès de Ryswick peu de temps avant la clôture des conférences, et le ministre du roi de Suède en avait porté lui-même les premières paroles[1]. Interprète naturel du sentiment des cours coalisées, le médiateur avait sans doute voulu donner cette marque de considération et de gratitude à la duchesse de Lorraine qui, dans ce moment même, employait avec tant de soins et de succès son influence personnelle à vaincre les dernières hésitations de l'Empereur. Louis XIV avait volontiers accueilli l'ouverture du plénipotentiaire suédois, car il faisait profession d'estimer beaucoup une princesse « qui l'avait », disait-il, « pris par son faible, en s'en remettant à sa générosité du sort de ses enfants »[2].

Tandis qu'on mettait la dernière main à ces arrangements de famille, une nouvelle répandit tout à coup la tristesse à Nancy, en Allemagne et parmi les membres attardés du congrès de Ryswick. La veuve de Charles V, la sœur de l'Empereur, la mère du jeune duc de Lorraine, la reine Marie-Éléonore, si pieuse, si sage, si habile, par l'alliance projetée, rendue plus considérable encore, et qui, dans de

---

1. « Le Médiateur ayant donné à connaître aux plénipotentiaires impériaux, s'il ne serait pas opportun de négocier un mariage entre Mademoiselle et le duc de Lorraine, et l'Empereur ayant applaudi à ce projet, Lilienroth a écrit à Madame pour le lui faire agréer, et faciliter, par cette alliance, la conclusion de la paix. Madame a répondu de sa main à ces ouvertures; elle dit qu'après en avoir donné connaissance à Monsieur, celui-ci a demandé les ordres du roi, qui y a donné son approbation, en ajoutant toutefois qu'il fallait s'adresser à ses ambassadeurs au congrès, ce que Lilienroth se propose de faire. »

2. *Dom Calmet*, tome VI.

graves événements déjà faciles à prévoir, allait devenir, entre la France et l'Empire, un intermédiaire si naturel et peut-être si utile, venait de mourir presque subitement à Inspruck, le 17 décembre 1697.

CHAPITRE XXXV

Enfance du duc Léopold. — Son éducation et ses débuts à la cour de Vienne. — Campagnes contre les Turcs et sur le Rhin. — A la paix, il envoie le comte de Carlingford gouverner la Lorraine. — Son arrivée en Alsace. — Il est accueilli avec enthousiasme par ses sujets. — Il se fixe à Lunéville, en attendant l'entière évacuation de Nancy par les troupes françaises. — Premiers actes du gouvernement de Léopold. — Il s'occupe de soulager la misère affreuse des villes et des campagnes. — Mesures d'administration intérieure et organisation de la justice. — Léopold fait entrer dans ses conseils des hommes nouveaux, et ne donne aux grands seigneurs que des charges de cour. — L'opinion publique ne réclame ni le rétablissement des Assises, ni la convocation des États. — Motifs de cette indifférence pour les anciennes libertés du pays. — Elle provient surtout de la confiance dans le nouveau souverain. — Mariage de Léopold avec Mademoiselle, fille de Monsieur. — Arrivée de cette princesse en Lorraine. — Réjouissances publiques et fêtes populaires.

A la mort de la reine Marie-Eléonore (17 décembre 1697), son fils aîné, Léopold de Lorraine, n'avait pas plus de dix-huit ans. Né dans le Tyrol, élevé à Vienne, sous les yeux de l'Empereur, dans l'intimité des archiducs Joseph et Charles d'Autriche, il était, au moment de sa réintégration dans ses États, entièrement inconnu des peuples qu'il allait gouverner. Pendant de longues années, à peine les Lorrains avaient-ils pu, en se cachant des autorités françaises, se procurer de loin en loin, par des voies détournées, des nouvelles de leur futur souverain. Les détails ainsi arrivés de la petite cour d'Inspruck avaient d'abord été de nature à causer aux amis de la famille exilée beaucoup plus d'inquiétude que d'espérance. Léopold, venu au monde avant terme, était d'une constitution débile. Ce n'avait été qu'à force de précautions, et en le laissant pendant son enfance courir librement dans les montagnes du Tyrol, que sa mère était parvenue à lui rendre peu à peu la vigueur et la santé. Elle n'avait abandonné à personne le soin de cultiver sa vive intelligence, sans permettre toutefois qu'il se livrât, avant douze ans, à de trop sérieuses études [1]. A cet âge elle l'entoura de maîtres excellents et dévoués. Un Lorrain, l'abbé François Le Bègue, doyen du chapitre de Saint-Dié, fut chargé de son instruction, dont la partie religieuse était confiée au père Ehrenfried Creitzen, gentilhomme saxon et luthérien converti ; c'étaient d'excellents choix. Mais pour diriger l'éducation du jeune prince il fallait, suivant l'usage des familles souveraines, un homme de guerre et de grande naissance. Sagement préoccupée de la situation incertaine où le cours des événements avait jusqu'alors retenu son fils, la reine Marie-Éléonore craignait également, soit de le mettre aux mains d'un gouverneur lorrain trop porté à ne l'entretenir que de ses sujets opprimés et de ses

---

[1]. La reine Marie-Éléonore était fort instruite, sa volumineuse correspondance, que nous avons trouvée manuscrite à la Bibliothèque Impériale, atteste qu'elle possédait parfaitement plusieurs langues, entre autres le latin, qu'elle écrivait facilement.

droits méconnus, soit de le confier à quelque seigneur allemand qui n'eut songé à faire de l'héritier de Charles V qu'un humble serviteur de l'Empire. Sa pensée s'était portée tout d'abord sur un étranger de distinction, lord Taaffe, comte de Carlingford.

Le comte de Carlingford, d'une ancienne famille irlandaise victime de son dévouement à la cour des Stuarts, avait été dans son enfance page d'honneur de l'empereur Ferdinand. Muni d'une simple commission de capitaine dans le régiment particulier de Charles V, il avait gagné par son mérite l'affection de ce prince, et pris vaillamment part à toutes ses campagnes. C'est ainsi qu'il était successivement devenu chambellan, maréchal et conseiller de l'Empire. Telle était la considération dont le comte jouissait en Allemagne, qu'à la prière de la plupart des électeurs, le roi Guillaume s'était empressé de le rétablir, par un acte spécial du parlement anglais, dans les honneurs de sa pairie héréditaire[1]. Plus

---

[1]. « The Taaffes are of great antiquity on the counties of Louth and Sligo, and have produced in ancient times many distinguished and eminent personns... Francis, third earl, the celebrated count Taaffe of the Germanic empire was sent in his youth to the city of Olmutz to prosecute his studies. This nobleman became first one of the page of honour to the emperor Ferdinand, and soon after obtained a captain's commission from Charles, the fifth duke of Lorraine, on his own regiment. He was subsequently chamberlain to the Emperor, a marshal to the Empire, and counsellor of the state and cabinet. His lordship was so higly esteemed by most of the crowned heads of Europe, that when he succeded to his hereditary honours, he was exempted from forfeiture by a special lause in the English act of parliament, first year of the reign of William

d'une fois le duc de Lorraine avait prié Carlingford de vouloir bien se charger de l'éducation de son fils ; mais celui-ci avait toujours refusé, préférant ne pas quitter le métier des armes si plein pour lui de brillantes perspectives [1]. Charles mort, il ne s'était pas senti la force de résister aux instances de la veuve de son maître et de son bienfaiteur.

Les habitants de la Lorraine furent aises de savoir le jeune prince placé de bonne heure sous une si sage direction ; ils se réjouirent surtout en apprenant à quel point les heureuses dispositions du disciple secondaient le zèle de son gouverneur. A seize ans, Léopold paraissait avec avantage à la cour de l'Empereur. « Un esprit vif et judicieux, pénétrant et docile, une humeur douce et affable, un cœur bon, tendre et généreux, sensible aux sentiments de la piété autant qu'à ceux de l'honneur ; pour le corps, beaucoup d'adresse, d'agilité et de bonne grâce » ; telles furent, suivant l'un de ses biographes, les qualités qui distinguaient Léopold, et lui valurent tout d'abord l'affection du peuple viennois, charmé

---

and Mary... » (*Genealogical and heraldic dictionary of the peerage and baronetage of the British empire*. Joh Bernard Burke. Édition de 1853.)

D'après le livre anglais auquel nous empruntons ces extraits, la famille de Carlingford comptait encore des représentants à Vienne en 1853. C'était alors lord Taaffe, comte du Saint Empire romain, chambellan et conseiller privé de l'Empereur, successivement gouverneur de Styrie et de Galicie, ministre de la justice et président du tribunal suprême.

1. Lettre de Charles V. Archives secrètes de cour et d'État à Vienne.

de retrouver en lui l'image de son père, le glorieux sauveur de leur ville. Mais le vrai début d'un enfant de race royale se faisait moins alors dans les cours que sur les champs de bataille. Léopold eut hâte d'obtenir de l'Empereur la permission de prendre part à la campagne de 1696 ; et comme Charles V, il fit ses premières armes contre les Turcs.

Le temps des grandes luttes entre la Porte et l'Empire était, il est vrai, passé. Cependant les Ottomans, toujours secrètement excités par Louis XIV, avaient, en 1696, repris encore une fois les armes contre l'Empire. Le sultan Mustapha, jaloux de la réputation d'Achmett et de Kiuperli, s'était de sa personne avancé jusqu'en Hongrie pour s'opposer au siége de Temeswar par les Impériaux ; il avait devant lui l'électeur de Saxe, chef inhabile, qui ne sut en cette occasion ni refuser la bataille, ni l'engager à propos. On a peu de détails sur la journée de Temeswar. Les historiens s'accordent seulement à reconnaître que le jeune duc de Lorraine y déploya une valeur héroïque ; ils racontent tous que, voyant la défaite des siens imminente, il se jeta sur l'ennemi avec cette intrépidité particulière aux princes de son sang, et qui aurait suffi à rétablir le combat, si elle eût trouvé plus d'imitateurs. Dès le premier choc, l'un de ses gentilshommes fut tué à ses côtés, et son cheval, abattu d'un coup de feu, se renversa sur lui ; mais cette mésaventure n'ébranla point

Léopold. A peine dégagé, on le vit demander un autre cheval, rallier sa petite troupe, et s'élancer de nouveau au plus fort de l'action, comme s'il était maître de regagner à lui seul une bataille désormais perdue. Tout ce que put faire le comte de Carlingford fut de suivre son élève pour lui servir de bouclier, et, calmant un peu son fougueux désespoir, de le conduire, malgré lui, sain et sauf hors de la mêlée.

Le récit des dangers auxquels Léopold avait miraculeusement échappé émut singulièrement les Lorrains... « On dit que pour cette fois », écrivait M. Lebègue à l'un des habitants de Nancy, « Carlingford s'est fâché tout de bon contre son élève, lui disant qu'un prince doit être brave, mais ne doit pas oublier que sa vie appartient à ses sujets ; à quoi le prince a vivement répondu : Si la mort m'enlève à mes sujets, ils trouveront un souverain dans chacun de mes frères ; et que peut-il d'ailleurs m'arriver de plus glorieux, sinon de mourir les armes à la main pour la défense de la bonne cause?»[1] Une si belle conduite et de si nobles sentiments n'eurent pas moins de succès en Allemagne qu'en Lorraine. Aussi la journée de Temeswar, fatale à la réputation de l'électeur de Saxe, établit au contraire celle du duc de Lorraine. Louis de Bade, qui com-

---

[1]. Lettre de M. Lebègue à M. Bardin, avocat à Nancy, citée par M. Noël : *Mémoires pour servir à l'histoire de Lorraine*. N° 5, 1ᵉʳ volume, p. 5.

mandait sur le Rhin les troupes de l'Empire, pria l'Empereur de vouloir bien mettre sous ses ordres un jeune prince qui s'annonçait si bien. Elevé sous la tente et à l'école de Charles V, devenu bientôt son émule et presque son rival, le généralissime des cours alliées tenait à honneur de rendre au fils les leçons qu'il avait naguère reçues du père. A peine arrivé, en 1697, à l'armée du Rhin, Léopold fut chargé de mettre le siége devant Eberbach, place importante située dans le Palatinat et que, dans les campagnes antérieures, les Impériaux avaient vainement essayé d'enlever aux Français. Il en serra la garnison si vivement qu'au bout de peu de temps elle fut réduite à se rendre par capitulation. Ce succès de leur prince, remporté non loin de leurs frontières sur leurs plus irréconciliables ennemis, exalta jusqu'à l'excès l'orgueil des patriotes lorrains, mais il n'enivra pas le jeune vainqueur. Il savait les négociations de Ryswick toutes prêtes d'arriver à leur terme. A ses yeux, la continuation de la guerre ne pouvait désormais qu'être nuisible aux intérêts de son peuple comme aux siens. Il n'espérait rien d'heureux que de la paix. Lorsqu'elle fut enfin conclue, lorsque après la mort de la reine Marie-Eléonore il prit en main la direction de ses affaires, Léopold manifesta clairement l'intention de se donner tout entier à ses sujets, et de vivre en bonne intelligence avec la France et l'Empire. Les devoirs pieux à rendre à la mémoire de sa mère, et les soins que réclamaient ses intérêts de famille, le retenant encore en Allemagne, il désigna son ancien gouverneur pour aller, avec le titre de délégué, administrer provisoirement la Lorraine. On raconte qu'en prenant congé de Léopold en même temps que MM. Lebègue et Canon, qui venaient d'être nommés l'un chef du conseil, l'autre président de la cour souveraine, et se rappelant sans doute l'ardeur de son élève à la journée de Temeswar, le comte de Carlingford lui dit en forme d'adieu : « C'est pour le coup, monseigneur, qu'il faudra oublier la guerre, car la Lorraine a besoin d'une longue paix. » — « Pouvez-vous penser, » repartit Léopold, « que le désir de la gloire puisse jamais me faire oublier l'intérêt de mes sujets ; vous ne voudriez pas me voir craindre la guerre, mais vous m'aiderez à aimer la paix puisqu'aujourd'hui elle est nécessaire »[1]. Il est aisé d'imaginer l'enthousiasme qu'excitaient parmi les Lorrains ces paroles rapportées par les serviteurs dévoués qui les avaient eux-mêmes entendues, et commentées par le personnage considérable qui avait dignement présidé à l'éducation de leur souverain.

Les malheurs de la Lorraine étaient cependant à cette époque bien loin d'être terminés. L'occupation

1. *Mémoires pour servir à l'histoire de Lorraine*, par M. Noël. N° 5, tome I, p. 11.

française, toute prête à cesser, faisait alors sentir ses dernières et plus cruelles rigueurs, et les agents de Louis XIV avaient ordre de ménager moins que jamais des contrées qu'il fallait enfin restituer. Dans leur zèle à suivre les instructions qui leur étaient expédiées de Paris, les chefs de corps et les fournisseurs des armées de Louis XIV multiplièrent à l'excès les réquisitions qui, sans profiter beaucoup au gouvernement français, avaient à ses yeux l'avantage d'épuiser la substance même d'un pays sur lequel il n'allait plus désormais avoir rien à prétendre. C'est ainsi que vingt-cinq bataillons et quarante escadrons furent, pendant l'année qui précéda la cession, envoyés en Lorraine et dans le Barrois ; on prit même soin d'en enlever, en partant, tous les foins. Les soldats furent partout autorisés à vivre aux dépens du pays, sans que les intendants voulussent jamais tenir compte des plaintes des habitants, et des représentations qu'ils faisaient, avec grande soumission, parvenir à Versailles [1]. Ainsi la ruine était à son comble et la population si diminuée, que dans trente-une villes ou peuplades méritant le nom de bourgs, au lieu d'un million d'âmes, on n'en comptait plus maintenant qu'environ cinquante mille [2]. Mais la joie du retour à

---

1. Durival, *Description de la Lorraine*. tome II. M. Bigot, *Histoire de la Lorraine*, tome VI, p.

2. Correspondance de M. de Vaubourg, en 1699-1698. Archives du dépôt de la guerre, à Paris.

l'indépendance faisait sans peine oublier aux Lorrains tous les désastres passés, et la satisfaction de rentrer sous le gouvernement paternel de leur ancienne famille ducale atténuait pour eux l'horreur des maux qu'il leur fallait encore endurer. Après avoir été si longtemps comme écrasé et frappé de mort par la lourdeur de la domination étrangère, ce petit pays, tout épuisé et languissant encore, renaissait à l'existence par la vivacité de ses jouissances patriotiques. Les Lorrains n'étaient plus opprimés ; ils se sentaient libres ; la dynastie nationale, devenue plus que jamais populaire par un si long exil et par tant de souffrances noblement supportées, leur était enfin rendue. Elle était alors représentée par un prince de noble aspect, jeune, brillant, affable, doué d'une raison précoce, et animé des plus généreux sentiments. Heureux et courts instants dans la vie des peuples, lorsqu'échangeant un sort misérable pour une condition moins pénible, ils peuvent sans trop d'illusion se figurer un plus fortuné avenir. Hâtons-nous d'ajouter, à la gloire du prince, objet de tant d'espérances, que, par une rare exception, il devait, pendant un règne de trente années, non-seulement les justifier par sa sagesse, mais, s'il est possible, les dépasser dans tout ce qu'elles avaient de réalisable et de sensé.

Ce ne fut pas seulement aux yeux de ses sujets que Léopold se montra dès lors sous un jour si favorable ; il obtint un égal succès parmi les nations étrangères, et, en particulier, à la cour de France. Sensible à la respectueuse déférence que le jeune duc de Lorraine lui avait témoignée aussitôt après la signature du traité de Ryswick, et touché des termes du message par lequel il lui avait annoncé la mort de la reine de Pologne, Louis XIV annonça publiquement l'intention de reporter sur le fils les sentiments de bienveillance et d'estime que lui avait inspirés sa mère [1]. Il était d'ailleurs conforme à la politique comme au caractère du monarque français de se montrer désormais, vis-à-vis de ce nouvel allié, voisin aussi courtois que naguère il était adversaire implacable. Au mois de mai 1698, lorsqu'après avoir réglé ses affaires de famille et pris congé de l'Empereur, Léopold quitta l'Allemagne pour entrer dans ses États, il rencontra à Strasbourg le plus magnifique accueil. Le marquis d'Huxelles, commandant de la ville, avait reçu de Versailles l'ordre de rendre au duc de Lorraine tous les honneurs dus aux têtes couronnées, et de le traiter en cette occasion « comme il ferait Sa Majesté elle-même. » Aussi délié courtisan qu'amoureux du faste et de la représentation, le marquis prit grand soin de se conformer à ses instructions.

---

1. Lettres de Léopold duc de Lorraine, au roi Louis XIV, du 22 novembre 1697. — 18 décembre 1697. Archives des affaires étrangères, à Paris.

Léopold trouva, en franchissant la frontière de l'Alsace, la cavalerie française déployée par escadrons en dehors des portes de Strasbourg. Le gouverneur entouré de son état-major, après l'avoir attendu au milieu du pont, le conduisit, au bruit du canon, jusqu'au palais du gouvernement, devant lequel l'infanterie était toute entière rangée en bataille. Entré au palais, le Duc y fut d'abord salué par le duc d'Elbeuf et les princes Camille de Lorraine et de Mouy, partis en toute hâte de Paris afin de venir complimenter le chef de la branche aînée de leur maison. Derrière eux se pressaient nombre de gentilshommes lorrains, sortis en foule de leurs châteaux délabrés afin d'avoir la joie de contempler les premiers les traits de leur jeune souverain. Mais d'autres les avaient devancés ; c'étaient ceux qui ayant toujours et partout suivi les princes de la dynastie exilée arrivaient maintenant d'Allemagne pour rentrer avec eux dans la commune patrie. Si flatté qu'il fût de la gracieuse hospitalité du roi de France, et si empressé qu'il se montrât à reconnaître les délicates attentions du marquis d'Huxelles, Léopold parut mettre son plus vif plaisir à vivre familièrement à Strasbourg avec sa fidèle noblesse, à écouter ses doléances et à s'occuper de ses intérêts. Ces soins n'étaient pas inutiles, car parmi les gentilshommes qui l'entouraient alors des mêmes respects et lui portaient une égale affection, il n'était point mal aisé d'apercevoir les germes de plus d'une injuste méfiance, et de beaucoup de sourdes jalousies. Résister aux prétentions trop souvent inconsidérées de leurs plus dévoués partisans, ménager les susceptibilités toujours si facilement excitables du public ou des particuliers, ne cessera jamais d'être pour les princes remis en possession d'une couronne longtemps perdue, la tâche la plus ardue, et toutefois la plus indispensable. Le duc de Lorraine n'avait pas encore mis le pied dans ses États qu'il avait déjà rencontré ces difficultés inhérentes à toutes les souverainetés restaurées. La générosité de son cœur aida sa jeunesse à les surmonter mieux peut-être que n'eussent pu faire une plus vieille expérience et l'habileté la plus consommée. On le vit, en effet, aux fêtes offertes à Strasbourg par le marquis d'Huxelles, partager également les témoignages de sa bienveillance entre tous les Lorrains, et charmer ceux dont les visages étaient nouveaux pour lui par le même gracieux accueil qui suffisait à combler de joie les plus anciens compagnons de son exil. Au moment de quitter Strasbourg, lorsque, pour couronner les honneurs rendus à sa personne, le commandant de la ville lui offrit de l'accompagner jusque dans ses États, avec un détachement de troupes françaises, Léopold s'y refusa obstinément. Il avait écrit au roi de France pour lui marquer sa profonde reconnaissance des politesses de M. d'Huxelles[1] ; mais il était résolu à ne mettre les pieds dans son duché qu'environné de ses propres sujets.

Les habitants de la Lorraine méritaient assurément cette preuve de l'affection patriotique de leur prince, car obligés d'acquitter, jusqu'à la dernière heure, les lourdes charges de l'occupation étrangère, ils n'avaient pas hésité à s'imposer encore les plus douloureux sacrifices afin de lui offrir, en cette occasion, le don traditionnel de joyeux avénement. Leur orgueil eût souffert si, en venant prendre possession de l'héritage de ses ancêtres, Léopold n'avait pu déployer, comme eux jadis, un faste presque royal. A peine la nouvelle de sa prochaine arrivée se fut-elle répandue que de toutes parts les bourgeois s'organisèrent en compagnies d'honneur pour se porter à sa rencontre, et composer une convenable escorte au souverain qui arrivait au milieu de son peuple sans cour, sans armée, sans soldats. A Blamont, Léopold fut reçu par une troupe de cent cavaliers richement habillés. Une autre bande venue à pied de Nancy l'attendait un peu plus loin ; ce fut au milieu de ces gardes improvisés que Léopold fit, le 14 mai, son entrée à Lunéville[2]. Cependant le train qu'il ame-

---

[1]. Lettre du duc Léopold à Louis XIV, 7 mai 1797. Archives des affaires étrangères, à Paris.

[2]. *Mémoires pour servir à l'histoire de Lorraine*, par M. Noël. N° 5. Dom Calmet. — *Histoire de Lorraine* de M. Bigot, tome VI.

naît d'Allemagne avec lui n'était pas non plus sans éclat. « Il parut alors avec une magnificence en carosses, en chevaux, en meubles, en domestiques et en argenterie, qui étonnèrent, » dit dom Calmet, « tous ceux qui en furent témoins, et qui ne pouvaient se lasser d'admirer qu'une maison qui avait essuyé tant de traverses fît éclater tant de magnificences et de si grandes richesses[1] ». La multitude remarqua surtout des chevaux petits, vifs et légers, tenus en laisse par des heiduques, et des chameaux brillamment caparaçonnés, conduits par des prisonniers arabes. Elle se pressait, pleine de curiosité et d'orgueil, autour de ces vivants trophées que le fils de Charles V rapportait après tant d'années dans la patrie du vainqueur des Turcs et du libérateur de Vienne [2].

La même fierté nationale qui avait porté Léopold à refuser l'escorte française offerte par le marquis d'Huxelles le retint quelque temps à Lunéville. Il ne voulait pas mettre le pied dans la capitale de ses États tandis qu'elle était encore occupée par des soldats étrangers occupés à en détruire les fortifica-

---

1. « L'écurie du duc était des plus belles de L'Europe, ayant sept cent chevaux et trente-six attelages de carosses..., etc., etc... » Dom Calmet. Tome VII, p. 199.

2. Les chameaux que Léopold avait amenés d'Allemagne avec lui, furent longtemps gardés en Lorraine. On les logea sous les voûtes de l'ancienne porte de Saint-Nicolas, à Nancy ; ces voûtes reçurent à cette occasion du peuple, le nom de voûtes des Chameaux. Elles furent plus tard détruites lors de la prolongation de la rue de la Pépinière. — Voir M. Dumast, *Tableau de Nancy*.

tions. Les régiments de Languedoc et de Guyenne, laissés à Nancy pour accomplir cette cruelle prescription du traité de Ryswick, y procédèrent lentement et n'eurent achevé la démolition des fortifications de la ville vieille que vers la fin du mois d'août. Le duc de Lorraine, qui avait pris en main les rênes du gouvernement, mit à profit son séjour à Lunéville pour préparer diverses ordonnances qui réglaient les formes de l'administration nouvelle. Il institua quatre secrétaires d'État qui furent MM. Canon, Mahuet, Lebègue et Melchior l'abbé [1]. Il confia la charge de procureur général à Léonard Bourcier, qui venait d'abandonner pour rentrer en Lorraine la situation brillante qu'il occupait au parlement de Metz [2]. D'après l'avis de cet habile jurisconsulte, il supprima les tribunaux de justice inférieurs et divisa le territoire de la Lorraine et du Barrois en dix-sept bailliages, placés sous le contrôle de la Cour souveraine, où devaient siéger désormais, avec les magistrats de profession, deux ou trois gentilshommes qui portaient le titre de conseillers-chevaliers-d'honneur. La chambre des Comptes, qui était d'institution française, fut maintenue et reçut avec le droit d'enregistrer les édits bursaux, le droit de présenter d'humbles remontrances. Il reconstitua l'ordre des avocats avec certains priviléges. Les hôtels de ville

---

[1]. Recueil des ordonnances du duc Léopold.
[2]. Étude sur le président Bourcier, par M. Salmon. Toul, 1846.

furent rétablis avec leur ancienne autorité, et celui de Nancy, le plus considérable de tous, fut composé de neuf conseillers d'État : d'un membre de la cour des Comptes, d'un magistrat du bailliage et d'un gentilhomme de l'ancienne Chevalerie; les autres conseillers furent pris parmi ce qu'on appelait alors la bonne bourgeoisie. Des places purement honorifiques furent en même temps réservées aux plus grands seigneurs de la Lorraine [1]. Toujours plein d'égards pour son ancien gouverneur, Léopold nomma le comte de Carlingford grand maître de sa maison. MM. de Beauvau et de Choiseul Stainville furent placés à la tête de ses deux compagnies des gardes, et MM. de Fiquelmont et de Rorté devinrent capitaines des Chevau-légers [2]. Le comte de Couvonges obtint la charge de grand chambellan ; le marquis de Choiseul Meuse reçut le titre de premier gentilhomme, et le marquis de Lenoncourt celui de grand écuyer.

Pendant qu'il s'occupait de distribuer de tous côtés ses faveurs, donnant ainsi, par un calcul facile à concevoir, aux hommes nouveaux, anoblis ou plébéiens, les situations les plus importantes, pour

[1]. Voir, pour un plus ample détail de l'organisation intérieure de la Lorraine, M. Noël. *Mémoires pour servir à l'histoire de la Lorraine*, n° 5, tome I, et l'*Histoire de Lorraine* de M. Rigot, tome VI.

[2]. M. de Beauvau était petit-fils du marquis de Beauvau, l'auteur des mémoires, et M. de Choiseul Stainville fut le père du duc de Choiseul, ministre des affaires étrangères de France, pendant le règne de Louis XV.

ne conserver aux gentilshommes d'ancienne origine que des places de cour auprès de sa personne, Léopold n'oublia pas non plus les intérêts de la portion la plus nombreuse de ses sujets. La Lorraine était maintenant presque déserte. Pour rendre un peu de vie à ses villes délabrées, à ses campagnes incultes, il ne suffisait pas d'y rappeler tous ceux que le malheur des temps avait contraint à s'expatrier, il fallait, au plus vite, y attirer la plus grande quantité possible d'étrangers. Le Duc n'hésita pas à promettre des priviléges considérables à ceux qui viendraient se marier et s'établir dans ses États. Il supprima toutes les prohibitions qui, sous le régime français, éloignaient les artisans venus des pays voisins. Il permit à tout individu, quelles que fussent son origine et sa profession, « de tenir boutique ouverte sans faire aucun apprentissage ni chef-d'œuvre. » Il invita non-seulement les nationaux mais les étrangers à mettre en culture les terres vacantes dont la propriété leur fut abandonnée. Après avoir donné aux laboureurs une partie des chevaux hongrois et turcs qu'il avait amenés avec lui de Vienne, il chargea M. de Fiquelmont d'en aller acheter un grand nombre dans le nord de l'Allemagne, et les distribua aux plus nécessiteux avec quelques bestiaux et le grain nécessaire pour ensemencer leurs champs. A la voix de leur maître, « les Lorrains dispersés se rassemblaient comme des abeilles, » dit

146 HISTOIRE DE LA RÉUNION

le chroniqueur Durival, « et s'animaient au travail. »

Le mariage de Léopold avec une fille de Monsieur avait été, comme nous l'avons dit, projeté et déjà même positivement arrêté du vivant de la reine Marie-Éléonore. Le marquis de Couvonges, ce même gentilhomme lorrain naguère mystérieusement envoyé à la petite cour d'Inspruck par Louis XIV, s'était publiquement rendu en France, après la signature du traité de Ryswick, afin d'en régler toutes les conditions. Le roi l'avait reçu avec beaucoup de faveur, et s'était empressé de saisir cette occasion pour parler de son futur neveu dans les termes les plus flatteurs. Mais le matin du jour où il venait d'accorder, dans une audience particulière, la main de la jeune princesse française, la nouvelle de la mort de la duchesse douairière de Lorraine s'était soudainement répandue à Versailles [1]. Le deuil qui s'en était suivi et l'obligation

---

1. « *22 décembre* 1697. M. de Couvonges, envoyé de Lorraine est arrivé à Paris... Le Duc, son maître, envoie demander Mademoiselle en mariage... Le roi a parlé là-dessus fort agréablement pour M. de Lorraine... » .

« *Jeudi* 26 *décembre*. Le matin, après son lever, le roi donna audience publique à M. de Couvonges ; l'envoyé de M. de Lorraine parla fort respectueusement de la part du Duc son maître, et le roi répondit très gracieusement...

« *Mardi* 31. M. de Couvonges eut une audience secrète du roi dans laquelle il demanda en mariage Mademoiselle, pour le Duc son maître. Ensuite M. de Couvonges alla à Paris en faire la demande à Monsieur, qui ainsi que le roi lui fit la réponse qu'il souhaitait, et la lui accorda; ainsi la chose est présentement publique. — Le soir, on eut la confirmation de la mort de la reine-duchesse, mère de M. de Lorraine. »

d'obtenir à Rome les dispenses nécessaires aux époux, qui étaient parents au quatrième degré, amenèrent forcément quelques retards. Lorsqu'un temps raisonnable se fut écoulé, M. de Couvonges retourna de nouveau à la cour de Versailles pour mettre la dernière main à cette alliance, au point de vue politique, si importante pour la Lorraine, et de part et d'autre également désirée.

Tous les préliminaires réglés, le roi de France donna en mariage à sa nièce 900,000 livres comptant. Monsieur et Madame y ajoutèrent chacun 200,000 livres payables après leur mort, et 300,000 livres de pierreries ; moyennant quoi Mademoiselle s'engagea à renoncer à toute prétention dans leur héritage, au profit de M. le duc de Chartres et de ses enfants mâles. La célébration du mariage se fit à Fontainebleau, le 12 octobre 1698. Le marquis de Dangeau a pris soin de nous donner au long la liste des princes et des princesses qui accompagnèrent la fiancée de Léopold lorsque le duc d'Elbeuf, fondé de pouvoirs de son cousin,

---

2 *janvier* 1698. Le roi, dans la dernière conversation qu'il eut avec M. de Couvonges, lui témoigna qu'il y avait longtemps qu'il avait envie de rendre la Lorraine, et qu'il eût souhaité la pouvoir rendre au feu Duc qu'il avait toujours fort estimé, quoiqu'il eût toujours été parmi ses ennemis, et que rien ne lui avait fait tant de plaisir dans la paix, que de rendre cette province à son légitime souverain, et Sa Majesté ajouta à cela beaucoup de choses obligeantes pour M. de Couvonges, louant la fidélité qu'il avait eue pour son maître... *Mémoires du marquis de Dangeau*, p. 251, 254, 257, 270.

l'épousa en son nom dans la chapelle du palais ; et le duc de Saint-Simon n'a point manqué cette occasion de nous entretenir par le menu des querelles de préséance qui faillirent, ou peu s'en faut, empêcher la cérémonie ; questions formidables, s'il en fut, dont, à juger par l'étendue et la vivacité des détails, personne ne fut aussi occupé ni plus ému que celui qui nous les raconte. Mais seul, à coup sûr, parmi tant d'assistants, l'éloquent et pointilleux duc et pair s'imagina que le temps des Guise et des Valois allait sans doute renaître, parce qu'en renouvelant après un siècle l'antique union des familles de France et de Lorraine, Louis XIV laissa voir, en matière de pure étiquette, une certaine partialité pour les princes de cette maison. Moins attachée au culte des vieux usages qu'empressée à complaire à son maître, la noblesse française se plut au contraire à déployer en cette circonstance, avec sa courtoisie habituelle, tout son faste accoutumé. Elle parut en habits magnifiques aux fêtes de Fontainebleau, et envoya ses plus somptueux équipages grossir le cortége de la nouvelle duchesse de Lorraine lorsqu'elle fit, peu de temps après, au milieu d'un grand concours de peuple, son entrée dans Paris [1]. Ces marques de la déférence générale témoignaient assez combien la future compagne de Léopold était

1. Voir la *Gazette de France* du 18 octobre, et le *Mercure français*, pages 258 à 264, et 264 à 269.

digne de lui. Elle était, en effet, non-seulement aimée avec tendresse par tous les siens, mais aussi goûtée de la cour que du public ; son départ excita d'unanimes regrets.

Élisabeth-Charlotte d'Orléans, nommée d'abord *Mademoiselle de Chartres*, et plus tard *Mademoiselle*, avait été élevée avec beaucoup de soins par sa mère, cette princesse de Bavière surnommée la Palatine, demeurée toujours allemande à la cour de Louis XIV, et qui nous a laissé, dans sa volumineuse correspondance, mêlés à beaucoup d'injustes appréciations, des détails précis, et de si singuliers jugements sur les personnes et les choses de son temps. Au dire de la Palatine elle-même, « sa fille n'était pas jolie, mais elle était singulièrement bonne, douce et affable. » Elle avait toujours évité de se mêler aux petites querelles féminines qui divisaient l'intérieur de la famille royale et qui, plus d'une fois, avaient nécessité l'imposante intervention du roi. Louis XIV lui savait gré d'avoir su bien vivre avec les princes et princesses du sang de France, comme avec les enfants légitimés de Mme de Montespan. Elle s'était fait surtout apprécier et chérir par Mme la duchesse de Bourgogne. Lorsqu'il avait fallu se séparer, les deux amies au lieu de prendre congé l'une de l'autre, suivant le cérémonial obligatoire de la cour de Versailles, se répandirent en désespoirs et en sanglots ; Louis XIV lui-même versa quelques larmes en disant adieu à sa nièce. « Après que le roi fut sorti de chez Mme la duchesse de Bourgogne, » raconte le marquis de Dangeau, « il alla chez Mademoiselle qui fondit en larmes, et le roi en sortit fort touché et fort attendri... Mme la duchesse de Bourgogne, » continue l'exact chroniqueur, « y alla aussitôt après, et les pleurs recommencèrent de part et d'autre, si bien qu'à peine purent-elles se parler, et Mme la duchesse de Bourgogne en sortit *sans s'asseoir* et entra chez Mme de Maintenon pleurant encore. Le roi lui dit de ne se point contraindre et qu'il avait pleuré aussi en quittant Mademoiselle [1]. »

La fiancée de Léopold, qui avait eu le don d'émouvoir à la fois la tendresse du vieux roi et la gracieuse sensibilité de la jeune duchesse de Bourgogne, ne fut pas elle-même moins troublée, lorsque, accompagnée par le duc d'Elbeuf et Mme la princesse de Lillebonne, il lui fallut s'acheminer vers sa nouvelle patrie. Ses larmes séchèrent toutefois un peu pendant le chemin. « Mademoiselle accoutumée aux Lorrains par Monsieur et même par Madame », nous dit le duc de Saint-Simon, « était fort contente de son établissement... Elle était ravie d'être mariée à un prince dont toute sa vie elle avait ouï vanter la maison, et établie à soixante-dix lieues de Paris au

---

1. *Journal de Dangeau*, 12 octobre 1698. Tome VI, p. 439.

milieu de la domination française[1]. » Sa satisfaction augmenta sans doute quand, arrivée à Vitry-le-François, Mme de Lillebonne lui désigna, à demi caché derrière un groupe de gentilshommes lorrains, le Duc lui-même, qui, incapable de modérer son impatience, était accouru incognito, jusque sur le territoire français, afin de la saluer plus tôt[2]. A peine le nom du duc de Lorraine avait-il été prononcé, que Mademoiselle voulut, suivant l'étiquette, se jeter à ses pieds ; mais Léopold la prévint, et la première entrevue des deux époux parut, aux assistants charmés, toute pleine d'empressements mutuels et d'affectueuse cordialité. Quelques jours après (25 octobre 1698), le mariage, déjà célébré par procuration à Fontainebleau, fut renouvelé à Bar avec une grande magnificence. A partir de ce moment, la Duchesse, séparée de son entourage français, reçut les soins exclusifs des personnes qui composaient sa maison. C'étaient la marquise d'Haraucourt, sa dame d'honneur, la marquise de Lenoncourt, sa dame d'atours, et le comte des Armoises, son chevalier d'honneur. Ainsi entourée des principaux seigneurs du pays, et conduite par son époux, elle commença à travers la Lorraine, en se dirigeant vers Nancy, un voyage dont chaque étape était marquée par les acclamations

---

1. *Mémoires du duc de Saint-Simon.* Tome II, p. 235.
2. Dom Calmet. Tome VII, p. 199. *Histoire de Léopold,* par le comte de Foucault, etc., etc.

du peuple des campagnes, et par les joyeuses fêtes que les bourgeois des moindres villes s'empressaient de lui offrir. Retardés dans leur marche par l'accueil enthousiaste des populations, le Duc et la Duchesse durent encore s'arrêter un jour entier à Jarville, afin de laisser terminer les somptueux préparatifs par lesquels, depuis un temps immémorial, les habitants de Nancy avaient coutume de célébrer l'entrée solennelle de leurs souverains dans la capitale.

Nous nous garderons de raconter, après tous les anciens auteurs lorrains, les détails de cette journée. Nous ne compterons pas avec eux le nombre exact des salves d'artillerie qui furent tirées pendant la durée de la cérémonie; nous ne décrirons : « ni la magnificence du cortége, ni la beauté des pyramides et des trophées élevés au coin de tous les carrefours, ni l'abondance des fontaines qui distribuaient à tout venant le vin et la bière. » Nous ne dépeindrons pas, à la suite de dom Calmet ou de M. de Foucault, les places et les rues de la ville, ornées, dans toute leur étendue, de superbes tapisseries ; « et partout des festons, des guirlandes qui, posées, » dit l'un d'eux, « par les seules inspirations du dévouement, annonçaient la joie et la félicité. » N'en déplaise au biographe de Léopold, ce ne furent ni ces trophées, ni ces pyramides, ni ces festons, ni ces guirlandes, qui firent alors le mieux ressortir l'entraînement passionné de toutes les classes de la population lorraine, pour leur nouveau souverain. La vivacité de leur affection éclata d'une façon moins éphémère et beaucoup plus sérieuse. Non contentes, en effet, d'ajouter un surcroît de magnificences aux pompes traditionnelles de ce jour, les autorités de Nancy, d'accord avec l'assentiment public, s'appliquèrent surtout à faire soigneusement disparaître toute cette portion de l'antique cérémonial qui, dans cette première entrevue officielle du Duc et de ses sujets, n'avait d'autre but que de rappeler à l'un la limite de son pouvoir, et aux autres l'étendue de leurs droits.

En entrant dans sa capitale, Léopold trouva dressé, comme autrefois, sous la porte de Saint-Nicolas, un autel splendidement orné qu'entouraient les principaux du clergé et de la noblesse, et les délégués du tiers-état. Comme autrefois aussi, le livre des Évangiles était posé tout grand ouvert sur l'autel. Mais lorsque le Duc en eut monté lentement les degrés, personne ne prit la parole parmi les membres des trois ordres, pour le sommer de confirmer leurs droits et franchises. On ne vit point, comme en 1626, à l'entrée de Charles IV, le grand prévôt de Remiremont et de Saint-Georges de Nancy, s'avancer pour recevoir, au nom de la noblesse du duché de Lorraine, le serment du souverain, et le maréchal du Barrois lui demander à son tour s'il aurait agréable de prendre un pareil engagement lors de son entrée dans le duché de Bar; nulle voix dans le clergé ne réclama le maintien des immunités ecclésiastiques ; aucun bourgeois ne se leva pour parler de la convocation des États, ni aucun chevalier pour revendiquer le rétablissement des Assises. Si nous nous en rapportons toutefois à quelques assertions, malheureusement aussi brèves que confuses, les choses faillirent un instant prendre une autre tournure, et la cérémonie elle-même aurait été retardée de vingt-quatre heures, moins, à cause du mauvais temps que par suite des difficultés soulevées par un petit nombre des seigneurs de l'ancienne Chevalerie. A leurs réclamations timidement soutenues, et qui ne furent jamais produites par écrit, Léopold opposa une assez ferme résistance. Sans doute il pensait, avec M. Mory d'Elvange, « que le sentiment profond d'amour qu'il inspirait à ses peuples lui créait *des droits nouveaux ;* quant au corps entier de la noblesse, « pénétrée », poursuit le même auteur, « de l'estime la plus tendre pour les vues patriotiques, pour la sagesse active de Léopold, elle ne crut perdre aucun de ses droits en les faisant plier aux projets bienfaisants de son souverain[1]. » Les mêmes sentiments dominaient probablement la foule qui se pressait autour de la porte Saint-Nicolas, car la satisfaction parut unanime et la confiance entière et absolue, quand, prenant le ciel à témoin de la droiture de ses intentions, Léopold se contenta

---

1. « *États, droits, usages en Lorraine.* » Lettre d'un gentilhomme lorrain (M. Mory d'Elvange à un prince allemand. Juin 1788.)

de promettre en termes vagues et généraux « de conserver à son peuple les coutumes qui convenaient au bien de l'État [1]. »

Il y avait sans doute quelque chose de touchant dans la sécurité parfaite avec laquelle une nation, autrefois consultée par son chef et maîtresse de son propre sort, prenait tout à coup le parti de s'en remettre à la seule sagesse du souverain, du soin de ses intérêts et de la conduite de toutes ses affaires. Si l'on songe à l'usage que Léopold entendait faire et fit, en effet, de ce pouvoir illimité, on n'osera peut-être pas lui reprocher bien sévèrement d'avoir, par ses vertus mêmes, provoqué ce complet abandon des anciennes coutumes du pays. Le duc de Lorraine et ses sujets cédaient d'ailleurs, en ce moment, à ce qu'il y a peut-être de plus irrésistible au monde, c'est-à-dire à l'esprit même de leur siècle. Les temps étaient alors passés, où les règles empruntées aux usages surannés de la féodalité pouvaient encore apparaître comme la meilleure garantie des franchises nationales, et les jours n'étaient pas encore venus qui devaient donner à ces mêmes libertés une forme théorique et savante, propre à satisfaire les exigences de la civilisation moderne. En dépit de ses imperfections, et malgré les fautes de son chef, la monarchie de Louis XIV, avec sa puissance et son éclat au dehors, l'uniforme régularité de son admi-

---

[1]. Voir *le procès-verbal de l'entrée de Léopold à Nancy*. (Journal de la Société d'archéologie de Lorraine. — Année 1856.)

nistration intérieure et le faste élégant de sa cour, semblait beaucoup plus que la royauté contrôlée de Guillaume III, avec ses habitudes de représentation un peu mesquines, son parlement si agité, si exigeant, et cependant si parcimonieux, offrir à cette époque le modèle d'un gouvernement fort et sensé. A coup sûr, les Lorrains, tout à l'heure si opprimés eux-mêmes par les autorités françaises, dont les procédés n'étaient nulle part si rudes et plus violents que dans le gouvernement des provinces nouvellement conquises, n'avaient pu tout à fait oublier à quels excès conduit la concentration de tous les pouvoirs aux mains d'un prince despotique. Mais délivrés enfin d'un joug aussi pénible, ils étaient maintenant surtout frappés de la force que la France avait toujours puisée dans son organisation intérieure, soit pour triompher aisément de ses ennemis, soit, comme dans la dernière guerre qui venait de finir par le traité de Ryswick, pour résister, quoique épuisée, à la dangereuse coalition de tous ses adversaires. La modération naturelle de Léopold rassurait d'ailleurs sur l'usage qu'il ferait de l'autorité qui lui était remise; et précisément parce qu'il allait avoir à défendre l'indépendance nationale contre un redoutable voisin armé d'une puissance sans bornes, il semblait sage à beaucoup de ses sujets de l'affranchir des entraves dont le roi de France était lui-même si complétement débarrassé.

Ce n'est pas tout. Tant d'années ne s'étaient pas

en vain écoulées, pendant lesquelles la dynastie
nationale avait été reléguée en pays étranger, et la
Lorraine tenue sous la domination étrangère. Le fils
de Charles V, quelles que fussent sa raison précoce
et la naturelle générosité de son caractère, avait été
élevé dans les idées de cette politique impériale dont
le testament de son père nous offre un si curieux
programme. On comprend que la lecture de ce
document de famille, l'influence de sa mère et la
fréquentation de son entourage allemand, ne lui
aient pas inspiré beaucoup de respect ni de goût
pour les franchises locales d'un pays qu'il ne connaissait pas. En Lorraine même et chez les plus
intéressés, c'est-à-dire parmi les membres de la
noblesse, une trop longue interruption dans la
pratique de leurs priviléges avait en général amené
assez d'indifférence et de froideur. Seuls, les gentilshommes de campagne restés obscurément fidèles à
leurs princes exilés, et pendant tout le temps de
l'occupation française demeurés obstinément ren-
fermés dans leurs manoirs à demi ruinés, se souve-
naient d'avoir entendu leurs parents vanter la vieille
constitution de la Lorraine, et parler avec orgueil de
l'ancien tribunal des Assises. Mais ils formaient le
plus petit nombre ; c'est pourquoi leurs réclamations
inopportunes avaient été si facilement écartées. La
plupart des seigneurs lorrains, et les plus considérables d'entre eux, avaient suivi d'autres erre-

ments et entretenaient des pensées bien différentes.
Attachés à la fortune de Charles IV et de Charles V,
les uns s'étaient mis aux gages de l'Empire. Ralliés
au gouvernement dont leur pays recevait la loi, les
autres avaient pris du service dans les armées de
Louis XIV, et de nombreuses alliances de familles
les avaient tous mêlés en peu de temps aux maisons
les plus importantes de la France et de l'Autriche.
Comment, à Versailles ou à Vienne, les enfants des
anciens barons lorrains auraient-ils pu contracter
des habitudes de fierté et d'indépendance? Ils y
prirent, au contraire, avec les goûts d'un luxe
raffiné, ce penchant pour le séjour des capitales,
cet amour des distinctions nominales et des faveurs
de cour, qui préparent si facilement et amènent si
vite la ruine des aristocraties. Quant à la bourgeoisie
et aux classes inférieures de la population lorraine,
elles regrettaient encore moins l'ancienne constitution nationale, et ne daignèrent pas s'affliger
beaucoup de la suppression des États, au sein desquels elles n'avaient guère jamais joué qu'un rôle
effacé et très-secondaire. L'apprentissage de la
servitude et de l'obéissance passive s'était fait sous
le joug de la France. C'est une leçon qui s'apprend
vite. Préoccupée avant tout des questions qui intéressaient son bien-être matériel, et certaine qu'en
remettant aux mains du Duc actuel le pouvoir souverain il serait, en tout cas, très-doucement exercé, la

multitude se contentait de cette heureuse certitude, et s'inquiétait peu de savoir quelle en serait théoriquement la nature, l'étendue ou la limite.

Rien n'est plus puéril que de faire un crime aux personnages de l'histoire de n'avoir pas devancé les idées de leur temps. Il serait donc fort peu équitable de reprocher à Léopold de n'avoir pas, au jour de son avénement, rendu à ses sujets des libertés que ceux-ci ne lui réclamaient pas, ou du moins qu'une si petite minorité redemandait si faiblement. Les Lorrains eux-mêmes étaient assurément beaucoup plus à plaindre qu'à blâmer pour n'avoir pas à la fin du xviie siècle pressenti quel parti ils pouvaient tirer de leurs vieilles coutumes locales. Les principes qui, dans la libre Angleterre, servaient à régler si heureusement les rapports du prince et des sujets, étaient alors assez peu connus du reste de l'Europe et encore plus mal-appréciés. Sur le continent, parmi les États de second ordre, en Lorraine surtout, si récemment échappée à la domination étrangère, les questions de régime intérieur n'avaient pas à beaucoup près le don d'échauffer les esprits comme celles qui touchaient à l'indépendance nationale elle-même. Aux yeux des habitants des Deux-Duchés, la meilleure constitution était celle qui préserverait mieux leur prince et leur pays de retomber jamais sous le joug de Louis XIV et de la France. Considérée à ce dernier point de vue, la conduite de Léopold, moralement irréprochable, manquait peut-être de prévoyance politique et de véritable habileté. Pour assurer le maintien de sa dynastie sur le trône qu'elle venait de recouvrer, il eût mieux fait, au lieu de vouloir effacer les différences qui séparaient la France de la Lorraine, de s'efforcer de les accroître et de les multiplier. C'était de sa part un imprudent calcul de laisser toutes les anciennes franchises locales tomber en désuétude, et de réduire ses sujets à la condition de leurs voisins, les habitants de la Champagne et de la Bourgogne, si peu comptés par Louis XIV, et si soigneusement tenus à l'écart, des affaires de l'État et de celles de leurs propres provinces. Il n'avait pas moins tort de chercher à imiter le grand roi dans ses rapports avec les gentilshommes du pays, en les attirant dans sa capitale, et en leur donnant des charges honorifiques près de sa personne. Il ne relevait pas beaucoup la dignité de sa couronne, et il diminuait singulièrement l'importance de ses principaux sujets, en leur faisant échanger leur simple qualité de Chevaliers et de Barons, titres naguère relevés par des fonctions sérieuses et efficaces, contre les dénominations plus pompeuses de Comtes et de Marquis, dénominations purement fictives et oiseuses, destinées à satisfaire leur vanité, mais qui n'avaient d'autre effet que de les mettre avec la noblesse de France sur un même pied d'égale insignifiance. Organiser la cour de Nancy sur le modèle de la cour de Versailles, administrer les duchés de Bar et de Lorraine suivant le régime des provinces françaises, c'était préparer à son insu l'événement qu'il redoutait le plus, c'était travailler soi-même à rendre plus simple, plus naturelle, plus facile et plus prompte, l'absorption du plus petit des deux États par le plus grand.

La modération méritoire du Duc actuel n'était pas à elle seule une suffisante garantie contre une pareille éventualité; elle était un incident heureux, mais de sa nature essentiellement passager. Il n'était pas écrit au ciel que la Lorraine n'aurait à tout jamais que des princes sages et débonnaires, et la France des souverains ambitieux et altiers. L'opposé pouvait aussi bien arriver. Il était certain au contraire que toutes choses restant d'ailleurs égales, et réduits à renoncer à ces priviléges politiques qui élèvent si haut le cœur des peuples et leur font si aisément préférer aux commodes agréments du bien-être matériel les mâles jouissances de la liberté, les Lorrains trouveraient à la longue plus d'avantages à se ranger sous le sceptre du monarque français. Mieux qu'un chétif duc de Lorraine, un maître si puissant pouvait étendre son utile protection jusque sur les plus humbles, tenter les plus ambitieux par des titres magnifiques, par d'enviables dignités, et donner à tous, grâce à l'étendue même de son empire, ces satisfactions collectives de prépotence extérieure et de gloire nationale qui sont l'ordinaire rançon de l'indépendance individuelle. Ainsi, sous Léopold, au lendemain de la restitution de la Lorraine, comme sous Charles IV aux jours de la conquête, le cours des événements marchait toujours dans le même sens ; il précipitait malgré elle cette contrée vers un dénouement sans doute irrésistible puisque, après un règne entier d'intervalle, des princes si dissemblables et de conduite si opposée, se trouvaient y avoir tous involontairement mais presque également concouru. Par ses velléités belliqueuses, l'extravagant Charles IV avait livré à Louis XIII les forteresses de la Lorraine ; et ces remparts matériels contre l'invasion française une fois ruinés, nous avons vu avec quelle rapidité le successeur de Louis XIII en prit deux fois possession, les armes à la main. En dépit de sa sagesse, Léopold, par un désir inconsidéré d'imiter Louis XIV, abolit les libertés de son pays. Ces forteresses morales maintenant anéanties, nous allons bientôt voir avec quelle facilité l'héritage de Léopold tomba, sans lutte ni secousse, et comme de lui-même, dans les mains de l'héritier de Louis XIV.

On eût toutefois beaucoup étonné, en 1699, le patriotique souverain de la Lorraine, si on lui avait dit que sa conduite était de nature à préparer un pareil résultat. Rien n'était plus loin de sa pensée.

En retenant une part de pouvoir plus grande que celle jadis exercée par ses ancêtres, il avait beaucoup moins cédé à son penchant qu'obéi aux tendances de son temps, et aux idées qui lui avaient été inculquées dès sa plus tendre jeunesse. S'il avait préféré créer, pour les seigneurs lorrains, de grandes charges de cour auprès de sa personne, plutôt que de leur laisser leurs anciennes attributions dans l'État, ce n'était pas amour du faste, ni morgue de despote. S'il n'avait pas convoqué les États, s'il n'avait pas remis en honneur toutes les anciennes coutumes locales, ce n'était point par défiance des sentiments populaires, ni par déplaisance pour les souvenirs nationaux. Loin de là, on le vit, dès son avénement et depuis, faire toujours preuve d'une égale affabilité envers les différentes classes de ses sujets. Léopold, en important à Nancy quelques-uns des usages de la cour de Versailles, n'y avait pas transplanté les formalités de sa rigide étiquette. En Lorraine, la noblesse n'était pas seule admise à partager les plaisirs de la famille ducale. Le prince recevait dans son palais, et invitait indifféremment, à ses spectacles, à ses concerts et à ses bals, tous les bourgeois de la ville. On vit Léopold enchérissant sur la courtoisie de ses prédécesseurs, envoyer ses carrosses par la ville pour chercher et reconduire ceux qui n'en avaient pas. Pendant l'hiver de 1699, il s'appliqua particulièrement à remettre en honneur plusieurs fêtes populaires supprimées pendant l'occupation française, et qui rappelaient des événements chers à tous les cœurs lorrains.

C'est ainsi qu'il rétablit, avec un grand éclat, les cérémonies par lesquelles on avait jadis coutume de célébrer à Nancy, la veille des Rois, la mémoire de la délivrance de cette ville assiégée par Charles le Téméraire, et de la grande victoire remportée, près de ses murs, sur les Bourguignons. Tout l'ancien programme fut scrupuleusement suivi. Dès le matin, le son de la musique et des trompettes rappelèrent aux habitants l'heure à laquelle René avait jadis fait sonner la diane. Une messe solennelle fut célébrée à Saint-Nicolas, en souvenir de celle que les combattants avaient entendue dans cette même église, avant de sortir de la ville pour livrer bataille. Au sortir de la messe, des provisions abondantes furent distribuées aux bourgeois, en viande, en gibier, en vin et en gâteaux, proportionnées au nombre des membres de chaque famille. Alors les bourgeois se mirent à table en pleine rue, et l'on tira les Rois. Le Duc, accompagné de quelques seigneurs de sa cour, alla visiter les bourgeois pendant qu'ils étaient à table. On but avec enthousiasme à sa santé. Plusieurs fois prenant un verre, Léopold répondit lui-même à la politesse des convives. Le gobelet dans lequel Léopold avait bu était alors religieusement gardé, et, dit un auteur lorrain, « il s'est trouvé de ces gages de l'affection du peuple pour le Duc, qui ont été conservés pendant plus d'un siècle[1]. »

Une autre fête d'un plus singulier caractère vint encore mettre en relief, pendant le carnaval de 1699, la cordiale familiarité du prince et de ses sujets. Suivant une vieille coutume de Nancy, à un certain jour dit *des brandons* ou *des fascinettes*, les personnes mariées pendant le cours de l'année, à quelques conditions qu'elles appartinssent, devaient, munies d'un petit fagot et se tenant par le bras, aller présenter par couple leurs hommages au souverain, qui les recevait dans l'antique salle des cerfs, et après une assez longue procession dans la ville, faire un grand feu de leurs fagots au milieu de la cour du palais ducal, ce qui était le signal de la danse et de toutes sortes de réjouissances. Les mariés ne manquaient jamais de mettre, en cette occasion, leurs plus beaux habits. Le mari portait le fagot tout enrubané ; à sa boutonnière était attachée une petite serpette en argent ou en fer-blanc, suivant sa fortune. La femme mettait à son corset quelques petits objets de même métal, représentant des quenouilles, des rouets et autres ustensiles de ménage. En 1699, la file des nouveaux mariés était longue, car cette plaisante cérémonie n'avait pas eu lieu depuis trois ans. Quels ne furent point les transports de joie de

---

[1]. *Mémoires pour servir à l'histoire de Lorraine*, par M. Noël, n° 5, tome I, p. 25.

la foule, lorsqu'elle vit le Duc prendre lui-même la tête de la procession, bras dessus bras dessous avec sa femme, alors enceinte, et qui balançait en marchant un petit berceau de vermeil suspendu à sa ceinture. La fille de Monsieur, la nièce de Louis XIV, l'amie de la duchesse de Bourgogne, avait, à Versailles, à Trianon et à Marly, figuré dans des fêtes plus magnifiques, mais à coup sûr jamais aussi joyeuses ni plus touchantes. La complaisance avec laquelle elle accepta un rôle dans ce divertissement populaire, et sa bonne grâce à le remplir, valurent à la nouvelle Duchesse les premiers et bruyants témoignages de cette vive affection que les habitants de la Lorraine, même après leur réunion à la France, n'ont jamais depuis cessé de lui porter.

CHAPITRE XXXVI

Situation de Léopold. — Dévoué à l'Autriche, il désire ménager la France. — Il va à Paris rendre hommage pour le Barrois. — Cérémonie de la prestation de serment. — Réception gracieuse de Louis XIV. — Retour à Nancy. — Les restes de Charles V ramenés en Lorraine. — Arrivée secrète de M. de Callières à Nancy. — Il offre au Duc l'échange de la Lorraine contre le duché de Milan. — Hésitations de Léopold. — Il pense à refuser. — Il rencontre peu d'appui dans ses projets de résistance. — Il signe le projet de cession. — Mort de Charles II, roi d'Espagne. — Louis XIV accepte la couronne d'Espagne pour le duc d'Anjou. — La guerre est imminente. — Inquiétudes de Léopold pour l'indépendance de ses États.

Le dévouement de ses sujets, et la facilité qu'il trouvait à gouverner ses États, ne faisaient point illusion au duc de Lorraine. Rentré par la paix en possession d'une souveraineté restée sans chef légitime pendant près de trente années, Léopold comprenait parfaitement tout ce que sa situation avait d'incertain et de précaire[1]. L'expérience du passé lui indiquait assez de quel côté viendraient les dan-

---

1. « Léopold Ier, duc de Lorraine, ayant été rétabli dans ses États par le traité de Ryswick du mois d'octobre 1697, s'aperçut bientôt que son sort était infiniment à plaindre, et qu'en Europe il n'y avait pas de souverain plus mal placé que lui » (*Réflexions sur l'élection de l'Empereur François Ier, aujourd'hui régnant*), manuscrit du temps, dont une copie m'a été communiquée, avec les papiers du président Lefebvre, par Mme Lefebvre de Tumejus, et qui a été faussement attribué, tantôt au président Lefebvre, et tantôt au procureur général Bourcier. Ce document important pour l'histoire de Lorraine, et qui émane évidemment d'une personne très-bien informée, relate des événements survenus depuis la mort de MM. Lefebvre et Bourcier.

gers qui pourraient, dans l'avenir, menacer l'indépendance de sa couronne. En prince sage et prudent, il mit surtout son application à les éviter. Son inclination et les souvenirs de sa jeunesse, le portaient naturellement vers la maison d'Autriche, mais il ne se sentait pas libre de suivre ses penchants, et par effort de raison, il était décidé à garder, vis-à-vis de la France, les plus grands ménagements[1]. Obligé, comme ses ancêtres, à prêter hommage à Louis XIV, pour le Barrois, il ne voulut mettre ni hésitation ni retard dans l'accomplissement d'un devoir qui avait jadis tant coûté à son grand-oncle Charles IV. A peine la duchesse de Lorraine, accouchée le 26 août, fut-elle en état de voyager, que Léopold partit avec elle pour Versailles (novembre 1699).

De Nancy à Paris, le duc de Lorraine traversa presque partout des campagnes désertes et mal cultivées, des populations en détresse et ruinées par la dernière guerre. Mais tandis que tout était désolation et misère dans les provinces françaises, à la cour de Versailles tout était magnificences et splendeurs. L'année précédente, le roi avait témoigné le désir que le retour de la paix fût marqué autour de lui par un redoublement de fêtes et de plaisirs.

---

1. « Dans ces circonstances, il jugea qu'il n'avait d'autre parti à prendre que celui de s'attacher à la maison d'Autriche, en conservant habilement avec la France tous les ménagements qu'exigeait la situation. » (*Réflexions sur l'élection de l'Empereur François I*er.)

Comme toujours, on s'était empressé d'obéir ; et plus curieux d'accroître leur faveur qu'attentifs à ménager leur fortune, les courtisans n'avaient pas hésité à s'imposer les derniers sacrifices afin de contenter les fantaisies du maître. Il n'était pas de petit gentilhomme qui, pendant le séjour de Sa Majesté au camp de Compiègne, ne se fût endetté pour habiller richement les soldats de sa compagnie, et paraître avec honneur à leur tête. Les moindres chefs de corps avaient rivalisé entre eux d'éclat et de bonne chère, entretenant à grands frais des tables toujours ouvertes où venaient s'asseoir, avec les officiers de l'armée, les visiteurs, hommes ou femmes, qui accouraient en foule de Paris et des environs, pour assister aux manœuvres. Parmi les grands dignitaires de la couronne, l'émulation n'avait pas été moins folle ; et le commandant général des troupes, le maréchal de Boufflers, surpassant lui-même tout le monde, avait poussé le faste de la représentation jusqu'à des raffinements encore inconnus et d'un luxe vraiment fabuleux. Lors de l'arrivée du duc de Lorraine en France, l'impulsion donnée par Louis XIV au camp de Compiègne durait toujours. Il n'était bruit à la ville et à la cour que du détail de ces merveilles si coûteuses qui, dans la pensée du monarque, avaient surtout pour but d'en imposer à l'Europe sur l'état réel de son royaume, mais qui, en réalité, n'avaient guère d'autre effet que de jeter dans de terribles embarras les affaires de sa noblesse, déjà fort obérée[1].

Louis XIV accueillit avec sa courtoisie accoutumée le duc de Lorraine, qui était censé voyager incognito. Il lui montra familièrement les féeries de Versailles encore inachevé, mais dont il était déjà dégoûté. Il le promena avec complaisance dans les jardins nouveaux de Trianon et de Marly. Pendant son séjour en France, Léopold demeura toujours au Palais-Royal, dans l'appartement du duc de Chartres, et parut plusieurs fois à l'Opéra; il visita souvent Monsieur à Saint-Cloud, et Monseigneur à Meudon. Cependant le jour de la prestation de la foi et hommage pour le Barrois, ayant été fixé au mercredi 27 novembre, le Duc quitta pour cette seule circonstance l'incognito qu'il avait gardé jusqu'alors. Les détails de cette cérémonie sont fort au long consignés dans le journal de Dangeau et dans les mémoires de Saint-Simon, qui se complaît à nous raconter toutes les questions d'étiquette soulevées par la courte visite de Léopold à la cour de France. Si nous nous en rapportons à l'ennemi acharné des princes lorrains, l'incognito, si modeste en apparence, n'aurait été qu'une orgueilleuse adresse, inventée par le chef de cette ambitieuse maison, pour con-

---

1. Voir sur les dépenses faites au camp de Compiègne, et la gêne qu'elles causèrent à la noblesse de France, les *Mémoires de Saint-Simon*, tomes III et IV.

tester sourdement le droit de préséance des princes du sang, et, ce qui était sans doute plus coupable encore, afin d'abaisser la dignité des Ducs et Pairs du royaume. Aussi voyons-nous Saint-Simon insister, avec un malin plaisir et une joie triomphante, sur toute la portion de l'antique cérémonial, qui avait pour but de rappeler clairement à tous les yeux, comme au plus beaux jours de la féodalité, l'infériorité du vassal lorrain vis-à-vis de son seigneur souverain, le puissant chef de la monarchie française [1].

« Au jour indiqué, » dit Saint-Simon, « le roi attendit M. de Lorraine dans le salon qui était lors entre sa chambre et le cabinet particulier, qui depuis est devenu sa chambre. Il était dans son fauteuil, le chapeau sur la tête, ayant derrière lui les princes ses petits-fils, les princes du sang, les fils légitimes de Mme de Montespan, les grands officiers de la couronne, M. le chancelier, les secrétaires d'État et force courtisans rangés plus loin en demi-cercle..... « M. de Lorraine, « poursuit Saint-Simon », trouva fermée la porte de la chambre du roi qui était dans le salon, et l'huissier en dedans. Un de la suite de M. de Lorraine gratta ; l'huissier demanda : qui est-ce ? » Le gratteur répondit : « c'est M. le duc de Lorraine ; » et la porte demeura fermée. Quelques

---

[1]. Voir les *Mémoires de Saint-Simon*, tome II, p. 378 et suivantes.

instants après, même cérémonie. La troisième fois, le gratteur répondit : « c'est M. le duc de Bar. » Alors l'huissier ouvrit un seul battant de la porte. M. de Lorraine entra, et de la porte, puis du milieu de la chambre, enfin assez près du roi, il fit de très-profondes révérences. Le roi ne branla point et demeura couvert sans faire aucune sorte de mouvement. Le duc de Gesvres alors, suivi de Nyert, mais ayant son chapeau sous le bras, s'avança deux ou trois pas, et prit le chapeau, les gants et l'épée de M. de Lorraine qu'il lui remit, et le duc de Gesvres tout de suite à Nyert qui demeura en place, mais fort en arrière de M. de Lorraine. M. de Lorraine se mit à deux genoux sur un carreau de velours rouge bordé d'un petit galon d'or qui était aux pieds du roi, qui lui prit les deux mains jointes entre les deux siennes. Alors M. le chancelier lut fort haut et fort distinctement la formule de l'hommage lige et du serment auxquels M. de Lorraine acquiesça, et dit et répéta ce qui était de forme, puis se leva et signa le serment avec la plume que Torcy lui présenta un peu à côté du roi, où Nyert lui présenta son épée qu'il remit, puis lui rendit son chapeau dans lequel étaient ses gants, et se retira [1].... La cérémonie finie,

---

1. *Mémoires de Saint-Simon*, tome II, p.379. Procès-verbal de l'hommage rendu au roi par M. de Lorraine ; en date du 26 novembre 1699 (Archives du ministère des affaires étrangères à Paris). Nous devons dire que dans le journal de Dangeau et le procès-verbal gardé aux archives des affaires étrangères, il n'est point question de cette circon-

Louis XIV passa dans son cabinet, et peu de temps après y fit appeler M. de Lorraine, qui demeura seul avec le roi pendant plus d'une demi-heure.

A peine Léopold se fut-il ainsi mis en règle avec le souverain de la France, qu'il témoigna le vif désir de retourner le plus tôt possible dans ses États. Il laissa même à Paris sa femme, qui y était tombée malade de la petite vérole presque en arrivant ; et cette princesse à peine rétablie ne se montra pas moins empressée de quitter sa famille et de regagner la Lorraine. « Elle en marqua », dit Saint-Simon, « une impatience qui allait jusqu'à l'indécence[1]. » En effet, la situation du duc et de la duchesse de Lorraine à la cour de France ne laissait pas que d'être assez embarrassante, et un plus long séjour les aurait presque compromis vis à vis de l'Autriche. Louis XIV avait traité Léopold avec une faveur marquée. Il avait affiché pour lui beaucoup de considération et de tendresse. Il avait poussé la recherche jusqu'à se vouloir mêler, en bon parent, de tout ce qui regardait son jeune neveu. Il lui

stance de la porte fermée, ni des paroles échangées entre l'huissier de Sa Majesté et l'un des suivants de M. le duc de Lorraine, avant que cette porte ne s'ouvrît. Il ne paraît pas non plus que cette portion du vieux cérémonial ait été observée lorsque Charles IV rendit hommage pour le Barrois à Louis XIII, et plus tard à Louis XIV. Mais le récit de Saint-Simon, le minutieux annotateur des moindres formalités de l'étiquette, est si détaillé et si précis qu'il nous paraît difficile d'en contester la véracité.

1. *Mémoires de Saint-Simon*, tome II, p. 382.

avait promis d'envoyer Mansard en Lorraine afin d'arranger le palais de Nancy, « si irrégulier et si peu logeable [1] », et lui-même offrit avec grâce de revoir et de corriger les plans de cet habile architecte [2]. Le duc de Lorraine avait répondu avec respect à ces marques publiques de l'amitié du roi de France. Mais il avait eu grand'peine à cacher son trouble lorsque, dans le tête-à-tête qui suivit immédiatement la prestation de l'hommage pour le Barrois, Louis XIV se mit tout à coup à l'entretenir des pourparlers alors entamés avec Guillaume III, au sujet du partage de la succession de Charles II, et du sort que cette négociation toute prête d'aboutir réservait au souverain de la Lorraine. Léopold ne put sans un mélange de surprise et d'effroi s'entendre dire que les rois de France et d'Angleterre songeaient à lui échanger l'antique patrimoine de sa famille contre un lambeau détaché de la monarchie espagnole. Plus que toute autre considération, l'envie d'échapper aux difficultés d'une si redoutable confidence avait poussé le duc et la duchesse de Lorraine à précipiter leur départ.

Ce fut aussi, nous le croyons, dans une intention toute politique, afin de dérouter les rumeurs déjà répandues d'une prochaine cession de ses États à la

---

1. Lettre de Léopold à Louis XIV. — 1ᵉʳ février 1700. (Archives des affaires étrangères.)
2. Lettre de Louis XIV à Léopold. — 19 février 1700. (*Ibidem*.)

France, et avec le double but de rappeler aux Allemands son étroite parenté avec la maison Impériale, et de consacrer plus fortement encore, aux yeux de ses sujets, les liens qui l'attachaient au vieux sol national, que Léopold, à peine revenu de Versailles, résolut de faire transporter avec grande pompe en Lorraine les dépouilles mortelles de son père. Enlevé presque subitement à Welz, près de Lintz, Charles V avait, en expirant, manifesté le désir d'être un jour inhumé près des siens, dans la chapelle Ronde de Nancy. La continuation de la guerre avait empêché la famille du Duc et ses anciens compagnons d'accomplir la volonté de leur chef ; le corps de Charles V avait été provisoirement déposé, pendant dix années, au fond du caveau des Archiducs, dans l'église des Jésuites à Inspruck. Vers les premiers jours de mars 1700, M. de Custines, premier chambellan de Léopold, plusieurs délégués de la noblesse lorraine, et un certain nombre d'aumôniers, suivis d'un détachement de chevau-légers, partirent de Nancy pour aller chercher ce précieux dépôt. La remise du corps se fit avec beaucoup de solennité, le 18 mars, en présence de nombreuses députations accourues de tous les points de l'Allemagne. Lorsque le pieux cortége se mit en route il fut, depuis Inspruck jusques aux bords du Rhin, accueilli partout avec une respectueuse émotion. Les Électeurs et les princes dont il traversait les États se portèrent avec empressement sur son passage. L'artillerie des places fortes salua de tous ses canons le char funèbre qui portait l'ancien généralissime des troupes impériales. Dans les villes ouvertes, le clergé et la noblesse allèrent l'attendre en dehors des portes, et le reconduisirent jusque sur les confins de leur territoire. Les habitants des campagnes interrompant leurs travaux, et agenouillés sur les bords de la route, bénissaient avec reconnaissance le cercueil de celui qui avait été pour l'Empire et pour la Chrétienté un si vaillant champion. Mais, à Strasbourg, le maréchal d'Huxelles n'ayant pas encore reçu les ordres de sa Cour, qui dit-on lui arrivèrent trop tard, s'abstint, pour son compte, de toutes manifestations [1]. Elles recommencèrent plus éclatantes et plus vives lorsque, dépassant l'Alsace, le convoi mit enfin le pied sur le territoire de la Lorraine. A Nancy surtout l'affluence des populations fut immense.

L'enterrement des ducs de Lorraine avait toujours été célébré dans leur capitale avec une pompe extraordinaire, et cette cérémonie passait pour l'une des plus imposantes qu'on pût alors voir en Europe [2].

1. Dom Calmet, tome VII, p. 213.
2. Le dicton du temps était qu'il y avait trois cérémonies qui n'avaient pas leurs pareilles dans le monde : le couronnement d'un Empereur, le mariage d'un roi de France, et l'enterrement d'un duc de Lorraine. (Voir M. Noël, *Mémoires pour servir à l'histoire de Lorraine.*)

Prince et sujets voulurent redoubler de magnificence. Toutes les anciennes et pompeuses formalités des temps de la féodalité furent, dans cette occasion, remises en honneur et observées avec un soin scrupuleux. Dès le matin du 19 avril, un héraut d'armes, à cheval, vêtu à l'antique, en longs habits de deuil, et suivi de douze crieurs et porteurs de clochettes, annonça par les carrefours de la ville l'heure de la cérémonie. Il convoqua à haute voix les trois ordres de l'État qui, dépouillés maintenant de leurs plus sérieux priviléges, n'en étaient pas moins invités à prendre, dans le cortège funèbre, leur rang accoutumé. A l'heure indiquée, la marche s'ouvrit par le corps des bourgeois de Nancy, ayant à leur tête leur colonel et leurs majors, avec quarante officiers tous en uniforme ayant un crêpe en forme de baudrier, et un autre à leur chapeau. Venait ensuite la compagnie des Buttiers portant leurs spontons ; leurs tambours étaient couverts d'un drap noir. Derrière eux, douze sonneurs en robes et en chaperons noirs tintaient doucement leurs clochettes ; ils étaient suivis de cent pauvres habillés de la même manière. Cent notables bourgeois de Nancy s'avançaient ensuite avec leurs quarteniers devant eux, en manteaux courts et crêpes au chapeau, portant chacun un flambeau de cire blanche auquel était attaché un écusson aux armes de la ville. Les pénitents blancs précédaient les religieux du pays qui, tous vêtus des différents habits de leur ordre, défilèrent en avant du clergé séculier, composé des curés de toutes les paroisses. Les chanoines de Saint-Georges et de la Primatiale prirent rang sur la même ligne que les jésuites de l'Université de Pont-à-Mousson. Chaque ville de la Lorraine était représentée par deux députés qui, portant au bras un écusson aux armes de leur localité, cédaient le pas aux magistrats de la ville de Nancy. Le corps des avocats, celui des huissiers et des greffiers du baillage, la chambre des comptes de Lorraine et celle du Barrois continuaient la marche, ayant à leur tête un officier de la maréchaussée et les archers de la Cour souveraine. Aussitôt après les membres du parlement, venaient les membres du conseil d'État.

Tandis que la bourgeoisie, le clergé et les fonctionnaires civils tenaient ainsi la tête du convoi, les places d'honneur avaient été réservées, près du cercueil, aux membres de la noblesse. Après les trompettes et les timbales de la cour, tous en habits de deuil, touchant à la sourdine, trente-deux gentilshommes en grands manteaux et crêpes rasant terre, portaient les bannières des trente-deux quartiers des lignes paternelles et maternelles de la maison de Lorraine. Quatre écuyers conduisaient en laisse les chevaux de guerre de Charles V, caparaçonnés d'or et d'argent. Sept autres gentilshommes de distinction tenaient en main ce qui s'appelait alors les pièces d'honneur ; c'est-à-dire les éperons, les gantelets, l'écu, la lance, l'épée du défunt, sa cuirasse et son armet timbré. Ils étaient suivis des maréchaux de Lorraine et du Barrois ; vingt-un abbés en cape de velours noir, avec leur crosse en main et leur mitre en tête, précédaient le corps porté par huit chambellans. Les quatre coins du poêle étaient tenus par les principaux officiers de la maison de Léopold. C'étaient les comtes de Custines et d'Apremont, les marquis de Beauvau Fains et de Lunati Visconti. Au-dessus du cercueil étaient déposés, sur des carreaux de brocard d'or, la couronne ducale, le sceptre, la main de justice et le collier de la Toison d'or ; et six chambellans soutenaient un grand dais également brodé d'or et d'argent. A la droite du corps marchaient le comte de Raigecourt, grand veneur, portant l'étendard de Lorraine ; à la gauche, M. de Mitry de Fauconcourt, grand écuyer, et derrière eux, le comte de Cléron d'Haussonville, grand maître de l'artillerie, tenant le panonceau aux armes pleines de Lorraine.

Les trois grands officiers de la couronne, le marquis de Lenoncourt, grand écuyer, le comte de Couvonges, grand chambellan, et le comte de Carlingford, grand maître d'hôtel et chef du conseil, précédaient immédiatement les princes de la maison de Lorraine. Son Altesse Royale, accompagnée de ses deux frères, le prince Charles, évêque d'Osnabruck et d'Olmutz, et le prince François, suivit à pied, jusqu'à l'église des Cordeliers, le corps de son père. Un magnifique catafalque avait été disposé au milieu du chœur pour recevoir le cercueil. Aux quatre angles s'élevaient quatre statues de grandeur naturelle représentant la Valeur, la Force, la Prudence et la Tempérance. Seize grands tableaux suspendus aux voûtes de l'église rappelaient les guerres et les victoires du duc Charles contre les Turcs. Une Renommée colossale tenait entre ses mains une grande médaille reproduisant en relief les traits du libérateur de Vienne, tandis que la figure de l'Histoire montrait du doigt un livre ouvert où se lisaient ces paroles de l'Écriture : « *Quomodo cecidit vir potens, qui salvum faciebat populum Israël.* » Après un service religieux célébré pendant trois jours consécutifs avec une extrême magnificence, le corps gardé par deux officiers lorrains et deux suisses, demeura, jour et nuit, exposé dans l'église des Cordeliers.

L'émotion causée par cette solennité nationale était à peine calmée au sein des masses, les caveaux de la chapelle Ronde, dégradés pendant l'occupation française, n'étaient pas encore en état de recevoir leur nouvel hôte, et la foule des pieux visiteurs se pressait, chaque jour plus nombreuse, devant le cercueil du prince illustre qu'ils avaient si peu connu, mais qui avait jeté tant d'éclat sur leur pays, lorsque, dans les premiers jours de mai, M. de Callières arriva brusquement à Nancy. Sa venue passa presque inaperçue. Quel n'eût pas été cependant le désappointement des patriotes lorrains; combien vaines leurs espérances, combien triste leur destinée ne leur eussent-elles pas apparu, s'ils avaient pu deviner dès lors le but de la mission de l'envoyé secret de Louis XIV!

Les négociations entamées après la paix de Ryswick, entre la France et l'Angleterre et les Provinces Unies, venaient en effet d'arriver à leur terme. Une fois déjà, vers le milieu de l'automne de 1698, ces puissances s'étaient mises d'accord pour partager à l'amiable, entre les divers prétendants, la succession de Charles II. Dans ce premier partage péniblement élaboré, et définitivement signé à Loo, le 24 septembre, il n'avait pas été question de la Lorraine; son nom n'avait pas même été prononcé. Le royaume des Deux-Siciles avec les ports de Toscane, le marquisat de Finale et la province de Guipuscoa, avaient été assurés au Dauphin, fils aîné de Louis XIV, le duché de Milan était assigné à l'archiduc Charles, et le reste de la monarchie espagnole adjugé à Joseph-Ferdinand, prince électoral de Bavière. Par cette disposition, les parties contractantes avaient hautement reconnu la nullité de la renonciation de l'archiduchesse Marie-Antoinette, et par suite de toutes les autres renonciations des infantes d'Espagne mariées à des souverains étrangers. L'Électeur de Bavière devait succéder à son fils dans le cas où, monté sur le trône d'Espagne, il viendrait à mourir sans postérité. Mais la mort du jeune prince bavarois, subitement enlevé par la petite vérole avant le monarque espagnol, avait totalement ruiné cette première combinaison ; il n'avait pas fallu moins de quinze mois aux cours de Londres et de Versailles pour élaborer un nouveau projet ; et c'était la Lorraine qui leur avait fourni l'expédient dont elles avaient eu besoin pour se mettre enfin d'accord.

Guillaume III avait d'abord songé à substituer simplement l'Électeur de Bavière à son fils, mais Louis XIV avait repoussé bien loin cette pensée. Il n'avait pas eu de peine à établir que l'Électeur n'ayant par lui-même aucun droit quelconque à la succession de Charles II, il serait à peu près impossible de l'imposer par force ouverte à la nation espagnole. Suivant lui, l'un des trois co-partageants étant mort, il ne restait plus qu'à diviser l'héritage entre les deux autres. Il offrait donc de céder à l'archiduc Charles d'Autriche le lot attribué au prince de Bavière, il réclamait une seule addition à la part du dauphin, c'était le duché de Milan. Telles avaient été les premières ouvertures faites à Londres par l'ambassadeur français au nom de son maître. Cependant, prévoyant que Guillaume III s'effraierait de la cession du duché de Milan, Louis XIV avait autorisé le comte de Tallard à mettre, comme de lui-même, en avant l'idée d'un échange ultérieur du duché de Milan contre la Lorraine [1]. « Le roi d'Angleterre doit comprendre, » ajoutait Louis XIV, « que l'acquisition de la Lorraine n'ajoutera presque rien à mon pouvoir, car cet État est si enveloppé de toutes parts par mes possessions, qu'il est à jamais impossible à un duc de Lorraine de prendre parti contre moi. Lui donner le Milanais, c'est créer en Italie une nouvelle puissance assez considérable pour assister les princes voisins, et concourir avec eux au maintien de leur liberté, s'ils étaient jamais attaqués par l'Empereur [2]. » Guillaume III, peu disposé à admettre que la mort du prince de Bavière dût en rien profiter à la France, fit d'abord un assez froid accueil à la proposition de M. de Tallard. Ce n'est pas qu'il ne sentît, avec sa modération habituelle, combien une nouvelle concession était nécessaire ; il ne trouvait même pas la demande de Louis XIV exagérée. Par bon sens pratique, il était porté à abandonner sans trop de contestation au souverain français ce petit État enclavé qu'il enserrait de toutes parts, proie facile si souvent saisie et toujours si

---

[1]. Dépêche de Louis XIV au comte de Tallard, 13 juin 1699. Archives du ministère des affaires étrangères à Paris. *Correspondance de Guillaume III et de Louis XIV*. Grimblot, tome II, p. 265.

[2]. *Ibidem*.

ardemment convoitée. Mais il redoutait l'opposition des États Généraux ; et désireux de rendre l'arrangement final acceptable à la cour de Vienne, il craignait surtout d'aliéner à jamais l'Empereur en disposant contre son gré du duché de Milan [1]. Son hésitation fut longue, comme le prouvent ses lettres au pensionnaire Heinsius. Il ne lui suffisait pas d'être convaincu de la nécessité d'un pareil sacrifice, il tenait beaucoup, avant de s'engager, à faire partager sa conviction aux hommes d'État de la Hollande, plus jaloux encore que lui de l'agrandissement de Louis XIV [2]. A Vienne, tous ses efforts furent inutiles. Il réussit mieux à La Haye, où son influence était grande ; et le nouveau traité de partage qui donnait la Lorraine à la France fut signé, d'abord à Londres, le 13 mars 1700, puis à Loo, le 29 du même mois. Louis XIV s'était chargé d'a-

---

1. « La plus grande difficulté de l'Empereur sur le traité regardait le Milanais, qui devait être remis au duc de Lorraine en échange du duché de Lorraine et de Bar. » Mémoires de M. de Villars, tome I, p. 497.

2. « You will see, it appears to be the ultimatum of France on the above partition to have Navarre, Lorraine for the Dauphin ; so I think we must soon determine wither we will treat upon this footing and afterward begin the negociation at Vienna. For I do not believe that France is to be brought any further at this juncture ; and it is difficult to determine what to do next. I should be glad to have your sentiments thereon immediately. » (William III to the pensionnaire Heinsius.) 24 march 1699. Tome II, p. 309.

« The whole turns upon what I wrote on my former letter than unless the exchange of Milan for Lorraine is granted to France, nothing will come of this negociation. » (William III to the pensionnaire Heinsius, 31 march 1699.)

vertir le duc Léopold et d'obtenir son consentement. Tels étaient les graves motifs de l'arrivée de M. de Callières à Nancy.

M. de Callières avait été, comme nous l'avons vu, l'un des principaux et sans contredit le plus actif des négociateurs du traité de Ryswick. Il était habile, insinuant, rompu aux affaires, d'un esprit fécond en ressources, ferme de caractère, galant homme et très-respecté[1]. Le choix d'un agent si plein d'autorité montrait assez l'importance que Louis XIV attachait au succès de cette mission, et les instructions remises à M. de Callières le prouvaient mieux encore. M. de Callières avait ordre de s'adresser à Léopold par l'intermédiaire du comte de Carlingford. « Il devait faire sentir au Duc combien l'échange proposé lui était avantageux. Sa Majesté n'entendait pas prendre possession de la Lorraine avant que Son Altesse ne fût établie à Milan. Il était probable que l'Empereur reculerait devant la coalition de la France et de l'Angleterre et des Provinces Unies ; et l'on pouvait dès à présent prévoir que l'Empereur donnerait son consentement, soit volontairement soit par force. Dans l'un comme dans l'autre cas, le duc de Lorraine n'avait rien à redouter de sa part. En effet, si le consentement de l'Empereur était volontaire, il n'y avait pas apparence qu'il troublât

---

1. Voir Saint-Simon, tome I, p. 434.

jamais son neveu dans la jouissance d'un État plus considérable que celui qu'il gouvernait présentement. Si ce consentement lui était au contraire arraché par des forces supérieures aux siennes, ces mêmes forces l'empêcheraient toujours de pouvoir à l'avenir former des entreprises au préjudice de ce qu'il aurait promis. Si le duc de Lorraine n'acceptait pas l'échange proposé, Sa Majesté était à l'avance assurée que d'autres princes seraient plus faciles, n'attendant qu'une ouverture de sa part pour s'expliquer. M. de Callières était chargé de provoquer une délibération immédiate et une réponse prompte et formelle [1] ». Il emportait en outre avec lui un projet de traité tout dressé et rédigé à l'avance [2].

Ce ne fut pas sans surprise que, le 23 mai au matin, le comte de Carlingford vit entrer chez lui M. de Callières, et son trouble redoubla quand il apprit de quelles propositions l'envoyé français était porteur. Le Comte reconnut « que par la richesse et l'étendue, le Milanais était supérieur à la Lorraine, mais son maître se trouvait bien d'un peuple depuis si longtemps dévoué à sa famille, et ne pouvait savoir

---

1. Extrait du mémoire « pour servir d'instruction à M. de Callières, secrétaire du cabinet du roi, allant en Lorraine, en exécution des ordres de Sa Majesté (17 mai 1700). » Archives des affaires étrangères à Paris.

2. Traité entre le roi et le duc de Lorraine, pour l'échange de ses duchés de Lorraine et de Bar avec le Milanais, en cas de mort du roi d'Espagne (donné à M. de Callières avec l'instruction du 17 mai). Archives des affaires étrangères.

quelles seraient, à son égard, les dispositions d'un nouveau peuple.[1]. » Le lendemain M. de Callières était introduit devant Léopold. Il trouva le jeune Duc non moins ému que son vieux gouverneur. Le bruit de l'arrangement conclu entre la France, l'Angleterre et les Provinces Unies, était maintenant répandu. L'arrivée de M. de Callières n'était plus guère un mystère, et l'on ne soupçonnait que trop à Nancy le but de sa démarche. Par déférence envers Louis XIV, comme par égard envers ses sujets, afin de ne point prolonger leurs angoisses, Léopold demanda seulement vingt-quatre heures pour donner réponse à l'envoyé français.

Quelles ne furent point, durant ce court espace de temps, les perplexités du souverain de la Lorraine ! Il voulut d'abord refuser les offres de Louis XIV. Mais cette généreuse résolution, inspirée par le vif amour de l'antique nationalité, et plus patriotique que réfléchie, ne trouva pas grand écho parmi son intime entourage. Seules, les classes inférieures envisageaient alors avec déplaisance la réunion à la France. Les gentilshommes en ressentaient plus de tristesse que d'irritation. Le clergé s'y soumettait sans trop de répugnance. La plupart des fonctionnaires y étaient, par avance, tout résignés. Il résulte des dépêches de M. de Callières que le comte de Carling-

---

1. Dépêche de M. de Callières au roi (25 mai 1700). Archives des affaires étrangères.

ford, messieurs de Couvonges et de Lenoncourt engagèrent leur maître à accepter les propositions de Louis XIV[1]. Le père Creitz, confesseur de Son Altesse, servit de docile instrument aux desseins du roi de France[2]. Lorsque le Duc assembla son conseil, les gens d'épée y opinèrent en peu de mots en faveur de l'acceptation, et conclurent seulement à supplier Louis XIV de vouloir bien conserver aux États de Lorraine ce qui restait de leurs anciens droits, franchises et priviléges. Les gens de robe se jetèrent en de plus longs discours sur les précautions à prendre, et sur les formes à suivre, mais personne ne conseilla la résistance[3]. M. Bourcier, procureur général de la cour souveraine, se souvint, en cette occurrence, qu'il avait déjà eu l'honneur de servir le roi de France, et s'empressa de lui faire parvenir les assurances de son zèle[4]. « Les autres officiers de la magistrature sont consternés de ce changement, » rapporte de M. de Callières, « par la crainte qu'ils ont

---

1. Dépêche de M. de Callières, du 29 mai et 7 juin 1700. (Archives des affaires étrangères.)

2. « Le Père Creitz est pour l'acceptation. » (Dépêche de M. de Caillières, du 7 juin 1700.)

« Il y a cependant parmi eux d'assez honnêtes gens pour convenir qu'il (le duc de Lorraine) a pris le bon parti, parmi lesquels le père Creitz, jésuite allemand, son confesseur, dont je me suis servi utilement depuis le départ de M. de Carlingford » (17 juin 1700). Archives des affaires étrangères.

3. Dépêche de M. de Callières au roi, du 17 juin 1700. (Archives des affaires étrangères.)

4. *Ibidem.*

de perdre leurs emplois ; mais si Sa Majesté voulait bien, » ajoute l'agent de Louis XIV, « accorder aux vœux et aux prières de tout le pays la conservation des deux tribunaux de la Cour souveraine et de la chambre des comptes à Nancy, elle s'attirerait de leur part mille bénédictions [1]. »

Ainsi dépourvu de tout appui, et n'entendant ouvrir autour de lui que de timides avis, Léopold céda bientôt. Les calculs de convenance et d'ambition qui décidaient ses plus intimes conseillers ne pouvaient d'ailleurs manquer d'agir aussi sur l'esprit du souverain lui-même. Tandis que les seigneurs de la cour de Nancy, les membres du clergé lorrain et tous les fonctionnaires publics, étaient surtout sensibles à l'avantage de servir désormais un maître plus puissant, le Duc n'était pas moins séduit par l'idée de gouverner un jour un État plus considérable, plus fertile et beaucoup moins exposé que la Lorraine. Il n'ignorait pas que dans les premières ouvertures faites à Guillaume III, Louis XIV avait parlé de donner Naples et la Sicile à Victor-Amédée en retenant pour la France la Lorraine; le Piémont et la Savoie, constituant ainsi, avec le Milanais, partie du Montferrat et du duché de Mantoue réunis, une grande souveraineté qui, aux mains de Léopold,

---

1. Dépêche de M. de Callières au roi, du 17 juin 1700. (Archives des affaires étrangères.)

pourrait servir de barrière à l'Autriche[1]. Ce fut probablement cette perspective d'une grande situation et d'un rôle important, à prendre en Italie, qui entraîna le duc de Lorraine. Trop prévenus en faveur de leur prince, en vain des historiens lorrains ont-ils célébré tantôt sa fermeté à repousser, tantôt son adresse à éluder le projet d'échange. Il résulte non-seulement des dépêches de M. de Callières, mais des propres lettres adressées par Léopold à Louis XIV et à M. de Torcy, qu'il consentit à céder enfin ses États héréditaires, et signa purement et simplement (16 juin 1700) le traité apporté par l'envoyé français. Les articles séparés et secrets qu'il sollicita et qu'il obtint de la cour de Versailles, ne changeaient rien à la teneur de ses engagements. Ils avaient uniquement pour objet l'indépendance et la sécurité de son futur duché de Milan [2].

1. ... « Je m'engagerais, par exemple, à donner au duc de Savoie les royaumes de Naples et de Sicile; je pourrais même y ajouter les places sur la côte de Toscane, en gardant seulement Ferrat. Ce prince me céderait le duché de Savoie, le Piémont et le comté de Nice, sa part du Montferrat, et ses droits et ses prétentions sur cette province. Je rendrais au duc de Milan la part du duc de Savoie dans le Montferrat, ses droits et prétentions sur cette province. Il ne serait pas difficile d'y joindre le reste après la mort du duc de Mantoue, en faisant des arrangements avec les autres prétendants, et de former pour le duc de Lorraine un établissement beaucoup plus considérable que ses domaines actuels, et donner ainsi un nouvel appui aux princes d'Italie. »
(Louis XIV au comte de Tallard. Versailles, 13 février 1699.) *Letters of William III and Louis XIV*, Grimblot, tome II, page 265

2. « The Duke of Lorraine has acceded, but it is at present a secret ».... (The Earl of Manchester to the Earl of Jersey, 29 mai 1700.)

Tout le monde sait comment ces profondes combinaisons diplomatiques furent, en réalité, bafouées par l'événement. Louis XIV et Guillaume III avaient eu le tort de compter sans le concours de l'Empereur, qui n'accepta point sa part de l'héritage, et sans l'assentiment de la nation espagnole, qui ne voulut pas être partagée. La volonté vacillante d'un roi moribond fit la loi aux deux plus grands politiques de l'Europe. On a souvent reproché à Louis XIV d'avoir accepté le testament de Charles II en faveur du duc d'Anjou, et d'être ainsi la cause des malheurs qui, pendant la lutte de la

---

Letters of William III and Louis XIV, Grimblot, tome II, page 409.

« Mr. de Torcy made some excuse to me, and said the time would not permit them to consult first with the King on relation to the duke of Lorraine, and told me, they had sent a project to be signed by him, and it was not convenient to let this matter cool; that some conditions were sent but such as would cause no dispute : 1º that the duke is not to quit Lorraine before the French have taken possession of Milan; 2º that Milan should go to his heirs and family, as Lorraine now does; 3º that the Dauphin should renounce all his claim; 4º that they would not agree with the Emperor till the investiture from him was settled as it is necessary on relation to Milan. » (The Earl of Manchester to the Earl of Jersey, june 2, 1700. *Letters of William III and Louis XIV*, Grimblot, tome II, page 411.

« J'ai signé, Monsieur, le traité comme le roi l'a souhaité et l'ai mis aux mains de M. Callières, son envoyé vers moy. Il y a cependant quelques articles secrets et séparés à y ajouter, lesquels j'attends de l'équité de Sa Majesté, et comme vos bons offices y peuvent contribuer beaucoup, je viens vous les demander, et vous assure que je vous en aurais une parfaite reconnaissance. » (Le duc Léopold au marquis de Torcy. Nancy, 17 juin.)

Voir aux pièces justificatives la lettre de Louis XIV à M. de Callières, 29 mai, et la lettre du duc de Lorraine au roi, du 16 juin 1700. — Archives des affaires étrangères.

succession d'Espagne, mit la France à deux doigts de sa perte. Il faut cependant reconnaître que jamais plus épineuse et plus redoutable question ne fut laissée à la décision d'un souverain. En traitant avec l'Angleterre et les Provinces-Unies du partage éventuel d'une monarchie dont il se prétendait l'un des légitimes héritiers, Louis XIV avait sans doute implicitement renoncé au droit de revendiquer pour lui seul, sous quelque prétexte que ce fût, la totalité de la succession. Il y a plus ; cette question de l'acceptation de la couronne d'Espagne, dans le cas où l'un des princes français serait directement désigné par le roi d'Espagne, avait été formellement posée à M. de Torcy par le comte de Zinzendorf, envoyé de l'empereur à Paris ; et M. de Torcy n'avait pas hésité à répondre que son maître fermerait l'oreille à toute proposition de cette nature. Adressée au ministre d'une puissance qui n'avait pas souscrit, et qui ne voulut jamais souscrire au traité de partage, cette réponse ne liait pas, à son égard, le gouvernement français, mais communiquée par l'ambassadeur d'Angleterre au roi Guillaume, elle pouvait être à bon droit considérée par lui comme un nouvel et plus positif engagement. Malheureusement les clauses mêmes du testament de Charles II ajoutaient encore, à des embarras déjà si graves, de plus inextricables difficultés. Une pensée toute nationale l'avait exclusivement dicté. Les Espagnols ne redoutaient rien tant alors que de voir le puissant faisceau de leur vaste monarchie, dont les provinces embrassaient le globe entier, divisé entre les divers compétiteurs. En désignant le duc d'Anjou pour l'unique héritier de tous ses États, Charles II avait, en cas de refus du prince français, transmis l'intégralité de ses droits au second fils de l'Empereur, puis enfin, à son défaut, au duc Victor-Amédée de Savoie et à ses héritiers. Il n'était pas douteux, le duc d'Anjou renonçant au bénéfice du testament, que la maison d'Autriche n'en réclamât, à son profit, la stricte exécution. L'Empire, après avoir maintes fois repoussé l'idée du partage, venait-il à s'y résigner, l'ambitieux Amédée se présentait aussitôt pour se substituer aux droits du prince autrichien. La guerre était donc, dans toutes les hypothèses, à peu près imminente.

Si l'épée devait en effet vider ce grand débat, comment Louis XIV aurait-il pu consentir à tourner ses armes contre la nation espagnole, d'ennemie invétérée devenue tout à coup son alliée, et malgré tant de préjugés contraires, et tant de vieille et traditionnelle animosité, remettant avec une si noble confiance son sort aux mains de son petit-fils! Il y aurait eu plus que de l'imprudence à se fier, pour une pareille entreprise, sur l'assistance efficace de l'Angleterre et de la Hollande. Souverain constitutionnel d'un pays qui mettait volontiers en première ligne ses intérêts mercantiles, le roi Guillaume était un auxiliaire équivoque. Comment compter sur sa bonne volonté et sur celle du parlement anglais pour augmenter la puissance de la France! Quelle confiance avoir dans le concours des Provinces-Unies, toujours si inquiètes pour leurs frontières de Flandre! Ces raisons, mûrement délibérées et pesées dans un conseil extraordinaire, ou siégèrent seulement le Dauphin, le chancelier de Pont-Chartrain, le duc de Beauvilliers et le marquis de Torcy, décidèrent l'acceptation de Louis XIV. Le duc d'Anjou fut déclaré roi d'Espagne sous le nom de Philippe V.

Reçue avec applaudissement à Versailles, avec enthousiasme et reconnaissance à Madrid, la brusque résolution du monarque français surprit d'abord plus qu'elle n'irrita les hommes d'État de Londres et de La Haye. Pendant quelque temps Guillaume III fut presque seul à ressentir profondément l'amertume d'une si grande déception. Il n'était pas seulement irrité d'être dupe en cette affaire ; « en prenant le parti de fausser sa parole, il était aisé, » écrivait-il à son confident Heinsius, « de tromper tout le monde, mais ce qui le mettait dans le plus grand embarras, c'était l'état de l'opinion en Angleterre, car l'aveuglement de cette nation est vraiment incroyable ; et déjà l'on commence à dire généralement que dans l'intérêt de l'Angleterre, l'acceptation du testament par la France était préférable à l'accomplissement du traité de partage [1]. » Cette première impression ne dura pas toutefois longtemps ; et, à sa grande satisfaction, le rival de Louis XIV vit peu à peu les États-Généraux s'échauffer à ce sujet, et la colère du peuple anglais monter jusqu'au niveau de la sienne. Tandis, en effet, qu'à la cour de France les habitués de Marly, naguère si touchés de l'édifiante modération de leur maître, célébraient maintenant, avec une égale extase, l'admirable politique qui, suivant l'expression de l'ambassadeur d'Espagne, venait d'un trait de plume de supprimer les Pyrénées [2], les cabinets de Londres et de La Haye s'indignaient à l'idée qu'ils avaient été les jouets d'une odieuse mystification. A Vienne, on représentait le testament de Charles II comme extorqué par la corruption et la violence ; les hommes d'État de l'Angleterre et de la Hollande le considéraient comme préparé de longue main par les artificieuses intrigues de Louis XIV ; ils étaient convaincus qu'en traitant avec eux le monarque français n'avait jamais eu d'autre idée que d'endormir perfidement leur vigilance. Si irrités

---

[1]. Lettre de Guillaume III au pensionnaire Heinsius. Hamptoncourt, 16 novembre 1700.

[2]. Le mot attribué à Louis XIV « il n'y a plus de Pyrénées, » paraît avoir été d'abord prononcé par le duc de Rivas, ambassadeur d'Espagne. On lit dans le *Mercure* de novembre 1700 : « L'ambassadeur se jeta aux pieds du roi et lui baisa la main les yeux remplis de larmes, et s'étant relevé fit avancer son fils et les Espagnols de sa suite qui en firent autant. Il s'écria alors : Quelle joie! *il n'y a plus de Pyrénées!* Elles sont abaissées et nous ne sommes plus qu'un. » Mais ce mot ayant eu du succès, il fut plus tard généralement attribué à Louis XIV.

qu'ils fussent, Guillaume III et le pensionnaire Heinsius durent cependant contenir, pour un temps, leur indignation, car ils n'étaient pas encore en état d'agir. Vainement l'Empereur protesta et demanda leur appui ; ils reconnurent tous deux le duc d'Anjou, en qualité de roi d'Espagne. A plus forte raison, le duc de Lorraine fut-il obligé de suivre leur exemple. Ses lettres de félicitation à Louis XIV, sur l'avénement de son petit-fils, étaient pleines de protestations de dévouement, et respiraient même un certain air de confiance dans l'avenir. Au fond, Léopold se faisait peu d'illusion. Il était instruit des redoutables projets de la coalition européenne. Il voyait avec désespoir approcher le moment où, par le cours forcé des événements, ses malheureux États allaient servir encore une fois de théâtre aux luttes acharnées de la France et de l'Empire. A peine remonté sur le trône de ses ancêtres, allait-il donc passer à son tour par ces mêmes épreuves où s'était perdue la folie de Charles IV, son grand oncle, et dont n'avait pas triomphé la prudence de son père Charles V. Plus intéressé que personne à la durée de la paix, Léopold fit pour la maintenir, tant à Vienne qu'à La Haye, à Londres et à Paris, de sages, modestes, mais infructueux efforts. La guerre était inévitable. Louis XIV y était préparé et s'en promettait de grands succès. L'Empereur la voulait résolûment, ayant à conquérir en son entier l'héritage qu'il revendiquait. Les États-Généraux n'hésitaient plus, irrités qu'ils étaient maintenant du brusque renvoi des garnisons hollandaises, naguère établies dans les places frontières des Pays-Bas espagnols. Le parlement anglais, tout à l'heure si froid sur les questions de politique extérieure, et presque hostile à Guillaume III, s'était pris soudain d'une ardeur toute belliqueuse. Whigs et Tories se ralliaient chaudement autour du prince élu par la nation depuis le jour où, par un acte d'imprudente générosité ou de folle provocation, Louis XIV avait solennellement promis à Jacques II, mourant à Saint-Germain, de reconnaître son fils pour roi d'Angleterre.

Les cabinets unis contre la France étaient désormais si fortement liés entre eux que la mort même de Guillaume III (19 mars 1702), ne changea rien à leurs desseins. Les dépouilles mortelles du puissant organisateur de la nouvelle coalition européenne attendaient encore une place sous les voûtes de Westminster, que déjà les hostilités étaient partout commencées. Des corps innombrables se croisaient en Italie, en Allemagne, dans les Flandres, cherchant avec ardeur ces mêmes champs de batailles où plus d'une fois la fortune des armes avait décidé du sort des plus grands comme des moindres États de l'Europe. Que de dangers pour la Lorraine, dans la lutte immense maintenant engagée ! Les habitants des Deux-Duchés s'effrayaient surtout au souvenir des maux naguères endurés pendant la guerre. Instruit par une récente expérience, Léopold savait qu'à l'égal de la guerre, la paix elle-même, quand viendrait le moment de s'entendre et de transiger, pouvait être pleine de périls pour l'indépendance nationale. Ces cours aujourd'hui divisées, ne venait-il pas de les voir se mettre promptement d'accord afin de livrer la Lorraine à la France ? Et comment oublier qu'il avait dû lui-même souscrire à ce douloureux abandon !

CHAPITRE XXXVII

Guerre de la succession d'Espagne. — État des esprits en France.— Faiblesse et désordres de l'administration.— Campagne d'Italie en 1701. — Campagne de 1702 sur le Rhin. — Les généraux français demandent que le roi fasse occuper la Lorraine. — Envoi de M. de Callières à Nancy. — Occupation de Nancy. — Le Duc se retire à Lunéville. — Continuation de la guerre. — Léopold offre de s'entremettre pour réconcilier la France et l'Empire. — Refus de Louis XIV. — Campagnes de 1707, 1708, 1709. — Louis XIV, battu, sollicite l'intervention du duc de Lorraine. — L'Empereur ne veut entendre à aucun arrangement particulier avec la France. — Voyage de M. de Torcy en Hollande. — Prétentions exagérées des puissances étrangères. — Le duc de Lorraine espère obtenir l'Alsace et le Luxembourg. — État de la petite cour de Lunéville. — Détails d'intérieur. — Intrigues et galanteries. — Mission de l'abbé Gaûthier à Paris. — Accord particulier entre la France et l'Angleterre. — Le duc de Lorraine perd ses chances d'agrandissement.— Ses ministres échouent dans leurs prétentions à Utrecht et à Radstadt. — Découragement du duc de Lorraine. — Fin de la guerre de la succession d'Espagne. — Mort de Louis XIV.

Que nos lecteurs se rassurent. Nous ne nous croyons pas tenu à leur raconter toutes les campagnes ni toutes les négociations qui marquèrent la lutte ouverte entre les grandes puissances de l'Europe pour le partage de l'héritage de Charles II. Ce récit, s'il était circonstancié et suivi, nous entraînerait trop loin de notre sujet. Soigneux de nous renfermer dans les limites d'une tâche plus modeste, nous laisserons volontairement de côté, parmi tant d'incidents, tous ceux auxquels la Lorraine et son chef ne furent pas directement mêlés. Mais telle est déjà, en réalité, dans l'Europe du xvuı^e siècle, l'étroite corrélation des épisodes particuliers et des événements généraux, qu'ils forment le plus souvent un tout inséparable. Nous ne saurions en effet expliquer le rôle du duc de Lorraine, pendant les péripéties de la guerre de la succession d'Espagne, sans nous occuper en même temps de la politique de l'empereur d'Allemagne et de celle du roi de France. Pour comprendre ce qui se passe à Nancy, il nous faut en même temps, regarder un peu partout, mais surtout à Vienne et à Versailles. Nous n'y manquerons point. Heureux si en retraçant les annales d'un petit pays compromis malgré lui dans un immense conflit où sa nationalité risque de s'engloutir, et va toujours s'affaiblissant, nous pouvons réussir à caractériser avec quelque vérité une assez curieuse époque, et, qui sait, recueillir peut-être, chemin faisant, au profit de notre histoire nationale, quelques traits inaperçus ou trop négligés.

Une chose frappe d'abord au début de cette longue guerre, c'est l'hésitation des cabinets qui la dénoncent, et surtout le peu d'ardeur des chefs d'armée qui la commencent. Seul entre tous les souverains de l'Europe, l'Empereur s'y engage avec résolution, car frustré des droits qu'il réclame, il sent qu'il n'a rien à perdre et tout à gagner ; et seul aussi parmi tant de braves généraux, le prince Eugène se hâte de tirer l'épée, pressé qu'il est de montrer ce qu'il vaut, et comme naguère Charles V et Guillaume III, de venger sur la France les mépris outrageants dont Louis XIV abreuva sa jeunesse[1]. Hors de Vienne, à Londres, à La Haye, et dans la plupart des cercles catholiques de l'Allemagne, la froideur est assez grande et l'ouverture des prochaines hostilités est envisagée avec plus d'appréhension que d'espoir. En Italie, le duc de Savoie, séduit par la perspective du commandement des armées françaises et espagnoles, se déclare au début contre l'Autriche; et le roi de Portugal se range d'abord du côté opposé à l'Angleterre. Une année s'écoule avant que ces deux princes osent jeter le masque et suivre le parti que désormais ils n'abandonneront plus. Il semble qu'il faille du temps à la coalition européenne pour se reconnaître, prendre confiance en elle-même, et s'exciter à porter les premiers coups au souverain contre lequel elle allait, bientôt après, s'acharner avec tant de haine et de persévérance.

En France, le sentiment public était fort partagé au sujet de la nouvelle guerre. Mal instruit du véri-

---

1. Le prince Eugène de Savoie, fils du comte de Soissons et d'Olympe Mancini, avait été élevé en France. Le roi qui avait disgracié sa mère le traita toujours avec beaucoup de dureté et de mépris. Ce jeune prince, qui sentait sa valeur, ayant annoncé l'intention d'aller prendre du service en pays étranger, « Ne suis-je pas bien malheureux, » s'écria Louis XIV, au milieu de quelques courtisans, « et ne voilà-t-il pas une grande perte pour ma couronne? » Il est remarquable que les dédains affectés ou réels que pendant sa jeunesse le roi de France prodigua inconsidérément à des hommes tels que Guillaume III, Charles V et le prince Eugène, furent l'une des causes qui attirèrent sur sa vieillesse tant de déboires et de pénibles humiliations.

table état de la nation, mais à bon droit convaincu de sa supériorité sur les princes de son temps, Louis XIV affichait une confiance qu'il communiquait aisément à ses ministres, et qu'à la cour il était de bon air de partager ou de feindre. Aux yeux des ignorants ou des flatteurs, rien ne paraissait, en effet, changé depuis le temps où le grand roi avait su résister tout seul aux efforts de l'Europe coalisée. Appuyé comme il était maintenant sur les forces espagnoles, les habitués de Versailles et de Marly prédisaient à leur maître une glorieuse série de faciles triomphes. Rien n'était plus faux que leur point de vue ; car l'Espagne, jadis ennemie peu dangereuse, était justement destinée à devenir l'alliée la plus incommode ; et ses possessions éparses, qu'elle était incapable de défendre, allaient au contraire gêner et compromettre le plus souvent la cause commune. Là n'était pas, d'ailleurs, le seul ni le principal motif des prochains revers. Il était dans l'affaiblissement des ressources du pays, compromises comme nous l'avons dit par les fautes mêmes du gouvernement de Louis XIV, affaiblissement déjà notoire vers 1690, depuis toujours graduellement aggravé, et qui se produisait maintenant avec une effrayante évidence.

Une erreur commune aux despotes de tous les temps consiste à supposer qu'il dépend d'eux d'opérer une sorte de partage dans l'âme humaine, et

DE LA LORRAINE A LA FRANCE.   173

dans la vie publique des peuples. En supprimant l'essor spontané des aspirations fières et généreuses, volontiers ils s'imaginent pouvoir encore employer à leur profit les fortes qualités de ceux qu'ils dégradent en les asservissant. Ils ne le sauraient toutefois: car autres sont les fruits de la liberté, et autres ceux de la servitude. Vainement ils se flatteront un jour d'en appeler, pour sauver l'État compromis, aux sentiments énergiques dont ils auront eux-mêmes tari la source. Avec l'esprit d'indépendance périt tôt ou tard l'esprit de nationalité : L'amour de la gloire ne survit pas longtemps au goût de l'indépendance et de la liberté. Il était réservé à Louis XIV d'apprendre à ses dépens, et malheureusement aussi au grand dommage de la France, qu'étroitement maintenue sous un joug humiliant, la noblesse la plus vaillante ne tarde guère à perdre son ardeur chevaleresque, ses qualités militaires, et le goût même des armes. Depuis l'année fatale où le roi avait si brusquement et si singulièrement quitté son armée de Flandre, la mode était bien changée à la cour de Versailles, et l'ambition avait suivi la mode. L'élite des courtisans, autrefois si pressés d'aller au moindre bruit de guerre rejoindre les troupes que le maître commandait en personne, avaient pris peu à peu l'habitude de se mettre tard en campagne, d'y rester le moins possible, et pour avancer leur fortune, ils n'hésitaient plus maintenant à préférer ouvertement les plaisirs profitables de Marly, aux fatigants ennuis de la vie des camps. Parmi le gros des officiers, régnait un véritable découragement. Ils étaient las de voir les fils des grandes familles arriver tout jeunes à la tête des régiments. Ils se plaignaient surtout du désordre où était tombée l'administration de la guerre et de l'incapacité du nouveau secrétaire d'État. Barbesieux était mort, juste au moment où il commençait à connaître un peu le détail de son département; le Roi chaque jour plus morose, plus renfermé, et plus ennuyé des nouveaux visages, l'avait remplacé par Chamillard. Déjà contrôleur général des finances, et maintenant chargé de la conduite des opérations militaires, comment l'ancien économe de Saint-Cyr, l'honnête et malencontreux protégé de madame de Maintenon, n'eût-il pas succombé sous le faix du double fardeau qu'avaient à peine pu porter des hommes comme Louvois et Colbert. Le tort principal de Chamillard fut d'introduire dans les affaires de la guerre les habitudes qui déjà prévalaient dans l'administration financière depuis longtemps réduite, pour soutenir la fortune publique, à s'aider des plus tristes expédients. Sous le nouveau ministre, on s'était mis à trafiquer des emplois de l'armée presque à l'égal des autres charges publiques. Les distinctions honorifiques, naguère recherchées comme une glorieuse récompense des plus longs services, ou des plus brillants faits d'armes, s'achetaient à beaux

deniers comptants. On vendait les croix de Saint-Louis
à bureau ouvert, et suivant un tarif arrêté d'avance.
Tandis que par ces honteux moyens, il se procurait
à peine quelques rares et précaires ressources, Chamillard réalisait, aux dépens de la sécurité nationale,
des économies plus funestes encore. Il laissait
dépérir, faute de réparation, les places fortes du
royaume, où il n'entretenait plus que des garnisons
faibles, insuffisantes, et un armement défectueux.
Recrutées avec négligence, mal nourries, et plus mal
approvisionnées, les troupes françaises doutaient de
leurs chefs qui doutaient encore plus de leurs soldats. Par un triste contraste, tandis que le découragement dominait dans les camps et parmi les
états-majors, le Roi et son ministre se montraient
pleins de confiance. Quand on lit les nombreux documents que nous possédons maintenant sur la guerre
de la succession d'Espagne on est d'abord frappé de
la différence qui règne entre le ton des dépêches
expédiées de Versailles, et celui des correspondances
militaires qui arrivent des armées [1]. A Versailles on
est plein d'espoir, on voit tout en beau ; et du fond
de son cabinet, Chamillard trace, sous la dictée de
Louis XIV, des plans de campagnes magnifiques dont
le succès lui paraît infaillible. Les généraux auxquels

---

[1]. Archives du dépôt de la guerre. — Documents pour servir à
l'Histoire de la guerre de la succession d'Espagne, par le général
Pelet.

ils sont adressés, se plaignent, au contraire, de n'avoir pas la moitié des hommes, ni des ressources qu'on leur attribue : ils exagèrent le nombre et la force des adversaires qui leur sont opposés ; ils présentent mille objections contre les entreprises qui leur sont prescrites, et tous, à l'exception de Villars, paraissent n'augurer que d'assez mauvais succès. Les jeunes généraux ne montrent pas beaucoup plus d'ardeur que leurs anciens. On sent qu'il ne s'est pas formé d'hommes nouveaux pour la guerre, et que la lassitude a gagné tout le monde. Tel était le triste état des choses, que la campagne d'Italie de 1701 allait, pour la première fois, révéler à la France et à l'Europe.

Fidèle à la politique indiquée par le testament de son beau-frère Charles V, l'Empereur avait eu hâte de porter d'abord la guerre dans le duché de Milan. Il avait envoyé de l'autre côté des Alpes ses meilleures troupes et son plus habile général. Le prince Eugène, en débouchant au printemps par les vallées du Tyrol et les terres de Venise, avec environ trente mille hommes, rencontra devant lui Catinat qui, par respect pour la neutralité de la république, s'était borné à installer son armée de cinquante mille hommes, sur les lignes de l'Adige. Toujours actif, résolu, nullement glacé par l'âge, mais un peu abattu par le chagrin que lui avait causé la perte récente de son fils unique, mal secondé, et souvent même contrarié par les lieutenants généraux qu'il avait sous ses ordres, l'illustre chef des troupes françaises fut, malgré la supériorité de ses forces, obligé de céder peu à peu le terrain à son plus jeune et plus heureux rival. Peu de temps après l'ouverture de la campagne, il avait dû, pour couvrir Milan, reculer jusque sur la rive droite de l'Oglio.

On s'indigna beaucoup à Versailles au sein de ce petit groupe de courtisans qui, ne voyant jamais rien que par les yeux du roi, blâmaient hautement, depuis le commencement de la guerre, ce qu'ils appelaient l'irrésolution et la faiblesse Catinat. Ce fut au milieu d'eux, et parmi les plus bruyants, qu'aveuglé par d'anciennes préventions de jeunesse, Louis XIV alla choisir un général dont les façons glorieuses et la superbe arrogance dissimulaient assez mal la notoire incapacité. Villeroi partit de Versailles en héros sûr de lui-même, prêt à tout animer de sa seule présence, et, grâce à son art supérieur, destiné à réparer les fautes de son prédécesseur. Par malheur les choses se passèrent tout autrement. Arrivé sur les lieux et mis en présence de l'ennemi, le protégé de Louis XIV et de Chamillard ne retrouva plus aucune des heureuses inspirations qui avaient soulevé tant d'admiration dans les galeries de Trianon ou dans les privés de Marly. A la fin de l'année, Villeroi n'avait réussi qu'à s'attirer un rude échec devant la ville de Chiari, inconsidérément attaquée malgré les représentations de Catinat ; et ses hauteurs déplacées avaient surtout servi à rejeter de plus en plus le duc de Savoie dans les bras de l'Autriche. Mais ces disgrâces n'étaient rien en comparaison de la triste déconvenue qui l'attendait à la fin de la campagne. Enfermé dans Crémone, à dix lieues des Autrichiens, et gardé dans cette ville assez forte par une nombreuse garnison, Villeroi se laissa surprendre, par une belle nuit d'hiver, et tomba prisonnier aux mains d'un gros de cavalerie que le prince Eugène conduisait en personne. L'affaire en elle-même fut de peu d'importance ; car les Français, un instant déconcertés, reprirent bientôt après la ville de Crémone ; mais ils ne purent délivrer leur général. C'était chose assez nouvelle à la guerre qu'un chef d'armée ainsi enlevé au milieu même de ses troupes mises en quartier d'hiver. Villeroi n'était pas aimé des soldats, et son crédit avait fait beaucoup de jaloux. On peut s'imaginer si les quolibets et les chansons furent épargnés au présomptueux favori qui avait si mal justifié l'attente de son maître [1].

---

1. On chantait à la cour, à Paris et à l'armée ce couplet qui est resté parmi tant d'autres :

   Français, rendez grâce à Bellone ;
   Votre bonheur est sans égal :
   Vous avez conservé Crémone
   Et perdu votre général.

« Le roi, qui plaignait Villeroi sans le condamner, irrité qu'on blâmât si hautement son choix, s'échappa à dire : « On se déchaîne contre

La campagne de 1702, ouverte sous ces funestes auspices, ne fut pas confinée dans la seule Italie. Les opérations de la guerre gigantesque qui venait de surgir entre tant et de si grandes puissances enveloppèrent bientôt l'Europe presque entière ; et, comme par le passé, les provinces voisines du Rhin servirent le plus souvent de théâtre aux luttes de la France et de l'Empire. Tôt ou tard, par la force même des choses, et quelles que fussent d'ailleurs les sages résolutions de son souverain, il était trop à craindre que la Lorraine ne fût entraînée à prendre parti dans cette querelle. Plus sage que son grand-oncle Charles IV, plus libre de ses actions que son père Charles V, Léopold mettait son unique ambition à préserver son indépendance et à garder entre les belligérants une stricte et profitable neutralité. Mais à peine les avant-gardes des armées française et impériale se furent-elles ébranlées pour venir se heurter tout autour de ses États, sur les bords de la Sarre, de la Meuse et du Rhin, qu'en butte aux exigences des deux partis, le malheureux duc de Lorraine sentit

---

lui parce qu'il est mon favori, » terme dont il ne se servit jamais pour personne que cette fois en sa vie. » (Voltaire, *Siècle de Louis XIV.*) Déjà l'année précédente lorsqu'il avait fallu prendre un parti au sujet de la succession d'Espagne, le roi rencontrant les princesses au sortir d'un conseil, leur avait dit en badinant : « Mesdames, que me conseillez-vous ? » Puis il avait ajouté tristement : « Pour moi, quoi que je fasse, je serai blâmé. » Il est curieux de constater ainsi, par le témoignage même de Louis XIV, combien en peu d'années les dispositions du public avaient changé à son égard.

avec amertume combien sa situation était périlleuse.

Ce n'est pas qu'à Versailles on fût animé de mauvaise volonté contre la petite cour de Nancy. Tout en connaissant parfaitement les secrètes inclinations de Léopold pour la cause impériale, Louis XIV prenait volontiers confiance dans la prudence et la bonne foi de son neveu. Plus d'une fois pendant l'hiver et le printemps de 1702, il avait annoncé l'intention de faire scrupuleusement respecter par ses armées le territoire des deux duchés. Peut-être ces assurances avaient-elles été données un peu légèrement au duc de Lorraine, et, sous la vaine impression d'un sentiment d'orgueil, alors que, tout plein des souvenirs de sa glorieuse jeunesse, le roi se croyait maître encore de porter, comme autrefois, les hostilités loin de ses propres frontières, et jusqu'au cœur même de l'Allemagne. Mais les temps n'étaient plus les mêmes. Inspirée et conduite par le redoutable triumvirat du prince Eugène, de lord Marlborough et du pensionnaire Heinsius, la coalition des puissances étrangères avait gagné tout ce que nous avions perdu. Elles disposaient de nombreuses ressources et d'un immense crédit. La résolution, l'activité et l'ardeur avaient passé de leur côté. A force de nous combattre, leurs soldats avaient appris la discipline et la tactique, maintenant presque oubliées dans les camps français. Leurs généraux étaient devenus aussi entreprenants et hardis que les nôtres étaient maintenant circonspects et timides. Nos armées, jusqu'alors toujours les premières en campagne, avaient été déplorablement retardées, grâce aux lenteurs et à l'inexpérience du nouveau ministre de la guerre. Arrivées en ligne, elles se trouvaient partout trop faibles et mal approvisionnées. En Flandre, où commandait le duc de Bourgogne, sous la direction du maréchal de Boufflers, les mesures avaient été si mal prises par Chamillard, qu'au bout de peu de temps le Prince avait dû revenir à la cour, crainte d'assister à quelques désastres. Si tel était l'état des choses aux lieux où se trouvait un petit-fils de Louis XIV, on peut aisément s'imaginer ce qu'il était ailleurs.

Les dépêches de M. de Tallard, chargé de garder les évêchés de Trèves et de Coblentz, celles du maréchal de Villars, détaché sur la rive droite du Rhin, non loin de Fribourg, et surtout la correspondance de Catinat, maintenant disgracié et depuis peu relégué à Strasbourg, afin de défendre l'Alsace, attestent la confusion et le désordre où était tombée à cette époque l'administration militaire [1]. Les conséquences s'en firent promptement sentir. Vers le milieu de l'été de 1702, Marlborough se présenta en force devant Ruppemunde, Venloo et Liége, que le maréchal de Boufflers ne put aller secourir, tandis

[1]. Archives du dépôt de la guerre, et Documents publiés pour servir à l'histoire de la guerre de la succession d'Espagne, par le général Pelet.

que le prince Louis de Baden et le roi des Romains s'établissaient fortement en face de Landau, qu'ils investirent avant que Catinat fût en état de sortir de ses positions de la basse Alsace. Ainsi, dès le début, nos généraux étaient réduits à soutenir, non loin de nos anciennes frontières du nord et tout près de celles de l'est, la guerre qu'on leur avait prescrit d'aller porter au loin. Dans la situation dangereuse que faisaient à Villars, à Catinat et au comte de Tallard les progrès inattendus de l'ennemi, il était difficile qu'ils ne fussent pas inquiets d'avoir sur leurs derrières et sur leurs flancs un pays sourdement hostile comme était alors la Lorraine[1]. Ce furent les hommes de guerre, qui les premiers se récrièrent contre la neutralité que Léopold prétendait lui avoir été garantie par le gouvernement français, et Louis XIV céda surtout aux instances de Villars, qui, plus exposé, se montrait plus exigeant, lorsque dans les premiers jours d'août il détacha M. de Guiscard de l'armée du comte de Tallard, pour l'envoyer à Nancy.

M. de Guiscard était chargé d'expliquer au duc de Lorraine, qu'en lui accordant la neutralité pour son pays, le roi avait entendu qu'elle serait également respectée de tous les partis. C'était donc à Léopold à faire catégoriquement expliquer l'Empe-

---

1. Histoire de la guerre de la succession d'Espagne d'après les Documents des Archives du dépôt de la guerre, par le général Pelet.

reur. S'il n'était point en état de donner à ce sujet des assurances positives, si les corps détachés de l'armée du prince de Bade devaient continuer à traverser la Lorraine pour tenter des excursions jusque dans les Trois-Évêchés, Sa Majesté serait obligée, à son grand regret, de prendre d'autres mesures et de nouvelles précautions[1]. Aux premiers mots de cette communication « Léopold changea de couleur » et il lui prit en ce moment, écrit M. de Guiscard, une sueur extraordinaire[2]..... « Il avait écrit, » dit-il « au prince de Baden et au roi des Romains avec prière de faire passer la lettre à l'Empereur s'ils ne pouvaient prendre sur eux de faire la déclaration demandée.... En tout cas, il ne pouvait, avec honneur ni bienséance, convenir avec Sa Majesté d'aucun arrangement qui romprait la neutralité, exposerait son pays à une entière désolation, et sa personne à des désagréments, qu'il ne voudrait jamais avoir à se reprocher de s'être attiré de la part de l'Empereur ou de Sa Majesté[3]. »

Malheureusement pour le duc de Lorraine, l'Empereur, tout rempli de la confiance que lui inspiraient ses récents succès, se flattait alors de pouvoir bientôt lancer ses troupes en France; il ne voulait pas renon-

---

1. Lettre de M. de Guiscard à Chamillard, novembre 1702. — Archives du dépôt de la guerre.
2. *Ibidem.*
3. *Ibidem.*

cer aux ressources qu'il espérait tirer pour elles de la Lorraine, et si, par égard pour son beau-frère, il consentait à lui donner quelques bonnes paroles, il refusait absolument de se lier par des engagements ostensibles et formels. Pendant que Léopold, stimulé par son plus évident intérêt, s'efforçait sincèrement d'arracher à l'Empereur la reconnaissance officielle de sa neutralité, il était représenté à Versailles comme se liant chaque jour plus étroitement avec l'Autriche. « Il est aisé de reconnaître, » mandait M. de Guiscard à Chamillard, « que le cœur de ce prince et de sa petite cour est tout pour l'Empereur. Son éducation, l'obligation qu'il a à Sa Majesté Impériale, les espérances dont on le flatte, la contrainte où il se trouve de notre côté, sa naissance, et les engagements de ceux qui ont sa principale confiance, tout doit nous empêcher de nous laisser surprendre par des protestations et des paroles qui ne tendent certainement qu'à nous amuser[1] ». Ces soupçons étaient injustes ou du moins fort exagérés. Mais ils étaient confirmés, jusqu'à un certain point, par M. d'Audiffret, ministre de Louis XIV à la cour de Nancy[2].

1. Lettre de M. de Guiscard à Chamillard, novembre 1702. — Archives du dépôt de la guerre.
2. « Je lui ai fait connaître (au duc de Lorraine) que ces sortes de prédilections étaient fort contraires à la neutralité qu'il promettait de garder. Plus j'examine ce prince, plus je découvre qu'il a un fonds de bonnes intentions, qu'il connaît parfaitement l'intérêt qu'il a de tenir une conduite qui soit agréable à Votre Majesté, et quoique son inclination le porte à la maison d'Autriche, il sait cacher ses sentiments avec

De son côté Villars, fort du crédit qu'il devait à sa récente victoire (Friedlingen 14 octobre), et prêt à quitter les bords du Rhin pour aller rejoindre à Ulm le duc de Bavière, redoubla d'insistance sur la nécessité de s'assurer immédiatement de Nancy [1]. La chute de Landau, tombée (14 septembre) aux mains des Impériaux, donnait plus d'opportunité à ses représentations. Louis XIV n'hésita pas davantage, et ne songea plus qu'aux moyens d'accomplir sans retard cette occupation, soit par les voies pacifiques de la diplomatie, soit au besoin, par la force des armes.

Tallard, qui commandait le corps d'armée le plus rapproché de la Lorraine, reçut l'ordre (fin de novembre 1702) de réunir tout le matériel nécessaire pour un siége et de se tenir prêt à marcher vers Nancy ; mais, chose à peine croyable si nous ne savions déjà quelles étaient à ce moment les hésitations singulières et la timidité toute nouvelle des généraux français, Tallard souleva mille objections. La saison d'hiver était fâcheuse, écrivait-il, pour entreprendre l'investissement d'une si grande ville, et gênerait tous les travaux. Il demandait instamment qu'on lui envoyât au moins quelques renforts, et du canon en

---

une prudence qui est au-dessus de son âge. » (Dépêches de M. d'Audiffret, du 30 août 1702. Archives des affaires étrangères.)

1. Lettres de Villars du 25 et du 29 novembre. — Archives du dépôt de la guerre.

plus grande quantité[1]. Il ne se résigna enfin à tenter l'entreprise, qu'excité par les railleries répétées de Villars, et contraint par les ordres impératifs de Louis XIV. Cependant, Nancy, avec ses fortifications naguère ruinées par les Français, était maintenant une ville sans défense, fermée tout au plus d'une simple muraille. Elle n'avait ni garnison, ni approvisionnement, à peine quelques barils de poudre servant aux inoffensifs exercices des soldats de la garde ducale. Le souvenir encore vivant de la défense opiniâtre que cette capitale avait autrefois opposée aux armées de Louis XIV, et la connaissance qu'il avait des véritables dispositions de ses habitants, étaient les seuls motifs de l'inquiétude de Tallard. Le roi ne la partageait pas. Tout en prescrivant les mesures de précautions usitées dans les expéditions militaires, et en prenant soin de préparer toutes choses, comme pour un long siége, il ne croyait pas à la résistance du duc de Lorraine; et déjà M. de Callières était parti de Paris pour tâcher de la prévenir.

M. de Callières, ancien plénipotentiaire de France à Ryswick, aujourd'hui secrétaire du cabinet du roi, était le même agent qui, deux ans auparavant, avait négocié le projet d'échange de la Lorraine contre le Milanais. C'était la seconde fois que porteur des redoutables messages du maître dont il possédait la con-

---

[1]. Lettres de M. de Tallard à Chamillard, 21, 22 novembre 1708. — Archives du dépôt de la guerre.

fiance, il venait jeter l'effroi dans la petite cour de Nancy. Léopold se trouvait (le 1ᵉʳ décembre 1702) auprès de la duchesse de Lorraine, en compagnie du comte de Carlingford et de quelques-uns de ses plus familiers courtisans, lorsque M. de Callières soudainement introduit par M. d'Audiffret, lui remit une lettre de Louis XIV, en sollicitant l'honneur de l'entretenir particulièrement. Le Duc tressaillit, et congédiant les courtisans, passa dans son cabinet. Alors, avec une gravité polie, mais un peu froide, qui lui était habituelle, l'agent français exposa longuement l'objet de sa mission. Après avoir assuré le Duc de la continuation de l'amitié du roi, évoquant le souvenir de ce qui s'était passé au sujet de la neutralité, lors du traité d'échange, il fit observer que : « Cette neutralité avait été promise et accordée par Sa Majesté dans l'assurance que l'Empereur l'observerait lui-même scrupuleusement;... cependant, elle avait été violée de sa part, par les diverses courses que les partis de l'armée du prince de Bade avaient faites en Lorraine; par l'enlèvement du marquis de Varennes, et par la longueur de sa détention. Ce prince venait lui-même de déclarer tout récemment que l'Empereur ne pouvait s'engager à accorder la neutralité, ce qui confirmait les avis reçus de plusieurs endroits, qu'il avait dessein de s'emparer de la Lorraine et particulièrement de Nancy, pour s'en servir contre la France... C'était bien là le plus grand malheur qui pût jamais arriver au duc de Lorraine, et qui attirerait nécessairement sa ruine et celle de tous ses sujets ; et personne n'était plus que lui-même intéressé à s'y opposer et à prendre avec Sa Majesté toutes les mesures nécessaires... Aussi longtemps que ses illustres prédécesseurs avaient été bien avec la France, ils avaient vécu heureusement dans leurs États ; mais ceux d'entre eux qui avaient suivi d'autres maximes avaient, au contraire, toujours été errants et malheureux... Certainement le Duc avait trop de sagesse et de lumière pour ne pas adopter le bon parti, qui était de demeurer étroitement lié avec Sa Majesté. S'il avait assez de forces pour garantir ses États des entreprises du prince de Bade, le Roi avait assez bonne opinion de lui pour se fier à sa parole, et à l'intérêt évident qu'il a de détourner la guerre de son pays. Mais le Duc n'étant pas en état de résister, Sa Majesté ne voyait pas d'autre moyen de le mettre en sûreté que de faire garder Nancy par une garnison française... Si le Duc était retenu par la considération de l'Empereur, la nécessité de la conservation de ses États devait prévaloir sur toute autre raison, sans que l'Empereur pût justement y trouver à redire, puisque le Duc doit plus à soi-même et à ses sujets qu'à personne... Cette affaire était, d'ailleurs, d'une nature à ne pouvoir souffrir de délai », dit en terminant M. de Callières, « aussi avait-il ordre de demander une réponse déci-

DE LA LORRAINE A LA FRANCE.

sive pour la faire savoir à Sa Majesté au sortir de cette audience ; et du parti que Son Altesse allait prendre, dépendrait en effet, tout le bonheur et tout le repos de sa vie [1]. »

Léopold n'avait pas besoin de ce dernier avertissement de M. de Callières pour comprendre toute la gravité de la détermination qui lui restait à prendre. Il avait écouté l'agent français sans l'interrompre... « Surpris autant qu'affligé de la proposition qu'on lui faisait de mettre des troupes françaises dans sa capitale, il se montra surtout désolé de l'idée qu'on lui avait rendu de mauvais offices auprès du roi et de ce qu'on avait mis Sa Majesté en défiance de sa conduite. Plus il s'examinait là-dessus, moins il trouvait en quoi il avait pu lui manquer. Il prenait Dieu à témoin de ses droites intentions, et de sa constante résolution de complaire à Sa Majesté... [2] » M. de Callières répéta de nouveau qu'il ne s'agissait d'aucun mécontentement du Roi, mais seulement de la nécessité de pourvoir à la sûreté de la ville de Nancy et de la Lorraine, ainsi que des frontières du royaume qu'on ne pouvait laisser exposées aux courses des Allemands. « C'était donc de l'Empereur et du prince de Bade que le Duc avait à se plaindre

---

1. Mémoire pour servir d'instructions à M. de Callières, secrétaire du cabinet du roi, allant par ordre de Sa Majesté auprès du duc de Lorraine. Versailles, 17 novembre 1702. — Lettre de M. de Callières au roi, 1er décembre 1702.— Archives des affaires étrangères à Paris.
2. Ibidem.

pour l'avoir mis dans une si fâcheuse situation [1]. Il n'attendait plus que la réponse qu'il avait ordre de transmettre sur-le-champ à Versailles, voulant toujours espérer qu'elle serait conforme aux intentions de Sa Majesté, comme aux intérêts de Son Altesse. » Le Duc de Lorraine protesta, et se débattit encore pendant quelque temps ; il offrit d'écrire au roi de France, pour obtenir un délai, et à l'Empereur, pour faire expressément reconnaître sa neutralité. Cependant, M. de Callières, insistant toujours pour une décision immédiate, après divers discours et répliques, pendant lesquels, dit l'agent français, « l'affliction du Duc resta toujours sage et modérée, sans jamais s'écarter du respect dû à Sa Majesté, » ce prince s'arrêta au parti que voici : « Il ne pouvait, » dit-il, « consentir par traité à recevoir des troupes françaises dans Nancy ; mais si Sa Majesté voulait absolument les y mettre, sans avoir égard à ses très-humbles remontrances, pour montrer son respect envers elle, il ne ferait aucune résistance. Les portes de la ville seraient seulement fermées, mais de façon qu'on pût les enfoncer sans avoir besoin de canon. Il y aurait ordre de ne pas tirer un seul coup de mousquet lorsque les troupes entreraient ; espérant, d'ailleurs, que la personne qui les commanderait, empêcherait

---

[1]. Lettre de M. de Callières au roi, 1er décembre 1702. — Archives des affaires étrangères.

qu'elles ne fissent du désordre dans la ville [1]. » Les choses ainsi arrangées et convenues, Léopold et M. de Callières se rendirent auprès de la Duchesse. Elle était grosse, tout près d'accoucher, et pleura beaucoup en apprenant la résolution du roi de France.

Le surlendemain, le duc et la duchesse de Lorraine quittaient Nancy ; et, pour éviter l'émotion que l'apparence d'une lutte, si faible qu'elle fût, aurait pu exciter parmi le peuple, Léopold ordonna, sur les instances de M. de Callières, que les portes de la ville resteraient ouvertes à l'arrivée des troupes françaises [2]. Il ne voulut pas d'ailleurs assister lui-même

---

1. Lettre de M. de Callières au roi. 1er décembre 1702. — Archives des affaires étrangères.

2. D'anciens auteurs lorrains ont raconté, et plusieurs historiens modernes ont répété que Louis XIV avait offert à Léopold de convenir avec lui qu'il serait fait un semblant de résistance à l'occupation de Nancy. Selon eux, ce serait le duc de Lorraine qui aurait refusé de se prêter à ce qu'il aurait appelé une ridicule comédie. Les dépêches de MM. de Callières et d'Audiffret, les récits contemporains, et la lettre du propre secrétaire du Duc, M. Sauter, dont nous citons plus loin un fragment, contredisent formellement cette assertion. Il en résulte au contraire que le duc de Lorraine avait d'abord annoncé l'intention de faire fermer les portes de la ville, afin que les Français fussent obligés de les enfoncer de vive force, et ce fut sur les observations de M. de Callières qu'il y renonça. Il ne s'agissait d'ailleurs nullement de jouer, en cette occasion, une ridicule comédie. Le duc avait souhaité de pouvoir constater ostensiblement, vis-à-vis de l'Europe, par un fait positif et matériel en quelque sorte, la vérité même de sa situation ; à savoir, qu'il n'avait point signé de traité ni consenti à l'occupation de Nancy, et que l'entrée des Français dans sa capitale était un acte de vive force, accompli sans consentement de sa part. Il lui importait extrêmement qu'on ne pût à Vienne l'accuser de connivence avec la cour de France ; la sûreté même de ses États en dépendait ; et si des motifs, d'une égale prudence, le décidèrent à re-

à cette prise de possession de sa capitale ; et, se dérobant aux adieux de ses sujets désolés, il sortit par le petit pont du bastion de la cour, où trois ou quatre personnes l'attendaient avec des chevaux de chasse pour le conduire, à travers la campagne, jusques à Lunéville. La duchesse de Lorraine était souffrante, et, comme nous l'avons dit, dans le huitième mois de sa grossesse. La saison rigoureuse, le mauvais état des chemins, la nécessité d'emmener avec elle une petite princesse âgée de deux ans, rendaient ce brusque départ très-pénible et presque dangereux. Il était difficile d'en dissimuler tous les préparatifs. Surprise et indignée, la ville entière de Nancy assista, dans un état de morne stupeur, à cette fuite précipitée de la nièce de Louis XIV, s'échappant avec terreur devant une armée française. « Jamais, dit un contemporain, je ne pourrai exprimer le désespoir et les hurlements de la ville et de tout le peuple, principalement lorsque Madame Royale sortit et la petite princesse, tout le monde fondit en larmes, jetant des cris lamentables, et la plupart s'arrachant les cheveux dans les rues publiquement[1]. » Le jour suivant, qui était un dimanche, les postes de la ville vieille et

noncer à cette première résolution, on n'en comprend pas moins pourquoi il avait pu désirer que les choses se passassent comme on en était d'abord convenu.

1. Relation de l'entrée des troupes françaises à Nancy, adressée au comte du Ham de Martigny, par M. Sauter, secrétaire du duc. (Communiqué par les descendants de la famille de Martigny.)

de la ville neuve, le palais ducal, les casernes et tous les postes militaires de Nancy furent successivement occupés par les soldats du comte de Tallard. Ils ne rencontrèrent nulle part de résistance. Dociles aux ordres du Duc, les habitants de Nancy surent contenir leur ressentiment, qui se trahit seulement par leur sombre attitude [1]. Rien n'égalait la désolation de cette multitude privée désormais de la présence de ses souverains, sinon la douleur de la famille ducale, arrachée elle-même à l'affection de sujets aussi dévoués.

Cependant Léopold, retiré à Lunéville, dans une vieille maison triste, froide et délabrée (le château actuel n'était pas construit), n'en avait pas encore fini avec les exigences de Louis XIV. A peine cette petite cour fugitive avait-elle eu le temps de se remettre d'une si vive alerte, qu'elle vit arriver une seconde fois M. de Callières, muni de nouvelles instructions qu'il venait de recevoir de Paris; l'agent français était chargé d'annoncer au Duc l'intention où était Sa Majesté de faire entrer ses troupes dans toutes les places de la Lorraine, situées du côté de la Sarre. C'était là une dernière mortification à laquelle Léopold n'était pas préparé, et qu'il ressentit profondé-

---

1. Lettre du duc de Lorraine au roi. 1er décembre, 1702. Dépêches de M. de Callières du 1er et du 2 décembre 1702.
Mémoire annexé à la dépêche de M. de Callières, du 2 décembre 1702. — Archives du ministère des affaires étrangères.

ment. « Son malheur était bien grand », dit-il avec tristesse et dignité à M. de Callières, « s'il ne pouvait convaincre Sa Majesté de la fidélité de ses paroles, et de la profession qu'il faisait d'être honnête homme... Attaché à Sa Majesté et à l'Empereur par le même degré de parenté, il avait envers l'un et l'autre de grandes et pareilles obligations, à Sa Majesté de l'avoir rétabli dans ses États et de lui avoir donné sa nièce, à l'Empereur de l'avoir élevé et assisté dans ses malheurs. Il ne saurait donc manquer de reconnaissance d'aucun côté, sans se déshonorer, et sans exposer tous ses sujets à être ruinés. La neutralité était la seule attitude qui convînt à ses intérêts et à sa dignité. Le roi avait la puissance en main pour faire ce qui lui plairait de tout ou de partie de son pays, mais il ne pouvait absolument entrer en aucune convention à cet égard[1]. » M. de Callières insista et soutint au Duc : « Qu'il lui serait bien plus avantageux de prendre des mesures d'accord avec Sa Majesté pour la sûreté de ses États, et pour le repos de ses sujets, qui seraient exposés à tous les malheurs de la guerre par cette neutralité qu'il ne pouvait soutenir.... [2]. Si ses sujets devaient être ruinés, ce serait au moins sa consolation », répliqua Léopold, « de n'y avoir pas contribué, ne voulant prendre d'autre parti que de rester en repos chez lui aussi longtemps

1. Lettre de M. de Callières au roi. 10 décembre 1710.
2. *Ibidem*.

DE LA LORRAINE A LA FRANCE. 195

qu'on lui permettrait d'y demeurer. Mais Dieu prendrait sans doute pitié de lui et de ses peuples. » En vain l'envoyé français s'efforça d'amener le Duc à quelque sorte d'engagement. Jamais il n'en put tirer autre chose, sinon toujours cette même réponse : « Que le roi de France était le maître; que dans les villes voisines de la Sarre, non plus qu'à Nancy ou partout ailleurs, les troupes de Sa Majesté ne seraient jamais admises de son libre consentement; mais qu'elles ne rencontreraient pas non plus de résistance, s'en remettant, du reste, à Sa Majesté pour faire traiter ses sujets avec modération et justice [1].

Peu de jours après cette seconde entrevue, M. de Callières regagna Paris n'ayant ainsi ni entièrement manqué ni complétement atteint l'objet de sa mission, et les troupes françaises occupèrent, sans traité préalable mais aussi sans coup férir, les places principales de la Lorraine. Louis XIV, satisfait d'en être venu paisiblement à ses fins, témoigna respecter les scrupules du prince lorrain. A Vienne, on eût souhaité peut-être que les choses eussent été poussées à toute extrémité, et plus tard, lorsque la duchesse fut accouchée (30 décembre), plus d'un courtisan, secret partisan de l'Autriche, conseilla au Duc de s'échapper de Lunéville et de se jeter, comme son père, dans les bras du chef de l'Empire. Léopold ne voulut jamais y en-

---

1. Lettre de M. de Callières au roi. 10 décembre 1710

tendre. Un jour que le comte Gerbevillers l'en pressait vivement : « Monsieur »., lui répliqua le Duc en faisant un cercle autour de lui avec sa canne : « Il ne me resterait que cela, tant que je serai souverain, j'y demeurerai. S'il ne me restait que mon lit, je n'en bougerais[1]. »

L'invasion de la Lorraine, et la retraite précipitée de la famille ducale à Lunéville, fit sensation en Europe, et surtout à Vienne. L'Empereur sentit qu'en ne voulant pas reconnaître la neutralité de la Lorraine, il avait, sans servir utilement la cause de ses alliés, fourni un prétexte plausible à Louis XIV pour mettre de nouveau cette contrée sous sa dépendance. Afin de réparer cette faute, et prenant en quelque pitié la situation difficile de Léopold, il consentit à prendre les engagements qu'exigeait la cour de Versailles. L'occupation de Nancy fut maintenue ; mais les généraux de la France et de l'Empire reçurent de part et d'autre, par une convention tacite, qui ne fut jamais rétractée pendant toute la durée de la guerre, l'ordre de respecter le territoire de la Lorraine, et de n'y faire ni courses ni réquisitions militaires. Une fois rassuré par cette tardive concession, fruit de sa prudente conduite et de ses pacifiques efforts, le Duc respira un peu. Décidé à ne pas remettre les pieds dans sa capitale, aussi

1. Mémoires pour servir à l'Histoire de Lorraine, par M. Noël, tome Ier, page 60.

longtemps qu'elle resterait aux mains des soldats français, il songea à se construire à Lunéville une résidence convenable pour loger sa famille et recevoir sa cour; mais, préoccupé avant tout du sort de ses sujets, il s'occupa de préférence, avec une activité et un zèle, qui depuis ne se démentirent jamais, de procurer à ses États, désormais garantis des maux de la guerre, tous les bénéfices de la prospérité, du bon ordre et d'une sage administration.

Si nous écrivions une histoire détaillée de Léopold, si au lieu de rechercher de préférence, dans ce récit, les événements qui préparaient pour un avenir chaque jour plus rapproché la réunion de la Lorraine à la France; nous nous proposions de satisfaire la pieuse reconnaissance de nos lecteurs lorrains, en leur retraçant le tableau détaillé du règne paternel du plus populaire de leurs princes, il nous faudrait nous arrêter longtemps sur cette époque importante de la vie du jeune Duc; nous serions tenu de le montrer menant de front, avec une maturité de raison, que le résident de France proclamait supérieure à son âge[1], les tâches les plus diverses et les plus difficiles; nous aurions à le représenter tantôt s'adressant à l'Empereur et au Roi de France pour calmer leurs défiances réciproques, et aux généraux de leurs armées pour maintenir les droits de la neutralité qu'il

---

1. Dépêche de M. d'Audiffret.

avait eu tant de peine à obtenir, tantôt s'occupant, grâce à de sages règlements, de rendre plus profitable encore à ses sujets le calme inattendu dont ils jouissaient pour la première fois au milieu du trouble général de l'Europe et de la détresse universelle.

Dans un état restreint plus que dans un vaste royaume l'action bienfaisante du prince se fait efficacement sentir. « Il est à souhaiter que la postérité apprenne », dit Voltaire dans le *Siècle de Louis XIV*, « qu'un des plus petits souverains de l'Europe a été celui qui a fait le plus de bien à son peuple. Léopold trouva la Lorraine désolée ; il la repeupla et l'enrichit…. Il a procuré l'abondance à ses peuples, qui ne la connaissaient plus. Sa noblesse, réduite à la dernière misère, a été mise dans l'opulence par ses seuls bienfaits. Voyait-il la maison d'un gentilhomme en ruine, il la faisait rétablir à ses dépens ; il payait leurs dettes ; il mariait leurs filles ; il prodiguait les présents avec cet art de donner qui est encore au-dessus des bienfaits ; il mettait dans ses dons la magnificence d'un prince et la politesse d'un ami…. A l'exemple de Louis XIV, il faisait fleurir les belles-lettres…. ; les arts, dans les deux duchés, produisaient une circulation nouvelle qui fait la richesse des États. Sa cour était formée sur le modèle de celle de France ; et l'on ne croyait presque pas avoir changé de lieu quand on passait de Versailles à Lunéville. » Rien de plus vrai que cette peinture de l'état de la Lorraine pendant la guerre de la succession; et ce n'est pas nous qui voudrions contredire cette équitable appréciation du caractère de Léopold. Il nous reste néanmoins à expliquer comment au sein d'une paix si précieuse et malgré tant de favorables circonstances, ni le prince dont Voltaire nous vante à bon droit les rares qualités, ni ses sujets qu'il nous dépeint avec raison si prospères, ne se sentirent jamais véritablement heureux, faute de cette indépendance sans laquelle il ne saurait y avoir pour les nations, comme pour les individus, ni de parfait bonheur, ni de complète sécurité.

La sujétion qu'imposait au duc de Lorraine la présence des troupes françaises dans sa capitale ne le gênait pas seulement dans ses rapports avec les princes étrangers, elle entravait singulièrement, au dedans même de ses États, l'exercice de ses droits souverains. Touché au premier moment, et presque reconnaissant de la sage modération dont son neveu avait fait preuve, Louis XIV l'avait d'abord rassuré en termes pleins de cordialité et de courtoisie sur les conséquences d'une occupation momentanée, qui ne saurait, disait-il, l'empêcher d'être entièrement maître chez lui [1]. Ces protestations, en les supposant parfaitement sincères, ne pouvaient toutefois aller

1. Lettre de Louis XIV à M. le duc de Lorraine. Décembre 1702. — Archives des affaires étrangères.

contre la force même des choses. Les traditions politiques et les habitudes administratives de son gouvernement devaient l'emporter à la longue sur la bonne volonté éphémère et douteuse de Louis XIV. La France, en occupant militairement la Lorraine, était conduite à tâcher de se l'assimiler de plus en plus. Ce travail continuel et latent ne fut jamais interrompu ; il se poursuivit par toutes les voies et dans toutes les occasions. La main du cabinet de Versailles se découvrait tout d'abord dans les embarras, quels qu'ils fussent, qui pouvaient compromettre l'autorité du Duc. Elle ne fut jamais si visible que dans les graves démêlés qui surgirent tout à coup entre Léopold et le Saint-Siége.

Nous avons expliqué dans les premiers chapitres de cet ouvrage, comment la Lorraine, dépourvue de siéges épiscopaux, relevait pour le spirituel des évêchés français de Metz, de Toul et de Verdun. La juridiction de l'évêque de Toul s'étendait en particulier sur Nancy et sur les villes les plus importantes des deux duchés. En vain les ducs de Lorraine, prédécesseurs de Léopold, avaient-ils tenté les derniers efforts pour obtenir du Saint-Père la création d'un évêché dans leur capitale, l'influence supérieure du roi de France à Rome avait toujours réussi à faire écarter cette demande. Le cabinet de Versailles ne voulait à aucun prix renoncer à l'avantage qu'il retirait de cette ingérence nécessaire d'un prélat français dans les affaires religieuses de la Lorraine. Les relations fréquentes, et la correspondance suivie qu'en temps ordinaire les titulaires de Metz, de Toul et de Verdun entretenaient tout naturellement avec les curés lorrains, devenaient, à l'occasion, une source d'utiles informations et de précieuse influence, que des évêques dévoués mettaient volontiers à la disposition du souverain français.

Au commencement de la guerre de la succession d'Espagne, le siége de Toul était occupé par M. de Bissy. Ambitieux et remuant, M. de Bissy avait eu peu d'années auparavant quelques difficultés d'étiquette avec Léopold; il gardait rancune à ce prince, disent les chroniqueurs lorrains, pour ne lui avoir offert à sa première audience qu'un simple pliant au lieu d'un fauteuil à bras, qu'il prétendait lui être dû par le souverain de la Lorraine, comme à son évêque diocésain. Soit pour venger cette insulte, soit pour faire preuve de zèle envers la France, M. de Bissy avait érigé ses subordonnés ecclésiastiques et particulièrement les curés lorrains, qu'il prétendait tenir dans sa dépendance, en agents politiques, auxquels il demandait souvent des rapports sur l'état du pays, sur les dispositions de ses habitants, sur le nombre des Français qui résidaient dans leurs provinces, etc.; etc [1]. Le Duc supportait avec impa-

---

1. *Histoire du Code Léopold*, par *le président Lefebvre*. (Papiers

tience de pareilles entreprises. Il crut y mettre un terme en publiant un nouveau code qui, en réglant dans ses États les questions d'ordre civil, ôtait à la juridiction ecclésiastique et rendait aux tribunaux ordinaires la décision de certains cas qui regardaient le temporel du clergé. M. de Bissy s'empressa de dénoncer à Rome ce qu'il appelait les usurpations sacriléges du duc de Lorraine. Secondé par l'ambassadeur de France, il mena si promptement et si secrètement cette affaire, qu'il eut bientôt la satisfaction de pouvoir afficher sur les murs de la cathédrale de Toul et envoyer par toute la Lorraine un bref du Pape qui mettait le code Léopold à l'index « comme attentatoire aux droits de l'autorité ecclésiastique, excommuniant quiconque le lirait, le posséderait ou l'imprimerait. [1] »

Léopold était pieux, mais sa religion n'avait rien de puéril ni d'étroit. Tout en respectant les droits de l'Église, il était résolu à ne pas leur sacrifier ceux de sa souveraineté. Le nouveau code, objet des censures du Vatican, avait été mis en ordre et rédigé par le procureur général Bourcier, ancien élève des Jésuites de Pont-à-Mousson, jadis avocat célèbre du parlement de Metz, choisi en 1675 par Louis XIV pour aller organiser judiciairement la province

---

provenant du Président et communiqués par Mme Lefebvre de Tuméjus.) — Dépêches de M. d'Audiffret. — Archives des affaires étrangères.

1. *Histoire du Code Léopold*, par le président Lefebvre. (*Ibidem.*)

alors française du Luxembourg. C'était ce même éminent magistrat qui, au premier appel de son prince, n'avait pas hésité à quitter le service de la France, renonçant pour vivre en Lorraine, au milieu de ses concitoyens, aux perspectives du plus brillant avenir [1]. Les innovations de Bourcier, toutes inspirées par les maximes usitées dans les pays qui ne sont pas d'obédience, avaient été presque littéralement calquées sur les usages et règlements qui prévalaient alors au sein de l'Église gallicane. Léopold se refusait à comprendre pourquoi ce qui était licite à un roi de France n'était pas permis à un duc de Lorraine, et comment ce qui était inoffensif à Paris, devenait sacrilége à Nancy. La lettre que dans un premier mouvement d'étonnement et de douleur il adressa au pape Clément XI, pour se plaindre du traitement qu'il éprouvait à Rome, est un véritable modèle de dignité contenue, de vigueur et de parfaite raison. Nous en donnerons quelques extraits, ne fût-ce que pour montrer de quel ton respectueux, mais libre toutefois, un prince véritablement catholique osait, à cette époque, revendiquer ses prérogatives, et lors même qu'il ne disposait pas de la puissance de Louis XIV, parler au Saint-Siége un langage qu'il a perdu l'habitude d'entendre et

1. Voir l'Étude sur le président Bourcier, par M. Salmon, Toul, 1846.

que les plus grands potentats n'oseraient peut-être pas lui adresser de nos jours.

« .... Je ne me serais jamais persuadé, » écrit Léopold au Pape, « que mon nom paraîtrait un jour placardé dans les carrefours du monde chrétien, comme si j'étais l'ennemi déclaré de l'Église, et son persécuteur dans mes États... Je suis né d'un prince qui a exposé mille fois sa vie pour le bien de la chrétienté, et dont Dieu a voulu se servir dans ces derniers temps pour délivrer son peuple du joug de la tyrannie ottomane. Je suis le fils d'une reine qui s'est rendue plus recommandable encore par sa piété que par son auguste naissance. L'un et l'autre m'ont élevé dans les sentiments d'une soumission parfaite aux devoirs de la religion et de l'obéissance à l'Église. Je suis sorti d'une maison qui a longtemps fait consister sa gloire principale à maintenir la pureté de la foi dans ses États,... et je compte parmi mes ancêtres un grand nombre de princes qui ont soutenu cette même foi à la pointe de leur épée, parmi les nations les plus reculées... Cependant, j'apprends que mes ordonnances sont flétries par une condamnation honteuse, et leur exécution réprimée par la peine la plus sévère, à la face de toute la ville de Rome qui est le théâtre de la chrétienté.... Quand même ces ordonnances blesseraient en quelque chose les droits et les immunités de l'Église (ce que je ne puis avouer), il était de sa justice aussi bien que de sa bonté de me le faire connaître, et de m'exhorter paternellement à y remédier. Non-seulement la charité pastorale l'exigeait, mais encore l'équité, la bienséance, l'ordre public, et l'exemple de tous les prédécesseurs de Votre Sainteté... Ce bref porte son nom, mais il ne porte pas les caractères de son cœur. Je connais bien l'auteur secret de cette entreprise, qui par des sollicitations sourdes et clandestines, et par les artifices d'une politique mondaine, a abusé les officiers de Votre Sainteté !... Je suis cependant parvenu, malgré ma jeunesse, à un âge qui ne permet pas à un prince d'ignorer les devoirs de la religion, moins encore les droits de la souveraineté, et je croirais manquer à ce que je dois au rang où Dieu m'a placé, si je n'étais vivement touché de l'outrage éclatant que j'ai reçu par cette condamnation... Dieu même, à qui rien n'est caché, a voulu marquer à tous les hommes de quelque rang qu'ils fussent l'obligation indispensable de s'éclaircir des faits. *Descendam et videbo.* Il est bien dur pour moi, qu'à mon occasion, on ne se soit pas souvenu des règles du droit divin et du droit naturel, en me condamnant sans m'entendre... Je n'avais pas encore appris que les princes étaient obligés d'aller chercher à Rome les règles pour administrer la justice à leurs sujets... Tant de considérations m'obligent à porter mes justes plaintes à Votre Sainteté. C'est à elle que je m'adresse contre elle-même. J'en appelle à son cœur paternel, à sa parfaite sagesse, et à son exacte justice... Et je suis persuadé, si elle ne consulte que ses lumières et sa bonté, qu'elle ne souffrira pas que je sois exposé plus longtemps à la dureté d'un bref que je ne saurais regarder comme son ouvrage [1]. »

Le duc de Lorraine ne se borna point à cette énergique protestation; il tâcha de s'entendre avec l'évêque de Toul, et, de concert avec lui, il ouvrit à sa maison de campagne de la Malgrange des conférences où il se fit représenter par M. Bourcier, tandis que le prélat avait remis ses pouvoirs à l'abbé de l'Aigle, son official. Ces conférences n'aboutirent point, et l'on se sépara sans rien conclure [2]. Léopold fit alors partir pour Rome une ambassade composée du marquis de Lenoncourt Blainville, du marquis de Spada, de l'abbé Nay, grand doyen de la primatiale, et du procureur général Bourcier. M. Bourcier n'alla pas, toutefois, plus loin que la ville de Milan; le Duc ayant appris que l'intervention de l'auteur même du code serait mal vue par le Sacré Collége, et pourrait nuire à l'issue des négociations, le rappela auprès de lui. Le président Lefebvre fut chargé de le remplacer, et devint en réalité le chef de la mission lorraine. Mais à Rome comme à la Mal-

---

[1]. Lettre du duc Léopold au pape Clément XI, 4 novembre 1603.
— Archives des affaires étrangères.
[2]. Étude sur le président Bourcier, par M. Salmon, Toul, 1846.

grange, les difficultés à peine résolues renaissaient aussitôt, sous une autre forme. Derrière les lenteurs étudiées du Saint-Père, non moins que sous les fougueuses vivacités de l'évêque de Toul, il était facile de reconnaître l'action du cabinet de Versailles, sa malveillance systématique et ses persistants efforts pour amoindrir le souverain de la Lorraine. La partie était trop forte, même pour l'habileté du prudent négociateur qui avait reçu mission de terminer le mieux possible cette épineuse affaire. Aussi bien, le Duc avait lui-même, pour tout dire, rabattu, à la longue, quelque chose de sa vivacité première; et les grâces qu'il avait à solliciter du Pape pour ses frères engagés dans l'état ecclésiastique gênaient un peu la liberté de son ministre [1]. Il fallait transiger. M. Lefebvre le sentit, et s'appliqua à rendre la transaction honorable. « Le Pape » nous dit l'auteur auquel nous empruntons quelques-uns de ces détails « renonça à la publication de son bref de censure dans les États du duc de Lorraine. Ce prince révoqua son code,... et, tandis que d'un côté l'évêque de Toul conservait ses prétentions et le Duc l'indépendance

---

[1]. « Son Altesse Royale a été extrêmement gênée dans cette affaire du Code par les grâces qu'elle désirait d'avoir pour Messeigneurs les princes Charles et François, ses frères, engagés dans l'état ecclésiastique. Car, pour les obtenir, elle a été obligée de passer sur bien des demandes qu'on lui faisait en le menaçant de refuser ou de retarder ces grâces, si elle ne fesait pas ce qu'on désirait d'elle. » (Récapitulation de l'affaire du Code, par le président Lefebvre. (Papiers communiqués par madame Lefebvre de Tuméjus.)

de sa couronne, de l'autre, la cour souveraine de Nancy, maintint son arrêt, l'official son rituel, et le procureur général se vengea de ses rancunes par une satire [1]. »

L'affaire du Code ne fut pas la seule occasion où Léopold éprouva, pendant la guerre de la succession d'Espagne, les effets de la jalousie ombrageuse du roi de France, et ressentit avec amertume ce qu'il y avait d'humiliant et de pénible dans la situation d'un prince dont la capitale était occupée par des soldats étrangers. Les lettres de M. d'Audiffret à Chamillart et les instructions que cet agent recevait journellement de Versailles, témoignent à chaque instant de la violente contrainte exercée sur le duc de Lorraine. En vain le prince réclamait-il la solution des questions encore pendantes entre les deux pays. Louis XIV ne se croyait pas tenu d'exécuter, vis-à-vis d'un si petit souverain, les engagements pris lors du traité de Ryswick ; et tandis qu'il avait pris possession des villes de Sarrelouis et Longvy, il refusait d'entrer en aucun arrangement pour lui céder l'équivalent dont on était alors convenu. Tantôt il contestait au Duc le droit d'accréditer des ministres près les cours étrangères, avec lesquelles la France était en guerre,

---

[1]. Étude sur le président Lefebvre, par M. Salmon. Toul, 1842.
Le Catholicon de Toul, par M. Léonard Bourcier, est une satire en vers, assez mordante, et plus remarquable par la verve que par la correction et le goût.

tantôt il se plaignait du langage qu'ils y faisaient entendre[1]. Chose singulière! Léopold n'était pas beaucoup mieux traité par l'Empereur que par Louis XIV; et justement parce qu'il s'appliquait par inclination et par devoir à tenir la balance égale entre ces deux formidables rivaux, il était des deux côtés en butte au même mauvais vouloir. A Vienne, pas plus qu'à Versailles, on ne se gênait pour mépriser les réclamations d'un prince qui ne disposait d'aucune force pour appuyer son bon droit. L'injustice des procédés de la France et de l'Autriche apparut surtout en 1708, au moment de la mort du duc de Mantoue.

Léopold était par sa mère, fille d'Éléonore de Gonzague, le plus proche héritier de Ferdinand Charles de Gonzague, duc de Mantoue, comte de

---

[1]. « Il s'était répandu le bruit que le duc de Lorraine voulait avoir un ministre résidant en Hollande, qu'il devait aussi en faire passer un autre en Angleterre, et l'on nommait le sieur d'Haussonville. Comme il ne conviendrait pas qu'il eût, dans la conjoncture présente, deux ministres résidant chez mes ennemis, j'en ai fait parler, mais seulement en général, à son envoyé auprès de moi. » (Lettre du roi à M. d'Audiffret, Versailles, 30 décembre 1704.) — Archives des affaires étrangères.

« La conduite du sieur Parissot à La Haye est peu conforme à celle que devrait tenir un ministre désintéressé, tel qu'il convient de l'être dans une pareille conjoncture. On prétend que le sieur Parissot assure les États-Généraux que si la situation de son maître lui permettait de consulter seulement son inclination et de la suivre, il ne balancerait pas à prendre le parti de l'Empereur. On a ajouté beaucoup d'autres discours peu convenables de la part d'un envoyé du duc de Lorraine. » (Lettre du roi à M. d'Audiffret, Versailles, 4 mars 1705.) — Archives des affaires étrangères.

Montferrat, prince d'Arches et de Charleville. Cependant, au mépris de toute équité, et sans nier les droits supérieurs du duc de Lorraine, l'Empereur n'hésita pas à s'emparer du duché de Mantoue, cédant le comté de Montferrat au duc de Savoie. Quant à la principauté d'Arches et de Charleville, à peine le Duc s'en fut-il mis en possession, qu'un arrêt du Parlement de Paris l'attribua à la princesse de Condé. Jamais usurpations n'avaient été plus flagrantes. Léopold venait-il à réclamer contre de tels procédés, les deux cabinets, si opposés l'un à l'autre, s'entendaient pour les représenter comme des nécessités de guerre, et se débarrassaient des doléances du prince lorrain, en le remettant, d'un commun accord, à la conclusion de la paix.

La paix, tel était en effet le but où tendaient tous les efforts du duc de Lorraine. Son intérêt le conviait à se faire l'intermédiaire d'un rapprochement entre la France et l'Émpire, et depuis le jour où la guerre avait éclaté, jamais il n'avait ambitionné d'autre rôle. Il lui revenait si naturellement, que chaque gouvernement avait à son tour songé à l'en charger; plus d'une fois, recevant les confidences du parti qu'avait maltraité la fortune, Léopold se flatta d'arriver à son but; mais il avait aussitôt rencontré devant lui comme un obstacle infranchissable les préténtions excessives du vainqueur. Indiquer ces diverses tentatives du prince lorrain, pour rétablir la paix européenne pendant la guerre de la succession d'Espagne, et dire pourquoi et comment elles ont toujours échoué; c'est presque passer en revue les péripéties d'une lutte dont tous les incidents diplomatiques ne sont peut-être pas entièrement connus du public; nous essaierons de le faire aussi brièvement que possible.

Dès l'année 1703, à une époque où les succès et les revers étaient de part et d'autre à peu près également balancés, le duc de Lorraine s'empressa d'offrir pour la première fois son entremise entre l'Empereur et le roi de France. Un de ses ministres les plus accrédités s'en ouvrit avec M. d'Audiffret, disant, par forme de conversation à l'envoyé français, combien le Duc serait flatté d'être choisi comme intermédiaire entre les cours de Versailles et de Vienne [1]. M. d'Audiffret ne douta point que cette démarche ne fût inspirée directement par la cour de Vienne « qui, pressée, » écrit-il, « par le mauvais état de ses affaires, s'est servi du canal de M. le duc de Lorraine pour tâcher de savoir s'il y aurait lieu à un accommodement [2]. » Telle paraît être aussi l'impression du roi. « Il faut », répond-il à son envoyé à Nancy, « que l'état des affaires de l'Empereur soit bien mauvais pour qu'il commence à faire des ouvertures pour une paix

---

1. Dépêche de M. d'Audiffret, datée de Nancy, 3 juin 1703. — Archives des affaires étrangères.
2. *Ibidem.*

dont il a rejeté toujours jusqu'aux moindres apparences[1] ; et sur cette assurance, Louis XIV se hâte de déclarer orgueilleusement : « que si l'Empereur souhaite effectivement la paix, touché de la crainte qu'il doit avoir des suites de la guerre, il n'est pas nécessaire de beaucoup de négociations. M. d'Audiffret attendra donc les propositions que l'on voudra lui faire. Mais on ne doit pas s'attendre à ce qu'il en fasse lui-même aucune, l'état des affaires ne le comportant pas[2]. » Et quelques jours plus tard, craignant que son envoyé se laisse aller à trop parler, il lui recommande un absolu silence. « Ce que vous avez dit sur cet article suffit ; il ne convient pas d'en parler davantage, et ce que vous diriez de plus donnerait lieu de croire que je cherche les moyens d'entrer en négociations; rien ne serait plus contraire à mes intérêts, ni plus éloigné de mes intentions[3]. »

Ces réponses du roi de France n'avaient rien d'encourageant, et le duc de Lorraine cessa pendant quelque temps ses démarches officieuses. Aussi bien l'empereur Léopold, qui avait toujours professé une grande tendresse envers son neveu, le fils de son beau-frère Charles V et de sa sœur bien-aimée, la reine de Pologne, était mort à Vienne, le 5 mai 1705.

1. Lettre du roi à M. d'Audiffret, 20 juin 1703. — Archives des affaires étrangères.
2. Ibidem.
3. Lettre de Louis XIV à M. d'Audiffret. Marly. 5 juin 1703. — Archives des affaires étrangères.

En succédant à son titre, et en poursuivant sa politique, son fils Joseph, le nouvel Empereur, ne parut pas d'abord avoir hérité de ses sentiments envers le duc de Lorraine [1]. Cependant les pourparlers reprirent de nouveau, à Nancy, vers le mois d'octobre 1706. A cette époque, la fortune avait décidément abandonné les drapeaux de la France, et les efforts désespérés des généraux français n'avaient été marqués que par une suite de revers. Après la défaite d'Hochstaedt, ou Bleinheim (août 1704), était venu (mai 1706) le désastre de Ramillies. Nous avions perdu successivement la plus grande partie des Flandres, le Milanais, le Piémont et la Savoie. Philippe V avait dû quitter sa capitale, tombée un moment au pouvoir des Autrichiens et des Anglais. Sans doute M. d'Audiffret était surtout frappé de ce triste état de nos affaires, lorsque, par forme détournée, et prenant pour intermédiaire un personnage qui possédait, dit-il, toute la confiance du duc de Lorraine, il fit représenter à ce prince : « qu'il s'attirerait une gloire infinie s'il voulait, en s'associant aux propositions pacifiques mises en avant par

---

1. « J'ai lieu de croire que l'Empereur s'intéressera moins que feu son père à ce qui regarde le duc de Lorraine. » (Lettre de Louis XIV à M. d'Audiffret. Marly, 16 juillet 1705.) « Je ne crois pas non plus que l'Empereur s'intéresse autant que l'Empereur, son père, à ce qui concerne le duc de Lorraine, et je sais de bon lieu que ce prince ne s'y attend pas. » (M. d'Audiffret au roi. Nancy, 11 juillet 1705.) — Archives des affaires étrangères.

les cantons catholiques de la Suisse, s'offrir pour médiateur, les députés desdits cantons n'ayant point d'autre ambition, sinon que la paix se traitât dans leur pays[1]. » Lorsqu'il apprit cette démarche de son envoyé, Louis XIV qui, d'ailleurs, n'entretenait plus les mêmes illusions que par le passé, lui en témoigna cependant moins de satisfaction que de chagrin. « Vous avez bien fait.», dit-il dans une de ses lettres, « de ne pas parler vous-même au duc de Lorraine, pour le prier d'appuyer les démarches générales (celles des cantons), pour avancer la paix. J'aurais même souhaité que vous les eussiez moins appuyées en parlant à une personne que vous dites avoir beaucoup de part à sa confiance; car encore que je loue beaucoup la bonne volonté des cantons, il ne me convient pas de donner lieu de croire qu'ils aient écrit à ma sollicitation ; et l'on ne pourrait en douter, si ceux que j'emploie dans les cours étrangères insistaient pour faire réussir les instances des Suisses. Il suffit donc d'agir dans cette occasion, comme dans une circonstance indifférente ; c'est ce que vous observerez désormais[2]. » Le duc de Lorraine avait pris vivement à cette idée d'offrir sa médiation, par l'intermédiaire des cantons suisses, et M. d'Audiffret s'était

---

1. Lettre de M. d'Audiffret au roi. 23 octobre 1706. — Archives des affaires étrangères.
2. Le roi à M. d'Audiffret. Versailles, 27 octobre 1706. — Archives des affaires étrangères.

hâté d'en avertir le Roi. « Je serais aise », répond Louis XIV, « que le duc de Lorraine eût part à ce grand ouvrage de la paix; mais il ne se fera point par la voie des cantons, si la proposition que j'ai faite est acceptée.... C'est ce que vous devrez lui dire de ma part. Je ne pourrais en faire davantage. sans marquer trop d'empressement pour la paix [1]. »

Cette hautaine disposition du Roi ne devait pas toutefois durer toujours. La perte de la bataille de Turin (7 septembre 1706), et le désarroi qu'elle jeta dans nos affaires d'Italie, eurent enfin raison de l'obstination de Louis XIV. Il se décida, au printemps de 1707, à tenter, par le canal du duc de Lorraine, une de ces ouvertures directes et positives contre lesquelles son orgueil avait jusqu'alors si fortement protesté. Léopold, appelé à Vienne, pour des affaires qui regardaient principalement son frère, l'évêque d'Osnabruck, allait se mettre en route pour l'Allemagne, lorsque, sur un ordre expédié de Versailles, M. d'Audiffret, muni d'un long mémoire qui contenait les propositions de Louis XIV, vint lui demander de profiter de son voyage pour ménager quelque accommodement séparé entre la France et l'Empire [2]. Rien n'était plus conforme aux vœux du duc de Lorraine ; sa prudence ordinaire

---

[1]. Le roi à M. d'Audiffret, 2 novembre 1706.—Archives des affaires étrangères.

[2]. Mémoire du roi pour M. d'Audiffret, 6 juin 1707. — Archives des affaires étrangères. — Le roi à M. d'Audiffret, le 27 juin 1707.— *Ibidem*.

l'empêcha cependant d'accepter trop vite. Il n'ignorait pas le peu de bonne volonté du nouvel Empereur à son égard ; il savait que ce prince, violent et débauché, presque étranger aux affaires, livré à des maîtresses vulgaires et à d'obscurs favoris, ne jouissait pas à sa propre cour d'une très-grande considération [1]. Il craignit que le secret d'une pareille négociation, s'il venait à transpirer, ne lui attirât la malveillance des puissances liguées contre la France. En annonçant que son projet de voyage venait d'être ajourné, par suite de quelques convenances de famille, Léopold répondit à M. d'Audiffret : « que pour un si grand objet, et dans l'espoir d'être agréable à Sa Majesté, il serait toujours prêt à tout sacrifier. » Mais il fit en même temps observer : « que peut-être il serait convenable de pressentir d'abord les dispositions de l'Empereur ; et si le roi de France lui permettait de faire dire un mot à Vienne du mémoire qu'il avait reçu de M. d'Audiffret et des propositions de paix qu'il contenait, M. le comte des

1. « Le désordre et la confusion sont toujours plus grands dans le conseil de l'Empereur, en sorte que tout s'y passe en contestation, en disputes et en reproches. L'Empereur est si fort adonné à la débauche des femmes et si rempli de maux, que non-seulement, il n'y a plus lieu d'espérer qu'il ait des enfants, mais même il paraît qu'il ne pourra pas vivre longtemps. Il est toujours plus violent et plus emporté, il s'attire la haine de tout le monde, et l'on voit un grand refroidissement dans tous ceux qui ont paru jusqu'ici plus zélés pour son service..... (Dépêche de M. d'Audiffret, faisant parvenir au roi les renseignements qu'il tient du ministre du prince Louis de Bade, à Vienne. Nancy, 15 janvier 1707.) — Archives des affaires étrangères.

Armoises, son ministre près de cette cour, pourrait annoncer sa prochaine arrivée et préparer les voies[1]. Louis XIV y consentit, non sans peine ; mais quelle ne fut pas sa mortification, lorsqu'une dépêche du comte des Armoises vint apprendre que l'Empereur ne daignait pas répondre à cette ouverture, et refusait absolument toute négociation séparée avec la France. Jamais l'orgueil du monarque français n'avait encore reçu pareille blessure ; il la ressentit avec amertume. « Il suffit », répliqua-t-il à M. d'Audiffret, « de savoir le sentiment de l'Empereur ; mais peut-être ce prince aura-t-il lieu de se repentir un jour de l'éloignement qu'il témoigne aujourd'hui pour la paix[2]. »

Le résultat des campagnes de 1707, de 1708 et de 1709, ne justifia pas cette attente du vieux roi. Plus la guerre se prolongeait, plus les puissances étrangères obtenaient de succès, et plus elles se montraient exigeantes. Il n'y avait pour la France, épuisée et presque réduite aux abois, de salut que par la paix. Louis XIV le savait mieux qu'aucun de ses ministres ; mais, cruelle expiation des fautes passées ! il n'en coûtait à personne autant qu'à lui pour livrer à des ennemis naguère traités avec tant d'ar-

---

1. M. d'Audiffret au roi. 7 juillet 1707. — Archives des affaires étrangères. — Copie de la lettre du duc de Lorraine au comte des Armoises, son ministre à Vienne, 7 juillet 1607.
2. Le roi à M. d'Audiffret. Versailles, 10 août 1707. — Archives des affaires étrangères.

rogance le fatal secret de la faiblesse actuelle de la France. Il le fallait toutefois ; il s'y résolut ; et le duc de Lorraine reçut le premier cette pénible confidence. Que les choses étaient changées depuis le jour si peu éloigné où, dès le début des hostilités, Léopold sollicitait presque comme une faveur la permission d'intervenir officieusement près de la cour de Vienne ! Aujourd'hui c'était le roi de France qui le priait instamment d'accepter ce rôle; et, mieux instruit que lui des véritables dispositions des cours étrangères, c'était le duc de Lorraine qui refusait, à son tour, d'encourir une pareille responsabilité[1]. En vain la cour de Versailles consentit à modifier successivement toutes ses propositions ; en vain, après avoir d'abord songé à un accommodement particulier avec l'Empereur, se borna-t-elle à demander qu'on écoutât du moins ses ouvertures à Vienne, afin d'en faire le point de départ des négociations qui seraient plus tard continuées dans un congrès général[2]. L'Empereur, enflé de ses succès, et devenu non moins intraitable que ne l'avait été Louis XIV, ne voulut rien écouter[3].

Nul historien n'a parlé de ces ouvertures faites à la cour de Vienne, par l'entremise du duc de Lorraine. M. de Torcy ne les mentionne pas dans ses Mémoires,

1. Dépêches de M. d'Audiffret. Nancy, 10 mars, 24 mars et 12 avril 1708. — Archives des affaires étrangères.
2. Dépêche de M. d'Audiffret. 12 mai 1708. — Archives des affaires étrangères.
3. Le roi à M. d'Audiffret. 17 mai 1708. — *Ibidem.*

sans doute parce qu'elles n'ont point abouti, et peut-être aussi parce qu'il lui répugne de montrer son maître recherchant sans succès l'entremise d'un si petit prince. Ce ne fut cependant qu'après avoir échoué à Nancy, que Louis XIV prit le parti de se tourner du côté des États-Généraux. Il en coûtait beaucoup à son orgueil royal d'être obligé de recourir à ces rudes républicains d'Amsterdam et de La Haye, traités naguère avec tant de mépris. « C'était un terrible sujet d'humiliation », dit le marquis de Torcy, « pour un monarque accoutumé à vaincre, loué pour ses victoires, ses triomphes, sa modération lorsqu'il donnait la paix, et qu'il en prescrivait les lois, de se voir obligé à la demander à ses ennemis ; leur offrir inutilement pour l'obtenir, la restitution d'une partie de ses conquêtes, celle de la monarchie d'Espagne, l'abandon de ses alliés, et forcé de s'adresser pour faire de telles offres, à cette même république dont il avait conquis les principales provinces en 1672, et rejeté les soumissions lorsqu'elle le suppliait de lui accorder la paix à telles conditions qu'il lui plairait de dicter [1]. » Le roi ne recula pas devant ce nouveau sacrifice ; et tandis que la plupart de ses sujets, une partie même de ses courtisans et quelques-uns de ses ministres, l'accusaient encore en secret d'être, par sa fierté déplacée,

---

1. *Mémoires du marquis de Torcy*, Collection Petitot. Tome LXVII, page 192.

l'obstacle principal à la paix, il fit partir le président Rouillé pour la Hollande. Mais les offres de M. Rouillé ne furent pas mieux reçues à Moerdik que ne l'avaient été celles de M. d'Audiffret à Nancy. « Plus Sa Majesté ampliait ses offres, » nous raconte encore M. de Torcy, « plus ses ennemis augmentaient leurs prétentions [1]. »

Ce fut alors que dans un conseil tenu le 29 avril 1709, Monsieur de Torcy, d'accord avec Sa Majesté, proposa à ses collègues étonnés de se rendre lui-même en grand mystère à La Haye, porteur des instructions de Sa Majesté, et d'y tenter en faveur de la paix un suprême et dernier effort. Quelle ne dut pas être la joie orgueilleuse du pensionnaire Heinsius, lorsque dans les premiers jours de mai, retiré un soir dans le modeste logis qu'il habitait à La Haye, il fut averti par un de ses amis, banquier à Rotterdam, qu'un voyageur arrivé en toute hâte de Paris attendait à sa porte l'honneur de l'entretenir, et que ce voyageur n'était autre que le ministre des affaires étrangères du roi de France [2]. Comme toutes celles

---

1. *Mémoires du marquis de Torcy*, Collection Petitot, t. LXVII, page 196.
2. « Je fus bien étonné quand j'arrivai chez le pensionnaire Heinsius; ma curiosité était extrême d'entretenir cet homme, l'ennemi de la gloire de Louis XIV, qui gouvernait la Hollande en souverain, le confident de Marlborough, l'arbitre de la grande alliance dans la République, qui traita avec tant de hauteur les ministres du roi à La Haye, et qui leur fit essuyer par ses ordres, tant de dégoûts à Gertruydenberg et à Utrecht. Quand j'approchai de sa maison où j'allai seul, je m'imaginais que j'allais trouver un suisse, des valets de cham-

qui l'avaient précédée, la démarche de M. de Torcy, demeura d'autant plus inutile qu'elle était plus éclatante. Elle servit seulement à constater aux yeux de l'opinion publique, tant en France qu'en Europe, quels étaient alors les violents desseins des adversaires de Louis XIV.

Ces desseins n'étaient déjà plus un mystère. La fortune n'avait pas plus tôt abandonné les armes de Louis XIV, que les rancunes, provoquées par ses victoires passées et par tant de procédés arrogants, s'étaient, partout en Europe, donné libre carrière. Enchantés et comme surpris de trouver une si belle occasion de venger d'anciennes et communes injures

---

bre, des secrétaires, une foule de domestiques, enfin tout le faste et l'appareil de nos ministres. Au lieu de cela, on me fit sonner une petite cloche; la porte s'ouvrit : c'était une porte comme celle de nos marchands; un garçon se présenta à moi; il était vêtu d'une couleur brune, un habit trop long, l'air simple et doux, toute l'attitude d'un valet de communauté. Je le suivis : une petite allée me conduisit à la salle d'audience du Pensionnaire : c'était une pièce assez petite, planchéiée, un lit et une tapisserie de drap tirant sur le violet; on me présenta un fauteuil de canne; et l'on me dit que l'on allait avertir monsieur le Pensionnaire, qui ne se fit point attendre. C'était donc là le redoutable Heinsius? Il était vêtu de noir, en rabat, un manteau qui passait le genou et son chapeau sur la tête; il l'ôta en m'abordant et puis il le remit. Il me fit des questions sur les curiosités que je pouvais avoir vues dans La Haye : je louai tant que je pus; il resta fort froid; sa parole était douce et son style laconique; il y eut quelques silences; et enfin je m'en allai; il me conduisit fort civilement jusqu'à la porte de sa chambre qu'il referma sur moi, sans de grands compliments. Je me hâtai d'aller rendre compte de ma visite à M. Basnage. Il rit de ma surprise du peu d'éclat d'un si grand ministre. « Eh bien, me dit-il, c'est pourtant cet homme-là qui a pensé faire milord Marlborough roi d'Angleterre. » Sur ce, il me raconta des anecdotes bien curieuses. » (*Mémoires du président Hénault*, page 39.)

les puissances coalisées étaient d'accord pour tirer le plus grand parti possible des désastres de la France. Elles avaient d'abord pensé à la réduire aux limites du traité de Munster ; et Louis XIV avait, avec une douleur extrême, consenti à la cession de ces premières conquêtes de sa jeunesse [1]. Mais leurs exigences croissant avec le succès, elles prétendaient maintenant rectifier le traité de Munster lui-même [2]. Dans les conférences tenues en Hollande, chez le pensionnaire Heinsius, le prince Eugène, échauffé par la dispute s'avança jusqu'à dire : « Que la force et le bon état des affaires étaient des raisons suffisantes pour revenir sur les traités onéreux, et que l'Empereur avait un juste titre pour demander la restitution de l'Alsace. » A cette occasion, le nom de Léopold avait été souvent prononcé, et plus d'une fois les ministres de l'Empereur parlèrent de lui céder cette province comme un dédommagement pour le Montferrat retenu par leur maître. Pendant son séjour en Hollande, M. de Torcy avait vu poindre cette idée qu'il dénonça avec inquiétude à Louis XIV. « On se plaint amèrement ici du retardement que Votre

---

[1]. « La dépêche contenant ces ordres fut lue et écoutée avec une douleur égale dans le conseil tenu le 28 avril. La fermeté du roi ne se démentit pas un instant, sa dernière résolution était prise. Touché vivement de l'état de son royaume, rien ne lui coûtait plus pour rendre la paix à ses peuples. » — *Mémoires de Torcy*, Collection Petitot, tome LXVII, p. 196.

[2]. *Ibidem*, page 274.

Majesté a jusqu'a présent apporté à l'octroi d'un équivalent à donner au duc de Lorraine pour la prévôté de Longwy. Enfin, Sire, on épouse la querelle de tous ceux qui forment quelque prétention contre Votre Majesté. Alliés ou non, ils sont amis pourvu qu'ils aient un sujet de se plaindre. Je crois pouvoir dire présentement à Votre Majesté que suivant les discours que le Pensionnaire, M. le prince Eugène et M. le duc de Marlborough m'ont tenu, depuis que je suis ici, il est très-nécessaire de veiller aux desseins de M. le duc de Lorraine, dont les intentions et les démarches sont certainement très-mauvaises [1]. »

M. de Torcy ne se trompait pas en signalant à sa cour les dispositions nouvelles de Léopold. Le Duc avait, en effet, suivi avec beaucoup d'apparente impartialité et de réelle inquiétude, les phases successives d'une querelle qu'il s'était au début, vainement attaché à prévenir et que depuis il s'était, sans plus de succès, efforcé tant de fois d'accommoder. Au fond, ses préférences étaient aussi peu douteuses que son intérêt était évident. Il avait tout à perdre au triomphe de la France, dont l'invariable politique avait toujours consisté à s'emparer de la Lorraine, et qui maintenant lui détenait injustement sa capitale.

---

1. Dépêche du marquis de Torcy au roi, du 22 mai 1709, citée dans les *mémoires du Marquis de Torcy*, Collection Petitot, tome LXVII, p. 274.

Si la coalition formée contre Louis XIV venait enfin à l'emporter, il avait, au contraire, beaucoup à espérer. C'était l'intention parfaitement arrêtée, des puissances alliées de former du côté du nord, avec les places les plus fortes des deux Flandres, une barrière capable d'arrêter la marche de toute armée française qui voudrait menacer les Pays-Bas. Le roi de France avait dû accepter ou plutôt subir cette condition. A peine avait-elle été mise en avant, que le duc de Lorraine s'était hâté de faire sentir à Vienne, à Londres et à La Haye, combien il serait convenable d'adopter, pour la frontière de l'Allemagne, une semblable précaution. Ses ministres avaient reçu ordre de représenter incessamment au pensionnaire Heinsius, au prince Eugène et au duc de Marlborough quelle forte ligne de sûreté on pourrait former le long du Rhin, en ajoutant l'Alsace, une partie des Trois-Évêchés et la province de Luxembourg aux possessions actuelles de leur maître. La crainte d'avoir un jour à quitter ses États héréditaires avait naguère trop affligé Léopold ; il souffrait trop encore des incertitudes de son avenir comme souverain, pour ne pas prendre avec passion, à l'espoir d'être à tout jamais fixé au milieu de ces populations lorraines qu'il aimait autant qu'il en était lui-même aimé ; heureux surtout, s'il pouvait, grâce à une si notable augmentation de territoire, conquérir enfin entre la France et l'Empire, l'indépendance rêvée par tous les princes de sa race, noble but qu'ils avaient tous poursuivi, qu'aucun d'eux n'avait pu atteindre, et vers lequel tendaient maintenant tous ses efforts. Telles étaient les coupables démarches du duc de Lorraine que M. de Torcy dénonçait à Louis XIV.

Les historiens qui ont parlé de Léopold se sont complu à le représenter comme un prince toujours modéré dans ses desseins, sans ambition, presque sans passions, autres que celle du bien public, uniquement attentif, pendant toute sa vie, à maintenir avec scrupule entre l'Empereur et Louis XIV une exacte neutralité. Absorbé, suivant eux, par les détails de son gouvernement intérieur, exclusivement occupé à établir le bon ordre et à faire fleurir les beaux-arts dans son petit État, il aurait borné tous ses efforts à mettre en honneur autour de lui la piété, la décence et les bonnes mœurs. Il y a beaucoup de vérité, mais aussi un peu de convention et de parti pris dans ce complaisant portrait. A vrai dire, Léopold n'avait pas si peu d'ambition, ou plutôt, il avait plus de clairvoyance. Il avait, dès les premiers instants de son retour dans ses États, parfaitement compris que la Lorraine ne pouvait subsister encore longtemps telle qu'elle était. Une juste prévision de l'avenir lui faisait pressentir qu'elle devait sortir de la crise actuelle, ou plus fortement constituée, ou si affaiblie qu'elle ne tarderait pas à tomber comme une proie assurée dans les mains de la France. Aussi longtemps que les succès et les revers se balancèrent à peu près également entre Louis XIV et ses adversaires, et même lorsque survinrent les premiers revers des armées françaises, tant que les affaires de son redoutable voisin ne furent point dans un état presque désespéré, le duc de Lorraine se contint habilement, gardant tous les dehors d'une irréprochable impartialité; mais, en 1709, quand le roi de France parut désespérer lui-même de la fortune, Léopold se relâcha un peu de sa réserve accoutumée. En voyant l'agitation extraordinaire du Duc, en prêtant l'oreille aux propos indiscrets des courtisans lorrains, en surprenant leur joie mal déguisée, M. d'Audiffret put aisément deviner quelles espérances les désastres actuels de la France avaient fait naître parmi le monde hostile dont il était entouré.

Les dépêches de l'envoyé français nous peignent à merveille et pour ainsi dire jour par jour la petite cour de Léopold réfugiée à Lunéville, se remettant peu à peu de sa première alerte, et des ennuis de son établissement précipité. On la voit devenir d'année en année moins triste et plus animée, et tandis qu'à Versailles tout chancelle, périclite et s'assombrit, reprendre graduellement à la vie, aux plaisirs et à l'ambition. Le Duc n'avait pas tardé à bâtir, à Lunéville, sur l'emplacement de l'ancien château de Henri II, un palais élégant, dont l'architecte Boffrand avait fourni les plans, et qu'Yves Descours entoura bientôt de magnifiques jardins[1]. Il y créa en même temps une bibliothèque pour son usage personnel, puis un théâtre, où la cour ne dédaigna pas de représenter parfois des ballets, où l'on jouait habituellement les pièces de Campistron, et la musique de Lulli, et sur lequel Mlle Lecouvreur fit plus tard ses débuts. Non-seulement les ministres des cours étrangères, à l'exception de l'envoyé français, avaient suivi le Duc à Lunéville ; mais les principales familles lorraines avaient également déserté Nancy, autant pour fuir le voisinage des troupes françaises que pour se rapprocher davantage de leur prince. Chacun s'était installé à la hâte et comme il avait pu, soit à Lunéville, soit dans les environs, et les plus familiers avaient été logés au palais. Au milieu de ce pêle-mêle, il n'y avait guère de place pour l'étiquette. Mais l'absence du cérémonial, s'il nuisait un peu à l'éclat de cette cour improvisée, profitait beaucoup aux divertissements. On se voyait sans cesse ; on se réunissait à toute heure du jour et de la nuit ; et l'on jouait gros jeu. Le Duc était jeune, son frère plus jeune encore ; comment en pareille société, au commencement du xviiie siècle, l'amour et la galanterie ne se seraient-ils pas mis bien vite de la partie ?

Deux dames se partageaient alors l'admiration des

---

1. Voir M. Noël, *Mémoires pour servir à l'Histoire de Lorraine*, tome II; page 143.

courtisans lorrains, et tenaient la famille ducale et la belle compagnie de Lunéville, comme divisées en deux camps : c'étaient Mmes de Lunati Visconti et de Beauveau Craon[1]. Les chanoines du chapitre d'Osnabruck reprochaient à leur évêque ses trop longs séjours à la cour de Lorraine ; ils avaient plus d'une fois supplié le Duc lui-même d'intervenir près de son frère, le prince Charles, et de lui représenter le grand tort qu'il se faisait par ses attentions publiques pour la marquise de Lunati, et par l'éclat donné à une passion « si peu conforme à son état, et connue de toute l'Allemagne[2]. La commission était gênante pour Léopold, car, amoureux lui-même de la marquise de Craon, il avait laissé cette belle personne prendre sur lui un empire absolu qu'elle conserva toute sa vie[3]. »

1. « Je vois naître une grande froideur entre Monsieur le duc de Lorraine et l'évêque d'Osnabruck, à cause de deux femmes qu'ils aiment et qui se haïssent extrêmement. J'aurais souvent, Monseigneur, des histoires à vous conter si j'osais mêler le badin avec le sérieux. » (Dépêche de M. d'Audiffret au roi, 3 novembre 1708.) — Archives des affaires étrangères.

2. « Monsieur le duc de Lorraine est au désespoir de voir l'évêque d'Osnabruck retenu à la cour par une galanterie qui lui fait tous les jours retarder son départ. Ce prince est fort amoureux de la marquise de Lunati. Le chapitre d'Osnabruck le presse fort de venir résider, se plaignant qu'il mange tout son revenu hors du pays.... Les chanoines de ce chapitre qui sont avec ce prince en ont fait de grandes plaintes au duc de Lorraine, et lui ont représenté que Monseigneur l'évêque se faisait grand tort par une galanterie si publique, si peu conforme à son état et dont toute l'Allemagne était informée..... » (M. d'Audiffret au roi. 3 janvier 1709.) — Archives des affaires étrangères.

3. « .... Cependant le duc de Lorraine n'a pas osé lui en parler, se trouvant dans le même cas et encore pis pour Mme de Craon. » (Ibidem.)

Anne-Marguerite de Ligneville, fille de Melchior de Ligneville, comte du saint Empire, et de dame Anne du Rouzai, appartenait, par la famille de son père, à tout ce qu'il y avait de plus ancien et de plus considérable dans la noblesse lorraine. Nous avons déjà dit quelle position élevée les Beauvau, originaires de la province du Maine, et alliés à la maison de Bourbon, occupaient à la cour de Nancy. Le grand-père du mari de Mme de Craon était ce marquis de Beauvau dont nous avons si souvent cité les mémoires, et qui, chargé d'élever Charles V, suivit partout son élève et l'accompagna jusqu'en Allemagne. Resté, comme tous les siens, fidèle à la fortune de la dynastie exilée, le petit-fils du gouverneur de Charles V était rentré en Lorraine avec Léopold; et tandis que son père faisait la charge de capitaine des gardes de Son Altesse, M. de Craon, devenu plus tard grand-maître de la garde-robe, remplissait les fonctions de chambellan. Au dire de tous les contemporains, Mme de Craon était charmante. La duchesse d'Orléans (la Palatine), si portée à déprécier les agréments des femmes de son temps, si sévère et le plus souvent si injuste envers cette rivale de sa fille, convient que « c'était une personne fort agréable, quoiqu'elle ne tombe pas tout à fait d'accord que ce fût une beauté accomplie. » Elle l'avait cordialement détestée (probablement d'après ce qu'elle en avait appris par la duchesse de Lorraine).

Mais quand elle la vit pour la première fois à Paris, vers 1718, c'est-à-dire à une époque où Mᵐᵉ de Craon avait déjà perdu un peu de la fleur de sa première jeunesse, elle fut elle-même, comme séduite par les grâces de cette ravissante personne. Elle loue sans réserve « la belle taille, la belle peau, les belles couleurs de celle qu'elle appelle *la Craon;* elle est fort blanche, « ajoute-t-elle » ; mais ce qu'elle a de mieux ce sont la bouche et les dents. Ses yeux ne sont pas des plus beaux ; mais elle a fort bonne mine et un air modeste qui plaît. Elle traite le Duc de haut en bas, comme si c'était elle qui fût duchesse de Lorraine, et lui M. de Ligneville. Elle rit d'une façon charmante, et elle se conduit, vis-à-vis de ma fille, avec beaucoup de politesse et d'égards. Si sa conduite était, sous les autres rapports, aussi exempte de blâme, il n'y aurait rien à dire contre elle [1].

Dans la suite de sa correspondance, la duchesse d'Orléans ne parla pas toujours de Mᵐᵉ de Craon avec le même sang-froid, ni la même impartialité, et tout en rendant justice à sa beauté, à ses façons tout aimables et séduisantes, elle l'accable le plus souvent d'une foule de reproches qui ont tout au moins le tort de paraître empreints d'une grande exagération. Ce qu'elle ne pouvait exagérer, c'est la domination que cette dame exerçait sur le duc de

---

1. *Correspondance de Mᵐᵉ la duchesse d'Orléans* (la Palatine), publiée par M. Brunet, tome I, page 377.

Lorraine. Sur ce point, Mme la duchesse d'Orléans, et le ministre de France, qui avait reçu de Louis XIV l'ordre exprès d'informer très exactement le cabinet de Versailles de tout ce qui se passerait dans le plus intime intérieur de la cour de Lorraine, sont parfaitement d'accord[1]. « Le duc de Lorraine a pour Mme de Craon la plus grande passion que j'aie vue de ma vie ; quand elle entre dans la chambre, « écrit Madame à l'une de ses amies d'Allemagne », la figure du Duc change. Tant qu'elle n'y est pas, il est inquiet et regarde toujours du côté de la porte. Quand elle est venue, il rit, il est tranquille ; c'est un drôle de spectacle.... « Le Duc » mande-t-elle une autre fois, « avait une grande passion pour la chasse ; mais aujourd'hui, Sylvio est devenu un amant. Il veut cacher sa passion, et plus il veut qu'elle soit ignorée, plus on la remarque. Lorsqu'on croit qu'il doit regarder devant lui, sa tête tourne sur ses épaules, et ses yeux restent fixés sur Mme de Craon ; c'est drôle à voir... je ne puis comprendre que ma fille puisse aimer son mari comme elle fait et qu'elle ne soit pas jalouse. On ne peut pas être plus épris d'une femme

---

1. « Vous me ferez plaisir de m'informer de ces mêmes détails ; quoiqu'au fond on doive les traiter comme des bagatelles, ils sont ordinairement le principe et la cause des résolutions les plus importantes et des plus graves événements. Il serait même fort nécessaire d'en être instruit et peut-être d'en faire usage, s'il arrivait jamais qu'on voulût encore proposer quelque translation à Monsieur le duc de Lorraine. » (Lettre du roi à M. d'Audiffret. 24 janvier 1709.) — Archives des affaires étrangères.

qu'il ne l'est de *la Craon*[1]. En cela Madame se trompait, la duchesse de Lorraine était réellement très-jalouse de Mme de Craon. Plus d'une fois elle laissa voir au Duc combien elle souffrait d'une liaison si peu dissimulée[2]; mais, par douceur de caractère, et par égard pour son mari, elle affectait, en public, de ne pas s'en apercevoir ou de s'en soucier médiocrement. Chose singulière! M. le duc de Lorraine s'étant une fois permis quelque galanterie passagère avec une certaine demoiselle d'Agencourt, qu'il dut plus tard marier au marquis de Spada, ce fut Mme de Craon, et non la duchesse de Lorraine

1. *Correspondance de Mme la duchesse d'Orléans.* (Lettres du 24 avril 1718, et du 11 mars 1719.)

2. « On m'a aussi confié sous parole d'un secret inviolable qu'il y a eu au sujet de Mme de Craon une vive querelle entre le duc et la duchesse de Lorraine, qu'on a cachée avec beaucoup de soin. On s'est servi, pour apaiser cette princesse, du canal de son confesseur. » (M. d'Audiffret au roi. 22 août 1709.)— Archives des affaires étrangères.

Madame (la Palatine) ne se laissait pas volontiers imposer par son confesseur sur ce qui se passait à Lunéville. Voici ce que nous lisons dans sa correspondance :

« Tous les jésuites veulent qu'on regarde leur ordre comme parfait et exempt du moindre reproche. Aussi excusent-ils tout ce qui se passe où se trouve le confesseur. J'ai dit nettement au mien qu'il ne pouvait y avoir aucune excuse sur ce qui se fait à Lunéville. » (Lettre du 20 mars 1719.)

« Mon confesseur s'est donné toutes les peines du monde pour me faire croire qu'il ne se passe pas le moindre mal entre le duc de Lorraine et Mme de Craon ; je lui ai répondu : Mon père, tenez ce discours dans votre couvent, à vos moines qui ne voient le monde que par le trou d'une bouteille; mais ne dites pas ces choses-là aux gens de la cour. Nous savons trop qu'un jeune prince, très-amoureux dans une cour où il est le maître, quand il est vingt-quatre heures avec une femme jeune et belle, n'y est pas pour enfiler des perles..... » (Lettre du 25 février 1719.)

DE LA LORRAINE A LA FRANCE. 233

qui se montra la plus offensée. Elle ne lui ménagea ni les violences ni les reproches[1]. Pour calmer son courroux, pour obtenir son pardon, quand elle était irritée, le Duc n'avait point d'autres moyens que de faire de riches cadeaux à Mme de Craon, et d'ajouter quelque grâce nouvelle à celles dont il avait déjà comblé toute sa famille.

On le voit, la petite cour de Lorraine n'était pas alors très-différente de ce qu'avait jadis été la grande cour de France, au temps de la jeunesse de Louis XIV. Plus d'une personne, en Lorraine, rappelait, à propos de Mlle d'Agencourt, l'éphémère apparition à

1. Il vient d'arriver à Mlle d'Agencourt une fâcheuse aventure qu'on tient encore cachée, mais qui deviendra bientôt publique. Elle est accouchée, et l'on dit que c'est le fruit d'une galanterie secrète qu'elle a eue, avant son mariage, avec le duc de Lorraine; c'est ce qui a mis Mme de Craon en fureur, et causé la brouillerie qui dure encore entre eux. On ajoute que le marquis de Spada en avait eu quelque soupçon, ayant trouvé un jour sur le lit de la demoiselle un bouton qu'il reconnut être d'une veste du prince. » (M. d'Audiffret au roi. 10 octobre 1709.) — Archives des affaires étrangères.

« Le prince n'a pas tenu contre la fierté courroucée de Mme de Craon ; il a obtenu grâce, et l'accommodement s'est fait. La dame a eu ensuite quelques accès de fièvre, et la porte a été fermée à tout le monde..... Le marquis de Spada a conduit sa femme dans une terre d'environ 2,000 livres de rentes que M. le duc de Lorraine lui a donnée. » (Dépêche au roi, du 26 octobre.)

« Le duc de Lorraine a fait présent, il y a trois jours à Mme de Craon de deux boucles d'oreilles avec leurs pendants de diamants d'un très-grand prix. Les créanciers de ce prince, pour le jeu, murmurent fort de ce qu'il ne les paie pas. Ils l'ont fait prier de vouloir bien leur en donner quelque partie, ayant bien payé quand ils ont perdu. Mais il n'a point fait de réponse. Il doit près de 300,000 écus. Il joue depuis trois jours sans argent et même sans payer à la bourse. Tout le monde est enragé contre Mme de Craon qui absorbe tout. » (Dépêche au roi, du 24 décembre 1709.) — Archives des affaires étrangères.

Versailles de la jolie Mlle de Fontanges, cette maîtresse d'un jour, si brillante, mais si vite disparue de la scène, et comparait volontiers Mme de Craon à Mme de Montespan. Si par sa fière attitude et par ses exigences impérieuses, Mme de Craon faisait, en effet, penser à l'altière maîtresse qui avait si longtemps captivé le roi de France, la ressemblance des situations n'allait pas plus avant. Cette dame ne fut jamais séparée de son mari, auquel elle ne donna pas moins de vingt-quatre enfants; et M. de Craon n'avait rien de la farouche humeur du marquis de Montespan. Il était, au contraire, le plus intime ami du Duc, qui n'avait guère de secret pour lui, et suivait volontiers ses avis; car le marquis était homme de bon conseil, s'entendait en affaires comme en plaisirs, et passait même pour l'un des « seigneurs les plus aimables, sinon peut-être le plus spirituel de son temps[1]. » C'est dans cette société étroite et sûre, où ne manquait assurément ni le mouvement ni la vie, qu'animé de passions diverses, Léopold agitait secrètement, avec ses confidents, trois desseins qui lui tenaient presque également à cœur, à savoir : agrandir ses États à la paix prochaine, marier l'aîné de ses fils à la fille aînée de l'Empereur, et procurer à son favori une principauté dans l'Empire.

Pour mener à bien de pareilles entreprises, un

---

1. Voir la généalogie de la famille de Beauvau et l'article Marc de Beauvau, *Biographie Michaud*, seconde édition.

prince dénué de puissance n'avait guère alors de crédit dans les cours étrangères, que celui qu'il obtenait par l'activité de ses démarches, et surtout par l'à-propos de certaines prodigalités placées avec discernement. Léopold ne l'ignorait pas; et d'ordinaire fort généreux, on le vit, pendant quelques années, redoubler de magnificence, donner de toutes mains, surtout au dehors, multiplier ses dépenses, anticiper ses revenus, et souvent recourir au crédit qui plus d'une fois lui fit défaut. Il est vraiment curieux d'entendre l'envoyé français blâmer, dans la plupart de ses dépêches, les trop grandes profusions du souverain de la Lorraine, plaindre la situation des fonctionnaires lorrains, qui ne sont plus exactement payés, s'apitoyer sur le sort du pauvre peuple, auquel les impôts enlèvent tout le fruit de ses économies. Si Léopold imagine d'emprunter à l'administration de Louis XIV quelques-unes de ses inventions fiscales, si, par exemple, dans un instant de dénuement, il veut lever en Lorraine un droit extraordinaire de capitation, le représentant de la France, alors bien autrement malheureuse et beaucoup plus mal traitée par son gouvernement, jette tout à fait les hauts cris, et se fait l'écho des plaintes les plus violentes [1]. Attentif à signaler ce qu'il ap-

1. « Monsieur le duc de Lorraine se trouve fort embarrassé sur les moyens d'avoir de l'argent. Les taxes que l'on a déjà mises ne produisent rien, parce que ceux sur qui elles sont imposées ne veulent rien payer, et l'on n'ose les y forcer. Mme la duchesse de Lorraine est entrée

pelle les exactions du Duc, il oublie parfois d'ajouter, qu'averti par les représentations de son conseil, ou simplement touché par les instances de ses sujets, le Prince lorrain leur remet le plus souvent totalité ou partie des contributions d'abord exigées. Mais ce que M. d'Audiffret prend toujours grand soin de signaler à sa cour, et le véritable motif de sa colère contre Léopold, c'est l'emploi de cet argent, qui, répandu à Vienne, à Londres, à La Haye, et destiné à satisfaire l'avidité de Marlborough et des ministres de l'Empereur, « allait partout », disait-il, « encourager les partisans de la Lorraine, et chercher des ennemis à la France[1] ».

De 1709 à 1711, pendant la durée du congrès de Gertruydemberg, la mauvaise humeur de M. d'Au-

pour la première fois au conseil, et a fort déclamé sur la dissipation des finances, disant qu'on ne pouvait y remédier qu'en faisant une grande réforme, et que M. le Duc ne pouvait soutenir une dépense si excessive sans se ruiner. » (M. d'Audiffret au roi. 18 novembre 1710.) — Archives des affaires étrangères.

« ..... L'ambition n'est pas la seule cause des désordres où le duc de Lorraine a mis ses finances..... Il serait avantageux pour lui et pour ses sujets qu'il revînt d'une autre passion qui continue à le jeter dans de grandes dépenses, et tarissant les principales sources de son revenu, excite un mécontentement général. Il est dû trois quartiers aux officiers de la maison; aux domestiques et à ceux qui ont des pensions, deux années; et sur les dettes de l'État, un million et demi avancé par le fermier général ou prêté par des particuliers, et 1,100 mille livres perdues au jeu. A mesure qu'il arrive quelques fonds, il est diverti à des usages de complaisance, sans aucuns égards aux besoins pressants ni aux remontrances sur cette dissipation. ... » (M. d'Audiffret au roi. 14 mars 1711.) — Archives des affaires étrangères.

1. « ..... On est persuadé à la cour de Lorraine que le Duc n'aurait pas fait ces dépenses, s'il n'avait eu quelque certitude de l'utilité qu'il en tirerait..... Son principal secrétaire a confié à la même per-

diffret alla toujours croissant, en proportion des revers accumulés qui abaissaient la fortune de la France, et relevaient d'autant celle de la petite cour de Lorraine. Rien de si pénible pour un ambassadeur, surtout s'il a pris vis-à-vis d'un État sans importance le ton arrogant d'un supérieur, que de sentir diminuer et se perdre le crédit du maître qu'il représente. Telle était maintenant la situation du ministre français à Lunéville. Les ambitieux desseins du duc de Lorraine, dénoncés de toutes parts, avaient excité l'indignation de Louis XIV, et plus d'une fois M. d'Audiffret avait été chargé d'avertir ce prince : « à quel point le Roi était blessé de sa conduite, ne s'étant jamais attendu à le voir recourir à ses ennemis pour obtenir, par leurs moyens, des pays qui lui appartenaient, et pour terminer par leur protection ce qui

sonne... que le prince Eugène et Marlborough étaient portés de bonne volonté pour lui et connaissaient parfaitement qu'il était de l'intérêt des alliés et de l'Empereur de le mettre dans une meilleure situation ; mais que les Hollandais étaient des ennemis qui traversaient les bonnes dispositions de l'Angleterre et de l'Autriche. » (M. d'Audiffret au roi. 28 juin 1710.) — Archives des affaires étrangères.

« Soit que ce que j'espère me soit donné, » a dit ce prince, « du côté du nord ou du côté du midi, Lunéville sera toujours le centre de mes États et le lieu ordinaire de ma résidence. » Il n'a rien désiré plus fort que l'Alsace par les facilités et autres avantages qu'il croyait y trouver. » (M. d'Audiffret au roi. Nancy, 3 juillet 1710.) — Archives des affaires étrangères.

« La dépense ne sera pas épargnée dans tout ce qui regarde le faste, et les moyens de se faire des amis. » (M. d'Audiffret au roi. 13 février 1712.) — Archives des affaires étrangères.

« Je sais bien sûrement qu'il lui en a coûté 5 millions sur lesquels Marlborough a reçu des présents magnifiques. » (M. d'Audiffret. 6 avril 1713.)

restait à exécuter du traité de Ryswick ¹. » A ces reproches, arrivés directement de Versailles, Léopold avait répliqué à son tour, avec une vivacité inattendue de sa part, et qui prouvait assez qu'il se savait soutenu par de puissants protecteurs. «...Que lui voulait-on », s'écria-t-il un jour en repoussant avec hauteur les remontrances de M. d'Audiffret, « et pourquoi le menaçait-on si mal à propos ? Il fallait s'expliquer, et dire si on en voulait à sa personne ou à ses États. Si c'était à sa personne, son parti serait bientôt pris; mais si c'était à ses États, il était persuadé qu'on serait obligé de les rendre à lui ou à ses enfants. Si on lui faisait ces menaces pour l'obliger à se déclarer, on n'y réussirait jamais. Si c'était un effet de méchante humeur, à cause du mauvais état des affaires de France, il ne devait pas en souffrir ²... »

Au moment où il tenait un langage si décidé, le duc de Lorraine se croyait assuré d'avoir gagné, par ses présents, la bonne volonté de Marlborough; il comptait sur l'assistance de la reine Anne d'Angleterre; il était même en train d'arranger le mariage de son fils avec l'aînée des Archiduchesses ³. Ce fut

1. M. d'Audiffret au roi. 5 juin 1709.
2. M. d'Audiffret au roi. 17 août 1709. — Archives des affaires étrangères.
3. « On m'a confié que le duc de Lorraine obtint de l'empereur Joseph, vers la fin de l'année 1710, un acte par lequel il lui promit l'archiduchesse, sa fille, pour le prince de Lorraine qui mourut il y a quatre ans...... » (M. d'Audiffret au roi. 11 juillet 1715.) — Archives des affaires étrangères.

sans doute avec une profonde amertume que
Louis XIV sentit la nécessité de dissimuler son mécontentement, et de prendre en patience ces paroles
presque blessantes sorties de la bouche d'un prince,
naguère rompu à l'obéissance et qui avait toujours
reçu ses ordres avec la plus modeste déférence.
Mais s'il avait jadis montré, pendant le cours de ses
prospérités, un si fol orgueil, et tant d'intraitable
obstination, assailli par les coups de la mauvaise fortune, le roi de France rachetait aujourd'hui les torts de
sa jeunesse par une ferme modération, et une dignité
pleine de calme, qui sera l'éternel honneur de sa vieillesse. Tandis que résigné aux sacrifices indispensables,
il répondait aux exigences insensées des grandes puissances étrangères par des propositions conçues dans
un esprit d'équité, de modération et de bon sens, son
envoyé à Nancy était chargé de faire entendre au
duc de Lorraine des paroles qui n'étaient pas moins
empreintes de raison et de noblesse. « Je vois, par
l'emploi de tout l'argent qu'il fait passer en pays
étranger, « écrivait Louis XIV à M. d'Audiffret », que
le duc de Lorraine n'épargne rien pour se faire des
amis, dont il croit que l'appui lui sera fort utile. On
se trompe souvent dans de pareils projets. Le duc
de Lorraine pouvait s'acquérir de la considération
en réglant sa conduite par proportion avec ses États ;
mais les ressources qu'un petit prince trouve dans
son pays s'épuisent aisément, et lorsqu'elles cessent,

toute considération tombe. Ceux qu'il croit avoir gagnés par ses bienfaits ne s'empressent pas de lui rendre service, parce qu'ils n'ont plus rien à espérer de lui ; et, dans la suite, il se trouve exposé à la vengeance de ceux que ses pratiques secrètes peuvent avoir irrités. Je souhaite pour le bien du duc de Lorraine qu'il fasse encore ces réflexions et qu'il en profite[1]. »

Quoique les apparences lui fussent toujours contraires, Louis XIV ne parlait pas alors à la légère. Peu de temps, en effet, avant de faire entendre au duc de Lorraine ces sévères avertissements, il avait reçu à Versailles (fin de janvier 1711) un agent secret de la cour de Saint-James. L'abbé Gautier, personnage obscur, mais digne de confiance, laissé à Londres par M. de Tallard, s'était un soir inopinément introduit dans le cabinet de M. de Torcy, venant, disait-il, de la part de la reine d'Angleterre. « Voulez-vous la paix? » s'était-il écrié, en abordant le ministre des affaires étrangères de France; « je viens vous apporter les moyens de la conclure.. » « Interroger alors un ministre de Sa Majesté, s'il voulait la paix, c'était, « dit M. de Torcy », demander à un malade attaqué d'une longue et dangereuse maladie, s'il veut guérir [2].... » Des incidents étrangers à la diplomatie comme à la guerre, qui n'avaient eu pour

---

1. Le roi à M. d'Audiffret. 3 juin 1710. — Archives des affaires étrangères.

2. *Mémoires du marquis de Torcy*, Collection Petitot. Tome LXVIII, page 18.

théâtre que les couloirs du parlement anglais, et le cabinet de la reine Anne, étaient les causes premières de ce soudain revirement. Le parti whig qui avait poussé avec tant de vigueur la guerre contre la France, avait cédé la place aux torys, partisans secrets de la paix. Le duc de Marlborough était tombé en disgrâce, et ses successeurs, désireux d'ôter à ce puissant chef d'armée l'occasion de nouveaux triomphes, avaient maintenant grande hâte de s'entendre avec Louis XIV.

Cette considération n'était pas, d'ailleurs, la seule qui rendit alors les nouveaux ministres de la reine Anne de plus en plus conciliants. L'empereur Joseph étant mort (avril 1711), l'archiduc Charles, son frère, se trouvait en ce moment l'héritier de tous les domaines de la maison d'Autriche; et les mêmes raisons alléguées contre Philippe d'Anjou faisaient craindre à l'Angleterre que le nouvel Empereur ne réunît un jour sous son sceptre toutes les vastes possessions de la monarchie espagnole. Ce n'est pas tout. Par la direction donnée à la guerre, l'Autriche n'avait pas tardé, suivant sa coutume, à mécontenter successivement tous ses alliés. Fidèle au système développé dans le testament politique de Charles V, le cabinet impérial n'avait envoyé en Espagne, contre Philippe V, que des armées insuffisantes et des généraux incapables ; mais il n'avait rien négligé pour s'emparer du Milanais et de toutes ces contrées, voisines des Alpes, que Charles V avait d'avance désignées à sa convoitise, comme sa part naturelle dans la succession espagnole. A peine cette riche proie fut-elle tombée dans ses mains, que l'Autriche, sans prévenir les cabinets de Londres et de La Haye, s'était hâté de régler avec la France ce qu'elle appelait la neutralité de l'Italie. Cette singulière convention avait eu pour effet de rejeter tout l'effort de la guerre sur le Rhin et sur la Flandre, au grand détriment de l'Allemagne, de la Hollande et de l'Angleterre. Désormais en possession du lot qu'il avait ambitionné, l'Empereur ne faisait plus que d'insignifiants sacrifices pour le succès d'une guerre dont il s'était, à l'avance, adjugé tout le profit. Le fardeau en retombait tout entier sur ses alliés. Telle était la situation embarrassante dont le cabinet de Saint-James avait hâte de se tirer.

Une fois que la France et l'Angleterre étaient tacitement d'accord sur le but, les négociations ne pouvaient beaucoup traîner en longueur. Elles aboutirent à deux traités, qui, sous le titre de préliminaires de paix, furent signés à Londres le 8 octobre 1711. Les clauses en sont connues. Le premier stipulait les avantages particuliers que le roi de France consentait à faire à l'Angleterre. Le second indiquait sur quelles bases on négocierait plus tard dans un congrès général qui serait tenu à Utrecht. Par ce traité, après tant de sang versé de part et d'autre, la France et l'Angleterre en venaient à souscrire presque les mêmes conditions dont quinze ans plus tôt, Louis XIV et Guillaume III étaient tombés d'accord, avant la mort de Charles II. Par une clause dernière, le roi de France consentait à ce que l'on formât sur sa frontière de l'Est « une barrière sûre et convenable pour l'Empire et la maison d'Autriche [1]. »

L'entente qui venait de s'établir si brusquement entre les cours de Versailles et de Saint-James était un rude coup porté aux ambitieuses aspirations de la petite cour de Lunéville. Cependant, toute espérance ne lui était pas encore enlevée ; et la barrière qui restait à former sur le Rhin pouvait devenir l'heureuse occasion de cet agrandissement de territoire tant rêvé par le duc de Lorraine. L'instant était décisif. Léopold redoubla d'activité, prodigua de nouveau les pressantes sollicitations, et multiplia les riches présents. La mission du prince Eugène, envoyé à Londres par l'Empereur, afin de concerter avec le duc de Marlborough les moyens de renverser le ministère tory, marque, dans la vie du duc de Lorraine, une période d'anxieuses agitations dont M. d'Audiffret révèle curieusement à sa cour tous les signes [2]. Mais cette mission n'eut point de succès. Les ministres anglais avertis des desseins du prince

---

[1]. *Histoire des Traités de paix*, par le comte de Garden.
[2]. Dépêches de M. d'Audiffret au roi. Mars, avril, mai 1712.

Eugène, destituèrent Marlborough de toutes ses charges ; et ce brillant capitaine, qui avait si bien servi son pays de son épée, mais qui, pour s'enrichir, n'avait reculé devant aucune malversation, en fut bientôt réduit à se débattre, devant un parlement hostile, contre une honteuse accusation de péculat. La chute de Marlborough enlevait à Léopold son plus assuré protecteur ; les Hollandais lui avaient toujours été contraires ; le nouvel Empereur, fort mal disposé pour la paix, ne l'était pas alors beaucoup mieux pour les intérêts de son cousin ; l'éclatante victoire de Denain, remportée par Villars sur les armées de la coalition, en rétablissant la fortune de la France, ruina les dernières chances du duc de Lorraine.

A peine les conférences d'Utrecht furent-elles ouvertes (29 janvier 1712), que Léopold reconnut, à l'accueil fait à ses plénipotentiaires, MM. Lebègue, de Forstener et de Meineville, la vérité des prédictions de Louis XIV. Parmi les négociateurs présents au congrès, nul ne parut vouloir prendre au sérieux les prétentions du Duc. Les démarches que les ministres de l'Empereur tentèrent parfois en faveur de la Lorraine furent considérées comme un jeu joué par l'Autriche pour éloigner une paix dont elle voulait retarder la conclusion. Le nom du duc de Lorraine ne fut même pas prononcé dans les divers traités signés à Utrecht (11 avril 1713) entre la France, l'Angleterre, la Prusse, la Savoie et les États-Généraux. Restait à Léopold l'espoir de se faire au moins écouter dans les conférences où devait se traiter l'accord particulier de la France et de l'Empire. Ces conférences se tinrent à Radstadt, entre Villars et le prince Eugène. Ces deux chefs d'armée, chargés, comme naguère Boufflers et Portland, de mettre enfin un terme aux longs différends que les négociateurs de profession n'avaient pu réussir à concilier, ne perdirent pas leur temps en oiseuses formalités. Ils se mirent promptement d'accord, et tous deux commencèrent par convenir qu'ils ne tiendraient compte ni des prétentions de Léopold, ni de celles des petits princes de l'Italie. M. de Martigny, agent du Duc, n'eut pas plus de succès à Radstadt que ses collègues n'en avaient eu à Utrecht. En vain, Léopold voulut réclamer à Vienne. La mort de son fils destiné à l'aînée des Archiduchesses avait rompu (avril 1711) l'alliance projetée avec la maison d'Autriche. Tout manquait à la fois au duc de Lorraine; et tandis que le roi de France lui gardait rancune de ses dernières démarches, l'Empereur, qui avait eu tant de peine à reconnaître sa neutralité, lui faisait assez durement sentir que, demeuré volontairement étranger à la lutte, il n'avait nul droit à se mêler des arrangements qui la terminaient. Ainsi finissait par une cruelle déception cette longue guerre de la succession d'Espagne qui avait si fort excité, d'abord les inquiétudes, et plus tard, les espérances de Léopold. En revenant après treize ans d'absence, reprendre possession de sa capitale, enfin délivrée, à la paix, de la présence des troupes françaises, le Duc, attristé sans doute par la mort de son fils, mais éprouvé surtout par tant de fatigantes inquiétudes, ne témoigna pas la satisfaction à laquelle s'attendaient les habitants de Nancy. Tout entiers à la joie de retrouver leur souverain, ses sujets furent quelque peu surpris de le voir rentrer dans sa capitale avec un visage abattu et une contenance découragée. A s'en rapporter aux dépêches de M. d'Audiffret, c'est à peine si le Duc fit mystère de son désir de quitter bientôt ses États; et livré à des étrangers, « il laissa, » dit-il, « clairement connaître aux Lorrains, par son peu de ménagements, qu'il n'était leur maître que par nécessité. » Cette sombre peinture que l'envoyé français se plaît à faire à Louis XIV de la petite cour de Lorraine après le traité d'Utrecht, est toutefois un peu exagérée. Une sorte de désenchantement avait, à cette époque, gagné toute l'Europe épuisée par une si longue suite de guerres violentes et par tant de fatigantes convulsions. Ni la Lorraine, ni son prince, n'avaient échappé entièrement à la contagion du malaise général et de la lassitude universelle. Mais s'il y avait un lieu dans le monde où la tristesse des esprits fût extrême, où la prostration des forces fut complète, ce n'était pas à Nancy, c'était à Versailles.

DE LA LORRAINE A LA FRANCE. 247.

Après avoir supporté avec une fermeté que la postérité ne saura jamais trop louer, les désastres publics qui, aux dernières années de son règne, vinrent si fort humilier son orgueil de souverain, Louis XIV accepta avec une patience non moins admirable les malheurs privés qui atteignirent successivement le père de famille au plus profond de son cœur. La mort du Dauphin, de la duchesse de Bourgogne, et de ses deux petits-fils, les ducs de Bourgogne et de Berry, l'ébranlèrent sans l'abattre. Il fit bonne contenance devant les coups redoublés que la mort porta tout autour de lui ; mais son âme en demeura toutefois accablée, et sa vie en fut comme tarie à sa source. L'égoïsme, un égoïsme d'autant plus imperturbable qu'il s'ignorait lui-même, avait inspiré toutes les actions de sa vie. Assurément il avait souhaité le bien de l'État, et recherché avec avidité la puissance et la gloire pour son royaume; assurément il avait aimé la France; mais c'était surtout sa propre personnalité qu'il avait aimé en elle. Inquiet maintenant du sort réservé à sa postérité, ne sachant pas si l'enfant tout débile qu'il laissait après lui vivrait assez pour hériter de sa couronne, on eut dit que le vieux roi se sentait désintéressé de l'avenir. Son orgueil l'empêchait d'abandonner, lui vivant, la moindre parcelle de son pouvoir. Il voulut en retenir jusqu'au bout l'entier usage, et les hautaines allures, quoique déjà peut-être il en eût perdu le goût, et à coup sûr du moins, les glorieux instincts. Seul, parmi les ambitieux qui épiaient, afin d'en profiter, les signes croissants de son affaissement, le père Le Tellier eût l'art d'obtenir, en matières ecclésiastiques, un crédit que le fougueux jésuite employa surtout à tourmenter la conscience de son royal pénitent. Hors pour imposer de force aux récalcitrants la bulle Unigénitus qui lui fournit le prétexte d'une nouvelle et déplorable persécution, Louis XIV refusa obstinément de se laisser tirer de son insouciant repos, devenu pour lui, comme pour tous les vieillards, un besoin impérieux, une sorte de passion dernière, et de toutes la plus invincible. Arrivé au terme d'une carrière si longue et si remplie, lassé sans doute d'avoir goûté l'extrémité de toutes choses en ce monde, il ne parut plus avoir souci que d'en sortir en paix. On le vit mépriser les efforts de la cabale intéressée qui fatigua son lit de mort, de noires calomnies contre le duc d'Orléans. S'il accorda aux obsessions du duc du Maine et de Mme de Maintenon quelques dispositions testamentaires trop favorables aux princes légitimés, il affecta de laisser voir qu'il en connaissait mieux que personne toute la vanité et le néant. Prêt à quitter avec la vie cet empire absolu, toujours si fièrement exercé, il laissa deviner qu'il regrettait l'usage que parfois il en avait fait. Ses adieux à son arrière-petit-fils furent graves et touchants. « Ne m'imitez pas », lui dit-il, « dans le goût que j'ai eu pour les bâtiments, ni dans celui que j'ai eu pour la guerre; c'est la ruine des peuples. » Les dernières paroles qu'il adressa aux seigneurs de sa cour, tenus pendant tout son règne sous une si dure sujétion, furent amicales, gracieuses et presque attendries. « Je suis sûr », dit-il en prenant congé d'eux, « que vous ferez tous votre devoir, et j'espère que vous vous souviendrez quelquefois de moi. » Un de ses serviteurs pleurait dans un coin de la chambre où son maître luttait péniblement contre les douleurs d'une longue agonie. « Eh quoi ! » murmura le Roi, « croyez-vous donc que j'étais immortel ? »

Louis XIV mourut le 31 août 1715, à dix heures du soir, ayant soixante-dix-sept ans accomplis ; il en avait régné soixante-douze

CHAPITRE XXXVIII

État de l'opinion en France au moment de la mort de Louis XIV. — Situation et caractère du régent. L'abbé Dubois. — Politique extérieure suivie pendant la régence. — Elle repose sur l'alliance anglaise. — Difficultés avec l'Espagne. — Rapports du régent avec la cour de Nancy. — Il fait espérer au duc de Lorraine une principauté considérable en Italie en échange de la Lorraine. — Raccommodé avec Philippe V, le duc d'Orléans déjoue les espérances de son beau-frère. Léopold se rejette dans les bras de l'Autriche. — Facilités qu'il y rencontre. — L'empereur Charles VI bien disposé pour la maison de Lorraine. — Il pense à marier sa fille aînée, Marie-Thérèse, avec le prince Clément, héritier du Duc.— Mort du prince Clément. — On lui substitue son frère cadet. — Le prince François part pour Prague. — Cordiale réception de l'Empereur. — Position du jeune prince à la cour de Vienne. — Léopold n'avoue pas ses projets pour son fils à la cour de France. — Mort de Dubois et du régent. — Ministère de M. le Duc. — Son incapacité. — Sa jalousie contre la maison d'Orléans. — Mme de Prie toute puissante. — L'évêque de Fréjus. — Jeunesse et caractère de Louis XV. — Sa pernicieuse éducation. — Il tombe malade. — Le duc de Bourbon songe à le marier. — Liste des princesses étrangères entre lesquelles M. le Duc est appelé à choisir. — Il refuse l'une des filles de Léopold pour le roi. — Mlle de Vermandois, sœur de M. le Duc, est au moment d'être faite reine de France. — Mme de Prie rompt ce mariage. — Comment son choix tombe sur Marie Leczinska — Détails sur Stanislas, roi de Pologne, et sur sa fille. — Mme de Prie est envoyée à Strasbourg. — Mariage du Roi.

Le règne que nous venons de voir finir marque, dans l'histoire de notre pays, une ère vraiment exceptionnelle. A l'avénement de Louis XIV, la suprématie royale, qu'avec ses façons populaires et sous une forme toute moderne, l'habile chef de la maison de Bourbon, Henri IV, avait déjà presque définitivement fondée, que deux ministres éminents, Richelieu et Mazarin, avaient, après lui, si solidement affermie et si démesurément accrue, s'était, par une heureuse rencontre, personnifiée au moment de son plus complet développement, dans un prince jeune, actif, résolu et capable par lui-même de très-grandes choses. Ainsi exercé pendant tant d'années, sinon avec un succès toujours égal, du moins avec une persistance de volonté infatigable, et demeuré jusqu'au bout non-seulement incontesté, mais affranchi de tout contrôle, si peu sérieux qu'il fût, et de toute contradiction, même apparente, le pouvoir absolu était profondément entré dans les mœurs de la nation. Cependant Louis XIV avait survécu à tous les hommes distingués, qui s'étaient, sous sa direction, mêlés des affaires publiques. Parmi la génération nouvelle, nul n'avait gardé souvenir d'un mode de gouvernement autre que celui qui, à travers quelques secousses passagères, et en dépit des rudes échecs des derniers temps, avait fondé jusque dans les degrés inférieurs de l'administration une hiérarchie si puissante et maintenu, au sein des classes diverses de la société, une si parfaite subordination. La secrète opposition qu'avaient soulevée, pendant son règne, certains actes de la politique du maître, s'était presque toujours montrée assez vague et peu réfléchie. L'idée n'était pas venue à la plupart des mécontents, dont le nombre s'était, à la longue, graduellement accru, d'attribuer les maux dont ils avaient sourdement gémi, aux vices propres à la monarchie pure. Plutôt que de s'en prendre au système lui-même, ils avaient préféré en imputer la principale responsabilité au souverain que la mort venait d'enlever. Avec sa légèreté ordinaire, la multitude, qui de Paris à Saint-Denis poursuivit de ses grossières insultes la dépouille du défunt roi, ne parut pas douter un instant que tout ne fut désormais pour le mieux, du moment où la direction des affaires allait échoir à d'autres mains. L'opinion publique n'attendait rien de plus. Elle ne demandait au nouveau gouvernement que de vouloir bien afficher, en matières d'État, quelques maximes nouvelles, et contente de lui laisser le complet exercice de l'autorité absolue, elle souhaitait uniquement qu'il voulût bien en faire un plus débonnaire usage, et introduire dans le mécanisme de l'administration quelques réformes insignifiantes.

Philippe Ier, duc d'Orléans, saisit parfaitement cette disposition des esprits, et se hâta de lui donner la satisfaction qu'elle réclamait. Il lui suffit de quelques gracieuses paroles confusément adressées au parlement sur son droit de remontrances, pour obtenir de ce grand corps qu'il cassât le testament du monarque sous lequel il avait si longtemps tremblé. Quelques faveurs lucratives adroitement distribuées, et la création d'un certain nombre de conseils, où les principaux du royaume étaient appelés à remplir des fonctions à peu près illusoires, servirent à gagner une noblesse toujours plus avide de pompeuses distinctions qu'habile à se ménager une sérieuse influence. Ni le parlement, ni la noblesse, ni le gros de la nation ne prirent d'ailleurs au sérieux les éphémères innovations apportées, par caprice, à l'ancien état des choses. Le testament de Louis XIV une fois cassé, le duc du Maine et son parti définitivement mis hors de cause, tout reprit, comme par le passé, son train accoutumé. Les grands seigneurs furent les premiers à déserter les conseils. Les deux plus considérables d'entre eux, le duc de Saint-Simon, cet incommode donneur d'avis souvent consulté, mais plus souvent encore éconduit, et le duc de Noailles, ce courtisan délié si prompt à devenir, selon les temps, ou dévot sans religion, ou libertin sans passion, n'avaient pas mieux réussi, l'un que l'autre, à s'attirer soit les bonnes grâces du régent, soit la faveur du public. Tardivement délivrés de la règle sévère qui avait si cruellement pesé sur leur vie publique et privée, la plupart des gentilshommes avaient en effet perdu non pas seulement la tradition, mais l'aptitude et le goût même des affaires. Ils n'avaient même gardé de l'ancienne pétulance de leur race que la haine de tout frein, la soif impatiente des titres et des honneurs de cour, et une ardeur immodérée pour le plaisir. A vrai dire, le corps de la noblesse n'avait, au commencement de la régence, ni la volonté ni la puissance de revendiquer sa part dans l'exercice de l'autorité souveraine. Il en était de même du corps des magistrats. C'est à peine si le parlement de Paris songeait alors à faire un utile et efficace usage de ce droit de remontrance qu'il avait été si fier de reconquérir. Lorsque plus tard il voulut y recourir pour entraver les folies du système de Law, l'indifférence qui accueillit ses démarches fit assez voir à quel point son prestige était tombé. Ainsi, l'énorme puissance dont le fardeau avait naguères presque lassé l'énergie du grand roi, était, en peu de temps, concentrée de nouveau tout entière dans les mains capricieuses de l'insouciant duc d'Orléans. Elle n'y demeurera pas toutefois longtemps. Ce n'était d'ailleurs ni la bonté naturelle, ni les honnêtes intentions, ni l'esprit, ni les lumières qui manquaient au régent, c'était la force de l'application et la puissance de la volonté. Ces qualités, qui lui faisaient si complétement défaut, il les avait juste à point rencontrées, fortifiées d'une insatiable ambition, chez un obscur abbé jadis chargé, avec un titre subalterne, de concourir à sa première éducation et qui n'avait pas craint d'acheter alors, par de lâches complaisances et les plus vils services, l'amitié de son élève. Ennuyé du détail de l'administration, par paresse et par habitude, le duc d'Orléans laissa peu à peu à son ancien familier le soin de tenir journellement au courant le travail des divers départements ministériels. Laborieux, plein de ressources et de ruses, ne reculant devant l'emploi d'aucun moyen et devenu chaque jour plus indispensable à son maître, l'abbé Dubois eut bientôt mis la main dans toutes les principales affaires du

royaume. La bassesse de sa naissance, l'abjection
de son caractère et de ses mœurs, le servaient près
du chef nouveau de l'État. Chose plus singulière!
elles ne lui nuisaient ni aux yeux des courtisans
encore trop habitués à révérer la puissance pour oser
en mépriser ouvertement le représentant quel qu'il
fût, ni parmi les ecclésiastiques français, la plupart
occupés à se faire maintenant pardonner leur intolérance passée, ni même à Rome, moins choquée du
scandale d'une telle fortune que charmée de voir le
gouvernement d'un grand pays comme la France
remis de nouveau entre les mains d'un prêtre. Choyé
par les plus grands seigneurs de la cour, sacré en
grande pompe par les plus éminents prélats, parmi
lesquels on s'afflige de compter le pieux Massillon,
nommé par le Saint-Siége à l'archevêché de Cambrai,
choisi à l'unanimité pour présider l'assemblée générale du clergé français, puis enfin créé premier ministre et cardinal, l'abbé Dubois était devenu, en peu
d'années, dans l'Église, le successeur de Fénelon, et
dans l'État, le continuateur officiel de Richelieu et de
Mazarin.

Il ne nous appartient pas de raconter quels furent,
au dedans du royaume, les résultats de la politique
adoptée pendant la régence du duc d'Orléans. Cette
étude n'entre pas dans notre sujet. Il nous suffira, en
caractérisant d'une façon générale la direction nouvelle donnée alors aux affaires du dehors, d'indiquer

un peu plus particulièrement ce que furent, à cette époque, les relations du gouvernement français avec la petite cour de Nancy.

Entre les événements extérieurs qui se passèrent pendant la jeunesse de Louis XV, et ceux qui marquèrent la minorité de Louis XIV, il ne faut chercher aucune ressemblance ; et les temps diffèrent autant que les personnages. Mère de deux jeunes princes également forts et bien portants, désintéressée pour elle-même de toute ambitieuse préoccupation de l'avenir, assistée des précieux conseils d'un ministre au génie souple et puissant, la reine Anne d'Autriche s'était de préférence appliquée, dans ses négociations avec l'étranger, à préparer, par une politique essentiellement nationale, la grandeur du règne futur. Telles n'étaient pas tout à fait la situation et les dispositions du régent. L'enfant dont la tutelle venait de lui être confiée était débile et maladif ; on était généralement convaincu à la cour, qu'il n'atteindrait pas sa majorité. S'il succombait, c'était au duc d'Orléans d'en hériter. A coup sûr, les noirs desseins que la cabale du duc du Maine lui avait perfidement imputés, et que le gouverneur du petit roi, le maréchal de Villeroi, se complaisait sottement à lui prêter encore, n'inspiraient que de l'horreur au régent. Mais si un événement aussi funeste devait arriver, le duc d'Orléans entendait bien faire valoir ses droits à la couronne, et prévoyant les

DE LA LORRAINE A LA FRANCE.

obstacles qu'il rencontrerait sur son chemin, il était d'avance attentif à se procurer les moyens d'en triompher.

En cas de mort du roi, le rival du duc d'Orléans n'était autre que le petit-fils de Louis XIV, Philippe d'Anjou, devenu le souverain actuel de l'Espagne. Inconstant, vaporeux et puéril, jeté, depuis qu'il avait épousé en seconde noces l'ambitieuse princesse de Parme, dans toutes sortes d'intrigues folles, subitement dégoûté des Espagnols, et repris à l'égard de son cousin de ses anciens accès de jalousie, Philippe V avait poussé l'extravagance jusqu'à vouloir revendiquer pour lui-même le titre et les fonctions de régent. Son ambassadeur à Paris, Cellamare, s'était par son ordre appliqué à réveiller contre le chef de la branche d'Orléans la constante rivalité de la maison de Condé, représentée en ce moment par un jeune prince de vingt ans, beaucoup plus connu par sa véhémence que par sa sagesse. La duchesse du Maine, le comte de Toulouse, et quelques seigneurs de leur entourage étaient assez étourdiment entrés dans ce bizarre dessein, que l'événement venait de déjouer si misérablement. Même après l'échec infligé à ses premières tentatives, la faction espagnole se tenait prête à appuyer chaudement, le lendemain de la mort du roi, les droits prétendus de Philippe V. Ce fut pour prévenir ces menaçantes éventualités, qu'effrayé de son isolement le duc d'Orléans songea surtout à se ménager l'appui du cabinet de Saint-James.

Le traité d'Utrecht avait rétabli une paix passagère, mais nullement un durable accord entre la France et l'Angleterre. Les torys n'étaient pas, en effet, restés longtemps en possession du pouvoir. Rejetés dans l'opposition au moment de la mort de la reine Anne, ils n'avaient pas cessé depuis lors d'être en butte aux attaques des whigs; et ceux-ci, remis par Georges Ier à la tête des affaires, n'avaient rien eu de plus pressé que d'accuser hautement leurs anciens adversaires d'avoir usé de trop de modération envers le roi de France, cet ennemi invétéré de la foi protestante et de la nation britannique. Pendant les derniers temps du règne de Louis XIV, les deux gouvernements, sans en venir à une rupture ouverte, n'avaient plus échangé entre eux que d'assez aigres récriminations. Tandis que Louis XIV s'indignait de l'arrogante hauteur étalée à sa cour par l'ambassadeur anglais, lord Stairs, les ministres de Georges Ier, ne se faisaient point faute de reprocher incessamment au gouvernement français les encouragements qu'il prodiguait secrètement aux Jacobites, et ces plaintes n'étaient pas sans fondement. Astreint par les clauses expresses du traité d'Utrecht à ne plus donner asile au prétendant, Louis XIV s'était activement employé à le faire recevoir dans les États du duc de Lorraine. Le chevalier de Saint-Georges avait trouvé à Bar, et plus tard à Commercy, une généreuse hospitalité. Par sympathie pour son malheur, autant que par déférence pour le roi de France, Léopold avait traité le fils de Jacques II moins en prince fugitif qu'en souverain couronné. Il lui avait même avancé des sommes considérables, secondant ainsi avec beaucoup de mystère, mais avec une très-réelle sympathie, les projets que formait le prétendant pour faire valoir, à l'aide du cabinet français, les droits qu'il tenait de ses ancêtres. Au milieu de l'été de 1715, c'est-à-dire peu de temps avant la fin du règne de Louis XIV, les préparatifs d'une descente prochaine en Angleterre, exaltaient à la fois l'ardeur belliqueuse d'un certain nombre de chefs écossais, réunis en Lorraine auprès du jeune prince anglais, et remuaient les fanatiques passions de la coterie dévote qui entourait à Saint-Germain la reine Marie. Le monarque français, tout languissant à Versailles et déjà couché sur son lit de mort, avait été l'âme secrète de ce vaste complot. Il avait espéré en tirer l'éclatante vengeance de ses derniers revers. Sa fin, arrivée trop tôt pour le succès final de l'entreprise, n'avait pu en arrêter le cours. Au signal parti du fond des montagnes de l'Écosse, le prétendant, un instant indécis, s'était brusquement décidé à partir, pendant que la nouvelle régence s'installait à Paris. Il avait traversé cette capitale pour se rendre à l'appel de sa patrie, apportant à ses partisans insurgés l'appui d'un courage assez problématique et d'une incapacité malheureusement trop évidente.

Cependant le duc d'Orléans ne se décida pas sans quelque perplexité à faire son choix entre les deux partis. Il parut même au début favoriser, tout au moins de ses vœux, la cause des Stuarts, soit qu'avec la plupart des princes du continent il ne put se défendre de quelque partialité pour la dynastie dépossédée, soit plutôt que, d'accord avec les politiques de son époque, il mit alors en doute la solidité de l'établissement de la branche hanovrienne sur le trône de l'Angleterre; mais la rébellion ayant définitivement échoué en Écosse, le régent mit de côté ses scrupules. Non-seulement il refusa au chevalier de Saint-Georges, revenu en toute hâte de sa malencontreuse expédition, la facilité de résider en France, mais il déconseilla au duc de Lorraine de le recevoir de nouveau dans ses États. Peu de temps après, au printemps de 1716, tandis que le catholique héritier de Jacques II, trompé dans la confiance que lui avait inspirée l'efficacité des prières de l'Église romaine, trouvait dans la petite ville papale d'Avignon un modeste refuge, conforme à sa fortune comme à ses goûts, et qu'il eût peut-être alors vainement demandé à de plus grands potentats, le duc d'Orléans liait définitivement sa cause à celle du souverain de la constitutionnelle Angleterre.

Le traité de la Triple-Alliance, signé à La Haye entre la France, l'Angleterre et les Provinces-Unies le 4 janvier 1717, fut l'œuvre personnelle et directe de Dubois : la nouvelle en surprit le public. Ce coup de parti si favorable au régent, en même temps qu'il révélait les talents peu soupçonnés de l'abbé pour les grandes négociations, lui servit à prendre sur l'esprit de son maître une influence désormais inébranlable. C'était une grande nouveauté, à cette époque, qu'une cordiale intelligence entre deux cours dont les hostilités avaient tant de fois, et si récemment encore, troublé toute l'Europe. La préoccupation de leurs intérêts dynastiques avait dans cette circonstance presque exclusivement déterminé Georges 1er et le duc d'Orléans. Tous deux avaient surtout songé à leur avantage personnel, lorsque d'un commun accord ils s'étaient entendus pour garantir solennellement l'ordre de succession aux couronnes de France et d'Angleterre, tel qu'il avait été réglé par le traité d'Utrecht. Malgré l'incontestable habileté déployée durant le cours de sa laborieuse négociation, peut-être l'abbé Dubois paya-t-il de concessions trop coûteuses la sécurité qu'il procurait à son maître? Peut-être aurait-il pu obtenir à moins de frais des conditions plus égales pour les deux pays? Toujours est-il qu'en reconstituant l'alliance de la France avec les puissances protestantes il renouait les fils de la politique traditionnelle dont la pratique avait jadis fait la grandeur de notre pays, et qui, dans l'épuisement où il était maintenant tombé à la suite de ses derniers revers, pouvait seule lui rendre encore un peu de prospérité et de force. L'entente avec l'Angleterre et la Hollande tenait forcément l'Autriche en bride. Quant à l'Espagne, passée sous le sceptre de la maison de Bourbon, elle avait cessé d'être ennemie, et ne pouvait devenir une dangereuse rivale. Les fantaisies passagères de Philippe V, si excitées qu'elles fussent par les passions extravagantes de la reine sa femme, et par la fougueuse ambition d'Albéroni, son ministre, ne pouvaient causer au nouveau gouvernement français de bien sérieuses inquiétudes. Le système d'alliance adopté par le duc d'Orléans, et qu'il pratiqua fidèlement jusqu'à sa mort, n'assura pas seulement la tranquillité de sa courte administration, il donna le repos à l'Europe entière. Mais parmi les princes étrangers qui, en se réjouissant de la paix, surent le plus de gré au régent d'inaugurer dans la conduite des affaires extérieures de la France une ère toute nouvelle de stricte équité et de sage modération, il faut citer au premier rang son beau-frère, le duc Léopold.

Les rapports entre les deux cours de Versailles et de Nancy furent fréquents et intimes pendant la durée de la régence. Les lettres de Mme la duchesse de Lorraine prouvent qu'elle aimait beaucoup son frère. Elle est toujours empressée à lui écrire, quoiqu'il ne lui réponde guères. Évidemment, elle partageait tous les préjugés et toutes les haines de Mme la duchesse d'Orléans, sa mère; car on la voit dans sa correspondance tantôt accuser ridiculement « la vieille Maintenon » de fomenter des troubles en province « avec les millions qu'elle a volés », dit-elle, « sous le règne du feu roi, » et tantôt dénoncer avec plus de raison les menées de la faction espagnole et celles de la duchesse du Maine. Elle insiste surtout auprès de son frère pour qu'on ôte au duc du Maine la surintendance de l'éducation de Louis XV. « Car je ne serai jamais tranquille », mande-t-elle à son frère, « tant que ce diable de boiteux sera auprès du petit roi[1]. »

Sans prendre trop au sérieux les craintes et les conseils de sa sœur, le régent lui sut gré de ces marques exagérées de sa tendresse. Il lui en donna la preuve, en consentant sur sa prière à s'occuper des questions de limites et d'échanges de territoires, dont pendant son règne Louis XIV n'avait jamais voulu entendre parler, et qui demeuraient encore indécises entre les deux pays. Elles furent enfin réglées, au commencement de 1718, par un

---

1. Lettre de madame la duchesse de Lorraine au duc d'Orléans, 8 juillet 1717. — Archives des affaires étrangères. Lettre de M. d'Audiffret, du 25 janvier 1718.

traité équitable qui mit fin à toutes les anciennes dissidences [1].

Entre Léopold et le régent, les relations étaient moins suivies, mais affectueuses cependant, et toutes pleines d'une confiance réciproque. Lorsque Léopold était venu à Paris (janvier 1718) rendre visite à son beau-frère, il en avait été reçu avec une grande cordialité. Le duc d'Orléans, après ses nombreux entretiens avec lui, avait plus d'une fois répété aux membres principaux du conseil de régence : « Que parmi les souverains de l'Europe il n'en connaissait pas qui fût supérieur au duc de Lorraine en expérience, en politique et en sagesse » [2]. Assuré de sa discrétion, il lui fit même confidence du projet de la quadruple alliance que Dubois était alors en train d'ébaucher à Londres, et qui, en réunissant dans un commun accord la France, l'Angleterre, les Provinces-Unies et l'Empire, devait avoir pour but de faire la loi à l'Espagne, et d'amener à son détriment une nouvelle distribution du territoire italien.

Ainsi que nous l'avons déjà indiqué, Léopold était alors préoccupé au plus haut point de sa situation, comme chef d'un petit État, si continuellement menacé. Persuadé que sa dynastie n'était pas destinée à régner longtemps encore en Lorraine, il cherchait avidement, depuis quelque temps, les moyens de se

---

1. *Ibidem.*
2. Henriquez, *Abrégé chronologique de l'histoire de Lorraine.*

procurer ailleurs un plus solide établissement. C'est ainsi que peu de jours après la signature du traité de Radstadt, il avait songé à se faire donner par l'Empereur la vice royauté des Pays-Bas autrichiens[1]. Plus tard, il avait ambitionné une position équivalente en Italie, mais la jalousie du ministère viennois avait toujours traversé ses desseins. Rien ne pouvait tant les favoriser que cet accord inattendu de la France et de l'Autriche contre l'Espagne. Le duc de Lorraine n'oublia rien pour en tirer parti. A peine de retour à Nancy, il écrivit lettres sur lettres au duc d'Orléans, pour demander à entrer dans la quadruple alliance ; lui rappelant la parole donnée pendant son séjour à Paris : « Que si le roi d'Espagne refusait pour les enfants de son second lit, l'investiture des États de

---

[1]. « Sire, on a appris avec consternation dans ce pays-ci la nouvelle qui s'est répandue, mais fort incertaine cependant, que monsieur le duc de Lorraine, allait être gouverneur général et perpétuel des Pays-Bas. » (Dépêche de M. d'Audiffret, 5 décembre 1715.) — Archives des affaires étrangères.

« L'ambition l'engage aussi (le duc de Lorraine) dans de grandes dépenses ; il n'est pas content de son état. C'est pour cela qu'il avait sollicité le gouvernement des Pays-Bas. On m'assure qu'il avait depuis formé un autre projet d'établissement en Italie, que l'Empereur avait approuvé, mais que la guerre contre les Turcs en avait suspendu les desseins. » (Dépêche de M. d'Audiffret, 11 février 1717.) — Archives des affaires étrangères.

« Je ne m'étais pas trompé. On m'a confié, sous la foi du serment le plus sacré, que l'Empereur lui a fait offrir (au duc de Lorraine) la qualité de Vicaire général de l'Empire en Italie, avec une autorité presque égale à la souveraineté ; que ce prince avait été flatté de cette offre, mais qu'il avait demandé l'investiture du Montferrat. » (Dépêche de M. d'Audiffret du 10 août 1717.) — Archives des affaires étrangères.

Parme et de Toscane, la France verrait avec plaisir la Toscane assurée au duc de Lorraine [1] ». Ces démarches de Léopold furent toutefois inutiles. Le duc d'Orléans irrité d'abord et poussé à bout par l'absurde conspiration de Cellamare, avait commencé par chasser violemment l'ambassadeur espagnol et braver ouvertement Philippe V, puis il s'était, avec sa facilité ordinaire, peu à peu radouci. De l'indifférence il avait passé vite à l'oubli, non-seulement de sa haine contre le roi d'Espagne, mais de ses propres engagements avec son beau-frère. Les temps n'étaient pas venus où l'échange de la Lorraine contre la Toscane devait enfin s'accomplir à la satisfaction de toutes les parties intéressées. Après avoir vainement insisté, le Duc eut bientôt lieu de s'apercevoir que, prompt à mettre en avant les plus ingénieuses combinaisons, mais de plus en plus livré aux plaisirs et incapable de toute suite et de tout effort, le régent n'avait pas l'énergie nécessaire pour forcer la main à ses adversaires, si faibles qu'il fussent, et hâter, même d'un jour, la marche naturelle des événements [2].

Trompé dans ses plus chères espérances, Léopold

---

[1]. Lettres du duc d'Orléans à M. le duc de Lorraine, 18 janvier et 28 février 1718. — Archives des affaires étrangères. Voir aux pièces justificatives.

[2]. Lettre du duc d'Orléans à M. le duc de Lorraine, 31 janvier 1719. Lettre de l'abbé Dubois à Mme la duchesse de Lorraine, même date. — Archives des affaires étrangères.

comptait au moins que cette même indolence du chef actuel de la France lui permettrait de mener à bien un autre projet dont la réussite lui tenait presque également à cœur. Nous voulons parler de l'érection d'un évêché en Lorraine. A peine Louis XIV était-il mort que Léopold s'était hâté de reprendre la poursuite de cette affaire près du Saint-Père. Elle avait d'abord, comme il est d'usage à Rome, traîné un peu en longueur; mais le Saint-Siége paraissait assez bien disposé; et déjà une congrégation consistoriale avait en partie admis les motifs de sa demande, lorsque le Duc eut tout à coup l'amertume d'apprendre que l'ambassadeur de France la combattait vivement. Ce n'était point le régent, qui lui avait suscité cette opposition; c'était l'abbé Dubois. Candidat au siége archiépiscopal de Cambrai, et appliqué en ce moment à se ménager la faveur du haut clergé français, l'abbé Dubois avait épousé avec passion les intérêts de l'évêque de Toul. Le libellé d'un certain décret papal qui paraissait favoriser en partie les prétentions du duc de Lorraine, avait eu surtout le don d'exciter sa colère. « Il est ambigu comme les oracles », mandait-il assez irrévérencieusement à M. d'Audiffret, « et aura plus tard tel sens qu'on voudra[1]..... Le Duc se flatterait vainement, » faisait-il écrire plus tard à Nancy, au nom du jeune roi,

---

1. Lettre de l'abbé Dubois à M. d'Audiffret, 17 avril 1719. — Archives des affaires étrangères.

« que Sa Majesté pût souffrir une entreprise qui attaquerait les droits de sa couronne et la protection qu'elle doit aux églises de son royaume [1]..... Les exemples de ce qui s'était passé, lorsque les prédécesseurs du Duc avaient fait de pareilles tentatives, devaient assez le préparer aux obstacles qu'il rencontrerait dans la présente circonstance [2] ». Aucun genre d'opposition ne fut en effet épargné à Léopold. Fatigué des menaces à peine déguisées que l'irascible Dubois lançait à la fois de Rome et de Paris, et cédant par complaisance aux représentations plus amicales de son beau-frère, le Duc renonça, avec assez de bonne grâce apparente, mais en réalité avec beaucoup de tristesse et d'humeur, à continuer ses instances près du Saint-Siége.

Un sacrifice si pénible en lui-même coûtait d'autant plus au Duc qu'il lui était arraché par la France justement à l'époque où il lui fallait définitivement renoncer à l'espoir d'échanger son duché héréditaire contre une principauté plus considérable en Italie [3]. Le régent si vif d'abord contre l'Espagne, si pressé d'admettre la Lorraine dans le traité de quadruple

---

1. Dépêche de M. d'Audiffret, du 28 avril 1719. — Archives des affaires étrangères.

2. Lettre de l'archevêque de Cambrai à M. d'Audiffret, 27 juillet 1720. — Archives des affaires étrangères.

3. « Son Altesse royale est informée des insinuations que vous avez faites à une personne qui a la confiance de M. le duc de Lorraine, afin de porter ce prince à abandonner sa prétention de faire ériger un évêché à Saint-Diez. Je ne doute pas que M. le duc de Lorraine, après

DE LA LORRAINE A LA FRANCE. 269

alliance et qui avait jeté comme un appât à son beau-
frère l'offre du duché de Toscane, était maintenant
définitivement réconcilié avec la cour de Madrid. Il
était même sorti pour aider ses desseins de sa nonchalance habituelle, et non content de défendre plus
que personne les intérêts de Philippe V, il en était
venu à contrecarrer sous mains, en Italie, les arrangements qui pouvaient seuls donner à Léopold la
satisfaction qu'il avait tant ambitionnée. C'était l'influence de la duchesse de Lorraine et ses instantes
prières qui avaient décidé Léopold à rechercher momentanément l'appui du Cabinet français. Il avait
été d'abord charmé de la facilité du régent, et pendant quelque temps il en avait tout espéré. Mais lorsqu'il s'aperçut qu'indolent à la fois et mobile, son
beau-frère était, dans les transactions diplomatiques, un protecteur si peu efficace et si peu sûr,
et qu'après avoir ostensiblement répudié la politique extérieure de Louis XIV, il n'en avait pas
moins conservé vis-à-vis de la Lorraine, toutes
les jalouses traditions, dégoûté, par tant de déboires, d'une alliance qui ne lui rapportait rien,

avoir bien pesé les conséquences d'une pareille entreprise, n'y renonce
absolument. Il est bon aussi qu'il n'ignore pas qu'il se flatterait vainement de faire entrer dans les conférences du congrès de Cambrai,
et encore moins dans les traités qui en seront la suite, des motions
étrangères aux affaires générales qui donnent lieu à cette assemblée. »
(Dépêche adressée à M. d'Audiffret, le 12 août 1720.) — Archives des
affaires étrangères.

et qui au sein même de ses États, lui laissait si peu d'indépendance, Léopold retourna à ses inclinations naturelles et se rejeta plus que jamais dans les bras de l'Autriche.

A Vienne, les avances de Léopold furent accueillies avec plus de faveur qu'elles n'en avaient jusqu'alors rencontrées. Le successeur de Joseph Ier, l'empereur Charles VI, n'avait pas les vices grossiers de son frère. S'il n'était pas doué des grâces faciles et des brillants dehors qui faisaient du duc d'Orléans l'un des hommes les plus aimables de son temps, il possédait cette opiniâtreté de résolution, et cette suite dans les desseins qui manquaient si complétement au régent, et qui furent toujours l'utile apanage des princes de la maison de Hapsbourg. Charles VI était en outre animé au plus haut degré de l'esprit de famille. Il se rappelait avec plaisir ses années de jeunesse passées à Inspruck dans l'intimité des enfants de son oncle Charles V. Le mariage qu'il avait contracté avec Elisabeth-Christine de Brunswick ne lui avait donné que des filles. Inquiet de l'avenir de sa race, redoutant pour elle le sort de la branche établie sur le trône d'Espagne, l'idée que ses États héréditaires pourraient être, après sa mort, partagés comme ceux de Charles II, jetait son âme dans une profonde angoisse. Toute son application était tendue à trouver pour sa fille aînée un époux et pour l'Empire un héritier capable d'occuper dignement une si grande situation. Par politique, par tradition et par goût, il songeait, sans avouer encore ses préférences, au fils du duc de Lorraine, qui, à défaut des Archiduchesses, aurait pu prétendre lui-même à la couronne d'Autriche.

Plus d'une circonstance signalée par les diplomates servit, dès cette époque, à révéler aux Cabinets de l'Europe, et en particulier à celui de Versailles, l'inclination encore un peu indécise, mais déjà assez apparente de l'Empereur pour la maison de Lorraine. Le premier symptôme de l'entente entre les deux cours de Vienne et de Nancy qui frappa l'attention de M. d'Audiffret, fut la solennité avec laquelle Léopold fit célébrer la déclaration de la majorité de son fils aîné, le prince Clément [1]. Le ministre de France, en Lorraine, aussi bien que l'archevêque de Cambrai et le duc d'Orléans, ne doutèrent pas un instant que l'objet principal de cette démonstration inusitée ne fût de satisfaire la délicatesse de la maison d'Autriche, qui, depuis longtemps, affectait de n'admettre que des souverains pour prétendants à la main des archiduchesses [2]. Peu de temps après cette cérémonie, le

1. « Le mariage du prince de Lorraine avec une Archiduchesse n'a pas été le seul objet qu'ait eu avec M. le duc de Lorraine dans la déclaration si éclatante de la majorité. D'autres motifs y ont concouru. J'en sais à présent toute l'histoire; mais comme elle est un peu longue, j'aurai l'honneur de vous en entretenir à Paris. » (Dépêche de Monsieur d'Audiffret, 30 mai 1721.) — Archives des affaires étrangères à Paris.
2. « Il n'est pas vraisemblable que M. le duc de Lorraine n'ait en

jeune prince lorrain recevait en effet de son oncle l'empereur d'Autriche, l'ordre de la Toison-d'or, « faveur d'autant plus précieuse », écrivait Léopold au duc d'Orléans, « qu'elle n'avait pas été demandée ». Enfin, tandis que prenant en considération le tort fait à ses intérêts par la prise de possession du Montferrat, il cédait ad interim, à titre d'indemnité, au duc de Lorraine, le duché de Teschen, en Silésie[1], le Cabinet autrichien, comme si rien ne lui coûtait pour supplanter l'influence française, accordait en même temps, à ce prince, la plus sensible des grâces en facilitant au mari de Mme de Craon l'achat d'une grande terre en Allemagne, et en lui accordant, et aux aînés de ses descendants, sous le nom de prince de Beauvau, la dignité de prince du Saint-Empire.

vue que d'assurer le gouvernement au prince son fils, dans les cérémonies extraordinaires qu'il a pratiquées lors de la déclaration de sa majorité. Il est lui-même si peu avancé en âge, et il jouit d'une si bonne santé, que ce serait une précaution prématurée. Aussi je me confirme avec vous dans la pensée que cette démonstration a pour but de satisfaire la délicatesse de la cour de Vienne dans la vue d'un mariage ; la maison d'Autriche ayant depuis longtemps affecté de ne donner de princesses qu'aux souverains. C'est ce que le temps nous fera connaître. » (Lettre de l'archevêque de Cambrai à M. d'Audiffret, 23 mai 1721.) — Archives des affaires étrangères.

1. « L'amitié et les bontés que M. le duc d'Orléans m'a témoignées en toutes circonstances, m'engagent à lui donner part comme l'Empereur vient de terminer mon indemnité pour le duché de Montferrat, ad interim, en me donnant le duché de Teschen en Silésie, et en même temps a eu la bonté d'accorder l'ordre de la Toison-d'Or à mon fils aîné, grâce d'autant plus grande, que je ne l'avais pas demandée. » (Lettre du duc de Lorraine au duc d'Orléans, 7 décembre 1721.) Archives des affaires étrangères.

2. « M. le marquis de Craon reçut avant-hier, par un courrier dé-

DE LA LORRAINE A LA FRANCE. 273

Tant de complaisante facilité, et tant d'aimables recherches de la part d'une cour qui, d'ordinaire, ne les prodiguait pas, justifiaient pleinement les prévisions de l'agent français à Nancy ; et déjà, il s'attendait à annoncer au régent la conclusion de l'alliance projetée entre les maisons d'Autriche et de Lorraine, lorsque le prince Léopold Clément fut presque subitement enlevé à Nancy par la petite vérole (4 juin 1723). Certainement les qualités personnelles du fils aîné du Duc avaient servi à fixer sur lui l'attention de la cour de Vienne. Sa mort portait une rude atteinte au projet d'alliance qui occupait la pensée de l'Empereur. Elle les ajourna toutefois sans les rompre. Tel était le désir de Charles VI de marier sa fille en Lorraine, et son intention bien arrêtée de préparer, par cette union, l'avénement d'un prince de cette famille à l'Empire, qu'à défaut de l'aîné, il songea aussitôt au second fils du Duc, le jeune prince François. Cette dernière négociation fut, il est vrai, conduite avec un redoublement de mystère et soigneusement dérobée à la connaissance tant des seigneurs lorrains que des ministres étrangers. Lors-

pêché de Vienne, une lettre du comte de Schönborn, vice-chancelier de l'Empire, par lequel il lui fait savoir que l'Empereur, à la considération de M. le duc de Lorraine, et pour son mérite personnel, lui a accordé et aux aînés de ses descendants, la dignité, droits et prééminence de prince de l'Empire, sous le nom de prince de Beauvau, et non sous celui de la terre de Milhausen, qu'il a acheté dans le pays de Wurtemberg. » (Dépêche de M. d'Audiffret, 30 décembre 1722.) — Archives des affaires étrangères.

qu'après la mort de l'héritier présomptif de la couronne de Lorraine, M. d'Audiffret alla pour la première fois (17 juin 1723) porter ses compliments de condoléance à Léopold, il trouva ce prince retiré pour quelques jours dans la maison de M. de Craon. Non content de lui cacher ses nouvelles espérances, le Duc répéta plusieurs fois à l'envoyé français que les bruits répandus d'un grand établissement pour le fils qu'il venait de perdre avaient toujours été sans aucune espèce de fondement [1]. Ces assurances ne pouvaient tromper M. d'Audiffret, qui, informé par une voie sûre, savait parfaitement à quoi s'en tenir sur le véritable état des choses.

Ce fut donc sans beaucoup de surprise, qu'environ six semaines après cette entrevue, l'envoyé de France manda à sa cour que le prince François récemment autorisé, par un décret de son père (17 juillet), à

1. « J'ai eu l'honneur de saluer hier M. le duc et Mme la duchesse de Lorraine, dans la maison du marquis de Craon, où ils se sont retirés depuis la mort de leur fils aîné..... M. le duc de Lorraine m'assura que ces grands établissements qu'on disait lui être destinés, étaient des bruits ; qu'il pouvait m'assurer n'avoir jamais fait une démarche qui aurait beaucoup déplu à l'Empereur, et qui aurait beaucoup plus nui à son fils qu'elle ne lui aurait servi..... J'aurais été persuadé de ce qu'il venait de me dire, si je n'avais été informé que le comte de Ligneville, qui arriva de Vienne la semaine passée, lui a rapporté que l'Empereur était dans des dispositions très-favorables pour le prince son fils, qu'il avait témoigné désirer fort de le voir, et qu'il lui offrirait une maison telle qu'il la voudrait, sans s'embarrasser de mener des équipages, parce qu'il y trouverait tout ce qui serait nécessaire. » (Dépêche de M. d'Audiffret, 17 juin 1723.) — Archives des affaires étrangères.

présider en son absence tous les conseils de l'État, allait partir pour Prague. La solennité du départ et les circonstances mêmes du voyage témoignaient assez de son importance politique. Le Duc et la Duchesse accompagnèrent leur fils jusqu'à Blamont. A peine eut-il mis les pieds en Allemagne, que le jeune prince y fut reçu par un chambellan de l'Empereur envoyé à sa rencontre. François de Lorraine emportait avec lui, disent les dépêches de M. d'Audiffret, des présents magnifiques qu'il devait distribuer à la cour de Vienne. Son train de maison était splendide, et les mesures prises pour qu'il pût tenir partout table ouverte. Il était d'ailleurs placé sous la direction absolue de M. de Craon [1]. Il était en outre très-expressément recommandé aux gentilshommes de la suite de n'entrer en commerce avec qui que ce soit, sinon avec la permission du gouverneur du prince. Enfin, raconte toujours M. d'Audiffret, il y avait (sans doute afin que personne ne s'y méprît) menace « d'exil perpétuel pour celui qui oserait dire un mot du mariage du prince avec l'Archiduchesse aînée, ou faire allusion à ses espérances d'être un jour élu roi des Romains [2].

La recommandation était inutile, et le silence

---

1. « M. de Craon est chargé d'une instruction écrite tout entière de la main de M. le duc de Lorraine sur la conduite qu'il doit tenir, et sur ce qu'il doit négocier avec les ministres de l'Empereur. » (Dépêche de M. d'Audiffret, du 4 août 1723.) — Archives des affaires étrangères.
2. *Ibidem*.

facile à garder, car les faits parlaient assez d'eux-mêmes. A peine le fils de Léopold fut-il arrivé (10 août) près de la petite ville de Brandeiss, aux environs de Prague, qu'à l'annonce de son approche, Charles VI, quittant la chasse, son divertissement favori, courut au-devant de lui. L'entrevue fut des plus cordiales ; et plus d'une fois l'Empereur pressa tendrement le prince François sur son cœur, en l'appelant tout haut son cher fils [1]. La première émotion passée, tous deux montèrent dans le même carrosse ; et à peine arrivé à Brandeiss, l'Empereur voulut que toute la cour vînt aussitôt rendre ses devoirs à son jeune parent. Les seigneurs autrichiens se hâtèrent de répondre à cet appel ; et parmi les plus empressés, on remarqua le vieux prince de Lichtenstein, qui, en habile courtisan, voulut, malgré son âge et ses infirmités, être le premier à saluer le nouvel hôte de son maître. Tout entier à sa joie, l'Empereur dépêcha courrier sur courrier à l'Impératrice, pour lui annoncer l'heureuse arrivée de leur neveu, et surtout pour lui dire à quel point elle serait charmée de son esprit et de ses manières [2]. Pendant son séjour à Brandeiss, le prince François dîna toujours seul avec l'Empereur. Lorsqu'il montait à cheval, le prince Schwarzenberg, grand écuyer, lui tenait l'étrier, honneur,

---

[1]. Dépêche de M. d'Audiffret (du 20 août 1723). — Archives des affaires étrangères.
[2]. *Ibidem*.

dit M. d'Audiffret, qui n'avait encore été accordé à aucun autre prince [1]. Mais ce fut à Prague surtout que la réception fut brillante, car la ville était pleine d'Allemands attirés par les fêtes prochaines du couronnement impérial. Aux honneurs rendus par les autorités municipales se joignit l'accueil enthousiaste de la foule qui, pressée partout sur son passage, ne se lassa pas de saluer de ses plus vives acclamations le petit-fils de Charles V. Quand les cérémonies du couronnement furent terminées (5 septembre 1723), Charles VI emmena avec lui, à Vienne, le prince François, et le logea dans les appartements de la feue Impératrice douairière, qui étaient tout près des siens. Cependant les serviteurs qui depuis son départ de Nancy avaient suivi le fils de Léopold, n'étaient pas tous Allemands; la cour de Vienne eut hâte de les renvoyer et de ne placer auprès du jeune prince que des gens à sa discrétion. M. de Craon lui-même ne fut pas conservé. Remplacé dans ses fonctions de gouverneur par M. le comte de Cobentzel, reçu définitivement Prince du Saint Empire, et déjà assuré d'être bientôt décoré de la Toison d'or, le favori du duc de Lorraine retourna rendre compte à Nancy de la délicate mission qu'il avait si heureusement remplie, et dont le

---

1. Dépêche de M. d'Audiffret (du 20 août 1723). — Archives des affaires étrangères.

succès avait dépassé les espérances de son maître et les siennes.

Ce n'est pas que M. de Craon fût dès lors en état d'apporter à Léopold aucun engagement positif, soit pour le mariage du jeune prince avec l'aînée des Archiduchesses, soit pour sa présentation comme roi des Romains. Marie-Thérèse n'avait que six ans. Son père ne voulait pas la marier avant qu'elle ne fût nubile. D'ailleurs il ne désespérait pas tout à fait d'avoir encore un héritier mâle, et l'intérêt de la monarchie autrichienne l'empêchait d'entamer prématurément, en faveur d'un autre candidat, des démarches qui auraient pu avoir pour effet de porter la couronne impériale dans une autre maison. Le Duc avait expressément recommandé à son ambassadeur à Vienne de ne jamais laisser percer d'aussi indiscrètes prétentions, et M. de Craon connaissait trop bien le caractère de Charles VI et les prudentes habitudes de la cour de Vienne pour tomber dans une pareille faute. Mais il put en toute conscience assurer Léopold, qu'en Allemagne, son fils était déjà considéré comme l'époux destiné à Marie-Thérèse, et que les courtisans de Vienne saluaient d'avance en lui l'héritier de l'Empire. Il était même en état d'ajouter que, si parmi les princes les plus considérables du Corps germanique quelques-uns, comme le roi Auguste de Pologne et l'Électeur de Bavière, voyaient ses prétentions avec ombrage, d'autres non moins puissants et plus nombreux étaient, au contraire, fort disposés à les seconder[1]. Il put aussi représenter à son maître les ministres de l'Empereur comme divisés sur ce sujet, et obéissant encore à des influences contraires. Mais tandis que le plus accrédité d'entre eux, le comte de Schönborn, était ouvertement gagné à la cause du prince lorrain ; les autres semblaient, pour se rendre à leur tour, attendre seulement que Son Altesse voulût bien employer à leur égard les mêmes moyens de persuasion dont, à Vienne, comme ailleurs, elle avait souvent fait déjà un si généreux et si efficace usage[2].

Rien ne pouvait être plus agréable au duc de Lorraine que de pareils détails racontés avec autant de précision que de clarté, de la bouche même de son fidèle et judicieux confident. Encouragé par le succès de l'ambassade de M. de Craon, Léopold tourna désormais toutes ses vues du côté de l'Allemagne, et, pour augmenter les chances de son

---

1. « Le voyage que le feu prince de Lorraine devait faire à Prague avait donné une extrême jalousie au roi de Pologne et à l'Électeur de Bavière. Sa mort les avait un peu calmés, ne croyant pas que M. le duc de Lorraine voulût exposer son second fils, dans une si grande jeunesse, sur un si grand théâtre que la cour impériale. La résolution qu'il prit de l'y envoyer, renouvela leur inquiétude, et grossit le soupçon d'un mariage projeté avec l'aînée des Archiduchesses. Ils réunirent leurs batteries, pour s'en mieux éclaircir, et tâcher d'y mettre obstacle. » (Dépêche de M. d'Audiffret, 22 octobre 1723.) — Archives des affaires étrangères.

2. Dépêche de M. d'Audiffret, du 30 décembre 1723. — Archives des affaires étrangères.

fils, redoubla partout de démarches, de soins et de prodigalités. Au temps de la Ligue, lorsqu'ils avaient tenté de se substituer aux Valois près de s'éteindre, et de supplanter les princes de Bourbon, les cadets de la maison de Lorraine avaient imaginé de faire imprimer avec beaucoup de bruit et d'appareil une généalogie qui les faisait descendre directement de Charlemagne. Désireux de faciliter au prince François l'accès à la couronne impériale, Léopold ne dédaigna pas de recourir au même expédient. Un traité historique commandé à un auteur lorrain apparut tout à coup pour rattacher fort à propos à une tige commune Gérard d'Alsace et Rodolphe de Hapsbourg. D'après ce travail, dont les exemplaires inondèrent aussitôt l'Allemagne entière, c'était la branche de Lorraine qui pouvait, à juste titre, revendiquer le droit d'aînesse; mais on ne s'en tint pas là. « A l'imprimé, » dit un manuscrit du temps, « on joignit la négociation secrète et les intrigues de cour[1]. » Depuis cette époque, il y eut, à vrai dire,

---

1. « Léopold lui-même ayant été nourri à Vienne, paraissait avoir sucé avec le lait un penchant décidé pour la nation germanique. Mais ce qui l'entretenait encore plus fortement, c'est que, suivant les nouvelles découvertes des historiographes, Gérard d'Alsace, auteur de la maison de Lorraine, se trouvait avoir une tige commune avec Rodolphe d'Hapsbourg, chef de celle d'Autriche, et pour donner encore plus de faveur à ce système, et le rendre plus constant et plus public, il fit composer et imprimer un ouvrage, qui non-seulement mettait cette opinion dans tout son jour, mais où l'auteur prétendait que c'était la branche lorraine qui avait le droit d'aînesse. Les exemplaires n'en furent pas épargnés en Allemagne, où bientôt ils parvinrent par la voie de

comme deux portions séparées et distinctes dans le gouvernement de la Lorraine : l'une, ostensible et publique, regardait l'administration intérieure, et le Duc continua de s'en occuper de concert avec les fonctionnaires du pays ; l'autre, réservée et secrète, n'avait trait qu'à cette grande affaire du mariage autrichien et de la succession à l'Empire. Mme la duchesse de Lorraine connaissait les projets de son mari, sans beaucoup les approuver. Le prince de Craon et le président Lefebvre en étaient les principaux confidents, et Léopold y consacra de plus en plus toute son activité.

Pendant que le duc de Lorraine contractait ainsi avec la cour d'Autriche une liaison déjà si étroite et destinée à devenir bientôt indissoluble, d'autres événements survenus à Paris relâchaient les liens qui l'attachaient encore, quoique bien faiblement, à la France. Le cardinal Dubois était mort (10 août 1723) des suites d'une opération douloureuse nécessitée par les débauches de sa jeunesse. Le régent, de

certains ministres qu'on avait gagnés, et jusqu'à la connaissance de l'empereur Charles VI, qui n'avait pas oublié les obligations de l'empereur Léopold, son père avec le duc Charles, et qui aimait le duc de Lorraine, avec lequel il avait été élevé.

« A l'imprimé on joignit les négociations secrètes et les intrigues de cour, et pour y réussir on envoya M. le procureur général Lefebvre en cour de Vienne, avec caractère de ministre plénipotentiaire..... (Réflexions sur l'élection de l'Empereur François Ier, aujourd'hui heureusement régnant.) » Manuscrit compris dans les papiers confiés à l'auteur par la famille Lefebvre de Tumejus. — Nous avons déjà dit que nous attribuions, sauf erreur, ce document à M. de Montureux.

plus en plus alourdi par ses excès de toutes sortes, avait été frappé d'apoplexie (2 décembre 1723) dans les bras de la duchesse de Falari. La conduite des affaires publiques était passée des mains du chef de la maison d'Orléans dans celles de son rival, le représentant de la tige des Condé. En s'emparant du ministère, *Monsieur le Duc*, comme on l'appelait communément alors, avait eu surtout pour but d'en écarter le fils du régent, plus rapproché que lui du trône par sa naissance. En dehors de cette incurable jalousie et d'une envie immodérée de primer, de paraître et de nuire, le nouveau dépositaire du pouvoir n'était doué d'aucune vivacité d'esprit. Il n'avait, à aucun degré, le don du commandement, encore moins d'aptitude au travail, nul amour du bien public, rien que de fougueuses et grossières passions. Rarement le gouvernement d'un grand pays était échu à un chef plus incapable de le diriger. Après avoir tour à tour servi, tantôt l'ambition effrénée, mais noble du moins et patriotique de Louis XIV, tantôt les fantaisies personnelles et mobiles, mais brillantes encore du régent, le pouvoir absolu, était maintenant tombé si bas que de n'être plus employé qu'à satisfaire la triviale ambition d'un prince sans mérite et les basses cupidités de la maîtresse effrontée qui le gouvernait en le trompant.

Aucun événement extérieur un peu considérable

ne marqua le ministère de **M. le Duc**. Sauf un mauvais vouloir trop évident contre Léopold, à cause de sa parenté avec la maison d'Orléans, nous n'aurions donc, au point de vue particulier qui nous occupe, rien à signaler dans l'éphémère administration dont Mme de Prie fut le principal personnage et l'inspiratrice habituelle, si, en ménageant le mariage de Louis XV avec la fille du roi Stanislas, cette dame, un moment toute-puissante, n'eût alors pour sa propre convenance, et dans un intérêt égoïste et mesquin, sans le prévoir ni s'en soucier, efficacement contribué à préparer l'union définitive de la Lorraine à la France. C'est la tâche pénible, et s'il a quelque fierté nationale, presque humiliante de l'écrivain qui veut laisser aux faits de cette époque leur véritable physionomie, que d'être obligé d'en chercher les causes dans des circonstances misérables, aussi tristes par elles-mêmes qu'indignes de figurer dans l'histoire. Mais également insignifiantes et confuses, ces circonstances demeureraient elles-mêmes le plus souvent incompréhensibles, si elles n'étaient déplorablement expliquées par la légèreté singulière, par les passions méprisables, par les vices étranges des personnages du temps, et surtout par ceux du nouveau maître qui allait régner sur la France. Sans doute, le caractère, les défauts de Louis XV furent déplorables; cependant la sévère, mais impartiale postérité ne voudra pas en imputer, à lui tout seul, la terrible responsabilité. Hâtons-nous donc d'indiquer comment, aux jours de la jeunesse, les inclinations de cette nature molle, égoïste et sensuelle, furent fatalement développées par les dangereuses excitations d'une situation éminemment corruptrice, et comme à plaisir fortifiées par les lâches influences d'une pernicieuse éducation.

Au moment de la mort de son père, le duc de Bourgogne, Louis XV avait deux ans ; il en avait cinq quand il hérita de son aïeul Louis XIV. Porté sur les bras d'un gentilhomme au lit de justice qui se tint, le 12 septembre 1715, pour l'établissement de la régence, il avait assisté avec une curiosité d'enfant, mais aussi avec une satisfaction d'orgueil déjà visible, au déploiement de puissance militaire et de solennelles cérémonies qui marquèrent ce premier acte de son règne. La duchesse de Ventadour, toujours prompte à se vanter d'avoir, en lui administrant à temps du contre-poison, sauvé les jours du jeune roi, veilla sur ses premières années avec une sollicitude féminine plus bruyante qu'éclairée. Comme son ami le duc de Villeroi, elle était incessamment occupée à faire comprendre à son élève que sa vie était menacée d'une foule de périls dont la pieuse tendresse de sa gouvernante parvenait seule à le garantir. Lorsque enlevé à la garde de cette dame Louis XV fut, à sept ans, remis aux mains des

DE LA LORRAINE A LA FRANCE. 285

hommes, le maréchal de Villeroi s'appliqua à entretenir dans son esprit, avec les mêmes inquiétudes, la même sorte de reconnaissance. Ancien favori de Louis XIV et créature du duc du Maine et de Mme de Maintenon, le maréchal était le seul de cette cabale, qu'à cause de son insignifiance le duc d'Orléans avait consenti à laisser près du jeune roi. Persuadé qu'il devait son maintien à la considération dont il jouissait à la cour, convaincu que, par crainte de l'opinion publique, le régent n'oserait jamais le renvoyer, et, comme dit Saint-Simon, « toujours plein de ridicules et de vent », Villeroi, afin d'étaler son zèle impertinent, n'avait rien imaginé de mieux que d'afficher à toute heure, pour la sûreté du roi, les plus insultantes précautions. Jamais, par exemple, il ne voulait le quitter d'un pas, surtout quand le duc d'Orléans était présent. On le voyait porter ostensiblement en sautoir les clefs de l'armoire où était soigneusement renfermé le pain qui devait figurer sur la table royale; et jamais il n'y aurait laissé paraître un flacon de vin sans l'avoir préalablement dégusté devant tout le monde[1].

Absorbé par ces attentions affectées, Villeroi négligea absolument d'autres soins plus importants. Au lieu de s'appliquer à former le caractère et l'esprit de son élève sur le modèle des grands princes

1. *Mémoires de Saint-Simon. Mémoires de Duclos. Mémoires du marquis Voyer-d'Argenson*, etc., etc.....

de sa race, il chercha surtout à lui donner les brillants dehors du roi son grand-père. Parce que Louis XIV avait dans sa jeunesse aimé la danse, où le vieux gouverneur se vantait d'avoir lui-même excellé, il obligea Louis XV à figurer dans un ballet devant la cour entière. L'enfant en fut si obsédé qu'il prit en dégoût l'obligation de se produire en public [1]. Le plus souvent, sombre et taciturne, il mettait son plaisir, au retour des cérémonies où son rang le forçait de paraître, à s'enfermer solitairement pour se livrer à des jeux dont tout l'assaisonnement consistait à s'imposer toutes les triviales occupations de l'existence la plus bourgeoise [2]. Lorsqu'il était possible de l'arracher à ces divertissements peu relevés, c'était pour lui en offrir d'autres, qui, sans être plus nobles, étaient bien plus fâcheux. Villeroi le conduisait à Versailles, où dans une grande volière toute remplie de petits oiseaux, on lâchait en sa présence quelques faucons. L'effroi et les cris de ces pauvres victimes livrées sans

---

1. *Histoire de la Régence* de Lemontey. — *Mémoires de Duclos, Mémoires du marquis Voyer-d'Argenson*, etc., etc...

2. « Il (Louis XV) fit ensuite son potage lui-même, et trouva du soulagement à ne plus faire le roi. » (Lettre de Mme la duchesse de Ventadour à Mme de Maintenon, année 1716.)

« Ses plus beaux jours furent ceux où retiré au parc de la Muette, avec les ustensiles d'une laiterie, et une vache d'une petitesse extraordinaire, il put se croire destiné à la vie d'un pâtre. Pour la première fois, peut-être, il manifesta sa joie par des éclats, en recevant de la part du roi de Sardaigne, son grand-père, une pioche et des petits chiens destinés à la recherche des truffes. » — Lemontey, t. 2. p. 56.

défense servaient d'amusement à l'enfant, qui se plaisait à suivre d'un œil curieux les accidents variés de ces longues scènes de meurtre et de carnage[1]. La multitude s'étonnait à bon droit qu'on ne craignît pas de provoquer ainsi, chez le prince qui devait la gouverner, les dangereux instincts d'une insouciante cruauté. Elle n'apprit pas sans effroi que de pareilles leçons portaient déjà leurs fruits. « Le roi, » lisons-nous dans le journal de l'avocat Barbier, « avait une biche blanche qu'il avait nourrie et élevée, laquelle ne mangeait que de sa main et qui l'aimait fort. Il l'a fait mener à la Muette, et il a dit qu'il voulait tuer sa biche. Il l'a fait éloigner; il l'a tirée et l'a blessée. La biche est accourue sur le roi et l'a caressé. Il l'a fait remettre au loin, et l'a tirée une seconde fois et tuée. On a trouvé cela bien dur[2]. »

Ce n'était pas seulement à l'égard des animaux que Louis XV faisait preuve de cette précoce insensibilité. Le jeu, passion ordinaire des âmes arides et sèches, avait presque seul le don de l'émouvoir. Il s'y livra de bonne heure, sans mesure et sans

---

[1]. « Dès l'âge de six ans on semblait avoir pris à tâche de dessécher en lui la source des bons sentiments. Dans une vaste salle remplie d'un millier de moineaux, des oiseaux de la fauconnerie lâchés en sa présence, en faisaient un facile carnage, et lui donnaient en spectacle l'effroi, les cris, la destruction des victimes et la pluie de leur sang et de leurs débris. » (Lemontey, *Histoire de la Régence*. Tome 2, p. 58. — *Mémoires de Dangeau*, 18 avril 1716.)

[2]. *Chronique de la régence, et du règne de Louis XV, ou journal de Barbier*, t. 1, p. 212.

générosité, engageant des sommes excessives contre de pauvres gentilshommes, et se fâchant lorsque ceux-ci n'osaient pas les tenir [1]. Tout le monde fut frappé de la froideur avec laquelle il accueillit les transports d'allégresse que la population de Paris fit éclater, lorsqu'en 1721 il échappa à une assez sérieuse maladie. « Le roi n'a pas été touché de l'amitié qu'on lui a montrée dans cette occasion », écrit, à ce sujet, M. le duc d'Antin dans ses mémoires. » Il ne sera sensible à rien... [2]. » Comment l'aurait-il été? « Pendant que la foule innombrable se pressait sous les fenêtres des Tuileries, afin de contempler » nous raconte Saint-Simon « les traits de son jeune souverain, l'enfant, importuné de cette affluence, ne songeait qu'à se cacher dans tous les coins de l'appartement... » Mais Villeroi l'en tirait par le bras et le menait tantôt aux fenêtres d'où il voyait la cour et la place du Carrousel toute pleine et tous les toits jonchés de monde, tantôt à celles qui donnaient sur le jardin..... Tout cela criait vive le roi, à mesure qu'il était aperçu; et le maréchal, retenant le roi qui se voulait toujours aller cacher : « Voyez donc, mon

---

[1]. « Il hasarda un jour une somme excessive. Le chevalier de Pezé qui tenait la banque, hésite un moment, et lui dit avec douceur : Mon maître, vous voulez donc me ruiner? Le roi de dix ans lui répond par un soufflet, sans que le maréchal de Villeroi, ni M. de Saumery puissent lui arracher un remords ou une excuse. (Correspondance du duc de Saint-Simon, du 30 mai 1720, citée par Lemontey, tome 2, page 58.

[2]. *Mémoires du duc d'Antin*, publiés par la Société des Bibliophiles.

maître, tout ce monde et tout ce peuple, tout cela est à vous, tout cela vous appartient, vous en êtes le maître ; regardez-le donc un peu pour les contenter, car ils sont tous à vous, et vous êtes maître de tout cela[1]. »

Malgré ses basses et funestes flatteries, Villeroi n'était pas toutefois parvenu à gagner la faveur du jeune roi. Le régent n'avait pas tardé à s'en apercevoir. Trop spirituel et trop fier pour relever jamais en public les provocations impertinentes de ce courtisan ridicule, il avait préféré s'en venger en faisant habilement ressortir aux yeux d'un enfant, plus porté à la moquerie qu'à la reconnaissance, tous les travers de son extravagant gouverneur. Puis, lorsque le discrédit de ce vieillard, tour à tour ou fâcheux ou rampant, fut arrivé à son comble, profitant d'une fausse démarche où sa folle vanité l'avait sottement entraîné, le duc d'Orléans n'avait pas hésité à le faire enlever et chasser de la cour. Le coup faillit toutefois manquer ; car derrière cet acteur aussi vain que bruyant se cachait un autre personnage dont la discrète influence était bien plus solidement établie : c'était celle du précepteur Fleury, évêque de Fréjus. En apprenant la brusque arrestation de Villeroi, soit qu'il craignît d'être enveloppé dans la même mesure, soit plutôt qu'il voulût faire

---

1. *Mémoires de Saint-Simon,* tome 18, page 395.

honneur à la parole donnée au maréchal de n'avoir jamais d'autre fortune que la sienne, et de partager sa disgrâce, s'il était renvoyé, Fleury s'était retiré précipitamment à la campagne, non sans avoir d'avance indiqué à quelques amis sûrs le lieu de sa mystérieuse retraite. Il fallut, comme il l'avait prévu, aller bientôt l'y chercher; car, privé de la compagnie des deux personnes qu'il croyait les seules intéressées à sa sûreté, le jeune roi avait témoigné beaucoup d'inquiétudes et versé quelques larmes; mais elles se séchèrent dès qu'il revit son précepteur, dont la présence suffit pour lui faire complétement oublier Villeroi. Ainsi, plus heureux que le maréchal, l'ingénieux évêque avait trouvé moyen, grâce à sa courte disparition, de révéler la force croissante d'un crédit avec lequel les plus puissants allaient désormais être obligés de compter.

Souple et insinuant, Fleury avait d'abord fait péniblement son chemin dans le monde par la protection de quelques femmes dévotes. C'était avec grande répugnance que, prévenu à son égard et le soupçonnant, à tort ou à raison, de quelque penchant à la galanterie, Louis XIV, devenu dévot, l'avait, en 1698, nommé à l'évêché de Fréjus; mais à force de modestie et de manége, Fleury avait triomphé de ce premier mauvais vouloir; et le vieux roi l'avait, avant de mourir, nommé précepteur de son petit-fils. Dans cette nouvelle position, et déjà âgé de soixante-deux ans, l'évêque de Fréjus avait continué à déployer la même adresse et la même flexibilité. Sa vie extérieure était parfaitement grave et décente, ses mœurs conformes à son état, ses goûts modestes, et sa simplicité poussée jusqu'à l'excès. Mais, sous ces dehors respectables, couvait une sourde ambition aux formes douces et polies, et d'autant plus tenace qu'elle s'était plus longtemps contenue. En matières d'État, l'évêque de Fréjus avait très-peu de connaissances, point de génie, nul instinct, rien que d'assez courtes vues, et les préjugés ordinaires d'un prêtre continuellement mêlé aux querelles théologiques qui furent la plaie de son temps. Incapable de prendre sur son royal élève l'ascendant d'un esprit supérieur, il avait eu recours, pour gagner sa confiance, à l'emploi des mille petits moyens, que la charge de précepteur, l'habitude, la familiarité de tous les instants, et son caractère ecclésiastique mettaient journellement à sa disposition. Il évita toujours les sérieux enseignements, craignant surtout de s'aliéner un disciple qui redoutait le travail et se montrait peu capable d'attention[1]. Il ne lui donna même qu'une

---

1. *Mémoires de Saint-Simon. Histoire de la régence*, par Lémontey. *Mémoires de Duclos*, etc. . . . .
« On m'a conté un trait de l'éducation que le cardinal a donnée au roi. Chevalier, qui montrait les mathématiques à Sa Majesté, entrait pour sa leçon après celle de M. de Fréjus, qui s'était réservé de lui enseigner l'histoire. Il en était à la lecture de Quinte-Curce, qu'il devait lui expliquer. Chevalier remarqua que le signet en était toujours

légère teinture d'instruction religieuse, s'appliquant de préférence à lui exagérer l'importance des petites pratiques, et à effrayer son imagination par le sombre tableau des souffrances qui attendaient les pécheurs dans l'autre vie. En dehors de ces tristes exhortations, le jeune roi n'entendait aucune parole qui pût lui faire goûter les grandes vérités de la morale chrétienne. Le précautionneux précepteur se défiait du confesseur lui-même[1], et pour rien au monde, il n'aurait consenti à laisser lire à son élève les sages préceptes que, pour l'instruction de son père, le duc de Bourgogne, Fénelon avait jadis déposés dans le *Télémaque*[2].

Non moins jaloux d'accaparer pour lui seul les bonnes grâces de Louis XV, l'évêque de Fréjus l'élevait à se défier de tout son entourage. Il n'avait eu nulle peine à le mettre en garde, contre le cardinal

---

au même endroit depuis six mois, et qu'au lieu de travailler, le bonhomme lui apportait des cartes pour le distraire par des tours de cartes. » (*Mémoires du marquis d'Argenson*, tome 2, page 23.)

1. « On l'isola de tout ce qui pouvait élever l'âme ou l'esprit, et la défiance du précepteur s'étendit jusqu'aux mystères de la confession. Le roi l'écrivait de sa main, et lorsqu'elle avait été revue par l'évêque de Fréjus, il la récitait au confesseur; celui-ci prononçait quelques mots d'exhortation, et le renvoyait aussitôt sans oser lui adresser une question. » (*Histoire de la régence*, tome 2, page 57.) Le confesseur dont l'évêque de Fréjus avait tant d'ombrage, était le respectable et célèbre auteur de l'Histoire ecclésiastique.

2. « J'ai eu l'imprudence de demander un jour au cardinal de Fleury s'il faisait lire au roi le *Télémaque*; il me répondit qu'il lui faisait lire de meilleures choses, et il ne me le pardonna jamais. » (Lettre de Voltaire, tome 61, page 515; édition de Kehl).

Dubois, dont la repoussante physionomie et les façons à la fois obséquieuses et familières choquaient naturellement le jeune monarque. Il lui avait fallu plus d'art pour l'empêcher de s'attacher au régent, dont le commerce était si agréable et si facile, qui, pour plaire à son pupille, avait su toujours allier, aux témoignages du plus profond respect et du dévouement le plus sincère et le plus affectueux, les grâces aisées d'un aimable et complaisant badinage ¹. L'évêque de Fréjus ne s'y était pourtant pas épargné ; mais doucement et à propos, sans contrarier le goût secret du roi pour le duc d'Orléans, ayant toujours soin de laisser dans cette lutte sourde l'étourdi et impétueux maréchal prendre les devants sur lui. Après la disgrâce de Villeroi, devenu plus considérable et resté aussi circonspect, Fleury continua le même manége, avec un redoublement de prudence et de dissimulation. On peut prévoir qu'à la longue, il serait probablement parvenu à ses fins. Dans l'esprit du jeune roi tel que nous avons cherché à le dépeindre, faible et méfiant, timide et glorieux, l'inclination pour le régent n'eût sans doute pas

1. « Ce prince n'approchait jamais de lui (Louis XV) en public et en quelque particulier qu'ils fussent, qu'avec le même air de respect qu'il se présentait devant le feu roi. Jamais la moindre liberté, bien moins de familiarité, mais avec grâce, sans rien d'imposant par l'âge et la place ; conversation à sa portée et à lui et devant lui, avec quelque gaieté, mais très-mesurée, et qui ne faisait que bannir les rides du sérieux et doucement apprivoiser l'enfant. (*Mémoires de Saint-Simon*, tome 18, page 74.)

duré beaucoup plus longtemps que l'amitié pour son ancien gouverneur. La mort soudaine du duc d'Orléans, qui surprit tout le monde, ne déconcerta personne autant que l'évêque de Fréjus. S'il eût été moins avisé, peut-être eût-il pu s'emparer dès lors de la direction des affaires; mais ayant parfaitement compris que l'opinion publique n'était pas encore assez préparée, il s'abstint habilement. Quand, une heure après la mort du régent, le duc de Bourbon, averti et mené par l'abbé de Broglie, accourut en toute hâte à Versailles pour demander l'héritage ministériel de son parent, il trouva l'évêque de Fréjus déjà près du roi. Aux premiers mots du Duc, l'enfant consulta Fleury du regard, et, sur un signe de sa tête, octroya sur-le-champ au premier prince du sang le pouvoir qu'il aurait plus volontiers encore remis à son précepteur [1].

Entre l'évêque de Fréjus et le nouveau représentant de l'autorité royale, la situation restait la même que du vivant du duc d'Orléans; mais la partie n'était plus égale. M. le Duc n'avait ni les connaissances, ni les lumières, ni l'esprit, ni la bonne grâce de celui qu'il remplaçait, et malgré beaucoup d'orgueil, souffrait confusément du sentiment de son incapacité. Fleury, au contraire, dont la terne sagesse et les vues terre à terre avaient tant

---

[1]. *Mémoires du président Hénault* écrits par lui-même, page 80.

de fois pâli devant les éclairs de la brillante intelligence du régent, jouissait, à petit bruit, de sa facile supériorité sur ce nouveau rival. Fidèle à ses prudentes habitudes, il ne se lassa pas toutefois d'user des mêmes ménagements, ne se mêlant ostensiblement d'aucune affaire autre que la collation des bénéfices ecclésiastiques ; s'effaçant avec modestie, pendant la tenue des conseils auxquels il assistait toujours, mais en silence ; et n'intervenant qu'à de rares intervalles, quand son secours devenait nécessaire pour tirer quelques mots d'assentiment de la bouche du taciturne enfant qu'il avait seul le don de faire parler. Toutes les décisions importantes se préparaient à l'avance dans le boudoir de Mme de Prie, entre cette dame, le financier Paris Duverney et M. le Duc. Mme de Prie, fille du munitionnaire Berthelot de Pleneuf, mariée au marquis de Prie, ministre de France à Turin, joignait à une taille de nymphe une figure d'enfant, et cachait sous les dehors d'une vivacité ingénue un vif esprit et la plus effrontée immoralité. Elle s'était donnée au Duc sans amour, à la suite du plus honteux marché, et prenant à peine le soin de voiler à ses yeux ses nombreuses infidélités, n'en exerçait pas moins sur lui le plus tyrannique empire. Ambitieuse et avide, mais toutefois assez avisée pour comprendre qu'elle ne pouvait gouverner un royaume sans s'aider de quelques conseils, et sans entrer en un certain partage de l'autorité, elle avait eu recours au plus jeune des frères Paris, gens habiles, connus du public et des hommes d'affaires, pour la part heureuse qu'ils avaient prise à la liquidation de la banque de Law. Paris Duverney était le plus capable des trois frères. D'une imagination inventive, fertile en expédients, laborieux et actif, c'était lui qui fournissait, sur toutes sortes de matières, de nombreux mémoires que Mme de Prie communiquait ensuite à M. le Duc. D'accord avec cette dame, il élaborait aussi les projets de décrets et les règlements d'administration qui devaient être plus tard soumis par le chef ostensible du ministère à la signature royale. On murmurait bien un peu, il est vrai, de cette ingérence avérée et directe d'une femme dans le gouvernement; car le duc d'Orléans, malgré la facilité de ses mœurs, avait épargné cette honte à la France; mais la voix du public ne comptait plus, ou, pour mieux dire, ne comptait pas encore. Grâce aux avis d'une maîtresse assez adroite et d'un conseiller expérimenté, qui, sans titre officiel, consentait à remplir ses fonctions, M. le Duc s'imaginait volontiers qu'il arriverait à supplanter l'évêque de Fréjus, auquel, par excès de bonne grâce, il voulait bien, tout en le desservant secrètement à Rome, promettre le chapeau de cardinal. Il éprouvait plus d'embarras à s'attirer la bienveillance du roi, qu'éloignaient à la fois sa mine sinistre et ses façons étrangement bourrues.

Quoiqu'il ne fût rien moins qu'aimable, M. le Duc s'entendait merveilleusement en fêtes. Comme tous les princes de sa race, il était bon veneur. Grâce à de nombreux embellissements, il avait fait de l'ancienne résidence des Condé un véritable lieu de délices où abondaient tous les agréments de la campagne. Sous prétexte que l'exercice et le grand air ne pourraient qu'être utiles à sa santé, mais afin surtout d'apprivoiser le jeune maître et de s'élever dans sa faveur, en lui donnant ses goûts, M. le Duc résolut d'attirer le roi à Chantilly. A la vue de tant de chevaux superbes rangés dans cette vaste écurie, magnifique elle-même comme un palais, de cette meute de chiens excellents qui jamais ne manquaient leur proie, de cette forêt si étendue, si belle et si bien percée, Louis XV, jusqu'alors assez inactif, se prit, avec la fougue de son âge, d'une violente passion pour la chasse à courre [1]. Le Duc triomphait d'avoir si bien réussi dans ses plans, et s'en promettait, pour l'avenir de sa for-

---

1. « Il (Monsieur le Duc) cherchait par toutes sortes d'arts à lui inspirer (au roi) le goût de la chasse, qui devait tout à la fois fortifier son corps et détourner son esprit des études sérieuses; la forêt de Chantilly devint donc l'académie du monarque de quinze ans; les plus beaux tableaux d'Oubry décoraient tour à tour son appartement; le jésuite Tournemine eut la complaisance de publier une dissertation, afin de prouver que l'inclination pour la chasse est dans un jeune prince le présage d'une vertu héroïque, et le premier ministre poussa la séduction jusqu'à faire frapper en l'honneur du roi, une médaille historique avec cette légende : *Et habet sua castra Diana.* » (*Histoire de la régence*, par Lémontey, tome 2, page 172.)

tune, les plus merveilleux effets, lorsque épuisé sans doute par les excès d'une fatigue nouvelle pour lui, Louis XV tomba grièvement malade. Pendant tout le temps qu'il demeura en danger, M. le Duc eut la tête pour ainsi dire perdue. Le fantôme de la royauté du jeune duc d'Orléans, dont il serait alors devenu le sujet, se dressa devant lui comme un épouvantail. Jour et nuit, il assiégea le lit du roi, pressant les médecins de questions incessantes et les interrogeant d'un regard troublé. Plus d'une fois, pendant ses courses agitées à travers les corridors du palais, on l'entendit se répéter à lui-même : « Si le roi meurt, que deviendrai-je..... je n'y serai pas repris..... s'il en revient, il faut le marier [1]. »

Ce n'était pas la première fois que dans les conciliabules qui se tenaient chez Mme de Prie, on pensait à rompre l'union projetée du roi et de la jeune Infante naguère amenée d'Espagne à Paris, pendant que la fille du régent, Mlle de Beaujolais, était elle-même conduite à Madrid pour épouser le prince des Asturies. Logée au Louvre en attendant l'heure où elle allait devenir reine de France, cette princesse n'avait encore que sept ans. Tandis que Louis XV témoignait à son égard l'indifférence naturelle d'un prince de quinze ans pour une compagne aussi jeune, le public s'inquiétait de voir rejeté

---

[1]. *Mémoires secrets pour servir à l'histoire du règne de Louis XIV et de Louis XV,* par Duclos, tome 2, page 299.

si loin le moment où des héritiers pourraient naître
à la couronne. Quant au Duc, il balançait indécis
entre le plaisir de rompre des engagements qui
étaient l'œuvre de son prédécesseur et la crainte
d'amener, par un si violent affront, la guerre avec
l'Espagne. L'alerte causée par la maladie du roi, en
servant ses secrets desseins, leva ses dernières hésitations. Le cri était général, autour de lui, sur la
nécessité de se débarrasser à tout prix de l'Infante [1].
On prit le parti de la renvoyer sur-le-champ à son
père; et bientôt il ne fut plus question à la cour de
France que de chercher dans toute l'Europe une
femme pour Louis XV.

Nous avons eu occasion de signaler souvent, dans
le cours de ce récit, l'extrême importance justement
attachée aux mariages de nos princes. Nous avons
raconté en détail comment Henri IV avait arrangé
longtemps à l'avance, avec un art infini, l'alliance
de son fils aîné avec l'héritier de Henri II de Lorraine; nous avons montré Marie de Médicis principalement occupée, pendant sa régence, à dénouer
doucement cette union, et reniant assez inconsidérément la politique de son mari, afin d'obtenir pour
Louis XIII la main d'Anne d'Autriche. Sous le mi-

---

1. « Le conseil fut unanime. « Sans doute », s'écria le comte de Morville, faisant fonction de ministre pour les affaires étrangères, « il faut renvoyer l'Infante, et par le coche pour que ce soit plus tôt fait. » (*Histoire de la régence*, par Lémontey, tome 2, page 179.)

nistère de Mazarin, que de guerres, de négociations et de ruses diplomatiques pour arriver au mariage de Louis XIV avec la fille de Philippe IV ! Dans chacune de ces rencontres, quelles que fussent d'ailleurs les vues différentes, les motifs parfois opposés et peut-être même erronnés des négociateurs, ils ne s'étaient jamais du moins inspirés que de la raison d'État; ceux-là même qui s'étaient trompés poursuivaient un but généreux et patriotique. La manière dont le mariage de Louis XV allait se ménager et se conclure marque bien tristement la différence des temps.

A peine le renvoi de l'Infante avait-il été décidé et connu de l'Europe, au commencement de l'année 1725, que de toutes parts les prétentions surgirent. Tandis que grands et petits princes s'empressaient d'envoyer offrir leurs filles à Versailles, des agents secrets, partis mystérieusement de Paris, allèrent dans les diverses cours recueillir partout sur place les renseignements qui pouvaient servir à éclairer le choix du gouvernement français. Nous lisons dans un assez curieux mémoire remis à M. le Duc, que le nombre des princesses à marier parmi lesquelles le roi pouvait alors choisir montait justement à cent[1]. Quarante-quatre d'entre elles avaient plus de vingt-quatre ans et paraissaient par conséquent trop âgées; vingt-

---

1. Vingt-six de ces princesses étaient catholiques, trois anglicanes, treize calvinistes, cinquante-cinq luthériennes et trois grecques.

neuf, ayant moins de treize ans, étaient déclarées trop jeunes. Il y en avait dix dont les alliances étaient réputées trop peu considérables. Restaient dix-sept princesses sur lesquelles l'auteur du travail que nous citons consignait une suite d'informations fort circonstanciées et très-précises[1]. Il s'en fallait beaucoup d'ailleurs qu'elles eussent toutes un mérite égal ou seulement des chances pareilles. La plus considérable par la puissance de sa nation était, sans contredit, la princesse Élisabeth de Russie. La Csarine Catherine offrait, par l'intermédiaire de M. de Campredon, notre ministre à Saint-Pétersbourg, de faire sa fille catholique, et de dévouer les forces moscovites aux intérêts de la France. Si cette ouverture agréait au duc de Bourbon, elle proposait, en outre, de le marier lui-même à la fille de Stanislas, et de lui garantir le trône de Pologne, à la mort du roi Auguste. L'offre de la princesse Élisabeth, qui devint plus tard elle-même impératrice de Russie, fut assez froidement reçue à Versailles, peut-être, comme semble l'indiquer le mémoire déjà cité, « à cause de la basse extraction de sa mère et de la barbarie de son peuple[2]. »

1. Nous avons extrait la plupart des détails qui vont suivre d'un dossier, gardé au dépôt des archives nationales et intitulé *mariage du roi*. Nous croyons que le mémoire que nous citons avait été composé par M. de Morville, secrétaire des affaires étrangères, sur les dépêches des ambassadeurs français à l'étranger, et sur les rapports de ses agents secrets.
2. Papiers relatifs au mariage de Louis XV, aux Archives nationales.

Un autre projet, plus goûté des esprits sages, était celui d'un double mariage qui aurait uni au Roi et à M. le Duc les deux filles du duc de Lorraine. Léopold, dès le 5 avril, avait offert lui-même à M. d'Audiffret sa fille aînée pour le roi[1]. Cette démarche avait même été renouvelée une seconde fois (28 avril), et dans chacune de ses dépêches, l'envoyé français n'avait pas manqué de rendre complète justice aux excellentes qualités de la jeune princesse lorraine. Le comte de La Marck, journellement consulté par M. le Duc, à cause de sa grande connaissance des cours étrangères, penchait évidemment vers cette alliance. « Comme les princesses étaient deux sœurs également séduisantes par la jeunesse et par les grâces, M. le Duc pouvait, disait-il, en donner une au roi et lui-même épouser l'autre[2]. » Mais Mme de Prie n'entendait en aucune façon laisser ainsi marier son amant, et lui-même était plein de répugnance pour une combinaison qui, par suite des relations déjà existantes avec la famille de Lorraine, aurait trop augmenté le crédit de la maison d'Orléans. L'offre de Léopold fut donc brusquement écartée. C'est à peine si, dans sa réponse à M. d'Audiffret, M. le Duc voulut bien garder les ménagements d'usage. Une sourde mauvaise humeur, dont

---

1. Lettre de M. d'Audiffret à M. le Duc. 5 et 28 avril 1725. — Archives des affaires étrangères.
2. *Histoire de la régence*, par Lemontey, tome 2, page 175.

la cause n'était pas avouée, quoiqu'elle s'aperçût trop bien, en dicta tous les termes[1].

Il fallait cependant s'arrêter à un choix. Afin d'en partager avec d'autres la responsabilité, M. le Duc convoqua officiellement une réunion de sept personnes qui furent invitées à lui remettre leur avis par écrit : c'étaient l'évêque de Fréjus, le maréchal de Villars, le maréchal d'Huxelles, le cardinal de Bissy, le comte de La Marck, M. de Morville, secrétaire d'État pour les affaires étrangères, et M. Pecquet, son premier commis[2]. Quand ces messieurs furent ainsi pour la première fois consultés, vers le milieu de mai 1725, le nombre des princesses entre lesquelles ils étaient invités à se prononcer se trouvait singulièrement réduit. M. le Duc ne semblait

1. ..... « Il me reste à vous parler de la proposition par rapport au mariage du roi, que M. le duc de Lorraine vous a renouvelée. Il nous est revenu que ce prince avait été piqué jusqu'au vif de la froideur avec laquelle sa première ouverture avait été reçue. Si cela est vrai, je ne me suis pas trompé lorsque j'ai jugé qu'en proposant la princesse sa fille, il n'a eu d'autre pensée que de se plaindre de la France. Car il y a deux choses également vraies : l'une, qu'il n'a pu manquer de sentir que pour toutes sortes de raisons, la démarche était superflue, puisqu'il n'avait pas lieu de supposer, ni que dans l'examen qui se ferait des princesses convenables pour le roi, l'aînée de celles de Lorraine échappât à l'attention de Sa Majesté, ni qu'elle pût appréhender de voir sa démarche rejetée, si elle avait voulu en honorer cette princesse ; l'autre, que quand des propositions de la nature de la sienne ne peuvent être admises, on les laisse tomber plutôt que d'y répondre. » Lettre de M. le Duc à M. d'Audiffret, 17 mai 1725. — Archives des affaires étrangères.

2. Papiers relatifs au mariage de Louis XV, au dépôt des Archives nationales, à Paris.

plus hésiter qu'entre deux personnes qui lui paraissaient pouvoir seules prétendre convenablement à la main du roi de France, à savoir : la fille du prince de Galles et sa propre sœur Mlle de Vermandois. « Mais comment croire, » remarque avec raison un historien de la régence, « que Georges Ier, qui ne régnait que par le titre de son hérésie, ferait apostasier sa petite-fille. Comment espérer que les Anglais laisseraient passer dans les bras d'un roi de France une princesse que la constitution britannique n'excluait pas de la couronne[1]. » A vrai dire, cette dernière désignation n'était pas sérieuse. Les membres du conseil s'en doutèrent bien et comprirent parfaitement ce que souhaitait M. le Duc. Chacun d'eux prit néanmoins la peine de balancer avec grand soin les avantages et les inconvénients des deux alliances, et, comme il était prévoyable, conclurent tous, d'un commun accord, en faveur de Mlle de Vermandois. La plupart s'ingénièrent même à établir, par des raisons tant soit peu forcées et dans des termes d'ailleurs presque identiques, que loin d'être favorable aux intérêts personnels de celui qui voulait bien prendre leur avis, ce choix lui serait plutôt contraire ; mais ils n'osaient pas moins le conseiller hardiment. Par conscience et par affection pour l'État, M. le duc ne voudrait certainement pas s'y

1. *Histoire de la régence*, par Lémontey, tome 2, page 184.

opposer[1] ! On ne pouvait mieux dire; et parmi les gens bien informés, Mlle de Vermandois fut, pendant quelques jours, considérée comme la future reine de France.

Ce mariage n'eut pas lieu toutefois ; Mme de Prie l'empêcha. Voltaire, qui, à peu près vers cette époque, venait de dédier à cette dame, avec force louanges plus agréablement tournées que véridiques [2], sa comédie de l'*Indiscret*, raconte que la maîtresse du duc de Bourbon se rendit en poste au couvent de Fontevrault, « afin d'essayer si la princesse de Vermandois lui convenait, et si l'on pouvait s'assurer de

---

1. Avis des personnes consultées sur le mariage du roi Louis XV.— Papiers conservés aux archives nationales.

2.
« Vous, qui possédez la beauté,
Sans être vaine ni coquette,
Et l'extrême vivacité,
Sans être jamais indiscrette ;
Vous à qui donnèrent les dieux
Tant de lumières naturelles,
Un esprit juste, gracieux,
Solide dans le sérieux,
Et charmant dans les bagatelles,
Souffrez. . . . .

Ces compliments ne sont pas les seuls adressés par Voltaire à Mme de Prie. On peut lire dans une pièce burlesque, intitulée : « La Fête de Bellebat, » beaucoup de vers galants qu'il composa pour elle. Cette fête, célébrée au château de Bellebat, chez le marquis de Livry, pendant l'année 1725, en présence d'un grand nombre de jeunes femmes, et dont la description est adressée à la sœur de M. le Duc, Mlle de Clermont, princesse jeune encore et non mariée, donne une singulière idée de la liberté du ton qui régnait alors dans la meilleure compagnie du royaume. — Voir « la Fête de Bellebat, » édition Beuchot, tome II, p. 323.

gouverner le roi de France par elle. La princesse, encore plus fière que la marquise n'était légère et inconsidérée, la reçut avec une hauteur dédaigneuse, et lui fit sentir qu'elle était indignée que son frère lui dépêchât une telle ambassadrice..... Cette seule entrevue la priva de sa couronne, » ajoute Voltaire; « on la laissa faire la fière dans son couvent [1]. »

Étonnée de la répulsion qu'elle avait inspirée à Mlle de Vermandois, Mme de Prie se tint pour avertie et ne songea plus qu'à faire tomber le choix du

1. Précis du Siècle de Louis XV de Voltaire, édition Beuchot, tome XXI, page 32.
Quelques auteurs racontent que Mme de Prie se serait déguisée pour aller trouver Mlle de Vermandois dans le couvent de Fontevrault; qu'elle aurait fait adroitement tomber la conversation sur son compte; et qu'effrayée des sentiments qu'elle aurait découverts pour elle chez la jeune princesse, elle serait sortie de cette entrevue bien résolue à rompre son mariage avec le roi. D'autres nient absolument cette visite de Mme de Prie au couvent de Fontevrault, par la raison que Mlle de Vermandois était dès lors présentée à la cour, où l'éclat de sa beauté et ses nobles manières avaient produit une sensation extraordinaire. Nous ne croyons pas au déguisement; mais la visite de Mme de Prie à Fontevrault n'est pas inconciliable avec cette circonstance de la présentation antérieure de Mlle de Vermandois à la cour. Bien souvent les princesses du sang, sans rompre avec le monde, allaient faire des retraites plus ou moins longues dans des maisons religieuses, où elles avaient soit quelques liaisons d'amitié, soit des habitudes d'enfance. La piété connue de Mlle de Vermandois expliquerait parfaitement, qu'à l'instant où il était si fort question de son mariage avec le roi, elle eût voulu se retirer pour quelque temps à Fontevrault. Nous ne voyons pas pourquoi non plus l'on soupçonnerait Voltaire, d'ordinaire assez exact dans ses anecdotes, d'avoir été induit en erreur ou de vouloir en imposer sur une circonstance qui s'était passée de son temps. Il est vrai qu'il se trompe lorsqu'un peu plus loin il fait mourir Mlle de Vermandois, abbesse de Beaumont-lez-Tours, trois ans seulement après

roi sur une personne moins sévère et plus maniable. Dans le petit conciliabule qui entourait M. le Duc, on cessa donc de se préoccuper avant tout de la naissance ou de la situation des princesses qui pouvaient aspirer à la main du roi. L'on s'inquiéta uniquement d'en découvrir une assez modeste de condition, assez douce de caractère pour accepter sans répugnance et servir avec docilité l'influence de la toute-puissante favorite. La liste des dix-sept princesses à marier fut de nouveau parcourue, et l'on feuilleta une dernière fois les rapports

son mariage manqué avec Louis XV. Cette princesse, à laquelle Voltaire reproche un peu durement sa fierté (probablement parce qu'elle osa, au plus fort de la fortune de Mme de Prie, penser de cette dame ce qu'il en écrivit lui-même plus tard après sa disgrâce et sa mort), vécut jusqu'en 1772 dans sa pieuse retraite et dans une volontaire obscurité. Nous devons également convenir que Voltaire n'est pas beaucoup mieux informé lorsqu'il fait, peu de jours après, partir Mme de Prie pour Wissembourg, afin de voir Marie Leczinska, et lorsqu'il donne à entendre que le mariage ne fut décidé qu'après son retour. La suite de notre récit fera voir le contraire ; et la lettre du duc de Bourbon, que nous avons trouvée aux Archives nationales, et que ce Prince remit à Mme de Prie quand elle se rendit en qualité de dame d'honneur près de la fille de Stanislas, prouve surabondamment que le mariage était déjà résolu et déclaré avant le départ de cette dame. Nous ne relevons pas ces inexactitudes de Voltaire pour nous donner le très-futile plaisir de surprendre un si grand écrivain en défaut sur de si petites circonstances, mais pour établir combien il faut quelquefois se défier des assertions des contemporains, même les plus véridiques et les mieux informés. Pour les plus importants comme pour les moindres événements, il n'y a chance de découvrir la vérité pure et sans alliage que dans les pièces confidentielles qui portent la date de l'époque elle-même. C'est toujours à des documents de cette nature que nous avons eu recours quand nous avons cru devoir adopter dans notre récit des versions un peu différentes de celles qui ont généralement cours.

des agents secrets naguère envoyés dans toutes les cours de l'Europe. Sur la liste officielle, Marie Leczinska était à peine nommée. L'auteur du mémoire dont nous avons parlé, remarquait seulement qu'elle avait beaucoup de parents peu riches ; que son père et sa mère voudraient sans doute s'établir en France, ce qui serait un grand inconvénient. « On ne savait rien d'ailleurs », ajoutait-il, « qui fût désavantageux à cette famille [1]. »

Mais les rapports des agents secrets parlaient d'elle avec plus de détails. L'un d'eux, le chevalier de Méré, avait commencé sa tournée par la petite ville de Wissembourg, en Alsace. Il y avait rencontré, retirée dans une commanderie de Malte presque délabrée, la cour fugitive du roi Stanislas. Stanislas Leczinski était ce palatin de Posnanie, élu roi de Pologne en 1704 par l'influence de la Suède, maintenu sur son trône pendant quelques années par les victoires de Charles XII, et que le désastre de Pultawa en avait brusquement précipité, en 1715. Il avait alors suivi son protecteur en Bessarabie. Sorti de la Turquie avec Charles XII, il avait plus tard reçu de ce prince le gouvernement de Deux-Ponts. Mais là encore le malheur l'avait poursuivi ; et, à la mort du roi de Suède, il lui avait fallu abandonner, vers 1719, ce Duché au comte palatin Gustave. Depuis

---

1. Papiers relatifs au mariage du roi Louis XV, aux Archives nationales.

cette époque, il avait vécu errant et misérable.
Obligé de chercher un asile en Lorraine, il avait dû
à la générosité de Léopold une assistance momentanée [1]. Enfin, sur les instances de la reine de
Suède, le régent lui avait permis de s'établir à Wissembourg, où, pendant son ministère, le cardinal
Dubois lui fit irrégulièrement toucher une somme
d'environ mille livres par semaine, redevance bien
minime que, par pitié, M. le Duc consentit plus
tard à augmenter un peu, et qui suffisait à peine
à faire vivre à l'abri du besoin, autour de Stanislas,
sa mère, sa femme, sa fille, deux moines et quelques gentilshommes polonais, fidèles compagnons de
toutes ses infortunes. Telles avaient été jusqu'alors
les seules relations de ces exilés avec la cour de

1. « Ayant fort à cœur de ne jamais rien faire qui ne soit agréable à
M. le duc d'Orleans, j'ai cru devoir l'informer que le roi Stanislas m'a
envoyé, il y a deux jours, le maréchal de sa cour, pour me prier de
trouver bon, en cas qu'il fût obligé de quitter les États de Deux-Ponts,
de pouvoir se retirer dans nos États. » (Lettre du duc de Lorraine à
M. le duc d'Orléans, 3 janvier 1719.) — Archives des affaires étrangères.
« Le roi Stanislas est passé dans cette ville (Lunéville) ; il a toujours
gardé l'incognito, sous le nom de comte ***, sans vouloir de logement.
au château. Il est dans une dure nécessité. Il avait mis en gage ses
bijoux, pour les vendre secrètement. M. de Beauvau les a vus. Il l'a
deviné et en a instruit Son Altesse. Le jeune Lenoncourt a été chargé
de les retirer, et de porter au comte les bijoux et leur prix, sous la
condition du plus grand secret. Le Roi a accepté, et en partant a laissé
une lettre ouverte à l'aubergiste de la cour de Lorraine, avec ordre de
la porter le soir à M. de Beauvau, en la laissant lire à qui voudrait
la voir..... » (Lettre de M. Lebègue à M. Bourcier, extrait des manuscrits de M. Mory et citée par M. Noël.) — *Mémoires pour servir à
l'histoire de Lorraine*. Tome Ier, page 106.

France. Excepté une dame Texier, veuve d'un ancien caissier du munitionnaire Pleneuf, et maîtresse d'un officier qui jadis avait servi en Pologne, jamais personne n'avait encore parlé à Mme de Prie de la fille de Stanislas, lorsque, pour la première fois, cette dame jeta les yeux sur la description du modeste intérieur de Wissembourg et sur le gracieux portrait de Marie Leczinska, tracés par le chevalier de Méré.

« Ces mœurs naïves et pures, ce mélange d'études graves et de gaieté innocente, ces devoirs pieux et domestiques ; cette princesse, qui, aussi simple que la fille d'Alcinoüs, ne connaît de fard que l'eau et la neige, et qui, entre sa mère et son aïeule, brode des ornements pour les autels; tout retraçait dans la commanderie de Wissembourg l'ingénuité des temps héroïques[1]. » Dans ses dispositions actuelles, comment la maîtresse de M. le Duc n'aurait-elle pas été séduite par la vive peinture de tant de vertus, si nouvelles pour elle. En mettant la relation de M. de Méré sous les yeux de son amant, la marquise le décida aisément. Le témoignage d'un juge plus compétent confirmait d'ailleurs le poétique enthousiasme du chevalier : c'était celui du comte d'Argenson. En revenant d'Allemagne, le Comte avait eu occa-

---

1. Extrait de l'*Histoire de la Régence* de Lemontey. Cet auteur paraît avoir eu connaissance du rapport du chevalier Méré, que nous avons en vain cherché parmi les papiers relatifs au mariage du roi Louis XV, qui sont gardés aux Archives nationales.

sion de visiter cette petite cour polonaise, et personne ne rendait plus que lui justice aux modestes vertus de Marie Leczinska et à la modération de son père [1]. On n'hésita plus à Versailles. Le mariage du roi fut publiquement déclaré vers la fin de mai 1725, et, dans les derniers jours de juillet, la toute-puissante favorite, nommée dame du palais, se rendit en grand équipage en Alsace, portant au roi Stanislas une lettre confidentielle de M. le Duc. Faire étalage de son crédit, saluer la première celle qu'elle venait de placer sur le trône, n'était pas le seul but du voyage de Mme de Prie ; elle avait surtout pour mission de ruiner à l'avance l'évêque de Fréjus dans l'esprit de la future épouse de Louis XV. L'ingénuité si vantée de Marie Leczinska ne laissait pas non plus que d'inquiéter un peu M. le Duc et sa maîtresse. Il était urgent, à leurs yeux, de façonner une princesse aussi simple aux exigences de sa nouvelle condition, et de l'initier à ces mœurs de cour, dont l'étrange ambassadrice dépêchée par le premier prince du sang offrait certainement elle-même, le plus curieux échantillon [2].

Lorsqu'elle eut donné le temps nécessaire à ce déli-

---

1. *Mémoires du marquis d'Argenson.* Tome Ier, page 231.
2. ..... « Votre Majesté me témoigne tant de bontés, qu'elle trouvera bon que je prenne la liberté de l'instruire de beaucoup de choses sur tout ce qui se passe dans ce pays. Mais comme la prudence défend de les écrire et que je suis sûr du secret de Mme de Prie, je l'ai chargée d'en rendre compte à Votre Majesté et de ne lui rien cacher, croyant

cat enseignement, Mme de Prie amena triomphalement Marie Leczinska à la cour de France. Si la raison d'État et les convenances politiques n'avaient guère été consultées, les goûts personnels du Prince ne l'avaient pas été davantage. Seul, l'évêque de Fréjus aurait pu pénétrer les vrais désirs ou les secrètes répugnances de son élève, mais il avait obstinément refusé de se mêler de son mariage. Louis XV, maintenant âgé de quinze ans, n'avait pas cessé d'être toujours ce même enfant, maussade et timide, fier et contraint, si difficile à faire parler, et qui jamais ne laissait surprendre sur son visage la trace de la moindre émotion. Déjà tout le monde avait, l'année précédente, péniblement remarqué de quel air glacial, avec quel absolu silence il avait accueilli son ancien gouverneur Villeroi, rappelé enfin de l'exil. En vain le vieux maréchal, soutenu de ses deux fils, l'archevêque de Lyon et le duc de Villeroi, s'était jeté à ses genoux pour lui baiser la main avec mille démonstrations de tendresse et de respect, le roi n'avait ni bougé, ni proféré un mot, faisant ainsi sentir à ce funeste

qu'il y a des choses que notre Reine future serait peut-être bien aise de savoir. Ce sera à Votre Majesté à en juger; et toute la grâce que je lui demande est de les garder pour elle seule et pour la Princesse sa fille. Je dois à Mme de Prie le témoignage auprès de Votre Majesté, que si mon respect et mon attachement, mon zèle et ma fidélité pour notre Reine pouvaient être égalés, ce serait par ceux de Mme de Prie, en qui je remarque ces sentiments depuis que je la connais..... » (Lettre du duc de Bourbon, 15 juillet 1725.) Papiers relatifs au mariage du roi Louis XV, dépôt des Archives nationales.

instructeur de sa jeunesse, observe l'avocat Barbier, « les premiers effets de la fierté et de la hauteur qu'il lui avait lui-même inspirés [1]. » On épiait donc curieusement à la cour la façon dont Louis XV recevrait sa fiancée. Marie Leczinska avait sept ans de plus que lui ; elle n'était pas jolie. Le duc d'Antin, chargé d'aller demander officiellement sa main, avait écrit de Strasbourg : « Je conviens qu'elle est laide, mais elle me plaît au delà de ce que je puis exprimer [2]. » De la part d'un si complaisant courtisan, l'assertion n'était pas rassurante. La première entrevue eut lieu à Fontainebleau, où les noces royales furent célébrées (5 septembre) avec beaucoup de magnificence. Louis XV, inquiet et visiblement troublé, parut trouver sa jeune femme mieux qu'il n'avait espéré. Soit inclination passagère, soit plutôt ardeur de jeunesse, il témoigna même pour elle de très-vifs empressements, curieusement relatés dans les mémoires du

---

1. « Mardi matin, entre le conseil et le diner, il (le maréchal de Villeroi) a salué le Roi dans son cabinet ; il était soutenu par ses deux fils, l'archevêque de Lyon et le duc de Villeroi. Il s'est jeté aux genoux du Roi, et il lui a baisé les mains ; le Roi l'a laissé faire et ne lui a pas dit un mot. On dit pourtant qu'il était assez aise de le voir, mais pas un mot! Le bonhomme s'en est retourné, et suivant les apparences, il sera presque toujours à Villeroi, car on ne sera pas fort curieux de le voir à Versailles. Cependant, il faut convenir que le Roi lui a des obligations fort essentielles, et peut-être celle d'exister aujourd'hui. Mais il éprouve le premier la fierté et la hauteur qu'il a inspirées au jeune monarque. (Journal de Barbier, tome 1er, page 360.)

2. Lettre du duc d'Antin au comte de Morville, 28 juillet 1725, citée par M. Lemontey. *Histoire de la régence*, tome II, page 201.

temps, plaisamment mis en doute par Voltaire, qui défrayèrent un instant les conversations d'une société si libre en ses propos, et dont on est justement choqué de retrouver l'inconvenante mention jusque dans une lettre adressée par M. le Duc au père de la jeune reine [1].

1. « ..... Cependant on fait ici tout ce qu'on peut pour réjouir la Reine. Le Roi s'y prend très-bien pour cela. Il s'est vanté. . . . . . ., mais je n'en crois rien du tout. Les rois trompent toujours leurs peuples. La Reine fait très-bonne mine, quoique sa mine ne soit pas jolie. » Lettre de Voltaire à la présidente de Bernières, Fontainebleau, 17 septembre; édition Beuchot, tome 51, p. 153.

Voir le journal de Barbier, tome I, page 409. Lettre du duc de Bourbon au roi Stanislas. Papiers relatifs au mariage du roi Louis XV — Archives nationales.

CHAPITRE XXXIX

Situation de l'Europe. — Politique extérieure de M. le Duc. — Il cherche à faire renvoyer Fleury. — Il est lui-même renversé du pouvoir. — Le roi annonce l'intention de gouverner lui-même. — Le cardinal Fleury devenu tout-puissant. — Son système de pacification générale au dehors, et d'économie au dedans. — Vanité du cardinal exploitée par les cabinets étrangers. — Son intimité avec Léopold, qui le flatte de l'espoir de réconcilier la France avec l'Empire. — Fleury accorde la neutralité perpétuelle de la Lorraine. — Joie de Léopold à cette occasion. — Il se propose de remettre un peu d'ordre dans ses finances. — La mort le surprend au milieu de ses projets de réformes. — Portrait de Léopold. — La Duchesse déclarée régente. — Disgrâce du prince de Craon et des anciens serviteurs de Léopold. — Arrivée du duc François en Lorraine. — Ses inclinations toutes allemandes déplaisent à ses sujets. — Sa visite à la cour de France. — Il va voyager en Europe et retourne à Vienne. — La France lasse de la paix. — Fleury est entraîné malgré lui à la guerre, à propos de la réélection de Stanislas au trône de Pologne. — Le roi reste à Versailles pendant que la France est en armes. — Échec de l'expédition sur Dantzick. — Les Autrichiens battus en Allemagne et chassés de l'Italie. — Les succès de nos armes embarrassent le cardinal. — Il veut la paix à tout prix, et envoie un agent la solliciter à Vienne. — Ouverture qu'il fait à l'Empereur pour la cession de la Lorraine à la France. — Les ministres impériaux font semblant de n'y consentir qu'avec peine. — Fleury se met, par sa faiblesse à la merci de ses adversaires. — Il adresse à l'Empereur des lettres remplies des plus humbles supplications. — Difficultés suscitées par le cabinet autrichien. — Perplexités du duc François. — Embarras de Fleury. — Chauvelin prend la conduite de la négociation. — Elle aboutit aussitôt. — Signature du traité. — Exil de Chauvelin. — Désespoir des Lorrains.

Le mariage de Louis XV avec Marie Leczinska, arrangé et conclu par les motifs que nous avons indiqués, causa, en France comme au dehors, une surprise générale. Considérée au point de vue de la politique extérieure, l'alliance du chef de l'Etat avec la fille d'un gentilhomme polonais dépossédé de son trône électif n'ajoutait rien à la grandeur de notre pays. Elle était plutôt contraire à ses intérêts. Plus d'un bon esprit craignit qu'elle n'entraînât le gouvernement français à prendre un jour parti dans les querelles intestines de cette orageuse république placée hors du cercle de notre influence naturelle et si loin de la portée de nos armes. Son effet le plus immédiat fut d'aliéner profondément le roi d'Espagne, et de blesser au vif le duc de Lorraine. Le renvoi de la jeune infante portait à l'orgueil de Philippe V un coup si sensible qu'il n'hésita pas, en effet, à rompre bruyamment avec la cour de France. L'Europe étonnée vit le petit-fils de Louis XIV, afin de venger son injure, rechercher tout à coup l'alliance de l'ancien compétiteur de sa couronne, l'empereur Charles VI. Trois traités successifs secrètement élaborés à Vienne, pendant le cours de l'année 1725, signalèrent cet accord inattendu. Si la négociation était étrange, le négociateur, il faut l'avouer, ne l'était pas moins. C'était un ancien colonel, Hollandais d'origine et protestant de naissance, devenu Espagnol et catholique par ambition, qui, nommé à l'ambassade d'Espagne à Vienne, n'avait pas craint de reprendre intrépidement le rôle d'Albéroni, et pour servir les ressentiments passagers de son maître n'hésitait pas à le jeter une seconde fois dans les voies d'une politique toute pleine d'illusions et semée de périls. Le crédit de l'aventurier flamand ne dura pas toutefois aussi longtemps que celui de son prédécesseur italien; sa fin fut plus tragique. Précipité du faîte des honneurs, quand Philippe V revint à de plus raisonnables desseins, Ripperda, au lieu d'aller finir tranquillement sa vie dans un couvent de Jésuites à Rome, était destiné à changer encore une fois de nationalité et de foi ; et chef des troupes musulmanes de l'empereur de Maroc il devait périr un jour misérablement en Afrique, coiffé du turban et inventeur d'une religion nouvelle.

Plus sage que le roi d'Espagne, et incapable de se laisser aller aux mêmes extrémités, le duc de Lorraine n'éprouvait pas lui-même moins de mauvaise humeur contre la cour de France. Peut-être eût-il sans trop de peine oublié le méprisant refus qu'on avait fait de sa fille, si le ministère français eût avant tout recherché pour le jeune roi de France quelque allliance considérable ; il eût même probablement trouvé simple la préférence donnée par M. le Duc à sa propre sœur, Mlle de Vermandois ; mais le choix d'une personne étrangère à la famille de Bourbon et de condition aussi modeste que Marie Leczinska, lui semblait moins facile à pardonner, et tout autrement blessant pour son amour-propre. Une circonstance particulière ajouta encore à cette irritation. Peu de temps avant la déclaration du mariage, une lettre écrite de Remiremont avait mandé à Paris, sur l'état de santé de la future Reine de France, des bruits assez alarmants, qui, après informations, s'étaient trouvés sans fondement, mais le cabinet des Tuileries n'avait pas manqué d'attribuer, à tort ou à raison, cette fable au ressentiment de la cour de Lorraine[1]. L'aigreur était donc de part et d'autre assez vive. Mécontent de la France et inquiet de ses dispositions, le Duc se rattacha d'autant plus étroitement à l'Autriche.

Deux coalitions formées pour se faire mutuellement équilibre partageaient alors les différentes puissances de l'Europe. La première, née comme nous l'avons dit à Vienne, du rapprochement de Philippe V et de Charles VI, s'était accrue de l'accession de l'empereur de Russie et du roi de Portugal; l'autre, cimentée à Hanovre entre la France et l'Angleterre, avait reçu l'adhésion du roi de Prusse et des Provinces-Unies. Entre ces deux alliances opposées, Léopold ne pouvait hésiter. Le parti de l'Empereur était le seul qui lui convînt; il s'y engagea tout entier: heureux, en se procurant cet utile appui contre le mauvais vouloir du cabinet français, de pouvoir ainsi confondre de plus en plus ses intérêts avec ceux du corps germanique, auquel, afin de préparer

---

1. « M. le Duc reçut un écrit anonyme, mais très-circonstancié, où l'on exposait que Marie Leczinska était attaquée d'épilepsie..... Cependant l'on ne put recueillir aucune indice de la prétendue épilepsie, et l'on attribua cette fable au ressentiment de la cour de Lorraine..... — Une lettre du duc d'Antin, du 26 juillet, nous apprend que la duchesse de Lorraine regardait comme un larcin fait à ses filles l'élévation de la princesse Marie, et que son mari, plus résigné, avait bien de la peine à calmer son emportement et ses invectives. » (Note de *l'Histoire de la Régence*, de M. Lemontey, tome II, page 194).

à son fils les voies à la couronne impériale, ce prince brûlait alors de se faire agréger[1].

Cependant les agitations diverses de la diplomatie étrangère, non plus que les velléités belliqueuses du roi d'Espagne, ni la sourde irritation du duc de Lorraine, n'attiraient pas beaucoup l'attention du ministère français. M. le Duc songeait surtout à jouir de son pouvoir et à l'étendre encore. Persuadé que le mariage du roi avec une jeune princesse choisie de sa main, assurait à tout jamais son crédit, il se croyait dispensé de garder aucune mesure. Les impôts, augmentés sans discernement, furent prélevés sous son administration avec une rigueur jusqu'alors inconnue, et d'autant plus cruelle qu'une suite de mauvaises récoltes avait réduit les contribuables à la plus extrême misère. Paris Duverney n'en tenait nul compte : plus entendu en finances que versé dans les affaires d'État, esprit absolu, aux maximes inexorables, il croyait faire acte d'habileté en ramassant à tout prix, par d'impitoyables exactions, quelques précaires ressources presque aussitôt dissipées. Quant à Mme de Prie, aussi légère que jamais, et de

---

[1]. « L'ouvrage auquel ce Prince (le duc de Lorraine) fait travailler, dans le dessein de se faire agréger au corps germanique, sera bientôt achevé. Il sera ensuite envoyé à Vienne, où l'on décidera s'il sera imprimé ou envoyé à la diète de Ratisbonne pour être seulement communiqué aux États de l'Empire. Le Duc travaille à mettre dans ses intérêts l'Électeur palatin, celui de Trèves et de Mayence; il a reçu des assurances du roi de Pologne (Auguste de Saxe) de les appuyer. » (Dépêche de M. d'Audiffret, 29 janv. 1726). — Arch. des aff. étrang.

plus en plus déconsidérée, elle faisait profession de mépriser ouvertement l'opinion publique. Enivrée de sa prodigieuse fortune, un jour que la foule se pressait devant elle autour de la châsse de sainte Geneviève, afin d'obtenir le retour d'une meilleure saison, on l'avait entendue s'écrier en riant : « Mais ces gens-là sont fous ! ne savent-ils pas que c'est moi qui fais désormais la pluie et le beau temps[1]. »

Ce fut la soif immodérée des richesses, et le besoin d'une absolue domination qui précipitèrent la chute de Mme de Prie[2], et, par elle, celle du prince sans mérite qu'elle avait si complétement subjugué. Non contente de disposer, grâce à son amant, de toutes les places de l'État, et par Marie Leczinska, de toutes les grâces de cour, décidée à faire argent de tout, la maîtresse de M. le Duc aurait voulu mettre aussi la main sur les bénéfices ecclésiastiques. Elle était jalouse de l'évêque de Fréjus, qui s'en était exclusivement réservé la distribution. Elle ne pouvait surtout lui pardonner son assiduité aux conseils, où, toujours silencieux mais présent, il ne laissait jamais le

---

1. *Mémoires de Duclos. Histoire de la Régence*, par Lemontey. Voir sur Mme de Prie, son caractère, ses mœurs, et quelques traits de sa vie, les *Mémoires du marquis d'Argenson*, publiés en 1857 par M. le marquis d'Argenson ; 3 volumes, chez Jeannet ; et *les Mémoires du Président Henault*, publiés par M. le baron de Vigan, 1855.

2. « Mme de Prie a gouverné la France pendant deux ans, et l'on a pu la juger. Dire qu'elle l'ait bien gouvernée, c'est autre chose. »... (*Mémoires du marquis d'Argenson*, tome I, page 202).

roi seul avc M. le Duc, et se permettait parfois de proposer, pour des emplois considérables, des candidats auxquels Louis XV ne manquait jamais d'accorder la préférence. Ces faveurs obtenues sans son concours, en portant atteinte à son crédit, diminuaient ses profits ; c'était plus que Mme de Prie n'en voulait supporter. Assurée du concours de la jeune reine qu'elle fatiguait de ses assiduités, mais qui se croyait, par reconnaissance, obligée de lui servir de docile instrument, elle ne douta pas d'avoir facilement raison du cardinal de Fleury.

Un jour donc, vers la fin de décembre 1725, Marie Leczinska, cédant aux prières de son imprudente conseillère, retint, à l'heure du conseil, son mari dans ses appartements particuliers. M. le Duc, averti d'avance, survint avec son portefeuille plein de papiers ; et proposant au roi de commencer sur-le-champ le travail accoutumé, débuta par lui lire une lettre écrite de Rome par le cardinal de Polignac, et qui n'était qu'une longue accusation contre Fleury. Le roi en subit la lecture avec impatience. « M. le Duc », raconte un contemporain, « voulut y joindre des faits ; le roi ne l'écouta pas. Enfin M. le Duc s'apercevant de la colère du roi, lui demanda s'il lui avait déplu. — Oui. — S'il n'avait pas de bonté pour lui. — Non. — Si M. de Fréjus avait seul sa confiance. — Oui. — Alors il se jeta à ses genoux en pleurant ; la reine qui se trouvait une complice très-innocente, pleura de son côté ; et le roi sortit plein de colère[1] ». Cependant, lassé d'attendre vainement dans la salle ordinaire du conseil, et trouvant toutes les portes qui menaient chez la reine fermées par ordre de M. le Duc, l'évêque de Fréjus devina promptement le coup qu'on voulait lui porter. Opposant à cette futile intrigue, conduite par une femme étourdie, la ruse plus profonde d'un prêtre habile et sûr de son empire, il feignit de se croire disgracié, et sur-le-champ partit pour Issy. Une lettre toute pleine d'un religieux détachement transmit en même temps à Louis XV les adieux attendris et doucement résignés de son vieux précepteur. — Fleury n'avait pas, comme ses adversaires, trop présumé de son crédit; et l'annonce de sa retraite suffit à déjouer leur cabale. Attaché au placide prélat par les souvenirs de son enfance, le roi ne put soutenir un instant l'idée d'une si cruelle séparation. Inquiet et troublé, il avait, en quittant la reine, couru s'enfermer tout pleurant dans ses cabinets. Pendant cette scène aucun mot n'était sorti de sa bouche. La reine et M. le Duc n'avaient osé ni le suivre ni l'approcher. Plus hardi qu'eux, le duc de Mor-

1. Ces détails sur la scène entre le roi et M. le Duc sont empruntés aux Mémoires du président Hénault, qui se trouvait, dit-il, alors à Versailles, et apprit de M. de Morville, son ami, toutes les particularités relatives à cet événement. Voir les Mémoires du président Hénault, page 150.

temart pénétra jusqu'à son maître, mais ce fut pour lui proposer de porter au premier prince du sang l'ordre de rappeler immédiatement Fleury. Trop timide pour commander ce qu'il souhaitait, mais heureux d'être ainsi deviné, Louis XV accepta bien vite l'offre du premier gentilhomme de sa chambre. M. le Duc n'était pas homme à s'opposer à la volonté du roi, et moins encore à donner sa démission. Le lendemain de cette scène, le tout-puissant Fleury, rappelé par son rival, rentrait en triomphateur à la cour.

A partir de ce jour, le sort qui attendait le ministère ne fut plus douteux. Il eût dépendu de Fleury de faire immédiatement renvoyer M. le Duc. Plus modéré et surtout plus habile, il ne voulut pas avoir l'air de venger sa querelle particulière ; il insista seulement pour l'éloignement de Paris Duverney et de Mme de Prie, que, par vanité, leur aveugle protecteur s'obstina à défendre opiniâtrément. C'était achever de mettre l'opinion contre lui. Certain de l'emporter quand il voudrait, M. de Fréjus patienta encore un peu, attendant prudemment que le mécontentement fût monté à son comble. Il n'attendit pas longtemps. A l'impôt du cinquantième, accueilli avec tant de clameur, succéda bientôt le don de joyeux avénement, qui atteignait, depuis le juge sur son tribunal jusqu'à l'hôtelier dans sa taverne, puis aussitôt après, une taxe nouvelle, sous le nom de *ceinture de la reine*, prélevée, à l'occasion du mariage du monarque, sur tous les corps de métiers. Ces déplorables inventions fiscales, sans combler les vides du trésor, avaient, au printemps de 1726, couvert la France de troubles. Les courtisans, effrayés de sa croissante impopularité, s'éloignaient de M. le Duc, en livrant à la haine publique Mme de Prie, qu'ils avaient tant exploitée. Alors Fleury sentit que le moment était venu de mettre fin à un pouvoir qui n'avait plus de partisans. La chute de M. le Duc ne surprit et n'attrista personne. On fut seulement affligé du rôle joué en cette occasion par le jeune roi. Le 11 juin, en effet, en partant pour Rambouillet, soit qu'il répétât une leçon apprise du cardinal, soit plutôt qu'il suivît les instincts d'une précoce dissimulation, Louis XV congédia, avec une recherche d'amabilité inaccoutumée, le ministre dont il avait décidé le renvoi, lui recommandant, de son plus gracieux sourire : « qu'il prît garde de ne pas le faire attendre à souper. » Quelques heures après, M. le Duc recevait, de la part de Sa Majesté, l'ordre de se rendre à Chantilly. La conduite du roi vis-à-vis de la reine parut non moins singulière et plus choquante encore. « Je vous prie » lui écrivit-il, « et s'il le faut, je vous ordonne de faire tout ce l'évêque de Fréjus vous dira de ma part, comme si c'était moi-même [1]. »

---

1. Lettre de Louis XV à la Reine, citée par le maréchal de Villars

DE LA LORRAINE A LA FRANCE. 325

Pendant que ces deux missives parvenaient à leur adresse, M. Duverney était, par lettres de cachet, enfermé à la Bastille, et Mme de Prie exilée en Normandie. Le public fut enchanté de ces dernières mesures ; il se réjouit surtout d'apprendre que la place de premier ministre était supprimée, et que le roi allait, comme Louis XIV son aïeul, gouverner désormais par lui-même [1]. Comment en aurait-il douté en entendant, le 19 juin suivant, tous les évêques du royaume annoncer, par mandements exprès lus du haut de la chaire, que : « dans sa sagesse prématurée et par une piété louable, le roi demandait instamment qu'il fût adressé des prières publiques afin d'obtenir pour lui du ciel la grâce de rendre son peuple heureux [2]. » Ainsi convoquée par ses pasteurs, la foule des fidèles se pressa dans les églises ; mais tandis qu'elle en assiégeait dévotement les portes, plus d'un sagace observateur se prit à soupçonner l'ancien précepteur de vouloir gouverner seul

---

dans ses Mémoires, tome LXX de la collection Petitot, page 261. (Il existe à la Bibliothèque nationale une autre version de la même lettre, un peu différente dans les termes, mais dont le sens est pareil.)

1. « Le roi, comme un grand garçon, a fait un discours au premier conseil qu'il a tenu depuis l'exil de M. le Duc..... Il a déclaré qu'il était bien aise de remettre les choses dans l'état où elles étaient du temps de Louis XIV pour le gouvernement, qu'on s'adresserait dorénavant à lui-même pour les grâces, et qu'il donnerait des heures particulières à tous ses ministres pour travailler avec lui. » (*Journal de Barbier*, tome I, page 431.)

2. Mandement de l'archevêque de Paris, imprimé chez Delespin. — Paris, 1726.

au nom de son élève. Les courtisans les plus faciles à contenter trouvèrent eux-mêmes d'assez mauvais augure, que, pour les débuts de son règne, le nouveau maître eût voulu déployer, à l'égard de son parent, une si inutile fausseté, et envers sa compagne si dévouée et si douce, tant d'inutile sévérité [1].

Soyons justes toutefois à l'égard de Fleury. Comparée à celle de M. le Duc, son administration fut, pour la France, un véritable bienfait. Hors l'ambition bientôt satisfaite du chapeau (il fut nommé cardinal en septembre 1726), hors son ardeur ultramontaine pour la bulle *Unigenitus*, l'évêque de Fréjus, s'il n'apportait au pouvoir aucune idée un peu élevée, n'était au moins animé d'aucune passion contraire au bien de l'État. Telle est parfois la triste condition des empires longtemps et stérilement agités, que la médiocrité même du chef qui les gouverne devient pour eux le gage le plus sûr d'une sorte de bonheur relatif. Agé déjà de soixante-treize ans lorsqu'il prit ostensiblement la direction

---

1. « On a bien mieux fait encore. M. le cardinal de Noailles, archevêque de Paris, sur une lettre du roi, a fait publier un mandement pour faire dire des prières publiques pour dire à Dieu que le roi va gouverner lui-même, et qu'il ait la bonté de lui envoyer les lumières nécessaires pour rendre son peuple heureux... Pour n'en faire qu'à une fois, on a jugé à propos de demander aussi à Dieu de rendre un peu la reine fertile..... Mais il y a à Paris de fort honnêtes gens qui ont regardé cette publication comme un peu ridicule. (*Journal de Barbier*, tome 1, page 432.)

des affaires, incapable de grands desseins, borné dans ses vues politiques, mais également restreint dans ses visées personnelles, probe jusqu'au désintéressement, économe jusqu'à l'avarice, circonspect jusqu'à la timidité, Fleury était peut-être, malgré ses défauts, l'homme de cette époque qui convenait le mieux à la situation où se trouvait alors notre pays. A coup sûr, ses contemporains auraient eu tort d'en attendre, soit au dedans, une direction bien ferme, soit au dehors, une généreuse et fière préoccupation de l'honneur national, mais ils avaient raison de compter qu'il saurait au moins leur procurer la paisible jouissance de ces biens, toujours chers aux vieillards, et devenus maintenant si nécessaires à la France, à savoir : un peu d'ordre et de sécurité, d'économie et de paix.

Pendant la première moitié de sa longue gestion, quoiqu'il ne fût, à vrai dire, ni un bon administrateur, ni un profond diplomate, Fleury, grâce à de favorables circonstances et par le simple mérite d'une honnête modération, réalisa, en effet, une partie des espérances que son avénement avait fait naître. Laissant à d'autres le soin de raconter comment, au moyen de quelques dégrèvements d'impôts et de quelques restrictions dans les dépenses, il réussit à rétablir graduellement nos finances, nous nous occuperons de préférence de sa politique extérieure; nous tâcherons surtout d'expliquer comment, sans génie, sans habileté, sans hardiesse, recueillant tardivement le fruit du travail des grands ministres d'un autre siècle, se bornant à exploiter au jour le jour, avec une adresse terre à terre, les conséquences d'une guerre qu'il n'avait pas voulue et qu'il avait mal conduite, l'heureux prélat, arrivé par des voies si modestes au poste des Richelieu et des Mazarin, put enfin accomplir, à peu de frais, l'œuvre patriotique inutilement poursuivie par ses glorieux devanciers, et de quelle façon, sans que sa réputation mérite d'en être beaucoup grandie aux yeux de la postérité, il lui fut cependant donné d'attacher son nom à la réunion définitive de la Lorraine à la France.

En 1726, au début du ministère de Fleury, le continent était plutôt agité par des rivalités de cabinets, que menacé d'aucune sérieuse collision. Les alliances opposées formées à Vienne et à Hanovre, malgré les bruits de guerre qu'elles avaient suscités, tendaient plutôt à consolider qu'à compromettre la paix, car elles lui donnaient pour garantie l'équilibre même qu'une mutuelle jalousie venait d'établir entre les diverses puissances européennes. Garder tous les alliés qu'avait déjà la France, et la réconcilier en même temps avec ses adversaires; vivre sur le pied d'une égale amitié avec des cours rivales les unes des autres: telle fut la première pensée du vieux cardnal; pensée méritoire et touchante, système avantageux et commode, qu'il eût volontiers pratiqué toute

sa vie, si les événements n'étaient plusieurs fois venus
lui forcer la main ; auquel il revenait toujours avec
une constante bonhomie, et que, d'abord, tout sembla
favoriser. Des circonstances particulières rendaient,
en effet, facile à Fleury de nouer, en ce moment,
une sorte de paisible intimité avec la plupart des
cabinets étrangers. Il avait toujours affecté de
compter au nombre de ses plus sûrs amis Horace Walpole, le frère du pacifique ministre qui gouvernait
alors l'Angleterre. L'intimité avec Horace Walpole,
ambassadeur de Georges-1er à Paris, lui assurait la
bonne volonté de l'Angleterre. D'accord avec le cabinet britannique, il pouvait également compter sur
l'alliance de la république des Provinces-Unies, et du
royaume de Prusse, ce nouvel état du Nord qui venait
de prendre en Allemagne une situation dont l'importance ne devait plus jamais décroître. Peu importait au cardinal, décidé par esprit d'économie à
réduire les dépenses de l'État que, pour acheter
l'amitié de l'Angleterre, il lui fallût laisser tomber peu à peu notre marine militaire dont sa courte
sagesse n'appréciait pas toute l'utilité. Il lui en
coûta moins encore pour convenir des torts de
son prédécesseur envers la cour d'Espagne et pour
accorder à l'orgueil blessé de Philippe V, les puériles satisfactions qui devaient suffire à calmer son
ressentiment. A Vienne, les conseillers de l'Empereur reçurent, de la part du nouveau ministre

français, les assurances les plus amicales. Dans son désir de plaire à tout le monde il ne regardait même pas à mener de front les démarches les plus opposées. C'est ainsi qu'occupé à rechercher avant tout l'appui des chefs du parti protestant, tant en Angleterre qu'en Allemagne, on le voyait, s'autorisant de son caractère ecclésiastique, offrir, dans le même temps, à la cour d'Autriche de former une sainte ligue pour ramener toute l'Europe dans le giron de l'Église catholique.

Tant de secrète inconsistance causa moins de tort à Fleury que son évidente modération ne lui fit d'honneur. Telle était, malgré sa déchéance, plus réelle que notoire, la considération dont la France jouissait encore dans le monde, qu'on savait un gré infini au ministre qui disposait de forces estimées toujours si redoutables, de professer et de suivre une politique conciliante. Affable envers tous ceux qui traitaient avec lui, plus recherché et gracieux dans ses procédés que sincère et ferme dans ses engagements, mais habile à ne se lier par aucune parole trop précise, le cardinal avait, en peu de temps, conquis, au dehors, sinon une autorité bien imposante, tout au moins une certaine influence dont il avait la faiblesse de s'exagérer beaucoup l'importance, et qu'il ne faudrait pas, comme lui, prendre trop au sérieux, quoiqu'elle soit complaisamment consignée dans presque toutes les pièces diplomatiques de cette époque. On risquerait en effet de se tromper beaucoup si l'on voulait juger de l'opinion que Fleury avait donnée de lui à l'Europe, par la teneur des lettres qu'il recevait journellement soit des ambassadeurs, soit même des souverains étrangers, et par les flatteries démesurées dont la plupart de ses correspondants s'amusaient à l'enivrer. Son rang élevé dans l'Église, son grand âge, sa politesse personnelle qui était extrême, mais surtout son goût connu pour les compliments et les éloges, ont multiplié sous la plume des contemporains du cardinal de Fleury toutes sortes de formules d'admiration et des témoignages infinis de respect qui étaient, moins des hommages rendus à son mérite, que des piéges tendus à sa vanité.

Avec les dispositions que nous venons d'indiquer, on comprend aisément que le cardinal de Fleury ne voulut pas laisser durer longtemps la froideur que les récentes circonstances du mariage de Louis XV avaient amenée dans les rapports entre les cours de Versailles et de Nancy. La chute de M. le Duc avait causé une grande joie au duc de Lorraine; la désignation de son successeur devint pour lui le signal d'un complet rapprochement. Jusqu'en ces derniers temps, Léopold n'avait entretenu à Paris que des agents assez obscurs. Un des gentilshommes les plus considérables du pays, le marquis de Choiseul-Stainville, allié lui-même à la plus haute noblesse de France, venait d'être désigné pour ce poste important[1]. La nature des communications amicales dont ce nouvel agent fut aussitôt chargé constate le bon accord qui s'établit promptement entre le souverain de la Lorraine et le nouveau ministre du roi de France. Assuré de trouver chez lui autant de complaisance qu'il avait rencontré de mauvais vouloir de la part de son prédécesseur, Léopold se servit immédiatement de l'intermédiaire du marquis de Choiseul-Stainville pour suivre auprès du cardinal une négociation dont le succès lui tenait fort à cœur. Il s'agissait d'obtenir du gouvernement français la reconnaissance authentique et irrévocable de la neutralité perpétuelle de la Lorraine.

Depuis quelque temps, Léopold avait absolument renoncé à échanger ses États héréditaires contre une principauté plus considérable soit en Italie, soit ailleurs. Ses idées avaient pris un autre cours. Il

1. « Comme ce Prince (le duc de Lorraine), a fait réflexion qu'il lui convenait mieux d'avoir auprès du roi un envoyé qui fût de condition, le Marquis (le marquis de Choiseul-Stainville) est destiné à relever M. de Reineville, qui doit être rappelé dans deux mois, ce qui est encore tenu secret. » (Dépêches de M. d'Audiffret, 28 août 1725.) — Archives des affaires étrangères.

François-Joseph de Choiseul, marquis de Stainville, baron de Beaupré, héritier du comte de Stainville, son oncle maternel, à la charge de porter son nom, envoyé extraordinaire du duc de Lorraine en Angleterre, puis en France, épousa Louise de Bassompierre, mourut en 1770, et fut le père de Étienne-François de Choiseul, duc de Choiseul, ministre de Louis XV. (Extrait des papiers communiqués par la famille de Choiseul.)

DE LA LORRAINE A LA FRANCE.   333

paraissait n'aspirer maintenant qu'à finir tranquillement ses jours au milieu de son peuplé, en lui assurant pour l'avenir, grâce à des traités solennels consentis et signés par toutes les grandes puissances de l'Europe, une sécurité et un repos qui lui avait trop manqué dans le passé. Telle était son impatience, qu'à peine Fleury installé dans son ministère, le Duc s'était risqué à confier à M. d'Audiffret ses vues nouvelles, et à le pressentir sur les chances qu'elles avaient d'être accueillies par sa cour. L'envoyé français avait été fort embarrassé de répondre à une ouverture si délicate[1]. Nous voyons par une dépêche du 19 février 1726, qu'étonné de voir Léopold résolu à ne quitter en aucun cas sa résidence actuelle, il attribua d'abord cette détermination inattendue du prince lorrain à la seule crainte d'être séparé de Mme de Craon. Sans mettre en doute la vivacité de la passion, qu'après vingt ans, cette dame

---

1. « Je sais très-certainement que M. le duc de Lorraine..... a écrit à l'Empereur que si on avait dessein de le déplacer, il n'y consentirait jamais, quelque avantage qu'on lui offrît en échange; qu'il voulait vivre et mourir dans les États qu'il tenait de ses ancêtres, et dont on ne le tirerait que par la force.

« On m'a assuré que la cause de cette inquiétude du duc de Lorraine est la crainte de s'éloigner d'une dame de cette cour qu'il aime depuis vingt ans, comme on n'a jamais fait, ou de la voir dépouillée dans un changement des grands biens qu'il lui a donnés aux dépens de son domaine et de ses finances, et ce serait un grand bien pour sa famille, pour ses sujets et pour lui-même, qu'une translation convenable pût contribuer à le guérir de cette grande passion... » (Dépêche de M. d'Audiffret du 19 février 1726). — Archives des affaires étrangères.

inspirait encore, il est vrai, à Léopold, nous croyons à des motifs plus sérieux qui, d'ailleurs, n'échappèrent pas longtemps eux-mêmes à la perspicacité de notre ministre à Nancy[1].

La perspective du mariage de son fils avec l'aînée des Archiduchesses, et l'espoir de voir la couronne impériale passer un jour dans sa maison, ne permettaient plus au duc de Lorraine de donner suite à des projets qui l'auraient trop éloigné de l'Allemagne. Il cherchait, au contraire, à se rapprocher autant que possible du Corps germanique; et son ambition ne tendait plus qu'à concilier d'avance au jeune prince François les suffrages des Électeurs de l'Empire. Comment, dans cet ordre d'idées, ne se serait-il pas avant tout préoccupé de la situation difficile où cette politique nouvelle allait placer la Lorraine? Quel serait un jour, en cas de guerre, le sort de ce petit pays, d'un côté étroitement lié et presque aggloméré à l'Empire, et de l'autre enserré de toutes parts par la France. L'obtention d'une perpétuelle neutralité, officiellement reconnue de l'Europe entière, pouvait seule le préserver des dangers qui ressortaient naturellement d'une pareille situation.

---

[1]. « Je vois ce Prince opiniâtrément décidé à vouloir demeurer dans ses Etats; vous n'en serez pas surpris, sachant qu'il y a eu depuis quelque temps des missives concertées entre l'Empereur et lui, qui doivent cimenter une union très-étroite entre leurs maisons qui ne se reregardent plus que comme une seule famille. » (Dépêche de M. d'Audiffret, 9 avril 1726). — Archives des affaires étrangères.

Cela était parfaitement compris non-seulement à Nancy, mais à Vienne. Entre les deux cours, ou pour mieux dire entre les maisons d'Autriche et de Lorraine, qui, déjà, suivant les expressions de M. d'Audiffret, « ne se regardaient plus que comme une « seule famille », l'alliance était si intime, que la marche à suivre, pour arriver à un si grand résultat, avait été d'avance délibérée en commun. Pour rendre la proposition de Léopold plus acceptable à la France, Charles VI était convenu qu'il donnerait, le premier, avis à son neveu de l'intention où il était de reconnaître la neutralité perpétuelle de la Lorraine, s'il pouvait obtenir des autres puissances de l'Europe une pareille assurance. C'était en faisant communiquer par M. de Choiseul-Stainville cette lettre de l'Empereur au cabinet de Versailles, que le duc de Lorraine avait entamé sa négociation avec le cardinal de Fleury[1].

Est-il besoin de se demander quel accueil, dans des circonstances analogues, une pareille ouverture, eût reçu de la part des gouvernements qui s'étaient depuis un siècle succédé en France? A coup sûr, Louis XIII et Richelieu, Mazarin et Louis XIV l'auraient repoussé bien loin. Après avoir, en tant d'occasions et par tant de moyens, par la guerre et par la paix, sous tous les prétextes, et le plus souvent sans

---

1. Lettre du duc Léopold au cardinal de Fleury.

prétextes, cherché à acquérir à tout prix la Lorraine, ce n'est pas eux qui auraient consenti à garantir sa neutralité, juste au moment où l'alliance projetée avec une fille de l'Empereur allait mettre ce pays sous la dépendance autrichienne. Si affaiblies que fussent les traditions de la vieille politique française, elles avaient encore gardé, tout au moins dans les bureaux du ministère des affaires étrangères, quelques fidèles interprètes. Conseillé par eux, le Cardinal fit d'abord quelques objections[1]. Mais cette négociation, commencée par le marquis de Choiseul, était vite passé des mains de l'agent lorrain à Paris dans celles de son maître. Entre le duc de Lorraine et le cardinal de Fleury une correspondance intime et journalière n'avait pas tardé à s'établir. Les lettres de Léopold devinrent si nombreuses et si pressantes, leur ton était si flatteur, il était si peu dans la nature du complaisant Cardinal de refuser longtemps, qu'après une courte hésitation, il accorda, sans plus de résistance, à peu près tout ce qui lui était demandé. L'envie d'être agréable au petit souverain de la Lorraine n'avait pas d'ailleurs uniquement décidé Fleury. Léopold avait eu l'art d'amorcer adroitement sa vanité en lui transmettant force compliments de l'Empereur, en lui donnant à entendre que le cabinet impérial n'était pas éloigné de le choisir pour

---

1. Réponse du cardinal de Fleury au duc de Lorraine, du 28 janvier 1727.

médiateur dans ses démêlés avec l'Espagne[1]. C'était prendre le vieux ministre de Louis XV par son faible. Rien ne lui souriait tant, en effet, que l'idée d'être érigé en une sorte d'arbitre impartial, chargé de rétablir le bon accord entre les diverses cours de l'Europe. Afin d'obtenir l'honneur d'un si beau rôle, il parut habile au Cardinal d'acheter à l'avance, par quelque gracieux procédé, le suffrage de l'Autriche. Plus que toute autre, cette dernière considération détermina son adhésion aux projets de Léopold.

Reconnaître officiellement la neutralité perpétuelle de la Lorraine était cependant, pour le chef du pouvoir en France, quelque chose de si extraordinaire et de si nouveau, que Fleury voulut au moins recourir à l'un de ces compromis où se complaisent d'ordinaire les esprits timides, quoiqu'ils ne servent, en définitive, ni à sauver leur réputation ni à couvrir leur responsabilité. Le cardinal aurait voulu que Léopold se fût contenté, comme garantie de sa neutralité, d'une simple lettre du roi de France semblable à celle qu'il avait reçue de l'Empereur. Au début, le Duc n'avait pas osé prétendre plus[2]; mais enhardi

---

1. Lettres du duc Léopold au cardinal de Fleury, en date des 11 et 20 février, 17, 20 et 22 avril, 16 mai et 13 octobre 1727. — 10 août, 12 septembre et 3 octobre 1728. (Archives des affaires étrangères.) Voir quelques-unes de ses lettres aux Pièces justificatives.

2. Lettre du duc de Lorraine au cardinal de Fleury, 1er février 1727. — Réponse du cardinal au duc de Lorraine, 6 février 1727. — Lettre du duc de Lorraine au cardinal, 11 février 1727. — Lettre du roi au duc de Lorraine, 12 février 1727. — Archives des affaires étrangères.

par le succès de cette première démarche, il n'avait pas tardé à revenir à la charge, insistant pour un traité officiel et public. Fleury s'en était d'abord défendu de son mieux, puis, comme toujours, il avait encore cédé. Le 14 octobre 1728, Louis XV signa l'acte de reconnaissance authentique de la neutralité perpétuelle de la Lorraine. En échange de cette déclaration solennelle, le marquis de Choiseul-Stainville s'engagea par écrit à présenter dans peu de jours une contre-déclaration de son maître. Par cette pièce, destinée à demeurer secrète, le Duc, en acceptant pour ses États l'acte de neutralité perpétuelle, devait reconnaître : « Que ce ne serait pas déroger à ladite neutralité, si en cas de nécessité absolue, comme il arrive dans presque toutes les guerres, et comme il était arrivé en différents temps de la dernière, Sa Majesté le roi de France était obligée d'en user autrement[1]. »

L'arrangement consenti par le cardinal de Fleury, uniquement avantageux à la Lorraine, avait l'inconvénient d'être sans vérité ni bonne foi, sans dignité ni à propos. Il est difficile de comprendre le mérite d'une politique qui consistait à s'engager officiellement, devant l'Europe entière, à respecter la neutralité de la Lorraine, tandis qu'on se faisait donner par le Duc lui-même l'autorisation secrète de la vio-

---

1. Déclaration donnée par le marquis de Stainville-Choiseul, 14 octobre 1727. — Voir aux pièces justificatives.

ler. Évidemment, s'il lui fallait, en cas de guerre, s'emparer, comme il avait fait jadis, pour un temps plus ou moins long, de la capitale et de quelques-unes des places de cette province, le gouvernement français n'avait guère à redouter la faible résistance d'un duc de Lorraine. Une seule chose pouvait justement le préoccuper à l'avance, c'était l'effet qu'une semblable invasion produirait en Europe, et l'ombrage qu'elle donnerait aux puissances étrangères, et particulièrement à l'Empire. C'est pourquoi il était, en vérité, étrange de donner à tout le monde, excepté au Duc, le droit de se plaindre de l'occupation de ses États. Le cardinal tenait-il à faire preuve de condescendance envers Léopold, il aurait dû suivre alors une marche directement opposée. Tout en maintenant ostensiblement le droit pour la France, de prendre en certains cas ses sûretés en Lorraine, il dépendait de lui de s'engager tacitement à n'en user qu'à la dernière extrémité; cela eût été plus avantageux pour la Lorraine et pour la France. Mais, comme nous l'avons dit, Fleury pensait surtout à l'Empereur en traitant avec le duc de Lorraine. Ce n'était pas la cour de Nancy, c'était celle de Vienne qu'il voulait persuader de sa modération ! Ridicule et vaine adresse! Léopold n'avait point de secrets pour Charles VI, et le véritable état des choses n'était ignoré d'aucun des ministres autrichiens. En cette rencontre, comme dans plusieurs autres circonstances de sa carrière ministérielle, Fleury se trouva être la victime de sa complaisance et la dupe de sa vanité. Soigneux, en effet, de cacher partout ailleurs qu'à Vienne l'acte secret qu'il lui avait fallu signer[1], le duc dé Lorraine ne manqua point de donner à la déclaration authentique de sa neutralité perpétuelle la plus éclatante publicité. Pour mieux célébrer l'heureuse nouvelle, dont le retentissement servait si bien ses desseins, il provoqua même de la part de ses sujets toutes sortes de manifestations nationales. M. d'Audiffret n'y assista pas sans embarras, mais il n'osa les troubler en disant autour de lui toute la vérité[2].

Si nous nous en rapportons aux dépêches de l'envoyé français, jamais Léopold n'avait, depuis le commencement de son règne, témoigné une joie pareille à celle qu'il laissa librement éclater après la conclusion de son traité. Cette joie se comprend : depuis quelques années tout lui avait réussi et, dans

---

1. Voir à la fin du volume, aux Pièces justificatives, les documents relatifs à cette négociation.
2. « M. le duc de Lorraine m'a fait part de la lettre qu'il a reçue de Sa Majesté..... Vous jugerez encore mieux de la satisfaction qu'il témoigne par l'ordre qu'il a donné au marquis de Gerbevillers, bailli de cette ville, de publier cette agréable et importante nouvelle. Elle a causé une joie universelle..... M. le Duc a donné depuis deux fêtes magnifiques à sa cour, et n'a jamais paru de si bonne humeur. Je n'ai garde de blesser de si heureuses dispositions en contredisant ce qu'il voudra qu'on croie sur ce sujet. Je le dois à la manière obligeante dont il en a usé à mon égard. » (Dépêches de M. d'Audiffret.) — Archives des affaires étrangères.

l'avenir, tout lui souriait. Bien qu'aucune parole expresse ne lui eût encore été donnée, il ne pouvait plus douter que son fils ne fût destiné par l'Empereur à l'aînée des Archiduchesses. Il n'était point né d'enfant mâle à Charles VI : le jeune prince lorrain, en devenant l'époux de Marie-Thérèse, ne pouvait donc manquer de succéder à toute la puissance de la maison d'Autriche, et devait, selon toute probabilité, porter lui-même un jour la couronne impériale. Une si grande fortune, réservée à l'héritier présomptif du duché de Lorraine, était de nature à éveiller, à bon droit, les ombrages du gouvernement français, qui avait un intérêt évident à traverser d'aussi ambitieux desseins; cependant Fleury n'avait pas un instant paru y songer. Le Duc, en se faisant habilement valoir comme intermédiaire indispensable près de la cour de Vienne, en prodiguant à propos les témoignages redoublés d'une confiance entière et d'une déférence sans bornes, avait complétement captivé l'esprit du Cardinal. Sa correspondance nous révèle comment il était arrivé à se mettre avec lui sur le pied de la plus étroite intimité. Tantôt il lui faisait parvenir les nouvelles qu'il recevait des cours étrangères[1], tantôt il le complimentait avec effusion sur les succès de ses négociations au dehors, lui indiquant les moyens d'augmenter « une

1. Lettres du duc de Lorraine au cardinal de Fleury pendant les années 1726, 1727. — Archives des affaires étrangères.

influence qui ne pouvait jamais », assurait-il, « devenir trop considérable pour le bonheur de l'Europe[1]. » Plus souvent encore, il l'entretenait avec ouverture, soit de ses intérêts particuliers, comme duc de Lorraine, soit de ceux du mari de Mme de Craon, pour lequel nous le voyons solliciter très-vivement une duché-pairie en France[2]. Mais ce qui revient le plus continuellement dans ces lettres de Léopold, c'est l'espoir exprimé au Cardinal qu'il ne voudra pas choisir une autre ville que Nancy pour y réunir le congrès « où les plus importantes affaires de la Chrétienté ne tarderont pas sans doute à être réglées, suivant ses sages desseins et grâce à l'ascendant de sa toute-puissante autorité[3] ».

1. « Il n'y a que M. le cardinal de Fleury qui puisse faire venir à son point des têtes comme celles, sans les nommer, qui gouvernent l'Angleterre et l'Espagne. » (Lettre du duc Léopold au cardinal de Fleury, 29 janvier 1729.) — Archives des affaires étrangères.

2. « J'ai une amitié et une considération toute particulière pour M. le prince de Craon, et rien au monde ne me flatterait plus que si je pouvais obtenir qu'une terre qu'il a, sous l'obéissance du roi dans les Trois-Évêchés, dont les revenus passent 25,000 livres, pût être érigée en Duché-pairie, et que par là le prince de Craon pût avoir cette distinction de rang en France. Je sais que cette faveur est très-grande, mais le roi étant le maître de me donner cette marque de sa bonté, cette grâce ne devrait faire de peine à personne, ni tirer à conséquence pour d'autres. M. le cardinal connaît la maison de Beauvau, ses illustrations, et le bonheur qu'elle a d'être reconnue pour être alliée à celle de Bourbon..... » (Lettre du duc de Lorraine au cardinal de Fleury, 27 janvier 1727.) — Archives des affaires étrangères.

3. « Je prie M. le cardinal de se souvenir de ce que je lui ai dit pour Nancy, lorsqu'il s'est agi d'un congrès, bien entendu que la France ne pût ou ne voulût l'avoir chez elle..... Comme je parle à cœur ouvert à M. le cardinal, je lui dirai que par ce qui vient de se

DE LA LORRAINE A LA FRANCE. 343

Les soins donnés à ses relations avec les cours de Vienne et de Versailles n'absorbaient pas seuls, à cette époque, l'activité de Léopold. Jamais, au temps même où il avait songé à quitter la Lorraine, il n'avait entièrement négligé l'administration intérieure de ses États. Peut-être pouvait-on seulement lui reprocher de s'être de préférence appliqué à tirer de ses sujets tout l'argent possible, sans avoir toujours assez calculé combien leurs ressources étaient nécessairement bornées. Les théories économiques et les règles fiscales, pratiquées à cette époque par tous les gouvernements du continent, étaient profondément erronées et vicieuses. Retombant sur un petit pays auquel manquaient à la fois la confiance des gros capitalistes et le mouvement des grandes affaires, les conséquences des fautes commises devaient, par le cours naturel des choses, se faire plus promptement et plus profondément sentir. Quoiqu'il n'eût pas voulu imiter, en Lorraine, toutes les folies auxquelles avait donné lieu en France l'exagération du système de Law; quoiqu'il n'eût pas voulu doter les banques qu'il essaya de fonder à Nancy de toutes les prérogatives

passer, il s'est peut-être aperçu que, par la trop grande proximité des ministres auprès de sa personne, non-seulement ils ont attiré à M. le cardinal une grande incommodité et perte de temps, mais encore que la France devant être la principale médiatrice, il serait plus aisé de conduire ses différents intérêts d'un peu plus loin. » (Lettre du duc de Lorraine au cardinal de Fleury, 12 septembre 1728). — Archives des affaires étrangères.

exorbitantes, que le Régent avait, sans mesure, concédées à la compagnie du Mississipi, les appels inconsidérément adressés par le duc de Lorraine à un crédit imaginaire n'avaient pas amené, en réalité, de moins désastreux résultats. Il n'avait pas été beaucoup mieux inspiré lorsque, par des décrets inopinément rendus, il avait, plusieurs fois, voulu modifier arbitrairement la valeur des monnaies. Toutes ces mesures mal combinées et plus mal exécutées avaient jeté un désordre croissant dans les finances de la Lorraine, et créé un déficit devenu chaque année plus effrayant. Personne n'en gémissait autant que Léopold. Mais tandis que par humanité il s'était toujours refusé à augmenter les impôts qui pesaient sur son peuple, il ne témoignait pas moins de répugnance à diminuer ses dépenses.

En vain ses conseillers les plus écoutés, MM. Bourcier, Lebègue et Marc-Antoine de Mahuet, lui avaient, dans maintes occasions, recommandé une stricte économie, comme le seul remède applicable aux maux de l'État; le Duc n'avait jamais voulu les écouter. En vain le président Lefebvre, ce vieux serviteur si considéré, usant de l'autorité qui lui venait de son âge, de son expérience, et de son long dévouement, avait, de vive voix et par écrit, fréquemment adressé à son maître, sur ses excessives prodigalités, des remontrances sévères et presque rudes; elles avaient été reçues avec douceur sans produire aucun effet. Dans ses entretiens familiers, Léopold prenait plaisir à se défendre avec une certaine vivacité contre ce qu'il appelait volontiers d'injustes accusations. « La générosité, qualité bienséante d'ailleurs chez un duc de Lorraine, n'était pas », répondait-il au président Lefebvre et à ses amis, « le seul motif des largesses qu'ils avaient grand tort de lui tant reprocher; la politique y avait eu sa bonne part, et cette politique n'avait pas porté de si mauvais fruits. Mieux que personne le président Lefebvre, qui avait tout négocié pour lui à l'Étranger, savait quels sacrifices il lui avait fallu consentir, au début de son règne, pour établir avantageusement ses frères en Allemagne; il ne devait pas non plus avoir oublié combien, pendant la guerre de la succession d'Espagne, il lui avait fallu dépenser d'argent, afin de se garantir des incursions des Impériaux et des Anglais; et plus tard, quand étaient venues les négociations de Ryswick et d'Utrecht, quelles sommes étaient sorties de ses mains dans le but de se procurer des protecteurs à la Lorraine. Ignorait-on ce qu'il lui en coûtait encore maintenant pour maintenir dignement son fils à Vienne, pour lui ménager, en vue de son prochain mariage, l'appui des ministres autrichiens, et lui préparer, comme futur candidat à l'Empire, l'assistance des principaux membres du corps germanique? Un prince, placé comme lui dans le voisinage de deux puissantes cours, était, par sa situation même,

346   HISTOIRE DE LA REUNION

obligé de faire grande figure, et de tenir sa maison sur un pied magnifique. Il lui fallait être libéral envers tout le monde, mais surtout envers les principaux de sa noblesse, s'il voulait les retenir à son service, et empêcher que, par une assez naturelle ambition, ils n'allassent chercher fortune soit en France, soit en Allemagne[1]..... » Si ses interlocuteurs insistaient, et lui représentaient que les dettes dont il était couvert nuisaient à sa considération, le Duc n'était nullement gêné pour se disculper à cet égard et leur expliquer complaisamment ce qu'il appelait son système. « Ses dettes », disait-il, « n'étaient pas si considérables. Il entendait bien n'être jamais sans argent comptant; il avait toujours une grosse somme dans sa bourse qui pouvait servir aux occasions; mais cela même devait rester un grand secret, car il lui convenait qu'on le crût mal aisé; c'est pourquoi il n'était pas fâcheux qu'il eût des dettes, et que ses libéralités comme sa dépense parussent toujours excessives, sans conduite ni précaution.[2] »

---

1. « Les sources de dépenses extraordinaires de feu Léopold pour son État ont été : 1° Pour se procurer la justice qui lui était due sur ses prétentions d'État; 2° pour s'acquérir et se conserver la protection des principales puissances; 3° pour procurer à ses États la tranquillité non-seulement momentanée pendant la dernière guerre, mais aussi pour toujours par une neutralité perpétuelle: 4° pour se défendre contre les tracasseries que certains ecclésiastiques lui avaient suscitées. (Extrait du Mémoire présenté par le président Lefebvre au duc François après la mort de Léopold). — Papiers du président Lefebvre communiqués par Mme Lefebvre de Tumejus.

2. « ..... Après cette remontrance, son altesse me dit : (à M. Le-

S'il faut se garder de prendre à la lettre le tableau que M. d'Audiffret se plaît à tracer souvent, dans ses dépêches, de la situation déplorable des finances de la Lorraine, peinture évidemment exagérée, dont les sombres couleurs se seraient, avec beaucoup plus de vérité, appliquées, à pareille époque, à l'état de la fortune publique en France, il ne serait pas moins fâcheux de souscrire avec trop de confiance aux pompeux éloges que la plupart des historiens lorrains ont, sans grande sagacité, décernés à l'administration de Léopold. — Avec ses dispositions libérales, appuyées de si commodes maximes, comment le duc de Lorraine ne se serait-il pas laissé

bègue) d'écrire à Vienne, que son frère et lui n'étaient pas si mauvais ménagers qu'on le pense ; que lui avait actuellement 1,500,000 livres en bourse, et que son frère avait et aurait toujours des titres pour une bonne somme, laquelle pourrait servir dans les occasions où on voudrait l'employer...... » M. Lebègue, surpris de cette déclaration que ce prince ne lui avait pas encore faite depuis son retour, lui dit : « Monseigneur, Votre Altesse a beaucoup perdu de n'avoir pas employé cet argent au paiement de ses dettes avant les diminutions. » — « J'ai pris, répondit-il, mes mesures pour mes dettes, qui ne sont pas assez considérables pour m'inquiéter. En un mot, je ne veux jamais être sans argent comptant, et cela se fera avec un si grand secret, qu'il ne passera pas plus loin que M. Mahuet. Enfin, pour faire croire à qui je veux que je suis malaisé, il faut que je doive, et que mes libéralités et ma dépense paraissent, autant que faire se pourra, toujours excessives, sans conduite ni précautions. » — « Monseigneur, repartit M. Lebègue, il faut du moins payer les gages, gratifications, ou les supprimer. » — « Ce n'est pas là ma manière, dit Son Altesse, je fais payer sous main ceux que je veux retenir, et pour les autres, le défaut de paiement les dégoûtera, me contentant de faire donner quelques petites choses aux plus importuns...... » (Dépêche de M. d'Audiffret, 3 février 1715). — Archives des affaires étrangères.

parfois entraîner au delà de ce que permettaient la saine raison, et une sage politique ! Pendant son règne, régulier d'ailleurs et paisible, il eut toujours à lutter contre les embarras résultant de sa mauvaise gestion de la fortune publique. Les moyens dangereux qu'il employa tour à tour pour suppléer à la pénurie du trésor, en reculant une crise imminente devaient la rendre plus dangereuse encore. Elle éclata pendant les années 1725 et 1726. « On avait », dit M. Durival, « épuisé toutes les petites ressources d'une administration embarrassée, suppressions et créations d'offices, changements dans les monnaies, nouveaux nobles, aliénations de domaines, créations de rentes et le reste [1]. » Acculé dans cette situation fâcheuse, justement à l'époque où les affaires du dehors, conduites avec tant d'habilité, de bonheur et de succès, lui laissaient toute sa liberté d'esprit, Léopold ouvrit enfin les yeux. Il réunit en un conseil secret les Lorrains dont les lumières lui inspiraient le plus de confiance, et, parmi eux, les prudents serviteurs qu'il n'avait pas jusqu'alors assez écoutés. La façon avec laquelle il sollicita leurs avis, sans vouloir nier tout à fait ni reconnaître positivement ses torts, fut simple et touchante. « Je ne prétends pas », leur dit-il, « que l'on me traite en bon économe, mais je me flatte que je n'ai rien à me trop reprocher devant

1. *Description de la Lorraine et du Barrois,* par M. Durival, t. I, page 128.

Dieu, et rien devant les hommes... Il n'y a pas eu de duc de Lorraine, depuis un temps immémorial, qui ait fait tant d'acquisitions que moi [1]. » Il invitait surtout chacun à vouloir bien, dans une si grave occurrence, parler avec toute franchise et liberté. « J'espère que ceux que j'ai fait assembler, » ajouta-t-il, en terminant, « ont présent à leur mémoire leur devoir et leur patrie, ce qui les obligera à me dire en gens d'honneur, toute prévention à part, leurs avis, et à me donner leurs conseils ; et je ne doute pas qu'ils me garderont le secret, car en tout cela, je ne leur demande rien qu'ils n'aient juré à Dieu [2]. »

Ce qui sortit de plus sérieux de ce conseil ce fut la détermination bien arrêtée du duc de Lorraine de restreindre un peu certaines prodigalités devenues maintenant à peu près inutiles. La tendresse chaque jour plus marquée de Charles VI pour le jeune prince François, dispensait, en effet, Léopold du soin d'aller, à grands frais, chercher à Vienne des protections secondaires et moins efficaces. Loin de contrarier les vues de la maison de Lorraine sur la couronne impériale, le cabinet français, dirigé par Fleury, paraissait s'y prêter complaisamment ; il devenait donc inutile d'acheter trop à l'avance et trop chèrement les suffrages des princes allemands,

---

[1]. *Description de la Lorraine et du Barrois*, par M. Durival, t. I, page 128.
[2]. *Ibidem*.

que nulle puissance en Europe ne songeait d'ailleurs à solliciter dans un sens opposé. Léopold résolut donc, à la grande satisfaction de ses conseillers lorrains, de dépenser, dans l'intérieur même du pays, la plus grande partie des sommes considérables qui avaient jusqu'alors servi à préparer, au dehors, l'avenir magnifique qui semblait ne pouvoir plus manquer à sa famille. A partir de ce moment, les ressources tirées de la Lorraine furent presque toutes employées par Léopold, sous les yeux même de ses sujets, à des travaux d'un intérêt public et national. La nature de ces travaux fut elle-même heureusement choisie et témoignait du patriotisme du souverain. Soit, en effet, qu'attaché par l'habitude à sa modeste résidence de Lunéville, il se fût dégoûté de la somptueuse demeure qu'il avait commencé à construire à Nancy, soit plutôt qu'avec les nouvelles perspectives ouvertes à ses descendants, il crût inutile de leur bâtir une habitation coûteuse dans une ville qui ne devait pas, suivant toute probabilité, leur servir encore longtemps de capitale, il réduisit considérablement, et fit bientôt interrompre les constructions élevées par Boffrand et continuées, par des architectes lorrains, sur l'emplacement de l'ancien palais ducal[1]. Tout l'argent dont le Duc pouvait disposer fut, de préfé-

---

[1]. *Histoire du Palais ducal*, par M. Henri Lepage, Nancy, 1852.

rence, consacré à réparer les routes déjà existantes, à créer, par terre et par eau, des voies de communications nouvelles, et à encourager efficacement, dans toute l'étendue des Deux-Duchés, le commerce, les manufactures et les arts. L'Université justement célèbre de Pont-à-Mousson, où s'instruisait, sous la direction des jésuites, toute la jeunesse du pays, ne fut pas non plus oubliée dans les bienfaits d'un prince qui faisait hautement profession d'honorer l'étude des sciences et des belles-lettres [1].

De si sages mesures ne pouvaient guère tarder à porter leurs fruits ; les Lorrains se réjouissaient de voir Léopold accorder maintenant à l'administration intérieure de ses États une attention et des soins jusqu'alors absorbés par les préoccupations de la politique extérieure ; ils s'en promettaient, pour l'avenir du pays, les plus favorables résultats, lorsque ce prince leur fut tout à coup enlevé, le 27 mars 1729, à la suite d'une courte maladie. Quelques jours auparavant, étant encore en pleine santé, le Duc avait été visiter, au Ménil, un château que M. de Craon y faisait construire. En revenant à pied de cette excursion, il avait voulu franchir un petit ruisseau ;

---

1. Voir sur l'administration intérieure du duché de Lorraine pendant le règne de Léopold, l'*Histoire de Lorraine*, par M. Digot, tome VI, particulièrement le chapitre 3. — *État de la Lorraine sous le règne de Léopold*, Nancy, 1856, Durival. — Dom Calmet..... Le comte de Foucault, Leslie, etc., etc.

le pied lui avait glissé ; il avait reçu, en tombant, un coup violent dans la poitrine. Les médecins jugèrent d'abord l'accident sans gravité; mais une fluxion de poitrine s'étant déclarée, le danger devint évident. Les souffrances n'étaient pas violentes, mais la tête s'égara bientôt. « Plus d'une fois, raconte M. d'Audiffret, durant ses accès de vague rêverie, le Duc fit demander ses porteurs pour le mener chez M. de Craon. Agité par la fièvre, il semblait repasser tous bas dans sa mémoire troublée les desseins formés pour la grandeur de sa maison, desseins profondément nourris, déjà si avancés, mais qu'il laissait pourtant inachevés[1]. Quand le délire était passé, de graves et religieuses pensées l'occupaient uniquement. Ferme dans sa foi, comme tous les princes de sa race, Léopold sollicita et reçut avec la plus extrême dévotion les derniers secours de la religion catholique. « Je meurs », dit-il en expirant, « sans autre douleur que de n'avoir pas servi Dieu avec autant de fidélité que je le devais, et de n'avoir pas travaillé au bonheur de mon peuple avec autant de soin que je le pouvais[2]. »

---

1. Dépêche de M. d'Audiffret, 31 mars 1729. — Archives des affaires étrangères.
2. Voir le Père Leslie. — « Je suis extrèmement touché de la mort de ce prince, et j'ose assurer que c'est une perte irréparable pour ses sujets. On a la consolation qu'il est mort en héros chrétien. » (Dépêche de M d'Audiffret, 27 mars 1729.) — Archives des affaires étrangères.

DE LA LORRAINE A LA FRANCE.

Ainsi finit, à l'âge de quarante-neuf ans, ce souverain si peu considérable par sa puissance, mais si estimé pour ses vertus. Il n'est pas souvent question de Léopold dans les histoires générales, soit de la France, soit de l'Allemagne. Son nom ne revient pas non plus fréquemment dans les nombreux mémoires du temps. Cela est naturel. Il ne joua pas un rôle important et bizarre dans nos troubles civils, comme son grand-oncle Charles IV, au temps de la Fronde; il ne sauva pas l'Empire de l'invasion des Turcs, comme son père Charles V, à la journée de Vienne. Les qualités et le mérite du petit chef de la Lorraine n'étaient pas de nature à frapper beaucoup l'attention de ceux qui réservaient pour Louis XIV leur admiration passionnée! Ils en ont peu parlé. Saint-Simon détestait en lui le chef d'une maison qui prenait le pas, en France, sur les ducs et pairs du royaume. Aussi, tandis qu'il ne se lasse pas de nous entretenir des questions de préséance soulevées par les visites du Duc à Versailles, de ses rapports avec le régent, son beau-frère, de ses prétentions au titre d'altesse royale, il ne souffle pas un mot de sa personne ni de son caractère; apparemment parce qu'il n'en pouvait médire[1]. Seul parmi les écrivains célèbres de cette époque, Voltaire s'arrête avec complaisance sur le modeste intérieur de la cour de

1. *Mémoires de Saint-Simon*, tome VI, page 215; t. XV, page 401 et suivantes.

Lunéville, et se plaît à nous tracer du prince lorrain un attrayant portrait.

Voltaire avait connu Léopold. Un jour, vers 1719, en lui présentant sa tragédie d'*OEdipe*, il lui avait même adressé un gracieux quatrain[1]. Le langage de l'auteur du siècle de Louis XIV sur Léopold semble toutefois moins inspiré par ses souvenirs personnels que par l'impression gardée d'une course faite en Lorraine, après la mort de ce prince. Voltaire, dénoncé pour la publication des *Lettres sur les Anglais* et de l'*Épître à Uranie*, fuyait alors la mauvaise humeur du garde des sceaux Chauvelin. Il avait trouvé à Cirey, chez la marquise Du Chatelet, un premier asile qui lui avait servi à passer doucement la fin de 1734, et le commencement de 1735. Au mois de mai de la même année, parti encore une fois de Paris, sur quelque nouvelle alerte, il se rendit directement à Lunéville, certain de trouver dans cette résidence étrangère un asile plus sûr encore que Cirey contre le danger d'une lettre de cachet. Mais le goût des sciences l'y avait conduit au moins autant que le soin de sa sûreté. L'astronomie, pas-

---

1. « O vous, de vos sujets l'exemple et les délices,
   « Vous qui, sur eux, en les comblant de biens
   « De mon faible talent acceptez les prémices,
   « C'est aux dieux qu'on les doit, et vous êtes les miens. »

« Au duc de Lorraine Léopold, et à Mme la duchesse de Lorraine, « en leur présentant la tragédie d'OEdipe. » Poésies mêlées de Voltaire; édition Beuchot, tome II, page 319.

DE LA LORRAINE A LA FRANCE. 355

sion de son amie M™ Du Chatelet, était devenue la sienne ; il était curieux d'admirer, à l'Académie de Lunéville, quelques-uns de ces grands instruments d'optique, encore assez nouveaux en Europe, et que la marquise lui avait sans doute plus d'une fois vantés dans ses intimes entretiens, où la science n'avait guère moins de part que la tendresse.

La correspondance de Voltaire témoigne en effet du plaisir qu'il éprouva « à la vue d'une grande salle toute meublée des expériences nouvelles de physique et particulièrement de tout ce qui concerne le système newtonien[1]. » Il ne fut pas moins enchanté d'entendre M. Varinge, « un simple ouvrier devenu philosophe », démontrer l'usage de ces machines, qu'il avait la plupart faites de sa main[2]. Il y a aussi un Duval (Jamerey Duval), bibliothécaire, qui de paysan est devenu un savant homme, et que le même Duc rencontra un jour gardant les moutons et étudiant la géographie[3]... » Mais ce qui parut surtout ravir d'aise le disciple de Newton, ce fut d'assister dans cette même salle à un cours de physique fait par M™ de Richelieu, « devenue une assez bonne

---

1. « Il y a là un établissement admirable pour les sciences, peu connu et encore moins cultivé. C'est une grande salle toute meublée des expériences de physique, et particulièrement de tout ce qui concerne le système newtonien. » (Lettre de Voltaire à M. de Formont, 25 juin 1735), tome LII, page 41, édition Beuchot.
2. *Ibidem.*
3. Lettres de Voltaire à M. Thierrot, tome LII, page 35.

newtonienne... Elle a confondu publiquement »,
écrit-il à ses amis de Paris, « un certain prédicateur
jésuite, qui ne savait que des mots et qui s'avisa de
disputer, en bavard, contre des faits, et contre de
l'esprit. Il fut hué avec son éloquence, et Mme de
Richelieu d'autant plus admirée qu'elle est femme
et duchesse[1]. »

Jamerey Duval et Varinge étaient tous deux d'anciens serviteurs de Léopold. Voltaire les avait rencontrés juste au moment où la réunion imminente de la Lorraine à la France ravivait chez eux, avec l'attachement à une nationalité qu'ils allaient perdre, les sentiments d'une vive reconnaissance envers le maître généreux qui les avait si constamment et si généreusement protégés. Leurs paroles étaient donc encore fraîches dans sa mémoire, lorsque peu d'années après, de nouveau menacé et retiré à Cirey, Voltaire écrivait son essai sur le siècle de Louis XIV. Peut-être même comparait-il alors involontairement, au sort paisible de ces modestes savants lorrains, sa propre vie, errante et persécutée, malgré tant de gloire. Le plaisir de donner une leçon indirecte « *aux plus grands rois* » l'inspirait à coup sûr, lorsqu'à la suite d'une peinture déjà citée par nous de la petite cour de Lorraine, il ajoutait l'éloge suivant du

---

[1]. Lettre de Voltaire à M. Formont, déjà citée. La duchesse de Richelieu était Élisabeth-Sophie de Lorraine, fille de Joseph de Lorraine, comte d'Harcourt, prince de Guise; elle était de la branche cadette de la maison de Lorraine, et par conséquent parente du duc Léopold.

duc de Lorraine : « A l'exemple de Louis XIV, il faisait fleurir les belles-lettres. Il a établi dans Lunéville une espèce d'université sans pédantisme, où la jeune noblesse d'Allemagne venait se former. On y apprenait de véritables sciences dans des écoles où la physique était démontrée aux yeux par des machines admirables. Il a cherché les talents jusque dans les boutiques et dans les forêts, pour les mettre au jour et les encourager. Enfin, pendant tout son règne, il ne s'est occupé que du soin de procurer à sa nation de la tranquillité, des richesses, des connaissances et des plaisirs. « Je quitterais demain ma souveraineté, » disait-il, « si je ne pouvais faire du bien. » Aussi a-t-il goûté le bonheur d'être aimé ; et j'ai vu, longtemps après sa mort, ses sujets verser des larmes en prononçant son nom. Il a laissé en mourant son exemple à suivre *aux plus grands rois*, et il n'a pas peu servi à préparer à son fils le chemin du trône de l'Empire. »

Le jugement porté sur le duc Léopold de Lorraine par Voltaire nous paraît, dans ses traits les plus essentiels, confirmé par notre récit. Nous ne croyons pas qu'il résulte des détails dans lesquels nous sommes entrés, ni des pièces que nous avons citées, rien qui soit, en somme, défavorable au prince dont la mémoire demeure, à juste titre, populaire parmi les habitants des contrées qui formaient autrefois les Deux-Duchés. Il est vrai que le Léopold de l'histoire, sérieusement étudié, ne ressemble pas tout à fait au Léopold des oraisons funèbres ou des légendes nationales. Peut-être la vérité, simplement rapportée, a-t-elle simplement le tort de déranger tant soit peu l'idéal de convention où des esprits prévenus ont eu le tort de se complaire? Mais il est douteux, selon nous, que les personnages doués d'un incontestable mérite gagnent beaucoup à échanger, contre les qualités qu'ils ont en réalité possédées, celles que leur prêtent, après coup, des imaginations trop complaisantes. C'est le moindre défaut des apologistes, qu'ils transforment le caractère de leurs héros selon la mode du temps, ou d'après leurs inclinations personnelles. Léopold est ainsi devenu tour à tour, sous la main de ses divers biographes, tantôt une façon de philosophe couronné, tantôt un ardent patriote, tantôt un parfait dévot. Il ne fut cependant rien de tout cela ; sa modération n'était pas de la philosophie, c'était la sagesse naturelle d'un prince très-éclairé pour son siècle, quoique assez ignorant, comme on l'était alors, en matières d'administration et de finances. Il avait l'ardeur du bien public ; il aimait son pays, et ce fut le triomphe de sa diplomatie d'avoir su lui ménager, au milieu des querelles entre la France et l'Empire, une paix solide, et, dans la détresse universelle, une sorte de prospérité relative. Sans doute, l'indépendance de la Lorraine lui était chère ; mais sa grandeur personnelle, et surtout la grandeur de sa maison, lui tenait encore plus à cœur. Il fut ambitieux pour lui-même, et surtout pour ses enfants. S'il abandonna l'idée d'abord caressée d'échanger, de son vivant, ses États héréditaires contre une souveraineté plus considérable, ce fut pour assurer en Allemagne un magnifique avenir à ses descendants. Marier l'héritier du petit duché de Lorraine à l'héritière de la vaste monarchie autrichienne, et mettre la couronne impériale dans sa famille, tel fut le principal objet, et le but final où tendirent continuellement ses habiles efforts. Léopold fut un très-remarquable négociateur, et, sous des formes sages et modestes, un très-profond politique. Il connaissait trop bien les intérêts des diverses cours et les lois de l'équilibre européen pour s'imaginer que son fils pourrait, en devenant empereur d'Allemagne, rester duc de Lorraine. Il n'hésita pas à faire d'avance pour lui un choix nécessaire. Il n'a pas seulement entrevu et préparé l'importante combinaison diplomatique qui devait un jour mettre le prince François sur le trône des Césars et donner la Lorraine à la France ; il en fut en réalité le véritable auteur. C'est lui qui donna le branle aux événements qui s'accomplirent lorsqu'il avait déjà disparu de la scène. La grande fortune réservée à sa famille et les destinées ultérieures de son peuple furent son œuvre personnelle et directe. Dans sa pensée réfléchie, le sacrifice de la nationalité lorraine était la rançon obligée de l'élévation de ses successeurs. Comment supposer qu'il se fût affligé des événements qui réalisèrent, après sa mort, les plus chères espérances de toute sa vie! On ne saurait vanter son patriotisme sans faire tort à sa sagacité.

Ce qu'on ne saurait louer avec exagération, c'est la bonté naturelle de Léopold, sa douceur incomparable, sa générosité prodigieuse, et tant de charmantes qualités, qui, au dire des contemporains, rendaient son commerce si agréable et si sûr. Faut-il faire exclusivement honneur de toutes ces vertus à sa foi chrétienne? Elle fut en effet vive et sincère. N'hésitons pas à convenir toutefois que si elle ne le rendit, grâce à Dieu, ni l'humble serviteur de la cour de Rome, ni le persécuteur intolérant de ses sujets, elle ne suffit pas à le défendre absolument contre certaines faiblesses qu'il serait puéril de vouloir dissimuler. Au lieu de les nier contre toute évidence, ne vaut-il pas mieux se rappeler que ce prince a vécu au temps de Louis XIV et du Régent, du duc de Bourbon et de Louis XV. Gardons-nous donc d'oublier les mœurs des princes ses contemporains, et, qu'à cette époque, il n'était ni rare ni étrange de voir les femmes régner presque à l'égal des souverains, et gouverner comme des ministres. Le crédit de Mme de Craon dans cette petite cour de Lunéville n'approcha jamais, d'ailleurs, de l'empire qu'ont exercé à Versailles Mme de Montespan, Mme de

Maintenon, et plus tard Mme de Prie, en attendant Mme de Pompadour et la Dubarry. Qui sait, d'ailleurs, si l'amitié n'eut pas la plus grande part dans cette étroite et longue liaison?

Il existe plusieurs bons portraits de Léopold. Les peintres de son temps l'ont tous représenté comme étant de petite stature, et d'une assez faible complexion; il avait la taille grêle et légèrement voûtée; sa figure plaisait moins par la régularité des traits que par l'agrément de la physionomie; il avait le front haut et bombé, le nez accentué, la lèvre inférieure un peu forte et retombante. Mais une naturelle expression de bonté et un gracieux sourire presque habituel embellissaient ce visage, dont le type s'est longtemps reproduit parmi les princes de sa race.

La mort de Léopold, survenue en l'absence de son fils, établi à Vienne depuis six ans, soulevait la question de l'établissement d'un conseil de régence. On savait que le feu Duc y avait pourvu; cependant l'étonnement fut grand, au sein du conseil d'État, lorsqu'à l'ouverture de son testament (29 mars 1729) il se trouva que la duchesse de Lorraine n'était pas désignée pour en faire partie. Il devait uniquement se composer du prince de Lixheim, grand maître de sa maison, du prince de Craon, grand écuyer, auxquels étaient adjoints le président de la Cour souveraine et de la Chambre des comptes, M. Lefebvre, le secrétaire d'État et le maître des requêtes de quartier. Léopold avait voulu assurer par ces choix la continuation de sa politique ; ils devaient avoir pour effet d'assurer la prépondérance exclusive de ses plus intimes confidents, le prince de Craon et le président Lefebvre. Quoi de plus habituel aux souverains que de semblables tentatives, et, d'ordinaire, quoi de plus vain que leur résultat! Comment s'étonner si les dernières volontés d'un duc de Lorraine ne furent pas mieux respectées que ne l'avaient jadis été celles des plus puissants rois de France! A l'unanimité des voix, le testament de Léopold fut cassé, la duchesse de Lorraine déclarée régente et maîtresse absolue de former le conseil à son gré[1].

La réaction ne s'arrêta point là. Quoique pendant les dernières années de son règne, Léopold eût notablement restreint ses prodigalités, il n'en laissait pas moins les finances en assez mauvais état, le trésor vide, et des dettes fort considérables. Aux yeux du public, aux yeux surtout de la duchesse de Lorraine, il ne fallait imputer tout ce désordre qu'aux favoris du feu duc ; leur situation était devenue tout à coup aussi triste et fâcheuse qu'elle avait été longtemps enviée et brillante. Mme de Craon était tombée dangereusement malade « pour avoir », dit M. d'Audiffret, « trop violemment renfermé sa douleur dans

[1]. Dépêche de M. d'Audiffret, 31 mars 1729. — Archives des affaires etrangères.

son cœur ». M. de Craon, objet naguère de la jalousie des courtisans lorrains, souffrait maintenant cruellement d'avoir à leur donner son humiliation en spectacle. On s'attendait à voir cette famille traitée avec une excessive rigueur : il n'en fut rien. Soit qu'elle fût retenue par les instantes recommandations que son mari lui avait adressées de son lit de mort, soit qu'elle eût honte d'employer son nouveau pouvoir à venger de vieilles injures, la duchesse de Lorraine ne voulut pas en user trop durement[1]. Elle se contenta de suspendre M. de Craon de ses fonctions de grand écuyer. Ses sévérités tombèrent sur de moins grands personnages. Le directeur général des finances, M. Masson, accusé d'avoir toujours été l'une des plus complaisantes créatures de l'ancien favori, fut jeté en prison. Le premier président de la cour des comptes, M. Lefebvre, autrefois considéré comme l'oracle du conseil d'État, et qui plus d'une fois y

---

1. « La situation du prince de Craon est fort triste, et la maligne envie des courtisans triomphe de son humiliation. Cependant Mme la Duchesse en use avec bonté à son égard, par considération pour la mémoire du feu duc de Lorraine, qui le lui a fort recommandé par une lettre écrite au lit de mort. — Il semble que le caractère de régente lui a fait oublier le sujet qu'elle a eu de s'en plaindre comme duchesse de Lorraine. Il tâche de se rendre agréable par ses assiduités et par ses soins, mais les découvertes qu'on fait tous les jours sur la profusion des bienfaits qu'il a reçus, rendent la plaie très-difficile à guérir..... La princesse de Craon a été malade pour avoir renfermé sa douleur dans son cœur. Elle a voulu, malgré son confesseur et son médecin, recevoir le viatique le vendredi saint..... » (Dépêche de M. d'Audiffret, 5 mai 1729.)

avait fait prévaloir l'avis ou les intérêts de M. de Craon, en dut sortir; et les scellés furent mis sur ses papiers[1]. La multitude ne manqua pas d'applaudir; car elle se complaît toujours dans la chute de ceux qui ont bien ou mal exercé le pouvoir. Mais les plus avisés attendirent l'arrivée du nouveau maître, ou les instructions qu'il enverrait de Vienne.

Ce fut un Allemand, M. Fischner, qui les apporta. M. Fischner avait été sous-gouverneur du prince François; il possédait à la fois la confiance de son ancien élève et celle de la cour de Vienne. On remarqua beaucoup qu'en arrivant à Lunéville, avant d'aller présenter ses devoirs à la duchesse, M. Fischner avait voulu avoir un long entretien avec le conseiller d'État, M. Lebègue, dévoué comme lui à la maison d'Autriche. Les instructions dont l'envoyé du Duc était porteur confirmaient les pouvoirs de la régente, et reconnaissaient le conseil qu'elle s'était choisi; mais comme la naissance française de cette princesse la rendait suspecte à la cour d'Autriche, il lui était recommandé de prendre, sur toutes les affaires importantes, l'avis de MM. Lebègue et Fischner[2]. Il parut bientôt que M. Fischner déposi-

---

1. « J'ai appris que les scellés avaient été mis sur les papiers de M. Lefebvre, qui était regardé autrefois comme l'oracle du conseil d'État, d'où il a été exclu, et que M. Masson, directeur général des finances était arrêté et gardé à vue. » (Dépêche de M. d'Audiffret, 3 avril 1729.) — Archives des affaires étrangères.

2. « J'ai oublié de vous dire que Mme la duchesse a été fort piquée

DE LA LORRAINE A LA FRANCE 365

taire des secrètes pensées du Duc, était surtout destiné à conduire les affaires du dehors, car il partit presque aussitôt pour Paris, où résidait le marquis de Choiseul, dont à Vienne on ne se croyait pas assez sûr[1]. La haute main sur l'administration intérieure fut donnée à M. Lebègue. — M. Lebègue était un homme capable et probe, mais impérieux et dur. Il avait eu à se plaindre du prince de Craon, et passait pour n'aimer pas le président Lefèbvre. De l'enquête à laquelle il se livra avec beaucoup d'ardeur, et sans doute aussi avec quelque partialité, il résultait que les dettes du feu Duc se montaient à peu près à neuf millions, et que ce prince avait sur ses revenus donné annuellement à M. de Craon environ huit à neuf cent mille livres[2].

en apprenant que, quand M. Fischner arriva à Lunéville, il eut, avant de la voir, un long entretien avec M. Lebègue, d'où elle a soupçonné que sa naissance et ses intentions étaient suspectes à la cour de Vienne, que cette cour ne voulait lui laisser qu'une ombre d'autorité et tenir le Duc, son fils, dans une étroite dépendance. M. Lebègue, attaché à la maison d'Autriche, s'est uni avec M. Fischner, de sorte qu'ils sont les seuls instruments qui fassent aller la machine, et opinent toujours dans le conseil qu'il ne faut rien conclure, mais renvoyer le résultat des délibérations à M. le duc de Lorraine. Par crainte de déplaire à son fils, cette Princesse se laisse conduire par ses deux ministres, et répond aux demandes qu'on lui fait qu'il faut attendre l'arrivée de son fils. » (Dépêche de M. d'Audiffret, 23 mai 1729.) — Archives des affaires étrangères.

1. « J'ai cru ne pouvoir marquer plus essentiellement à M. le cardinal de Fleury le plaisir qu'il m'a fait qu'en lui envoyant M. Fischner, homme de ma confiance intime..... » (Lettre du duc François au cardinal de Fleury, 25 juin 1729.) — Archives des affaires étrangères.

2. « On a trouvé par les comptes que le sieur Masson a rendus, et par l'examen des autres papiers du feu Duc, qu'il ne doit que 9 mil-

Pour combler ce déficit, le conseil de régence ordonna que toutes les portions aliénées du domaine lui feraient retour. Les terres achetées par l'État et données à des particuliers devaient être restituées, ou leur valeur versée au trésor ; les délégations sur les fermes et revenus publiques furent annulées. Ces mesures conseillées par M. Lebègue étaient surtout dirigées contre le prince de Craon ; mais beaucoup d'autres en souffrirent avec lui, car la générosité de Léopold s'était étendue avec une extrême profusion, non-seulement sur le grand écuyer, mais sur la plupart des membres de la branche cadette de la maison de Lorraine, et sur presque tous les grands seigneurs du pays. Des lettres de noblesse ayant été, pendant son règne, accordées avec une inconcevable facilité, un impôt de quinze cents livres fut décrété sur tous les nouveaux anoblis : on calcula qu'il ne rapporterait pas moins de trois cent mille livres. Enfin le Duc envoya de Vienne l'ordre de prélever

lions, et qu'il donnait tous les ans 8 à 900,000 livres à M. le prince de Craon...... » (Dépêche de M. d'Audiffret, du 30 juin.)

« Mme la duchesse de Lorraine continue à traiter M. et Mme de Craon avec bonté et même avec distinction, ce qu'on ne conçoit pas, surtout depuis qu'elle a été informée, par un registre secret tenu par le feu Duc, des grandes sommes qu'ils ont reçues, moins les pierreries, tant pour les maisons magnifiques qui ont été bâties, pour les terres d'Haroué, de Lorquin, de Bassemont et de Jarville qui ont été achetées, que pour les riches dots des trois filles qui ont été mariées, et l'argent employé aux voyages des deux fils. — Mais nonobstant ces marques apparentes de bonté, on ne laisse pas de faire des recherches secrètes sur ce qui peut encore leur avoir été donné...... » (Dépêche de M. d'Audiffret, 15 mai 1729.) — Archives des affaires étrangères.

DE LA LORRAINE A LA FRANCE.   367

sans délai le don ordinaire de joyeux avénement, qui était estimé environ à huit cent mille livres[1]. Bientôt le bruit se répandit que de grandes réformes et beaucoup de suppressions d'offices étaient imminentes; l'inquiétude gagna alors ceux-là mêmes qui d'abord s'étaient le plus réjouis des sévérités du nouveau règne[2]. Les continuelles demandes d'argent qui arrivaient d'Allemagne, presque par chaque courrier, excitaient surtout le mécontentement[3]. Il paraissait

1. « On compte tirer 800,000 livres du joyeux avénement, et 300,000 de la taxe des nouvelles noblesses. » (Dépêche de M. d'Audiffret, du 3 juillet 1729.)

2. « J'ai l'honneur de vous envoyer l'édit de M. le duc de Lorraine pour la réunion des domaines engagés, et la déclaration touchant la suppression des expectatives de survivances des conseillers d'État et des chambellans; la consternation et le murmure sont universels. *Desolatione desolata est terra quia nemo est qui recogitet corde.* Personne ne veut convenir de la justice qu'il y a à retirer des domaines qui n'ont été aliénés que sur des motifs peu légitimes. » (Dépêche de M. d'Audiffret du 10 juillet.)

« Cette réunion des domaines coûte cher à ceux qui en possèdent, et l'ordre est venu de Vienne de n'en excepter personne. La signification fut faite avant-hier aux princes de la maison qui ne s'y attendaient pas, se flattant d'être privilégiés. » (Dépêche de M. d'Audiffret, 23 juillet 1729.)

« On attend l'estafette qui doit apporter les dispositions que M. le duc de Lorraine a prises pour libérer ses revenus, ainsi que pour réformer sa maison. — On est fort consterné en cette cour sur la nouvelle qui a transpiré que la réforme serait grande... » *Ibidem.*

3. « M. Lebègue est venu en cette ville (Nancy), pour ramasser 150,000 florins, qui font 400 livres de Lorraine, pour être converties en lettres de change qui doivent être envoyées à M. le duc de Lorraine. » (Dépêche de M. d'Audiffret, 5 mai 1729.)

« M. le duc de Lorraine a encore demandé 20,000 florins. » (Dépêche de M. d'Audiffret, 15 mai 1729.)

« Au lieu de 20,000 florins que M. le Duc avait demandés, on lui dur aux populations de payer de lourds subsides qui ne profitaient qu'à des étrangers. « La cour de Lunéville », écrivait M. d'Audiffret, « n'était plus que l'ombre d'elle-même. » Surpris et blessés de cette longue résidence de leur prince à la cour de Vienne, les Lorrains aspiraient à le voir enfin revenir parmi eux. Mais ce retour, retardé de jour en jour par l'Empereur, devait être lui-même l'occasion d'autres déceptions.

Le duc François avait quitté la Lorraine en 1723, à l'âge de quatorze ans. C'était alors un enfant aimable et spirituel, mais léger, indocile, inappliqué et plein de pétulance[1]; son étourderie, pendant les premiers temps de son séjour à Vienne, avait causé plus d'un tracas et d'une inquiétude au duc Léopold[2]. Cependant les années avaient produit peu à peu leurs effets ordinaires; les graves habitudes, la solennelle étiquette de la famille et de la cour impériale,

---

en a envoyé 30,000. — Il a fait dire qu'il en voulait encore 40,000. » (Dépêche de M. d'Audiffret, 23 mai 1729.)

« M. le duc de Lorraine veut qu'on prenne de bonnes mesures pour lui envoyer 320,000 livres dans le mois de septembre prochain. » (Dépêche de M. d'Audiffret, du 3 juillet 1729.)

1. « Il (le duc François) avait de l'esprit, de la bonté, mais sa pétulance était étonnante. Il paraissait incapable de toute application; il était léger, volage, indocile, et susceptible de la plupart des défauts de son âge, ce qui mettait le comble aux regrets de la perte qu'on venait de faire (celle du prince Clément, fils aîné de Léopold). » (Réflexions sur l'élection de l'empereur François Ier, aujourd'hui régnant.) Mémoires manuscrits tirés des papiers du président Lefebvre.

2. Dépêches de M. d'Audiffret à la cour de France pendant les années 1725-26.

avaient fini par calmer entièrement cette première effervescence. Lorsqu'en novembre 1729, François III arriva dans ses États en assez médiocre équipage et suivi, pour toute escorte, de quelques officiers allemands, ses sujets furent étonnés de retrouver ce maître de vingt ans, armé déjà d'un air sérieux, réfléchi et hautain; ils s'affligèrent surtout de le trouver si différent de son père. Son retour à Lunéville avait été précédé d'un ordre envoyé de Vienne de faire évacuer les logements donnés, dans les ailes du château, à quelques-unes des familles les plus importantes du pays; et cet ordre discourtois choqua extrêmement la noblesse. Elle ne fut pas moins étonnée et blessée de ce qu'en descendant de voiture, le nouveau Duc avait évité de saluer les dames qui s'étaient présentées sur son passage, n'ayant voulu rendre cette politesse qu'aux princesses de sa maison. La tournure, la mise et les manières du futur gendre de l'Empereur parurent complétement autrichiennes. Il annonça qu'il ne tiendrait pas de cour, et qu'il n'y aurait plus dorénavant ni lever n coucher. Il supprima toutes les réceptions; il réduisit le nombre et le traitement de ses chambellans[1]. Familier seulement avec quelques subalternes amenés de Vienne, il passait son temps à faire de la musique avec eux, ou à courir les bois à la suite des loups et

1. Dépêche de M. d'Audiffret, du 5 décembre 1729.

des sangliers [1]. Sa cousine, Mlle de Guise, mariée plus tard au duc de Richelieu, ayant voulu essayer d'adoucir un peu cette sauvagerie, en fut fort mal reçue [2]. Cela découragea toutes les autres dames.

Peut-être la maussaderie du jeune prince tenait-elle moins à ses dispositions personnelles qu'au dessein de suivre à la lettre les instructions qu'il avait emportées de Vienne. Par son attitude fière et réservée, par ses façons impérieuses, par son attention à maintenir tout le monde à distance, François semblait en effet s'appliquer surtout à faire d'avance sentir à ses sujets l'éclat de sa prochaine grandeur [3]. On remarqua que les plus grands seigneurs furent précisément ceux qu'il affecta de traiter avec le moins d'égards. Trente ans auparavant, pour les consoler de la perte de leurs priviléges politiques, Léopold avait comblé d'honneurs et de grâces les gentilshommes lorrains ; il les avait, par l'appât des vains titres et des fonctions oiseuses, attirés autour de

---

1. *Ibidem*, janvier 1730.

2. « La personne dont le nom a été oublié dans ma lettre est Mlle de Guise, qui joue un rôle fort empressé..... mais le prince n'a pas mordu à l'hameçon... » (Dépêche de M. d'Audiffret, 24 décembre 1729.) — Archives des affaires étrangères.

3. « Il semble qu'il (le duc François) veut copier la façon de vivre de l'Empereur, en se montrant très-peu en public, et en tenant les courtisans à une très-grande distance. Ce qui fait fort regretter l'affabilité du Duc, son père. » (Dépêche de M. d'Audiffret, 5 décembre 1729).

« Il y a un ennui mortel parmi les courtisans de ne pas voir leur maître, ce qu'on attribue à une leçon venue de Vienne pour faire sentir l'éclat de sa future grandeur. » (Dépêche de M. d'Audiffret, 15 mars 1730.) — Archives des affaires étrangères.

lui. Éloignés maintenant de la cour par les dédains de François II, les descendants des chevaliers des Assises durent comprendre qu'en échangeant contre de puériles distinctions leur ancienne importance personnelle et le rôle joué jadis dans l'État, leurs pères n'avaient pas fait un marché avantageux. M. d'Audiffret voyait juste quand il représentait le nouveau gouvernement comme uniquement occupé à poursuivre l'abaissement de la noblesse. Il avait raison d'écrire à Paris que les temps étaient loin désormais où la conservation des priviléges de la noblesse faisait les délices des souverains de la Lorraine. Ce n'était pas toutefois à l'envoyé français à s'en plaindre. La politique, qui avait ruiné les priviléges des gentilshommes lorrains, n'avait-elle pas du même coup détruit les franchises du clergé et celles du tiers état? N'était-ce pas elle qui avait suspendu à jamais la convocation des trois ordres? Cette politique n'avait pas un instant cessé de jouer le jeu de la France. En ôtant au pays le droit de se mêler de ses affaires, elle avait préparé, et préparait encore infailliblement le jour, maintenant si proche, où, disposant de ses sujets comme de son bien, le duc de Lorraine allait, sans les consulter ni les avertir, les faire passer d'un trait de plume, de la domination de la dynastie nationale, sous le joug d'un souverain étranger.

S'il n'avait ni l'accès facile ni les dehors brillants

de son père, François n'était pas cependant un prince
sans mérite. On le vit avec plaisir donner aux affaires une attention soutenue, et s'attacher à tout
voir et tout décider par lui-même. Les fonctionnaires de l'ancien gouvernement que, par un premier
mouvement irréfléchi et malgré sa douceur naturelle,
la Régente avait traités avec une rudesse exagérée,
reprirent confiance, assurés de se faire rendre au
moins une tardive justice. Le plus considérable d'entre
eux, celui qui avait pris la part la plus active aux
actes du dernier règne, le président Lefebvre, se mit
le premier en avant. L'intérêt personnel ne le guidait
point. Avec une fierté bienséante à son âge, à sa
haute position, à son noble caractère, il était moins
pressé de se disculper lui-même qu'il n'avait à cœur
de venger la mémoire du maître et du bienfaiteur
qu'il avait si longtemps et si fidèlement servi. Lorsque,
d'un air soumis et respectueux, grave toutefois et
assuré, il se présenta devant le duc François tenant
à la main un mémoire écrit qu'il insista pour lire lui-
même à haute voix, l'attitude du vieux ministre de
Léopold fut moins celle d'un accusé qui se défend,
que d'un témoin qui dépose de la vérité. Un certain
accent de sévérité et de reproche animait le début
de son mémoire. «Pendant que nos peuples», disait-il,
« accablés de la perte de leur auguste souverain, ne
songeaient qu'à lui rendre les derniers devoirs ; pendant que les prédicateurs s'efforçaient de rendre à sa

mémoire les louanges qu'elle mérite, et que les étrangers lui faisaient universellement la même justice, vos sujets ont eu le chagrin de voir quelques personnes qui, abusant de la bonté naturelle de M*me* la Régente, se sont emparées du gouvernement, et, par toutes sortes de démonstrations publiques, ont essayé non-seulement de diminuer l'estime et la bonne opinion que tout le monde avait du défunt, mais se sont aussi efforcées de rendre, autant qu'elles ont pu, sa mémoire absolument et généralement odieuse. Ces gens-là n'ont rien omis pour le faire regarder comme un dissipateur dont la prodigalité outrée a causé la ruine de l'État et celle de sa famille, et comme un imprudent jusque dans la distribution même de ses grâces... » Suivait une longue et minutieuse réfutation des griefs produits contre l'administration de Léopold. M. Lefebvre démontrait sans peine et avec beaucoup de chaleur et de feu, « que la plus grande partie de ces dépenses tant reprochées avaient efficacement contribué au bien de la nation, à la grandeur de la maison Ducale; et leur excès, s'il y en avait eu, ne pouvait en tous cas, passer pour un crime aux yeux du fils dont elles avaient assuré la grandeur... »
« Comme vous devez », ajoutait en finissant le fier vieillard, « rendre à tout le monde la justice, ce qui est la première obligation des souverains, vos fidèles sujets attendent que vous la rendiez premièrement à la mémoire de feu S. A. R. votre auguste père, que

l'on a aussi indignement traitée, puis ensuite à ceux d'entre eux qui sont dans l'oppression[1]. » D'abord un peu blessé de ses paroles, François prit cependant le mémoire des mains du président Lefebvre, disant, « qu'il était un peu fort, mais qu'il y avait du bon». Évidemment la hardiesse d'un tel langage lui avait déplu. Elle servit du moins à l'éclairer. L'ancien conseiller de Léopold ne fut plus, comme sous le règne précédent, employé dans toutes les plus secrètes négociations d'État, mais il fut réintégré dans ses places, et son jeune maître le consulta encore plus d'une fois[2]. La rentrée en faveur d'un autre personnage surprit encore plus le public lorrain ; ce fut celle du prince de Craon. Le grand écuyer s'était prêté avec tant de bonne grâce aux restitutions exigées de lui, il avait, dans l'adversité, fait preuve de tant de sage modération qu'il eut, en peu de temps, reconquis dans la nouvelle cour sinon tout son crédit passé, du moins une partie de son ancienne importance[3].

1. Mémoire remis au duc François par le président Lefebvre après la mort de Léopold. Papiers communiqués par Mme Lefebvre de Tuméjus.
On lit à la suite de ce mémoire, de l'écriture de M. Lefebvre : « Pendant que je le lisais, le Duc m'a dit en plusieurs endroits : voilà qui est fort, et à la fin il m'a dit : voilà qui est trop fort. Je lui répondis que, si mon mémoire ne lui plaisait pas, j'allais le brûler au feu de sa chambre. Là-dessus, il le prit de ma main et me dit : « Non, je veux le garder, parce qu'il y a quelque chose de bon. » Sur quoi je sortis et m'en suis revenu à Nancy. »
2. Le président Lefebvre ne mourut qu'en 1736, peu de temps avant la réunion de la Lorraine à la France.
3. « Sur ses représentations, le Duc vient de lui donner (au prince

DE LA LORRAINE A LA FRANCE. 375

Après avoir pourvu aux plus pressantes affaires de l'administration intérieure de ses États, François se rendit à Versailles afin de rendre au roi de France l'hommage qu'il lui devait pour le Barrois. Il en avait toujours singulièrement coûté à l'orgueil des ducs de Lorraine d'accomplir cette obligation. Le nouveau Duc, s'autorisant de l'exemple de son père, eut grand soin de faire son voyage incognito. Il refusa d'emmener avec lui son jeune frère, le prince Charles-Alexandre, dont les inclinations étaient alors toutes françaises. Il se fit seulement accompagner par deux barons allemands et par un de ses chambellans lorrains, le marquis de Lambertye, et ne parut à la cour de Louis XV que sous le nom de comte de Blamont. La prestation de foi et hommage eut lieu à Versailles le mercredi 1er février 1730.

de Craon) une pension de 10,000 livres qui passe sur la tête de la princesse de Craon, une de 6,000 livres à son fils, 50,000 livres en indemnité de paiements faits sur des terres réunies, la restitution de la terre de Jarville, la jouissance de son dividende dans la ferme générale qui lui vaudra bien 400,000 francs, l'exercice de grand écuyer, etc., etc., etc.....

« ... Ces grâces obtenues, contre toute sorte de vraisemblance, ont assommé les courtisans qui le croyaient volontiers dans une espèce de disgrâce, mais la sage conduite qu'il a tenue dans l'adversité, sa parfaite soumission à la volonté de son maître, et le sacrifice qu'il a fait en lui remettant volontairement les lettres patentes de tous ses dons, méritaient bien cette récompense. » (Dépêche de M. d'Audiffret, du 24 juillet 1730.) — Archives des affaires étrangères.

Il résulte d'un état envoyé dans une autre dépêche par M. d'Audiffret à sa cour, que le montant des dons faits à M. et Mme de Craon par Léopold, et d'abord retranchés par François III après la mort de son père, dépassait 500,000 livres de revenus.

Tout s'y passa suivant l'antique étiquette. En sa qualité de duc de Bar, le futur gendre de Charles VI, destiné, suivant toute probabilité, à porter plus tard lui-même la couronne impériale, fut tenu de s'agenouiller devant le roi de France, afin de lui prêter, tête nue et désarmé, le serment, qu'aux jours de la féodalité, le vassal devait à son seigneur suzerain [1]. Cette cérémonie, qui ne devait plus se renouveler, n'excita d'ailleurs qu'assez médiocrement la curiosité des spectateurs; Louis XV en abrégea, par courtoisie pour le prince lorrain, les formalités les plus désagréables [1]. Après s'être ainsi acquitté de ce qu'il devait au souverain français, le duc François se mit à visiter la plupart des résidences royales; il chassa plusieurs fois à courre avec Sa Majesté, se montra souvent aux spectacles, et, dépouillant la gravité qu'il avait affichée à Nancy, parut goûter avec l'entrain de son âge les plaisirs de la vie de Paris [2]. Ils ne purent toutefois le retenir longtemps, car il avait hâte de revenir dans ses États. A peine y eut-il mis les pieds que, laissant de côté les modes françaises, dont il s'était un instant paré pour briller à Versailles, il reprit, au grand ennui de ses sujets, avec son long habit et sa grande perruque allemande,

[1]. Mémoire sur plusieurs circonstances de l'hommage du Barrois. (Archives des affaires étrangères.)

[2]. Il (le duc de Lorraine) a été à Versailles à la chasse avec le roi. Il a été à tous les spectacles, et il prenait goût pour ce pays-ci. Il paraît fort vif, et il a vingt ans (*Journal de Barbier*, t. II, p. 90.)

toutes ses habitudes de froideur et de sévérité[1].

Pendant ce second séjour en Lorraine, François redoubla de soins pour mettre dans ses finances une rigide économie. On le vit, conformément à l'avis des personnes dont l'Empereur l'avait entouré, lors de son départ de Vienne, se rendre de plus en plus inaccessible aux seigneurs du pays. Oublieux des traditions de sa famille, il affecta même de recevoir assez mal les étrangers de distinction, et particulièrement les Français, qui venaient le visiter[2]. La présence à Lunéville de quelques-uns des princes de la branche cadette de Lorraine qui, de Versailles, leur résidence habituelle, étaient venus passagèrement grossir sa cour, parut surtout lui être à charge. Au lieu de les y retenir, il n'épargna rien pour les en éloigner[3]. Ses plus proches parents ne rencontraient pas d'ailleurs un beaucoup plus favorable traitement. De ses deux sœurs, la cadette seule avait réussi à lui

---

1. Le duc de Lorraine a repris, le lendemain de son arrivée, son long habit et sa longue perruque à l'allemande. Il est rentré dans son premier genre de vie, se renfermant dans son appartement, ne parlant qu'à des gens d'affaires qui le craignent infiniment par la gravité et la froideur.

2. « M. le duc de Richelieu et M. de Belle-Isle, qui sont allés lui faire leur cour (au duc François) en sont revenus fort mal contents. — Il paraît que les visites ne sont pas de son goût. » (Dépêche de M. d'Audiffret, du 3 juin 1730.) — Archives des affaires étrangères.

3. « Il (le duc de Lorraine) ne peut souffrir le prince de Lixheim, et il a dit, il y a quelques jours, qu'il voudrait fort que l'affaire du prince de Guise fût finie, afin qu'il s'en allât en France. » (Dépêche de M. d'Audiffret, du 3 juin 1730.) — Archives des affaires étrangères.

plaire en se faisant tout allemande, à son exemple. Il était assez évidemment jaloux de son frère cadet, qui, plus grand et mieux tourné, était plus aimable et plus aimé que lui. Quoique extérieurement plein de déférence pour sa mère, il avait peu de confiance en elle et ne lui témoignait qu'une assez froide affection[1]. Une triste contrainte régnait au sein de la famille ducale, jusqu'alors si parfaitement unie. Lunéville naguère si brillant, était devenu silencieux et presque désert. Aux yeux du corps diplomatique et des gentilshommes du pays qui avaient vécu dans l'intimité du duc Léopold, la cour de Lorraine n'était plus reconnaissable[2].

Ce reste de cour ne devait pas même subsister longtemps : aux premiers jours d'avril 1731, le bruit se répandit que le Duc allait partir pour Bruxelles, et que sa mère serait de nouveau régente pendant son absence. Le prétexte d'une visite à rendre à l'Archiduchesse, gouvernante des Pays-Bas autrichiens, et sœur de l'Empereur, ne trompa personne. Le Duc

---

1. « Il n'y a d'union et d'amitié entre Mme la duchesse et M. le duc de Lorraine que ce que la bienséance doit exiger. » (Relation de la cour de Lorraine, pièce sans date.) — Archives des affaires étrangères.

« Il ne se plait (le duc de Lorraine) qu'avec des domestiques et trois ou quatre jeunes gens qu'il admet dans ses divertissements qu'on peut, sans scrupule, appeler puérils. » (Dépêche de M. d'Audiffret, 3 juin 1730.) — Archives des affaires étrangères.

2. En vérité ce n'est plus une cour que celle de Lorraine; on peut dire : *Jam seges ubi Troja fuit.* » (Dépêche de M. d'Audiffret, 12 juillet 1730) — Archives des affaires étrangères.

emportait avec lui toutes ses pierreries les plus belles, des habits magnifiques, beaucoup d'argent en monnaie lorraine, en billets et en lettres de change [1]. Il n'était pas douteux que Vienne ne dût être le terme final de son voyage. Une fois marié à la fille de l'Empereur reviendrait-il jamais dans ses États? cela n'était guère probable. Cette idée d'une séparation définitive, présente à tous les esprits, ne pouvait que jeter de la contrainte dans les adieux réciproques du prince, de sa famille et de ses sujets. Il s'y joignait encore d'autres motifs : la Duchesse avait souhaité que la délégation du pouvoir souverain fût confiée à son second fils, Charles-Alexandre. Elle ne l'avait pas obtenu; et pour son compte, elle était mal satisfaite des restrictions mises à l'étendue de son autorité comme régente. Les nobles lorrains avaient compté que les plus considérables d'entre eux auraient au moins l'honneur d'accompagner leur souverain; ils furent blessés de la préférence donnée à trois Allemands. La bourgeoisie et le peuple avaient l'habitude de voir dépenser sous leurs yeux, au grand profit du pays, la majeure partie du produit

---

[1]. « Il porte avec lui (le Duc) 100,000 livres en or, une pareille somme en lettres de change et une plus considérable en lettres de crédit, des habits de velours qui ne sont pas de la saison où on entre, et une bonne partie des pierreries de la couronne, à quoi on peut ajouter qu'il ne mène que des Allemands, au préjudice de ses officiers lorrains. » (Dépêche de M. d'Audiffret, 30 avril 1730.) — Archives des affaires étrangères.

de l'impôt. Tant de grosses sommes tirées hors de la Lorraine pour enrichir des étrangers faisaient beaucoup murmurer. Tout se passa donc avec une extrême froideur. Soit qu'il agît par fierté ou par embarras, soit plutôt qu'il voulût, à force de réserve, tenir ses desseins plus cachés, François prit à peine, en partant, congé de ses parents ; il ne daigna point adresser la parole aux nombreux courtisans qui s'étaient empressés de venir lui souhaiter un heureux voyage. La surprise et le mécontentement furent extrêmes, et l'on ne se gêna point pour s'en exprimer hautement[1].

A Luxembourg, François fut rejoint par le gouverneur de cette province, le comte de Neipperg, que l'Empereur avait désigné pour le guider pendant son excursion dans les divers États de l'Europe. Il visita d'abord les principales villes des Flandres et de la Hollande; il passa l'automne de 1731 en Angleterre, fut reçu par le roi Georges au château de Hamptoncourt, et par Robert Walpoole, dans sa terre du comté de Norfolk. A La Haye comme à Londres, les représentants de l'Autriche logèrent le prince lorrain dans leurs palais, prirent ses ordres et

---

1. « On a remarqué qu'en partant il ne dit pas un mot à aucun de ses courtisans qui s'étaient pourtant fort empressés à lui venir souhaiter un heureux voyage, pas même au prince de Lixheim. Ces façons font tenir sur son sujet des discours qui passent une liberté raisonnable. » (Dépêche de M. d'Audiffret, 30 avril 1730.) Archives des affaires étrangères.

le traitèrent presque publiquement comme le futur gendre de l'Empereur. A son retour d'Angleterre, il traversa de nouveau les Flandres et les Provinces-Unies pour se rendre en Prusse, où la réception qui l'attendait ne fut pas moins brillante. Les Électeurs dont il traversa les États l'accueillirent avec toutes sortes de recherches empressées, qui s'adressaient moins peut-être à sa présente condition qu'à sa grandeur future. Quoi qu'il en soit, au mois d'avril 1732, pendant qu'il était à Breslau, François apprit qu'il venait d'être nommé par Charles VI à la vice-royauté de Hongrie. Parti aussitôt de cette ville pour venir remercier l'Empereur, il arriva à Vienne le 22 mai, et fit, le 6 juin, son entrée solennelle à Presbourg. Une dignité si considérable, conférée de si bonne heure à une personne qui n'était pas de la maison de Hapsbourg, plus que cela, les marques publiques de tendresse que lui prodiguaient l'Empereur et l'Impératrice, les respects infinis dont il était environné, non-seulement dans sa vice-royauté de Hongrie, mais à Vienne même, par les ministres de Charles VI, témoignaient assez que la destinée de François ne pouvait pas demeurer plus longtemps indécise.

François avait vingt-quatre ans; Marie-Thérèse venait d'atteindre sa quinzième année; à Nancy, la famille ducale, et en Allemagne, le Corps germanique, s'attendaient de jour en jour à recevoir la notification officielle de l'alliance de l'héritière de la monarchie autrichienne avec le souverain de la Lorraine, lorsqu'au lieu de cette pacifique nouvelle, le bruit se répandit tout à coup en Europe qu'une lutte terrible était au moment d'éclater entre la France et l'Empire. La guerre était en effet imminente. Étrange singularité! Allumée pour des motifs étrangers au mariage de François et de Marie-Thérèse, comme à la possession actuelle de la Lorraine, cette guerre était justement destinée, sans qu'à Versailles, non plus qu'à Vienne, on en eût le moindre soupçon, à résoudre l'une par l'autre ces deux questions. Lorsque, par le cours naturel du temps et par la force régulière des choses, certains dénoûments sont devenus nécessaires, ils font d'eux-mêmes leur chemin à travers la confusion des circonstances et les incertitudes des hommes. C'est le propre des grands politiques d'avoir pressenti longtemps à l'avance, et souvent quand elles sont encore sans chances suffisantes de succès, les solutions renfermées dans un lointain avenir. Parfois même, faut-il le dire, ils les compromettent et les reculent par leurs mesures violentes. Mais l'heure marquée est-elle enfin sonnée, ces mêmes solutions s'imposent, bon gré mal gré, aux plus médiocres esprits. Ceux-là, travaillant à leur insu à une œuvre qu'ils ignorent, sont conduits par des voies qu'ils n'ont point choisies vers un but qu'ils ne se sont pas proposé. Si fausses que soient leurs démarches, le succès les couronne; la gloire même ne leur fait pas défaut, car il n'a jamais manqué d'historiens, admirateurs passionnés du succès, qui célèbrent volontiers la fortune à l'égal du mérite; et leur jugement superficiel n'égare que trop le jugement de la postérité. Hâtons-nous, pour être justes, de préciser quelle fut exactement, dans les événements qui nous restent à raconter, la part du cardinal Fleury.

En arrivant au pouvoir (juin 1726) le cardinal de Fleury y avait apporté, comme nous l'avons dit, des dispositions toutes pacifiques. Aussi conforme à ses goûts que profitable aux intérêts du pays, la paix lui avait servi, sinon à mettre un ordre parfait dans nos finances, tout au moins à réduire notablement les dépenses publiques. Cinq ou six années de repos et quelques heureuses économies avaient suffi pour rendre à la France un peu de prospérité au dedans, et, au dehors, un certain prestige. Depuis la fin de l'année 1726 jusqu'aux premiers mois de 1733, la tranquillité de l'Europe occidentale, quoique plusieurs fois menacée, n'avait jamais été sérieusement troublée. Grâce à l'accord de la France et de l'Angleterre, dirigées par des ministres auxquels les hasards de la guerre déplaisaient à peu près également, et qui tous deux étaient, dans les affaires extérieures, sans ambition et sans passions, les cabinets de Versailles et de Saint-James avaient réussi à maintenir dans un assez juste équilibre le reste de l'Europe. Walpoole par son crédit à Vienne, Fleury par l'influence que la politique française ne peut en temps ordinaire manquer d'exercer à Madrid, avaient eu raison des dispositions plus belliqueuses et moins sages des cours d'Autriche et d'Espagne. Ce n'est pas que l'empereur Charles VI fût personnellement animé d'aucune vue ambitieuse. Une seul chose lui tenait à cœur, c'était de faire publiquement reconnaître, par les puissances étrangères sa pragmatique sanction de 1713. Il était prêt à faire tous les sacrifices, à braver tous les dangers, pour assurer à l'aînée de ses filles, qu'il voulait marier au duc de Lorraine, l'entière succession de tous ses vastes États. Un autre mobile inspirait les démarches de Philippe V, ou pour mieux dire de la reine sa femme; c'était l'envie de procurer, à quelque prix que ce fût, aux enfants nés de son mariage avec le roi d'Espagne quelques principautés en Italie. Exclusivement attaché à la paix, le cardinal Fleury était persuadé, que ni l'honneur ni la politique ne l'obligeaient soit à contrecarrer, de l'autre côté du Rhin, les projets de l'Empereur, soit à seconder, par delà les Alpes, ceux de la Reine d'Espagne. Tout le monde en France ne pensait pas ainsi. Au sein de la nation, à la cour et jusque dans les conseils du Roi la guerre avait ses partisans.

Il est rare qu'en France la paix reste longtemps populaire. On s'y lasse vite de ses bienfaits. On ne regarde guère à pousser le gouvernement dans les grandes aventures militaires, sans s'inquiéter de savoir s'il est capable de s'en bien tirer. A l'époque dont nous nous occupons, l'opinion n'avait aucun organe officiel ou seulement autorisé ; elle était même, sous beaucoup de rapports, assez peu soucieuse des affaires publiques, et ce qui regardait l'administration intérieure du royaume ne l'agitait que fort médiocrement. Mais en matière de politique extérieure et de guerre, c'est-à-dire sur les questions qui lui semblaient toucher à l'honneur national, le public avait, sinon un avis réfléchi, du moins une façon de sentir, qui, de mille manières et par une foule de voies insaisissables, se produisait au jour, et dont le gouvernement, sans le vouloir, et presque sans s'en douter, était obligé de tenir compte. La diplomatie sage mais terne, et plus humble que brillante, du cardinal de Fleury avait fini par être, en général, sévèrement jugée. Aux yeux des personnages les plus paisibles, qui naguère lui savaient gré de ses dispositions pacifiques, sa modération passait maintenant pour faiblesse, et ses habitudes conciliantes pour duperie vis-à-vis de l'étranger[1]. Plus dissipés que jamais, toujours aussi braves, et ennuyés à la longue de leur oisiveté monotone, les jeunes seigneurs de la cour

1. « Il y a quelque apparence qu'on a jeté les yeux sur le duc de Lorraine, pour épouser l'Archiduchesse aînée, et le faire Empereur ou roi des Romains; car il y a dans les gazettes qu'il doit aller en Angleterre. — Sûrement, en politique, on est plus habile en ce pays-là qu'ici. » — (*Journal de Barbier*, mai 1731, tome II, page 151.)

rêvaient une campagne heureuse comme la plus divertissante des distractions. Ils se faisaient une idée charmante de cette vie des camps où le danger deviendrait le plus vif assaisonnement des plaisirs ; et leur ardeur était partagée, sinon surpassée, par celle des hommes de guerre du dernier règne. Tous les anciens officiers, qui jadis avaient pris part aux guerres de la succession, brûlaient de rentrer en lice contre l'Autriche. Plus que personne, le vainqueur de Denain, le maréchal de Villars, combattait l'inertie du cardinal, et, par ses belliqueux avis dans le conseil, tâchait, quoique assez inutilement, de faire passer dans les veines du jeune monarque français un peu du feu qui réchauffait chez lui les glaces de l'âge[1].

Une circonstance inattendue vint aider tout à coup aux desseins du maréchal de Villars : le roi Auguste de Pologne était mort le 1er février 1733, et les dépêches de notre agent à Varsovie apprirent à Versailles que les Polonais, mécontents de la maison de Saxe, songeaient sérieusement à décerner de nouveau cette couronne à Stanislas. Si cette élection était hautement patronnée par la France, son succès était tenu pour problable. Il fallait toutefois s'attendre qu'elle serait vivement combattue, car la Russie y était opposée, et l'Autriche, ayant fait accepter par l'électeur de Saxe sa pragmatique sanc-

---

1. *Mémoires du maréchal de Villars.* Petitot, tome LXXI, page 98.

tion de 1713, était résolue à soutenir les prétentions de son alliée. Enhardi par l'espoir que Louis XV embrasserait au moins avec un certaine chaleur les intérêts de son beau-père, Villars essaya plusieurs fois de l'interpeller et de le faire se prononcer en présence de ses ministres. Il n'y fallait pas de médiocres efforts. Le jeune roi était en effet resté tel à peu près que nous l'avons montré dans son enfance. S'il avait moins de timidité, il n'avait guère plus d'activité ni d'énergie. Agé maintenant de vingt-trois ans, il laissait, comme aux premiers jours de sa jeunesse, son ancien précepteur diriger souverainement l'État. Il avait promptement mis en oubli la pompeuse déclaration par laquelle il avait solennellement annoncé l'intention de gouverner lui-même. Quoique présent le plus souvent aux séances du conseil, à peine daignait-il donner une attention distraite aux questions qui s'y discutaient devant lui ; il affectait de n'avoir sur les affaires de son royaume ni volonté ni avis. Jamais prince n'avait montré en toutes choses si peu d'initiative. Ennuyé de la société de la reine, il venait de former tout récemment une liaison, restée encore assez secrète, avec la comtesse de Mailly. Mais, chose étrange, ce n'était même pas lui qui, de son propre mouvement, avait choisi l'objet de ses nouvelles affections. Une honteuse intrigue, élaborée de longue main entre les princesses du sang et quelques courtisans désœuvrés, à laquelle, par malheur pour sa réputation, le cardinal ne fut point totalement étranger, avait procuré cette maîtresse au jeune roi, comme naguère elle avait donné une reine à la France[1]. On comprend qu'il fût difficile de tirer une décision énergique d'un prince si indolent; mais, à force d'obsessions, il n'était pas impossible de lui arracher quelque tacite et molle adhésion. Villars y réussit. Deux fois, par un mot prononcé à voix basse au conseil, par un regard jeté à la dérobée, Louis XV avait paru approuver l'ardeur martiale du vieux maréchal[2]. Plus que toutes les

---

1. « Ce fut dans les sociétés du roi, de Mlle de Charolais, de la comtesse de Toulouse, du comte de Clermont et d'autres favoris et favorites, que vers 1732, à Rambouillet, s'apercevant du goût du prince pour les femmes, on pensa à diriger son choix sur une personne qui ne pût porter d'ombrage soit au cardinal de Fleury, soit aux courtisans, par son ambition ou ses alliances. La comtesse de Mailly réunissait ces conditions, on la mit en avant..... » (*Mélanges historiques* de Bois Jourdain, tome II, page 205.)

« On l'a fixé sur Mme de Mailly.... Elle a peu d'esprit et nulles vues. Aussi le cardinal a-t-il consenti de bonne grâce à cet arrangement, voyant qu'il fallait une maîtresse au roi. — » (*Mémoires du marquis d'Argenson*, tome II, page 37.)

2. « En sortant du conseil, j'ai dit au roi : « Sire, Votre Majesté me voit souvent combattre les sentiments de ceux que vous croyez uniquement; — si vous n'avez pas la bonté de me dire que vous approuvez ma conduite, je ne parlerai plus. Dites-moi donc que vous l'approuverez. » Il m'a dit : « Oui. » C'est tout ce que j'en ai pu tirer..... »

« Alors, adressant la parole au roi, je lui ai dit : « Sire, combien le roi votre bisaïeul aurait acheté une pareille occasion ! cette gloire était réservée à notre jeune et grand roi, et j'espère que vous en profiterez. Le roi s'est levé et est sorti. J'ai remarqué qu'en sortant, il m'a jeté un regard riant. C'est tout ce que j'en ai pu tirer. » (*Mémoires du maréchal de Villars*, — tome LXXI de la collection Petitot, pages 105 et 115.)

sérieuses raisons d'État, ces signes presque imperceptibles de l'inclination du maître entraînèrent les ministres. La sourde, mais orgueilleuse fierté du roi, était connue du cardinal Fleury et de ses collègues : ils n'ignoraient pas combien, sans l'avouer, il avait souffert de l'union inégale que, dans son enfance, on lui avait fait contracter avec la fille d'un roi électif, maintenant réduit à l'état de simple particulier. Ils savaient qu'ils feraient mal leur cour en combattant des projets qui avaient pour but de relever la condition du beau-père de Sa Majesté. Cette dernière considération décida surtout le gouvernement français[1].

Mais, par une inconséquence trop commune chez les esprits de sa trempe, tandis qu'il se laissait imposer une guerre qui lui répugnait, le cardinal se refusait obstinément à recourir aux moyens qui pouvaient le mieux en assurer le succès. Il n'hésita pas à proclamer officiellement la candidature du beau-

---

1. « J'avoue que j'ai été surpris en causant avec M. Chauvelin, ancien garde des sceaux, et lui ayant dit que la guerre de 1733 avait pu être allumée pour réhabiliter la France, dont le cardinal de Fleury avait flétri la réputation, en la maintenant pacifique à l'excès, cet ancien ministre me répondit : que ce n'était pas le principal motif; « mais le roi ayant épousé la fille du roi Stanislas, qui n'était reconnu par aucune puissance de l'Europe, et ainsi Sa Majesté se trouvant n'avoir épousé qu'une simple demoiselle, il était nécessaire que la reine fût fille de roi, *quoquo modo*, et que c'est à cela qu'il avait travaillé heureusement..... ». Voilà donc M. Chauvelin revenu à n'avoir été qu'un courtisan comme un autre.... » (*Mémoires du marquis d'Argenson*, tome II, page 45.)

père de Louis XV au trône de Pologne ; il ne se fit pas trop prier pour expédier à notre ministre à Varsovie de grosses sommes d'argent destinées à favoriser cette élection ; mais lorsque Villars parla d'envoyer Stanislas lui-même à Dantzick, à la tête d'une flotte française, Fleury ne voulut jamais y consentir[1]. Il ne lui répugnait pas moins d'entamer directement la lutte contre l'Empereur. Le plan qu'il développa dans le conseil consistait uniquement à faire bombarder Luxembourg, parce que « bombarder », disait-il, « ce n'était point attaquer[2]. » Il usa de ruses pour tâcher d'éloigner Villars du commandement des troupes [3]; puis, le courant de l'opinion devenant chaque jour plus fort, il céda de mauvaise grâce sur chacun de ces points, ou du moins il fut réduit à se ranger à quelques-uns de ces compromis fâcheux qui, sans en avoir les avantages, exposent

---

1. « Mes raisons ont été en pure perte. L'opinion du cardinal a prévalu et le roi Stanislas demeurera à Chambord. »

2. « On a agité dans le conseil du 12 les opérations de guerre, et il fut proposé de bombarder Luxembourg, parce que le cardinal disait que bombarder n'était pas attaquer. » ..... « J'ai dit qu'il fallait agir sérieusement ou rien... » (*Mémoires du maréchal de Villars*, t. LXXI, page 129.)

3. «.... M. le cardinal m'a dit, il y a trois semaines, à Compiègne : « Voudriez-vous vous charger de quelque chose de médiocre ? » et je lui ai répondu : « Vous avez lu mes projets : si vous ne voulez pas les suivre, vous ne ferez à la vérité rien que de médiocre, et je ne me soucie pas de m'en charger. » — Mais le murmure a continué au point que le cardinal, à son retour à Versailles, en a été étonné, et m'a prié à dîner le jour même de son arrivée. » (*Mémoires du maréchal de Villars*, tome LXXI, page 133.)

souvent aux mêmes périls que les plus hardies résolutions. Stanislas ne prit point passage sur les vaisseaux qui de Brest portèrent à Dantzick trois bataillons français. Le comte de Thiange, revêtu des insignes extérieurs de la royauté, y monta à sa place, afin de tromper le public européen. Pendant ce temps-là, travesti en simple voyageur de commerce, le père de Marie Leczinska se rendait mystérieusement en Pologne, à travers les Cercles du Rhin, et le commandement de l'armée d'Allemagne fut confié au maréchal de Berwick. Moins âgé, Berwick était plus prudent, surtout plus docile que Villars; et le cardinal se flattait de pouvoir toujours maîtriser son ardeur. Le bouillant vainqueur de Denain fut envoyé en Italie, avec défense d'aller chercher les Autrichiens s'ils ne venaient à lui, et l'obligation de s'entendre, pour les opérations de la campagne, avec notre douteux allié le roi de Piémont.

Il n'entre pas dans notre sujet de raconter en détail cette guerre avec l'Empire, guerre qui se termina, au bout de trois ans, par le traité de Vienne. Il nous suffira d'en indiquer brièvement les principaux incidents. A peine eut-elle éclaté, qu'elle dépassa, à son grand effroi, les étroites proportions où le cardinal aurait tant souhaité l'enfermer. L'imprudente aventure, dans laquelle on avait si follement lancé le beau-père du roi de France, réussit mal. Stanislas l'avait prévu. Courageux, mais sensé, il eût préféré, comme l'avait conseillé Villars, ne se présenter à son parti qu'à la tête d'un corps de troupes respectable. On l'avait entendu dire douloureusement, avant de partir : « Je connais les Polonais, je suis sûr qu'ils me nommeront, mais je suis sûr aussi qu'ils ne me soutiendront pas ; en sorte que je me trouverai bientôt près de mes ennemis et loin de mes amis [1]. » Les choses ne manquèrent pas de se passer ainsi. Arrivé la veille de l'élection, Stanislas fut reçu avec enthousiasme et élu à l'unanimité ; mais tandis que les patriotes polonais le saluaient de leurs vivat, quelques Palatins mécontents, passant la Vistule, allèrent dans une auberge de Praga, proclamer pour roi Auguste, électeur de Saxe. A ce signal, les troupes du Czar s'étaient avancées sur Varsovie. Déserté par les nobles de son parti empressés de courir à la défense de leurs familles et de leurs châteaux, Stanislas avait été contraint de se réfugier à Dantzick. Le déboire était d'autant plus sensible qu'aux yeux mêmes des adversaires du candidat de la France, la légalité de sa nomination n'était pas contestable [2]. Un autre affront suivit de près : les trois bataillons, tardivement envoyés au secours du roi de Pologne, furent faits prisonniers par

1. *Histoire de Stanislas,* par l'abbé Proyat, tome I, page 137.
2. « Stanislas descendit pour la seconde fois du trône, où les vœux d'une nation libre l'avaient fait monter. » (*Mémoires de Brandebourg. Œuvres de Frédéric le Grand*, tome I, page 164, — édition Decke. Berlin.)

DE LA LORRAINE A LA FRANCE. 393

les Russes. Notre ambassadeur en Danemark, le brave et infortuné comte de Plelo, qui, pour venger l'honneur français, s'était mis à leur tête, périt sous les murs de Dantzick. Entouré dans cette ville par quarante mille soldats du Czar, Stanislas s'y défendit quatre mois avec un grand courage. Une plus longue résistance devenait cependant impossible ; il fallait, ou périr les armes à la main, ou s'échapper du milieu de tant d'ennemis. Le 27 juin 1734, c'est-à-dire dix mois à peine après être obscurément entré à Varsovie sous les habits d'un commerçant, le beau-père du roi de France sortait de Dantzick à travers mille dangers, déguisé en paysan. Tel avait été dans le nord de l'Allemagne le malencontreux résultat des plans de campagne imaginés par le cardinal de Fleury.

Cependant le terrain de la lutte contre l'Autriche s'étant, dès le début, considérablement agrandi, nous avions pris ailleurs d'assez consolantes revanches. Rien n'avait été tenté du côté de notre frontière du nord, car, pour calmer les ombrages des Anglais et des Hollandais, Fleury avait promis de respecter les Pays-Bas autrichiens[1]. Mais à peine la guerre avait-elle été déclarée, que les armées françaises avaient, comme d'ordinaire,

---

1. Convention de neutralité pour les Pays-Bas, signée avec les États Généraux, à La Haye, 24 novembre 1733 ; comte de Garden, tome III, page 180.

et sans beaucoup de difficultés de la part de la Duchesse régente, occupé Nancy et les villes principales de la Lorraine (octobre 1733)[1]. Le maréchal de Berwick passant le Rhin (29 octobre) à Strasbourg, et surprenant Kehl par un coup de main, établit ses quartiers d'hiver au sein de l'Allemagne. En Italie, nos succès avaient été plus considérables encore. Là, nous nous étions procuré, au moyen de récents traités, des alliés contre l'Empereur. C'était le roi de Piémont auquel nous avions promis la conquête du Milanais[2], et le roi d'Espagne auquel nous offrions de s'emparer des royaumes de Naples et de Sicile, ainsi que des places maritimes situées sur les côtes de Toscane. Nommé grand maréchal avant son départ pour l'armée, et fier de porter à son chapeau trois cocardes que lui avaient brodées les reines de France, d'Espagne et de Sardaigne, le vieux Villars s'était jeté sur la Lombardie avec l'impétuosité d'un capitaine de vingt ans. Rien n'avait pu résister à son premier effort. La ville de Pavie était tombée la première entre ses mains (4 novembre 1733), et Milan ayant capitulé le 29 décembre, il se trouvait, à la fin

---

1. Mémoires pour servir d'instruction à M. de Verneuil, allant auprès de Mme la duchesse de Lorraine, régente, 6 octobre 1733. (Archives des affaires étrangères.)

2. Traité et articles séparés et secrets d'alliance offensive et défensive entre Sa Majesté le roi de Sardaigne et Sa Majesté le roi de France. — (*Histoire des traités de paix*, comte de Garden, tome III, page 173.)

de sa première campagne, maître de la plus grande partie du Milanais.

La campagne de 1734 s'ouvrit donc sous d'heureux auspices. Un instant le public se flatta que Louis XV allait peut-être y prendre part. Si cela fût arrivé, un jésuite en aurait eu l'honneur. Le père Teinturier, prêchant le carême devant le roi, n'avait pas craint de faire, au grand étonnement de la cour, un sermon sur la *vie molle* et d'apostropher directement le roi. Il avait parlé « fortement des devoirs du souverain qui devait »; s'était-il écrié du haut de la chaire, « être l'âme et la lumière de ses conseils, et paraître comme David à la tête de ses armées... » Pendant le sermon les courtisans n'avaient osé lever les yeux. Louis XV avait paru ému ; il avait même témoigné quelque goût pour le hardi prédicateur. Cependant l'habitude était trop forte, et son caractère trop faible. Il en fut des pieuses exhortations du père jésuite, comme des mâles discours du maréchal de Villars. Le roi, peu soucieux de sa renommée, incapable d'action aussi bien que de travail, se remit à passer ses journées à chasser, et ses soirées à souper à la Muette[1]. C'était le premier souverain du sang

1. « Le père Teinturier, jésuite, mon ami, grand prédicateur, prêcha le carême devant le roi, et, dans un sermon du 19 de ce mois sur la vie molle, a furieusement apostrophé le roi. Il lui a représenté qu'un roi devait être l'âme et la lumière de son conseil..... qu'il devait être à la tête de ses armées..... il l'a comparé à David..... Ce sermon a fait grand bruit à la cour, et ensuite à la ville, de la part d'un jésuite que

de Bourbon, qui, jeune et bien portant, demeurât oisif à sa cour, pendant que la France entière était en armes. Que les jours d'Henri IV, de Louis XIII et de la jeunesse de Louis XIV étaient loin ! Louis XV commençait sa vie, comme son bisaïeul vieillissant avait fini la sienne, loin des camps, et dans les liens d'une étroite société de cour, qui n'avait même plus le mérite d'avoir, au moins, gardé quelque décence dans ses mœurs et quelque dignité dans le caractère. Comment l'exemple, parti de si haut, n'eût-il pas porté ses fruits ! De tous les princes de la maison de France un seul, le prince de Conti, se rendit aux armées. Quelques courtisans recoururent à de misérables prétextes pour se dispenser du service militaire ; ils en furent quittes pour des chansons. Parmi les fils des grandes familles qui rejoignirent leurs régiments, l'émulation du luxe marchait de pair avec la rivalité du courage. A peine, aux yeux des officiers expérimentés, leur bouillante valeur suffisait-elle à réparer, aux heures de combats, le mal que causait, dans les opérations journalières de la guerre,

---

l'on sait être politique, en parlant au roi, qui ne se mêle de rien, qui laisse le cardinal le maître de tout, et qui n'aime point à travailler ; qui ne fait qu'aller à la chasse et souper à la Muette, et qu'on dit ne devoir point aller à l'armée. On dit qu'à ce sermon tous les courtisans n'osaient lever les yeux. Cependant, depuis ce sermon, ce prédicateur a eu de plus en plus de succès. — Le roi a fait déranger les jours ordinaires de sermon, qui tombaient pour les jours marqués pour la chasse, afin de n'en manquer pas un.» (*Journal de Barbier*, tome II, page 456.)

l'exemple de leurs continuelles et folles débauches, et surtout, de leur incurable indiscipline.

Heureusement pour nous, si la composition des armées françaises était défectueuse, celle de l'Empire laissait encore plus à désirer. Charles VI, qui n'avait jamais été grand capitaine ni habile administrateur, absorbé par ses préoccupations diplomatiques et par les soins donnés à l'établissement de sa pragmatique, avait, au grand désespoir du prince Eugène, négligé depuis longtemps l'organisation militaire de son empire. Le duc de Lorraine paraissait n'avoir, pas plus que Louis XV, hérité des qualités de ses ancêtres. Signe fatal du temps ! Le roi de France, gendre du roi Stanislas, et le duc de Lorraine, époux désigné de Marie-Thérèse et futur empereur d'Allemagne, ne devaient ni l'un ni l'autre tirer l'épée dans une querelle qui leur était pour ainsi dire personnelle. Conduites par le chef de l'État, nos armées se seraient surpassées elles-mêmes ; combattant sans lui, elles furent encore partout supérieures à l'ennemi. C'est la consolation de notre pays, sous les pires gouvernements, que ses enfants, officiers et soldats, apparaissent toujours les mêmes sur les champs de bataille. Eternellement conservées au sein des camps, comme dans un dernier asile, les nobles traditions du courage militaire suffisent alors à rassurer la France, et quand tout le reste vient à manquer, lui permettent de rester fière encore et de ne pas désespérer de l'avenir.

Tandis qu'en Allemagne, le prince Eugène, arrivé à l'âge de soixante-dix ans, et devenu inférieur à lui-même, laissait prendre, sous ses yeux, Trèves et Trarbach par Belle-Isle, Philipsbourg par d'Asfeldt, son ancien rival, plus âgé que lui de dix ans, Villars, s'emparait du premier coup de Tortone, de Novarre, et faisait reculer partout les Autrichiens. La mort même du vaillant vieillard n'arrêta pas les succès de notre armée d'Italie. Commandées par le maréchal de Broglie, puis ensuite par le duc de Noailles, le plus souvent mal secondées par le roi de Sardaigne, nos troupes n'en réussirent pas moins à s'emparer de toute la Lombardie. Restés sur la défensive en Allemagne durant cette même année 1734, nous y avions cependant gardé toutes nos premières conquêtes.

La campagne de 1735 ne tourna pas moins favorablement. Chassés de toutes leurs places, excepté de Mantoue, les Impériaux durent se retirer vers le Tyrol et nous abandonner l'Italie jusqu'au pied des Alpes. Le prince Eugène, bien que renforcé de dix mille Russes amenés par le comte de Lacy, fut continuellement tenu en échec par le maréchal de Coigny, qui lui ferma le Rhin et l'empêcha, comme il en avait annoncé le dessein, d'entrer dans le pays Messin et dans la Lorraine. La situation était excellente. Hors, au début même de la guerre, lors de la tentative malheureuse de Stanislas sur la Pologne, nous n'avions éprouvé aucun sérieux échec ; toutes nos opérations militaires avaient réussi, faut-il dire, au delà des vœux? certainement, au delà du mérite de notre gouvernement. Après tant de succès d'une part, tant de revers de l'autre, c'était, par la force même des choses, à la France victorieuse à dicter la loi, à l'Autriche vaincue à s'y soumettre. Il nous reste à raconter comment, à force de faiblesse, les rôles se trouvèrent tout à coup intervertis, et par quelle suite de fausses et ridicules démarches, Fleury se trouva recevoir comme une grâce de l'Empereur les conditions qu'il était maître de lui imposer.

« Le ministère du cardinal de Fleury n'était bon que pour la paix », dit le duc de Noailles dans ses Mémoires. « Une guerre heureuse de deux ans était devenue un fardeau insoutenable ; il en convenait lui-même. » En effet, plus le succès de nos armées augmentait, plus l'ancien précepteur de Louis XV, embarrassé de son triomphe, avait hâte de traiter avec nos adversaires. Son amour de vieillard pour la tranquillité et le repos souffrait de l'agitation que causaient à la cour les nouvelles venues des camps. La lutte entreprise contre un souverain catholique alarmait sa conscience de prêtre. Il craignait surtout d'exciter la jalousie toujours éveillée du cabinet anglais. Pendant le cours des années précédentes, l'Angleterre, d'accord avec les Hollandais, avait déjà plusieurs fois proposé sa médiation[1]. La Prusse

1. « Walpoole est à La Haye pour conférer avec les États Généraux

avait aussi offert ses bons offices. Mais l'Empereur, mécontent de n'avoir pas trouvé chez aucune de ces puissances l'appui qu'il se croyait en droit d'en attendre, avait repoussé leurs ouvertures[1]. Au mois d'avril 1735, Robert Walpoole, alarmé du déploiement inattendu de notre force militaire, et de la bonne fortune qui avait partout suivi nos armes, chargea son frère de représenter sérieusement à Paris : « Que la couronne d'Angleterre ne permettrait jamais que Sa Majesté Impériale fût réduite à une trop grande extrémité. » Il résulte des dépêches de l'ambassadeur d'Autriche à Londres, que cette communication menaçante avait été concertée avec le cabinet autrichien[2]. Il n'est pas douteux qu'elle ne produisît un grand effet sur l'esprit timoré du cardinal. Depuis

---

sur le projet de faire la paix.» (Dépêche du comte de Kinsky, ambassadeur de l'empereur d'Autriche à Londres, au comte de Sinzerdorff, ministre des affaires étrangères à Vienne. Archives des affaires étrangères, correspondance de Vienne.)

1. Dépêches du comte de Kinsky du 13 septembre, 1er octobre et 13 décembre 1734, 27 janvier 1735. Archives des affaires etrangères, correspondance de Vienne.

2. « Walpoole espère arriver à Paris le 29; il est chargé de représenter bien sérieusement au cardinal de Fleury et au garde des sceaux que la couronne d'Angleterre ne permettrait jamais que Sa Majesté impériale fût réduite à une trop grande extrémité, et que, selon les menaces qu'on lui a faites jusqu'ici, elle fût entièrement chassée de l'Italie..... Il est aussi chargé de dire que Sa Majesté Britannique regarderait les moindres mesures que la France prendrait pour le rétablissement de Dunkerque comme une déclaration de guerre manifeste ». — (Referat du comte de Kinsky, ambassadeur d'Autriche à Londres, du 13 avril 1737. Archives des affaires étrangères, Correspondance de Vienne.)

DE LA LORRAINE A LA FRANCE.

longtemps déjà il ne souhaitait rien tant que de réconcilier la France avec l'Empire. Malheureusement pour lui, il n'était rien venu de ce côté qui pût servir de prétexte à ses pacifiques desseins. La cour de Vienne n'avait répondu à nos avances que par d'assez dédaigneux refus. Un matin, cependant, dans les premiers jours de juillet 1735, le cardinal vit entrer chez lui un jeune baron de Nierodt, neveu d'un comte de Wied, possesseur de quelques fiefs impériaux sur les bords du Rhin [1]. Le baron de Nierodt apportait simplement une lettre qui lui était adressée par son oncle, et qui renfermait elle-même quelques lignes, sans signature, que le porteur assurait émaner directement du comte de Sinzendorff, ministre des affaires étrangères de l'Empereur. Le

[1]. Le nom de ce comte allemand est quelquefois écrit, dans les documents manuscrits du temps, *Neuwiedt*. Dans les *Mémoires de Brandebourg*, Frédéric II l'appelle le comte de Wied; M. de Garden a suivi cette orthographe, que nous avons adoptée. Il paraît résulter d'une pièce secrète envoyée de Vienne à Paris, que les premiers pourparlers entre les deux cours auraient eu lieu d'abord par l'entremise du père du comte de Wied, lequel, ayant des terres en Allemagne soumises aux contributions des armées françaises, aurait, une première fois, envoyé le capitaine, baron de Nierodt, son parent, solliciter une exemption pour ses terres de la part du cardinal de Fleury. D'après cette note, sans date, sans signature et sans caractère officiel, ce serait donc le cardinal qui, par la voie du baron de Nierodt, aurait fait faire à Vienne les avances qui auraient déterminé le second voyage du neveu de M. le comte de Wied à Paris. Quoique le caractère du cardinal ne rende pas cette version improbable, 1 nous a paru plus sûr de nous en tenir aux faits qui résultent de pièces ayant un caractère de complète authenticité : ces pièces nous ont exclusivement servi à raconter la longue négociation du traité de Vienne, dont les détails sont pour la première fois livrés au public.

contenu de cet écrit n'était guère moins étrange que sa forme était irrégulière. Il y était dit : « que les ministres de l'Empereur étaient disposés à s'entendre directement avec le cardinal de Fleury, dont ils connaissaient les bonnes dispositions, mais qu'ils en avaient été jusqu'alors détournés, parce qu'ils croyaient Son Éminence entraînée par un autre ministre, dont les vues étaient absolument opposées à la paix. » M. de Nicrodt était chargé d'expliquer à Fleury que, par ses paroles, le cabinet de Vienne entendait écarter absolument de la négociation le garde des sceaux Chauvelin, chargé alors du département des affaires étrangères [1].

C'était là, à coup sûr, une étrange prétention. Le cardinal eut l'air de ne pas s'en apercevoir. Sans s'arrêter à ce qu'il y avait d'insolite dans un message de cette nature, et de blessant pour le roi de France et pour lui-même, dans cette exclusion donnée par un gouvernement étranger au chef officiel du département ministériel, auquel revenait naturellement le droit de suivre une pareille négociation, il ne voulut pas perdre un instant pour répondre aux ouvertures de l'Autriche. Tel fut son empressement, qu'au lieu de faire remettre au comte de Wied un billet anonyme semblable à celui qui lui avait été envoyé de Vienne, il n'hésita pas à se mettre en communica-

1. Voir aux Pièces justificatives la lettre du comte de Wied, et le billet du comte de Sinzendorff.

tion personnelle et directe, non pas seulement avec le comte de Sinzendorff, mais avec l'Empereur lui-même. Cette première lettre adressée à Charles VI, écrite d'un ton sans dignité, n'était qu'une longue et diffuse apologie. « Le cardinal acceptait avec respect toutes les propositions de Sa Majesté Impériale... » « La condition exigée du secret à garder vis-à-vis d'un de ses collègues lui faisait, » disait-il, « une vraie peine, mais il se soumettait également.... Il acceptait donc d'envoyer à Vienne, à l'insu de M. Chauvelin, la personne qui devait suivre les détails de la négociation[1]. » En recevant cette réponse du chef du gouvernement français, l'Empereur et ses conseillers durent vite comprendre à quel ministre ils avaient affaire; nous allons voir qu'ils ne l'oublièrent pas un seul instant.

M. de La Baune, choisi par Fleury pour cette mission de confiance, arriva en grand secret à Vienne le 13 août. Les instructions rédigées par le cardinal étaient insignifiantes et vagues. Elles témoignaient beaucoup plus de la vivacité de ses convictions catholiques, que de la sagacité de ses vues politiques. « Il n'y avait eu, » disait-il, « que systèmes forcés en Europe depuis 1700, et il serait nécessaire d'en former un qui pût établir une union si désirable entre les princes catholiques... Le véritable intérêt

1. Lettre du cardinal de Fleury à l'Empereur, 16 juillet 1735. (Archives des affaires étrangères.— Correspondance de Vienne.)

réciproque et l'avantage de la religion semblaient demander une union et une confiance qui n'a point encore été entre les princes catholiques [1]..... » Il ne semble pas qu'en dehors de ces oiseuses généralités, M. de La Baune eût reçu des indications bien précises, au moins par écrit. Il était, du reste, invité « à rester dans une profonde retraite, à ne se donner point pour un homme qui, dans l'obscurité où sont les choses, pût être chargé d'aucune proposition précise [2]. ».

M. de La Baune, autrefois employé dans des missions secrètes en Espagne et à La Haye, n'était pas connu à Vienne. Cependant, pour plus de précautions, il alla se loger dans une maison écartée du faubourg Saint-Léopold. Le 14 août, le comte e Wied lui procura une entrevue avec MM. de Sinzendorff et Bartenstein, à cinq heures du soir, dans un couvent de moines Trinitaires, situé à l'extrémité d'un autre faubourg de Vienne. Les deux ministres de l'Empereur ayant coutume de se rendre souvent ensemble dans ce lieu, l'avaient choisi dans l'espoir d'éveiller moins l'attention. A cause de la fête de l'Assomption, l'église était pleine d'une foule considérable ; mais trop occupée de ses dévotions, elle ne fit aucune attention à la présence de l'agent

---

1. Instructions de M. le cardinal de Fleury à M. de La Baune, Versailles, juillet 1735.
2. *Ibidem.*

français que M. Bartenstein accosta sans grande cérémonie, et conduisit, sans mot dire, dans l'intérieur même du couvent, jusqu'à la bibliothèque des moines. Là, M. de La Baune rencontra le comte de Sinzendorff, ministre des affaires étrangères. Une longue table occupait le milieu de la salle. Les ministres de l'Empereur, prenant place à l'un de ses côtés, firent signe à l'envoyé du cardinal de s'asseoir en face d'eux, et la conférence commença[1].

Elle s'ouvrit par les préliminaires d'usage. On se promit de part et d'autre le plus inviolable secret. M. de La Baune répéta plusieurs fois qu'il n'avait d'ordre que pour écouter ce qui lui serait proposé. Les ministres de l'Empereur répondirent de leur côté qu'ils n'avaient rien à offrir, sinon de remettre toutes choses sur le pied où elles étaient avant la guerre. Un moment la conversation parut prête à finir sans résultat. Le comte de Sinzendorff et M. de Bartenstein affectèrent même de se lever comme gens qui n'ont plus rien à dire ni à entendre. M. de La Baune les imita; il se disposait à prendre congé d'eux, lorsque après avoir causé ensemble, à l'extrémité de la galerie, les deux ministres autrichiens retournèrent à leurs places et invitèrent M. de La Baune à se rasseoir. « Monsieur, » dit enfin le comte de Sinzendorff, » si nous ne vous proposons rien, c'est que

1. Dépêche de M. de La Baune au cardinal de Fleury, 16 août 1735. (Archives des affaires étrangères. — Correspondance de Vienne.)

nous ne savons ce qui peut être du goût de votre cour. Vous en êtes plus instruit que nous, faites-nous part de ce que vous savez, ou de ce que vous conjecturez[1]. » Mais M. de La Baune jura qu'il n'en pouvait rien faire, et se défendit encore pendant plus d'un quart d'heure. Pressé par les vives instances de ses interlocuteurs, il ne refusa pas enfin de leur communiquer « une idée qui lui était venue en route, » assurait-il, « à l'occasion de quelques entretiens qu'il avait eus avec le comte de Wied[2]. »

« Depuis qu'il était dans les affaires, » dit l'envoyé français, « il avait entendu parler du règlement que l'Empereur voulait faire de sa succession; c'était, aux yeux de tous ceux qui s'en sont entretenus, le plus grand et peut-être l'unique intérêt de la maison d'Autriche. L'Empereur avait invoqué, pour maintenir ces arrangements, les garanties de beaucoup de princes qui, par leur situation ou leur puissance, ne pouvaient, en vérité, ni contribuer à son succès ni lui nuire. Ces garanties étaient par elles-mêmes de bien peu d'utilité, tant que la France ne parlerait point. Il n'avait aucun ordre de parler de cette garantie, encore moins de l'offrir. Mais enfin, si pour prouver qu'il était bien loin de vouloir la dispersion d'une maison qui pouvait seule être redou-

---

[1]. Dépêche de M. de La Baune, 16 août 1735. (Archives des affaires étrangères. — Correspondance de Vienne.)
[2]. *Ibidem.*

table à la France, le gouvernement de Sa Majesté venait à consentir que tous ces domaines fussent réunis sur une même tête, cela ne pouvait-il point faciliter un dédommagement pour le roi de Pologne?
— Je ne vous demande pas votre secret, » continua M. de La Baune, « ni quel est celui que vous destinez pour être l'heureux possesseur de tant d'États. Cependant il faudra bien que vous le confiiez, ce secret, si vous voulez que le roi garantisse cet arrangement. Il ne s'engagera jamais sans savoir à quoi et pour qui il s'engage présentement... Supposons, avec toute l'Europe, que le duc de Lorraine épouse la fille aînée de l'Empereur; pensez à tout ce qu'un si grand établissement peut un jour lui procurer d'avantages; croyez-vous que le roi consente à voir devenir Empereur un prince déjà souverain, presque au milieu de la France? Ce serait un événement dont vous sentez vous-même la contradiction. Si vous faites quelque cas de notre garantie, il faut que vous nous mettiez en état de l'accorder sans un trop grand risque, et que vous nous tranquillisiez contre la crainte bien fondée des démêlés que le voisinage d'un prince aussi puissant ne manquerai pas de nous procurer. En un mot, messieurs, » ajouta en terminant l'envoyé de Louis XV, « ou la France n'existera plus en corps de nation, ou jamais un empereur d'Allemagne ne sera duc de Lorraine et de Bar. — Si le Duc actuel voulait par-

venir à une si grande dignité, il fallait donc qu'il renonçât à son petit État; cet État devenu vacant pouvait être cédé au roi de Pologne. Peut-être la satisfaction d'être voisin de sa fille fermerait-elle les yeux à ce prince sur la différence de l'équivalent[1]... »

Les ministres autrichiens parurent écouter cette ouverture avec plaisir, ils promirent d'en rendre compte à l'Empereur, et l'on convint de se rencontrer prochainement. Peu de jours après, le 22 août, MM. de Sinzendorff et Bartenstein apportèrent en effet avec eux au couvent un mémoire dont ils donnèrent lecture à M. de La Baune. L'agent français le déclara peu satisfaisant. Cependant après de longs et ennuyeux débats, il fut de part et d'autre convenu, « que les duchés de Bar et de Lorraine, tels qu'ils avaient été possédés par le dernier Duc, seraient présentement cédés au roi Stanislas, en dédommagement de la couronne de Pologne à laquelle il renoncerait volontairement pour le bien de la paix, et qu'à sa mort ces deux duchés passeraient à la reine de France et à ses enfants[2]. » En faisant part de ce résultat, M. de La Baune mandait au cardinal : « Si dans l'écrit qui servait d'appendice au mémoire autrichien, il n'était pas question de la cession actuelle

---

1. Dépêche de M. de La Baune au cardinal de Fleury, 16 août 1735. (Archives des affaires étrangères. — Correspondance de Vienne.)

2. Dépêche de M. de La Baune au cardinal de Fleury, 22 août 1735. (Archives des affaires étrangères. — Correspondance de Vienne.)

du duché de Lorraine, *les ministres de l'Empereur ne l'en avaient pas moins assuré verbalement qu'ils n'avaient pas changé d'idée à ce sujet*, et s'ils ne s'en exprimaient pas plus précisément, c'est qu'ils n'avaient encore aucun écrit ni engagement de la part de l'agent français[1]. » La conduite tenue pendant les conférences par M. de La Baune fut très-approuvée à Versailles[2]. En répondant à son envoyé, le cardinal insistait pour que la cession fût non pas conditionnelle et partielle, comme il était dit par le mémoire autrichien, mais immédiate et sans restriction, telle qu'elle avait été verbalement promise dans la seconde entrevue avec M. de La Baune[3]. Tout allait donc pour le mieux; les articles d'une convention rédigée dans les termes arrêtés de vive voix entre les trois négociateurs ne pouvaient manquer d'être bientôt signés, lorsqu'une maladroite démarche du cardinal de Fleury remit tout en question. En même temps qu'il envoyait ses instructions à M. de La Baune, le cardinal avait, dans sa puérile ardeur pour la paix, jugé à propos d'écrire une seconde fois à l'Empereur.

Rien de plus singulier que sa lettre. Fleury semblait y prendre à tâche de rendre la position de son

1. Post-scriptum de la dépêche de M. de La Baune du 22 août.
2. Lettre du cardinal de Fleury à M. de La Baune, 11 septembre 1735. (Archives des affaires étrangères. — Correspondance de Vienne.)
3. *Ibidem.*

agent aussi désavantageuse que possible. Par un incompréhensible oubli, non-seulement de toute adresse, mais de tout bon sens, il prenait, avec une confiance voisine du ridicule, son adversaire pour confident de ses propres difficultés. « Il voudrait bien, » écrivait-il, « que Sa Majesté Impériale pût se mettre un instant à sa place, et qu'elle pût connaître toute l'étendue des embarras où il se trouvait pour concilier les prétentions des alliés de la France avec l'envie sincère que le roi avait dans le cœur de faire cesser le malheur de la guerre... Mais Sa Majesté Impériale était un si grand prince, qu'un si petit pays de plus ou de moins que la Lorraine ne pouvait rien diminuer de sa puissance... Il voudrait bien être à portée de se jeter à ses pieds pour le conjurer de peser d'un côté ce qu'on lui demande, et de l'autre la sûreté qu'elle obtiendra pour la succession de ses États, aussi bien que la gloire du sacrifice qu'elle voudra bien faire pour éteindre une guerre aussi funeste à la religion[1]. »

Non content de cet humble langage, le cardinal offrait de payer au duc de Lorraine la moitié de la valeur des duchés de Bar et de Lorraine. Enfin il proposait de faire aussitôt cesser les hostilités, et de signer immédiatement un armistice, comme si la menace de la poursuite des opérations d'une guerre qui nous avait jusque-là si bien réussi n'était pas le meilleur, ou, pour

1. Lettre du cardinal de Fleury à l'Empereur, 11 septembre 1735. (Archives des affaires étrangères. — Correspondance de Vienne.)

mieux dire, l'unique moyen d'amener l'Autriche à composition. Qu'on s'imagine la joie des politiques de Vienne, quand ils virent le chef d'un gouvernement armé contre eux de tant d'avantages, les solliciter si humblement, avec un si entier abandon et tant de visible inquiétude. Au fond de leur cœur, ils s'étaient d'abord estimés trop heureux d'acheter, par le sacrifice immédiat de la Lorraine et du Barrois, la paix qui leur était indispensable. Une occasion se présentait de vendre chèrement ce qu'ils avaient résolu de donner, ils se gardèrent bien de la laisser échapper, et manœuvrèrent en conséquence. La lettre de Son Éminence ne fut pas plutôt arrivée à son adresse, que M. de La Baune trouva le comte de Sinzendorff et Bartenstein tout à coup refroidis sur le projet d'accommodement avec la France. Ces messieurs ne craignirent pas de nier qu'ils eussent jamais songé à dépouiller, dès à présent, le duc de Lorraine de la totalité de ses États ; ils avaient parlé de la cession actuelle du Barrois, mais il avaient compris qu'on ne les presserait point sur la Lorraine. En vain, l'envoyé français se récria sur ce manque de foi. Bartenstein plus opiniâtre que son collègue, et, malgré l'infériorité de sa situation, l'homme principal dans cette affaire, rompit violemment l'entrevue. Congédiant M. de La Baune avec humeur, il lui annonça d'une façon plus que cavalière l'envoi immédiat de ses passe-ports. Toute cette colère n'était toutefois qu'un jeu joué pour intimider notre agent. Le lendemain, au lieu de lui expédier ses passe-ports, le ministre autrichien les apporta lui-même, et, tout en assurant qu'il ne pouvait rien changer à ses déclarations de la veille, se montra disposé à renouer l'entretien.

La situation de M. de La Baune était en ce moment des plus délicates. Il sentait parfaitement qu'une impassible fermeté pouvait seule avoir raison de l'obstination calculée du cabinet autrichien. Cette fermeté ne lui faisait point défaut à lui-même; mais elle avait manqué à son chef. Il ne dépendait pas de lui d'y suppléer. La lettre de Fleury à l'Empereur, en trahissant le secret de la déplorable faiblesse de notre gouvernement, avait d'avance désarmé notre envoyé à Vienne. M. de La Baune savait à quel point l'idée de continuer la guerre était odieuse au cardinal; il n'ignorait pas combien le ministre qui l'avait envoyé offrir la paix à Vienne lui saurait mauvais gré de n'avoir pas su la conclure. Placé dans cette cruelle alternative, et ne pouvant obtenir de glorieuses conditions, il n'osa prendre sur lui d'en refuser de médiocres. Embarrassé toutefois de sa responsabilité, à peine eut-il, après grande hésitation, signé les articles connus sous le nom de préliminaires de Vienne, qu'il se hâta de venir expliquer lui-même sa conduite à Paris. Par l'article 1er de la convention du 3 octobre, le duché de Bar était actuellement cédé au roi de Pologne, beau-père du roi de France ; mais il ne devait entrer en jouissance du duché de Lorraine qu'après la mort du duc de Toscane, et lorsque cette principauté italienne aurait fait elle-même retour au duc François[1]. La stupeur fut extrême à la Cour de Versailles, quand y arriva la nouvelle de ce traité. Le cardinal, qui peut-être s'en applaudissait tacitement, n'osa pas lui-même s'en montrer satisfait. Les conditions en étaient, en effet, étranges, quand on les rapprochait de la situation actuelle des puissances belligérantes. Nous n'avions pas perdu pendant toute la durée de la guerre un seul pouce de terrain. En Allemagne nous avions conquis Trèves, Traarback et l'importante place de Philipsbourg. Nous étions maîtres de toute la haute Italie, moins Mantoue. Nos troupes occupaient, outre le duché de Bar et Nancy, plusieurs places du duché de Lorraine. Tel eût été le singulier résultat des préliminaires signés à Vienne, s'ils eussent été immédiatement exécutés, qu'après avoir tant perdu à la guerre, non-seulement l'Autriche serait rentrée dans toutes ses possessions, mais, sous le nom du duc de Lorraine, qui d'un jour à l'autre pouvait devenir Empereur, par la mort de Charles VI, elle aurait acquis le droit d'installer ses régiments à quelques lieues de la ville

---

1. Collection des traités de paix entre le roi et l'Empereur, conclus à Vienne, le 18 novembre 1738, page 13, Imprimerie royale à Paris.

de Metz. La France, au contraire, après trois heureuses campagnes, aurait dû faire repasser à ses soldats le Rhin qu'ils avaient franchi en vainqueurs, les rappeler de la Lombardie qu'ils avaient conquise jusqu'aux Alpes, et restituer actuellement à des adversaires tant de fois battus, la capitale d'une province qu'elle occupait depuis l'ouverture de la guerre.

Si indifférente que fût, en ces temps, l'opinion publique, il était difficile, même pour le tout-puissant cardinal, de ratifier purement et simplement un pareil traité. M. de La Baune n'était pas encore arrivé à Paris quand le cardinal s'empressa de reprendre sa correspondance directe avec l'Empereur. « Il était prodigieusement affligé, » lui écrivait-il, « de voir les articles signés par son fondé de pouvoir si différents de ceux qu'il avait mandé être convenus entre lui et les ministres de l'Empereur. Il en serait encore plus frappé si ce même agent ne l'assurait par ses dépêches qu'il n'avait signé que *sub spe rati ;* et que nous n'étions engagés à rien... Mais ce qui ne le désolait pas moins, c'était l'idée qu'on avait tout fait pour donner de mauvaises impressions contre lui à l'Empereur. On voulait donner à entendre qu'il souhaitait prolonger la guerre, pour faire perdre à Sa Majesté toute l'Italie. Ceux qui le disaient ne le connaissaient guère... Il avait hâte de déclarer devant Dieu qu'il n'en était rien... Dieu merci, il avait la religion et la justice dans le cœur... Que n'avait-il l'honneur de se pouvoir jeter aux pieds de Sa Majesté! il la persuaderait... Au reste, s'il avait dans la suite une conduite contraire, Sa Majesté serait libre de le faire passer dans le monde pour un homme de la plus mauvaise foi, et cette lettre lui servirait de preuve[1] ».

Il est difficile de se défendre d'une sorte de douloureux étonnement, quand, la mémoire encore pleine des admirables négociations de Richelieu, de Mazarin et de Louis XIV, il faut suivre dans ses honteuses défaillances cette puérile diplomatie de Fleury, où la pauvreté de la conduite semble le disputer à la vulgarité du langage. S'il y avait un moyen de rendre l'Autriche intraitable, c'était à coup sûr celui qu'employait le cardinal, en rassurant si complétement l'Empereur sur le sort de ses possessions d'Italie, en lui faisant un si intempestif étalage d'amour pour la paix, en prodiguant, en termes si humbles, les assurances d'une si entière soumission. Cette faute ne devait être ni la seule, ni la plus considérable. Une fois embarqué dans cette voie des concessions, le cardinal était destiné à la parcourir jusqu'au bout, subissant toujours, non sans murmure, mais avec une inconcevable docilité, et parfois même devançant les exigences d'adversaires qui,

---

1. Lettre du cardinal de Fleury à l'Empereur, 19 octobre 1735. (Archives des affaires étrangères. — Correspondance de Vienne.)

forts de sa pusillanimité, l'exploitaient en s'en moquant.

M. de La Baune ne fut pas plutôt arrivé de Vienne à Paris, qu'après s'être fait rendre compte en détail de ce qui s'était passé, au moment de la signature des préliminaires du 3 octobre, le cardinal reprit, tout de plus belle, sa correspondance avec l'Empereur. La teneur de cette nouvelle lettre était, s'il est possible, plus étrange que celle des messages qui l'avaient précédée. Cette fois, les considérations de politique générale étaient absolument laissées de côté; le ministre de Louis XV ne trouvait pas un mot à dire sur les intérêts les plus essentiels du grand pays que son maître lui avait donné à gouverner; il semblait n'avoir plus qu'une seule préoccupation : tâcher d'émouvoir, à tout prix, la compassion du chef de l'Empire.

« Confiant dans les premières bontés de Sa Majesté Impériale, il voulait, » écrivait-il, « avoir l'honneur de lui ouvrir son cœur. Il ne dissimulait donc pas que toutes les personnes qui composaient le conseil du roi ne pensaient pas tout à fait comme lui et comme le garde des sceaux (M. de Chauvelin). Il y avait donc tout lieu de craindre, lorsque les préliminaires y seraient rapportés, qu'ils ne rencontrassent quelque opposition de la part de quelques-uns de ses collègues. — Sans doute, leur opposition ne changera rien à ce qui aura été signé, mais il se-

rait très-désagréable pour lui que le projet de pacification ne fût pas universellement approuvé, et d'être obligé à des justifications toujours fâcheuses, et qui iraient à diminuer un peu du crédit dont il avait si besoin dans une conjoncture si délicate... Je ne crains point, » continuait le vieux cardinal, « que cela altère en aucune façon la confiance dont Sa Majesté veut bien m'honorer, mais ceux qui voudront se faire honneur d'avoir pensé plus noblement, et plus conformément aux dispositions présentes de notre nation, ne garderont peut-être pas un secret bien parfait... cela produirait un effet bien désagréable. Il y faudrait ajouter les reproches du peu de fidélité observée envers les alliés de la France. Il faudrait donc soutenir en même temps leurs clameurs et celles des Français qui, sans rien examiner, ni être même en état de le faire, se soucient peu de la tranquillité publique, et ne songent qu'à censurer le ministère, sous le faux prétexte qu'il n'a pas profité de ses avantages, et qu'il sacrifie les intérêts et l'honneur de la nation à ses inclinations pacifiques... [1] »
Il terminait donc en conjurant Sa Majesté d'avoir la bonté d'écouter ses très-humbles représentations ; et, si elle avait des raisons essentielles de se refuser à la cession de la Lorraine dès à présent, ainsi que M. de

---

1. Lettre du cardinal de Fleury à l'Empereur, 24 octobre 1735. (Archives des affaires étrangères. — Correspondance de Vienne.)

La Baune l'avait donné à espérer dans ses dernières dépêches, il la suppliait très-respectueusement de vouloir bien se rendre à l'expédient de fixer cette cession au moment du mariage de la Sérénissime Archiduchesse avec le duc de Lorraine... S'il avait l'avantage d'être à ses pieds, il se flatterait de persuader et de toucher Sa Majesté. S'il n'avait pas craint de l'embarrasser, le roi lui-même en aurait écrit pour le lui demander[1]. »

Ne semblait-il pas impossible d'aller plus loin en fait de crédule simplicité? N'était-ce pas, de la part d'un ministre français, la plus incroyable des naïvetés que cet attendrissant appel au cœur d'un empereur d'Allemagne? Qu'importaient, en effet, à Charles VI les embarras personnels du cardinal Fleury? Pour tout gouvernement, les difficultés intérieures d'un gouvernement rival ne sont-elles pas avant tout la source d'une joie trop naturelle et l'occasion du plus légitime triomphe? La situation de la France était pourtant si forte, et sa réclamation si fondée, que le cardinal aurait réussi à obtenir la modification demandée aux préliminaires du 3 octobre, si, par un surcroît d'inconséquence, il n'eût, comme à plaisir, ruiné lui-même de ses mains son dessein le plus cher. Un nouvel agent, M. de Lestang,

---

1. Lettre du cardinal de Fleury à l'Empereur, 24 octobre 1785. (Archives des affaires étrangères.— Correspondance de Vienne.)

était parti pour Vienne, porteur de la lettre par laquelle Fleury sollicitait, avec de si vives instances de l'Empereur, l'abandon immédiat de la Lorraine, et chargé de produire à Vienne un nouveau projet rédigé à Paris, et qui stipulait cette cession. Il avait ordre exprès de ne rien négliger pour arracher aux ministres autrichiens cette importante concession. Comment l'eût-il obtenue? Par le dernier paragraphe de sa lettre à l'Empereur, Fleury avait pris soin de déclarer « que, quel que fût le dessein de Sa Majesté, M. de Lestang avait ordre d'échanger contre les ratifications de l'Empereur celles du roi, dont il était porteur [1]. » Par cette phrase malencontreuse et vraiment inexplicable, le succès de la négociation de M. de Lestang était d'avance rendu impossible. Trahi, ainsi que l'avait été M. de La Baune, par l'inexcusable faiblesse de son chef, notre nouvel agent, après quelques patriotiques, mais vains efforts, dut, comme son prédécesseur, se résigner tristement et conclure. L'échange des ratifications des préliminaires du 3 octobre donnait gain de cause à la rusée obstination de la cour d'Autriche. A peine tout fut-il consommé que M. Bartenstein, déposant le masque dont il avait armé sa figure, se donna le plaisir de constater son triomphe; et, s'adressant avec une apparente bonhomie au comte de Wied : « Il eût

---

1. Lettre du cardinal de Fleury à l'Empereur, 24 octobre 1735. (Archives des affaires étrangères. — Correspondance de Vienne.)

été vraiment, » dit-il, « à désirer, pour Son Éminence, qu'elle n'eût pas promis que M. de Lestang échangerait les ratifications, quelle que fût la réponse de l'Empereur ; l'article serait alors passé comme la France l'avait souhaité[1]. » On ne pouvait donner au cardinal une plus rude leçon.

La nouvelle de la signature d'un traité de paix avec l'Autriche causa d'abord à Paris une assez vive sensation ; on n'y apprit pas sans satisfaction que les États de Lorraine allaient enfin devenir une possession française. Les clauses de la convention du 3 octobre n'étant pas encore connues, le cardinal de Fleury en reçut force compliments ; mais le bruit s'étant répandu, par les gazettes de Suisse, d'Allemagne et de Hollande, que le duché de Bar nous était seul abandonné dans ce moment, et que le duché de Lorraine allait être provisoirement évacué pour être remis au duc François, gendre déclaré de l'Empereur, la surprise succéda à la joie. Le cardinal ne tarda pas à voir fondre sur lui une avalanche de cruelles plaisanteries, de vifs quolibets, d'épigrammes acérées, seules ressources qu'eût alors, pour se faire jour, ce sentiment public, dont le ministre de Louis XV, dans ses lettres à l'Empereur, s'était à l'avance montré si justement effrayé. C'était surtout parmi les hommes du métier que la transaction diploma-

---

[1]. Lettre de M. de Lestang, 17 novembre 1736. (Archives des affaires étrangères. — Correspondance de Vienne.)

DE LA LORRAINE A LA FRANCE. 421

tique signée à Vienne rencontrait le plus de désapprobateurs ; leur langage avait d'autant plus d'autorité que des bureaux des affaires étrangères était sorti plus d'un hardi conseil que le cardinal n'avait pas osé suivre. C'est ainsi que l'auteur d'un mémoire, rédigé dès le début de la guerre, sur ce qui s'était passé en 1632, avait tâché d'établir le droit qu'avait le roi de France à s'opposer au mariage de son vassal, le duc de Bar, avec une fille de l'Empereur, et s'il y était passé outre, à saisir, pour cause de forfaiture, les duchés de Bar et de Lorraine [1]. Évidemment la personne qui donnait cet avis héroïque confondait les temps et les hommes, en proposant à Fleury l'exemple de Richelieu. D'autres conseillers avaient indiqué, pour abattre la résistance de l'Autriche, des moyens à peu près pareils, que le cardinal avait, comme de juste, rejetés bien loin. Fort de l'assentiment général, et feignant de prendre pour faux et controuvés les articles publiés par les gazettes étrangères, un des employés du ministère que dirigeait Chauvelin osa, dans une note remise au cardinal, les traiter « de conditions tristes et humiliantes pour la nation [2]. »

Embarrassé du mauvais succès de son traité tant à la cour que dans le monde parisien, et près de nos

[1]. Mémoire en date du 15 juillet, pièce 161. Affaires de Lorraine. (Archives des affaires étrangères.)
[2]. Observations sur les préliminaires de paix, qui cèdent le duché de Bar, avec l'expectative de la Lorraine, pièce sans date et non cotée. Affaires de Lorraine. (Archives des affaires étrangères.)

alliés d'Espagne et de Savoie[1], le cardinal envoya à Vienne un troisième négociateur. C'était M. Du Theil, premier commis des affaires étrangères. Les instructions dont M. Du Theil était porteur n'étaient pas moins vagues que toutes celles qui, dans cette laborieuse négociation, avaient été jusqu'alors remises à nos agents. Dans ses lettres à l'Empereur, au comte de Sinzerdoff, à M. Bartenstein, Fleury se répandait en lamentations sur les procédés dont la cour d'Autriche usait à son égard et qui, disait-il avec tristesse, faisaient un si singulier contraste avec ceux du gouvernement français. Aucun déboire n'avait en effet été épargné au cardinal. Les préliminaires de Vienne à peine signés, notre cabinet s'était, sur les instances réitérées des ministres de l'Empereur, hâté d'avertir les chefs de notre armée d'Allemagne d'avoir à suspendre les hostilités; mais les commandants des troupes autrichiennes, placés plus à portée de leur cour, n'avaient pas encore reçu d'ordres semblables. Il en était résulté beaucoup d'ennuis et d'embarras. En Italie, les généraux autrichiens avaient profité de l'armistice, pour tomber à l'improviste sur les Espagnols, pour surprendre quelques-unes de leurs garnisons inoffensives, et en-

1. « Nous avons communiqué à l'Espagne les articles signés à Vienne, et je ne dissimulerai pas combien ils ont été mal reçus. M. le comte de Montijo, qui s'en retourne et qui a pris congé du roi ce matin, ne cache pas combien il en est blessé. » (Dépêche du cardinal de Fleury au comte de Sinzendorff, 3 décembre.)

lever perfidement quelques malheureux soldats malades[1]. En énumérant tous ces griefs, M. Du Theil avait mission d'insister pour que le cabinet autrichien voulût bien au moins racheter ses torts, en devançant un peu, pour la remise de la Lorraine, l'époque fixée par les articles préliminaires. L'envoyé français trouva la cour d'Autriche fort peu disposée à ce sacrifice. Elle était, en ce moment, occupée des préparatifs du mariage du duc François avec l'archiduchesse Marie-Thérèse ; c'était un temps mal propice pour traiter d'affaires. Le mariage se fit en effet avec beaucoup de pompe le 12 février 1736 ; et M. Du Theil dut se contenter de l'honneur d'y assister et d'en rendre compte à Versailles, comme d'une très-belle cérémonie [2]. Lorsqu'elle fut accomplie, M. Bartenstein ne manqua pas de faire observer à M. Du Theil, que ce jeune Prince étant maintenant devenu gendre de l'Empereur, il allait être bien dificile de le faire consentir à la cession immédiate de cette partie la plus considérable de ses États[3].

M. Bartenstein disait vrai. Les fêtes du mariage autrichien avaient attiré à Vienne un assez grand

---

1. Lettre du cardinal de Fleury à M. Bartenstein, 28 mars 1738. Cette lettre est un long résumé des griefs du cardinal contre le cabinet autrichien, depuis la signature des préliminaires. (Archives des affaires étrangères. — Correspondance de Vienne.)

2. Lettre de M. Du Theil au cardinal de Fleury, du 15 février. (Archives des affaires étrangères. — Correspondance de Vienne.)

3. Dépêche de M. du Theil Du 23 avril. (Archives des affaires étrangères. — Correspondance de Vienne.)

nombre de seigneurs lorrains. Les personnes pourvues de charges à la cour de Nancy y avaient été mandées par ordre exprès du Duc. C'étaient le prince de Craon, grand écuyer; le marquis de Gerbevillers, grand chambellan; MM. de Lambertye et de Lenencourt, gentilshommes de sa chambre. François avait également fait venir près de lui, pour prendre leurs avis, les membres les plus accrédités de son conseil. Toutes ces personnes, dont l'importance ne pouvait que perdre à la réunion de la Lorraine à la France, entouraient exclusivement le duc de Lorraine. Ils lui représentaient ce qu'il y aurait d'incertain et presque de honteux dans sa situation s'il se laissait entièrement dépouiller de sa souveraineté, avant d'avoir acquis aucun droit réel à l'héritage de la monarchie autrichienne; ils lui peignaient avec chaleur le désespoir de ses sujets : « Que lui avait fait ce pauvre peuple, si constamment attaché, pendant sept cents ans, à tous les princes de sa maison, qui les avait servis avec tant de constance et de fidélité pendant la bonne et la mauvaise fortune? Ne pouvait-il donc attendre pour s'en séparer l'heure fatale indiquée par le traité? Pourquoi tant de hâte à les abandonner à des maîtres étrangers? » Le jeune prince Charles, frère du Duc, appelé lui-même récemment à Vienne et destiné à épouser la seconde des Archiduchesses, appuyait les efforts des patriotes lorrains, et joignant ses instances à celles de MM. Bourcier, Jacquemin et de

Richecourt, il rappelait à son frère le souvenir de leur grand-oncle Charles IV et de leur aïeul Charles V; il lui montrait un projet de lettre que, dans une circonstance analogue, Léopold, leur père, avait jadis voulu adresser à Louis XIV; il jurait que, pour son compte, il ne donnerait point son consentement à un pareil abandon, et qu'il ne renierait jamais une brave nation qui n'avait jamais renié ses maîtres[1]. Mme la duchesse de Lorraine tâchait aussi d'user, à distance, du reste d'autorité que lui laissait encore sa qualité de mère et de régente, pour inspirer au duc François quelque fière résolution. L'idée de quitter un pays où elle avait rencontré pour son époux et pour elle-même tant d'affection et de dévouement, lui était, plus qu'à personne, insupportable. Elle se plaignait amèrement de tout le monde, de la cour de France, de la maison d'Autriche, mais surtout du duc François. Elle écrivait à ses amies de Paris : « que son fils se coupait la gorge à lui et à toute sa famille en signant ce malheureux traité...; que s'il était assez sot pour consentir à ce que l'Empereur voulait, il fallait qu'il fût ensorcelé[2]. » Elle se désolait de la cession de la

1. Dépêche de M. Du Theil. — Réflexions sur l'élection de François Ier à l'empire; papiers provenant du président Lefebvre. — Mémoire sur la négociation de la cession de la Lorraine à la France. — *Ibidem.*

2. Lettre de Mme la duchesse de Lorraine à Mme la duchesse d'Orléans, et à Mme la princesse d'Épinay, mai, juin 1736. Voir aux Pièces justificatives.

Lorraine avec toutes les personnes de sa cour, « et comme elle avait le cœur bon, » écrit M. de Brézé, « particulièrement avec ses filles d'honneur, qui s'effrayaient à l'idée qu'elles ne trouveraient plus à se marier[1] ».

De si vives remontrances jetaient le duc de Lorraine dans la plus grande perplexité. Il conjurait l'Empereur, après lui avoir fait la grâce de lui donner sa fille, de ne pas exiger de lui un sacrifice qui le déshonorerait. L'Empereur, touché par ses supplications, cherchait à le rassurer, et se montrait d'autant moins disposé à céder aux demandes du cardinal de Fleury. La position du ministre de Louis XV devenait de plus en plus fâcheuse et presque ridicule, car il venait de consentir tout récemment à l'évacuation du plat pays qui environnait les places de Trèves, de Traarbach et de Philipsbourg, sans avoir rien obtenu encore, en retour de toutes ses complaisances. Sa détresse était extrême; et, pour s'en tirer, il se jetait encore une fois aux genoux de l'Empereur. « Après avoir forcé nos alliés, » écrivait-il avec désespoir, « à céder tous les pays qu'ils possédaient, après avoir évacué tous ceux que nous occupions, nous nous trouverions, si l'article de la Lorraine demeurait indécis, *exposés aux reproches de notre nation, et à la risée de toute l'Europe.* » Dans

---

[1]. Lettre de M. le marquis de Brézé, 26 décembre 1735. (Archives des affaires étrangères.)

ses lettres à M. Du Theil, le cardinal se disait prêt à donner tout l'argent nécessaire. « Les centaines de mille francs ne lui coûteraient pas, s'il fallait absolument acheter la cession immédiate de la Lorraine [1]. — Il n'est que trop vrai qu'on veut nous la vendre, et le plus cher possible, » répondait M. Du Theil [2].

Telle était bien, en effet, l'intention des ministres autrichiens. Au fond, les doléances du duc François les touchaient assez peu. Ils avaient, lors de la signature des préliminaires, pris l'engagement de tenir compte à ce Prince des revenus provenant de la partie de ses États qu'il avait dû céder à la France. Ils trouvaient cette obligation coûteuse à remplir. Fleury offrait, s'il recevait actuellement le duché de Lorraine, de payer annuellement au gendre de Charles VI une somme équivalente aux revenus de la totalité de ses États. C'était pour la cour d'Autriche toujours obérée, et dans ce moment plus que jamais ruinée par la guerre malheureuse qu'elle venait de soutenir pendant trois ans, un profit clair et net. Cette der-

1. Lettre du cardinal de Fleury du 1ᵉʳ février 1736.
2. « Vous me dites, monseigneur, que prétendre le revenu des deux Duchés, c'est vouloir vous faire acheter l'actualité. Il est trop vrai qu'on veut nous la vendre et le plus cher possible. Je dois pourtant vous dire que, dans les instants où M. Bartenstein fut tranquille et rassis, il me parla de façon à me vouloir persuader que la somme ne serait pas immense. — Il me répéta souvent que l'Empereur serait raisonnable là-dessus. » (Dépêche de M. Du Theil, 30 mars 1736. — Archives des affaires étrangères.— Correspondance de Vienne.)

nière considération était près d'elle d'un très-grand poids. M. Du Theil avait indiqué dans une de ses dépêches qu'il ne serait pas impossible d'intéresser M. Bartenstein et un conseiller aulique de ses amis au succès des demandes de la France[1]. Les sommes qu'il avait demandées furent aussitôt mises à sa disposition.

Cet argent donné à propos ne fut pas inutile au progrès de la négociation, car à peine fut-il arrivé à Vienne qu'on se trouva enfin à peu près d'accord. Le 11 avril 1736, le duc de Lorraine, après avoir, dit M. Du Theil, pris et jeté trois fois la plume, signa, avec bien des regrets et des pleurs, l'abandon de ce qui lui restait encore de l'ancien patrimoine de ses ancêtres. C'était un grand pas de fait; mais il s'en fallait de beaucoup que tout fût fini. Les ministres de l'Empereur ne se lassaient pas de soulever chaque jour de nouvelles difficultés. Plus que toutes les autres, une dernière circonstance, dont il nous reste à rendre compte, servit à vaincre leurs interminables hésitations : ce fut l'intervention du garde des sceaux Chauvelin. Ainsi que nous l'avons précédemment raconté, Chauvelin, quoique chargé du portefeuille des affaires étangères, avait été, sur la demande de l'Empereur, tenu en dehors des pre-

---

1. Dans sa dépêche du 30 janvier, M. Du Thiel avait parlé d'une somme de 100,000 florins pour Bartenstein, et de 20,000 pour M. Kiew, conseiller aulique.

mières communications échangées, au sujet de la paix entre les deux cabinets. Plus tard, Fleury l'avait bien parfois consulté, sans en convenir, et surtout, sans suivre ses avis. Il avait pris soin de se réserver exclusivement la rédaction des dépêches adressées à nos agents à Vienne. Tout à coup, soit fatigue, soit impatience des lenteurs obstinées qui lui étaient opposées, il passa la plume à son collègue. Les instructions que Chauvelin fit alors parvenir à M. Du Theil n'étaient pas longues. Elles consistaient le plus souvent en quelques lignes mises au bas des lettres du cardinal. La teneur en était simple, mais de nature à donner à penser aux conseillers de Charles VI. « En attendant la décision de Sa Majesté Impériale, » mande-t-il un jour à Vienne, « le cardinal de Fleury veut garder Philipsbourg, Kelh et Trèves... » « Plus nous avons d'intérêt à la cession actuelle de la Lorraine », écrivait plus tard ce même ministre, « plus nous devons, pour y amener les Autrichiens, nous rendre difficiles sur la cession du Barrois, sur le pied des préliminaires; et c'est par cette raison que le Roi juge que vous devez vous montrer très-ferme sur le tout; l'Empereur ayant, par rapport à l'Empire, autant d'intérêt à retirer ces trois places, qu'il en a par lui-même à se mettre en possession de la Lombardie[1]... » Depuis un an que

1. Nous avons bien avancé les affaires de Lorraine. Vous aurez même les ratifications avant que le terme stipulé de deux mois soit

durait la négociation, l'Autriche n'avait pas encore entendu d'aussi fières paroles. Elle les comprit et céda.

Cependant, les ministres de l'Empereur ayant réussi à glisser dans la rédaction du traité une phrase, qui subordonnait la cession de la Lorraine à certaines renonciations que la France devait obtenir de ses alliés, Fleury, conseillé par Chauvelin, refusa de ratifier cette nouvelle convention. De nouveaux retards s'en suivirent. La discussion de ces dernières difficultés fut transportée de Vienne à Paris. Elle s'y poursuivit entre le comte de Schemerling, envoyé d'Autriche, et le garde des sceaux. Aussitôt les choses allèrent aussi vite que naguère elles marchaient lentement. Le traité qui attribuait provisoirement les duchés de Bar et de Lorraine au roi Stanislas, et les réunissait définitivement à la France, fut signé le 15 février 1737. Huit jours après, Chauvelin était exilé à sa terre de Gros-Bois, et plus tard à Bourges, d'où il ne lui fut jamais permis de revenir. Pourquoi cette brusque disgrâce? Elle surprit fort les contemporains. Les historiens du xviiie siècle en parlent tous, mais assez confusément. Initiés par notre récit aux détails du traité de 1737, peut-être nos

écoulé. Mais il ne sera pas possible que vous les remettiez avant qu'il y ait quelque chose de fixé pour la Lorraine. *En attendant*, le cardinal veut garder Philipsbourg, Trèves et Kehl. (Lettre de M. Chauvelin à M. du Theil, 28 avril 1736. — Archives des affaires étrangères. Correspondance de Vienne.)

lecteurs sont-ils maintenant à même de percer un peu ce mystère. Ils s'expliqueront aisément comment le garde des sceaux, confident importun de tant de honteuses défaillances, réparateur habile de tant de lourdes fautes, ne pouvait manquer d'exciter la jalousie de l'ombrageux cardinal. Homme de conseil et d'action, et plus ambitieux peut-être que discret, Chauvelin avait le malheur de posséder de trop dangereux secrets. Il avait joué dans les négociations avec l'Autriche un rôle trop considérable. S'il ouvrait la bouche, s'il revendiquait sa part dans le succès commun, que serait devenue la réputation de son chef? Partager avec un autre l'honneur de l'acquisition de la Lorraine, c'était perdre le seul titre de gloire de son long ministère? Fleury ne le voulut pas; tout-puissant près de son ancien élève, le vieux précepteur de Louis XV préféra sacrifier bassement son collègue. Nous doutons qu'un si triste calcul profite beaucoup à sa mémoire.

Tout étant enfin consommé entre les négociateurs de la France et de l'Empire, il ne restait plus qu'à s'occuper des formalités qui devaient précéder le changement de domination en Lorraine. Le séjour de la duchesse régente dans les États dont son fils venait d'être dépossédé ne laissait pas que de causer quelque embarras. Désespérée de la perte de la nationalité lorraine et, par sa douleur même, devenue plus chère encore aux populations sur lesquelles elle avait si longtemps régné, cette princesse avait d'autant plus de droits aux égards de la cour de Versailles, que ses inclinations n'avaient jamais cessé d'être françaises. On savait que l'idée d'aller à Vienne lui était insupportable [1]. Il ne lui répugnait pas moins de s'établir à Bruxelles, où son fils l'invitait à se fixer désormais [2]. Un instant elle s'était flattée de pouvoir finir ses jours dans le palais de Lunéville, aux lieux mêmes les plus remplis du souvenir de son mari. Mais elle avait bientôt compris qu'elle ne pouvait raisonnablement exiger du roi de Pologne qu'il lui abandonnât la seule résidence qui fût alors en état de loger convenablement la nouvelle cour. On songea pour elle à la principauté de Commercy. Jadis habité par le cardinal de Retz, qui, pour tromper les ennuis de sa retraite, y composa ses Mémoires, réparé et agrandi plus tard par le prince de Vaudemont, ce fils que Charles IV avait eu de Béatrice de Cusance, le château de Commercy avait été, pendant les longues

---

1. « ...... Je vous fais ce détail afin que vous ne soyez pas étonnée si je vous ajoute que je crains d'aller à Vienne passer mes vieux jours. Au moins, quand on est dans un couvent, l'on en peut sortir et se promener, et voir ses amis..... » (Lettre de Mme la duchesse de Lorraine à Mme la duchesse d'Orléans. Lunéville, 1er mai 1736.)

« ...... Ainsi l'on ne m'y attrapera point, de me rendre sujette de l'Empereur, pendant que je puis rester icy par les bontés du Roy. Rien ne me fera sortir d'icy, c'est ce dont je vous assure..... » (La duchesse de Lorraine à Mme la princesse d'Épinay. Juin 1736. Archives des affaires étrangères.)

2. Lettre du duc François à la duchesse de Lorraine régente, 16 juillet 1736. *Ibidem.*

négociations de Vienne, préparé provisoirement pour Stanislas. Louis XV offrit à la Duchesse de le lui céder sa vie durant. Vaste et commode, ce vieux manoir jouissait d'amples droits seigneuriaux ; il n'était dépourvu ni de beauté ni d'agrément. Aux yeux de la veuve de Léopold, il avait surtout le mérite de ne l'éloigner pas trop de la Lorraine. Elle l'accepta avec reconnaissance, demandant seulement comme une grâce de pouvoir prolonger un peu son séjour à Lunéville, afin d'y recevoir l'ambassadeur du roi de Sardaigne, chargé de demander, au nom de son maître, la main de l'aînée des princesses lorraines. Cette faveur ne lui fut pas refusée. La cérémonie des fiançailles eut lieu le 5 mars 1737 avec la pompe accoutumée. Les plus riches tapisseries, vieux luxe de la cour de Nancy, décorèrent la chapelle où le prince de Carignan épousa par procuration Élisabeth-Thérèse de Lorraine. Un repas magnifique fut, au sortir de la messe, offert aux ministres étrangers et aux principaux seigneurs du pays. Le soir, les longues allées du parc, ses parterres si variés, et ses nombreuses fontaines s'illuminèrent tout à coup de mille feux. On eût dit qu'avant de passer en de nouvelles mains, le palais bâti par Léopold voulait, pour prendre congé de la dynastie de ses anciens maîtres, se parer une dernière fois, à leurs yeux, de toutes les splendeurs du passé. Mais, tandis qu'affairés et joyeux une foule d'ouvriers s'occupaient à dresser publiquement les préparatifs de cette fête brillante, quelques serviteurs affidés commençaient en grand secret, dans l'intérieur des appartements, les apprêts du départ fixé au lendemain.

Tous les historiens du xviii° siècle et tous les mémoires contemporains, nous entretiennent de la désolation qui éclata en Lorraine lorsque la famille ducale dut enfin quitter Lunéville, et abandonner pour toujours son antique patrimoine. Les étrangers eux-mêmes en furent émus. Déjà lié avec les chefs principaux de l'école phiosophique de France, et soigneux de se ménager à l'avance la faveur du public, en professant hautement, dans ses livres, d'admirables maximes, qu'il devait plus tard oublier tant soit peu sur le trône, l'ami de Voltaire, l'auteur de l'*Anti-Machiavel*, Frédéric fut le premier, en 1740, trois ans seulement après la cession de la Lorraine, à signaler à l'Europe les touchants témoignages d'affection, qu'en cette circonstance, les habitants du pays prodiguèrent à la Duchesse et à ses filles. «..... Le royaume de Naples et celui de Sicile,» dit le royal écrivain, « sont passés plus d'une fois des mains des Espagnols à celles de l'Empereur et de l'Empereur aux Espagnols. La conquête en a toujours été très-facile, parce que l'une et l'autre domination était très-rigoureuse, et que ces peuples espéraient trouver des libérateurs dans leurs nouveaux maîtres. Quelle différence de ces Napolitains aux Lorrains! Lorsqu'ils ont été obligés de changer de domination, toute la Lorraine était en pleurs. Ils regrettaient de perdre les rejetons de ces Ducs qui, depuis tant de siècles, furent en possession de ce florissant pays, et parmi lesquels on en compte de si estimables par leur bonté, qu'ils mériteraient d'être l'exemple des rois. La mémoire du duc Léopold était encore si chère aux Lorrains, quand sa veuve fut obligée de quitter Lunéville, que tout le peuple se jeta à genoux au-devant du carrosse, et l'on arrêta les chevaux à plusieurs reprises. On n'entendait que des cris; on ne voyait que des larmes [1]. »

Ce passage de l'*Anti-Machiavel* est d'une parfaite exactitude. Personnellement le duc François était,

---

1. L'*Anti-Machiavel*, ou *Essai de critique sur le prince de Machiavel*, avait été composé par Frédéric, quand il n'était encore qu'héritier présomptif de la couronne. La plupart des hommes de lettres avec lesquels Frédéric était en rapport, Voltaire en particulier, avaient eu connaissance du manuscrit du prince; quelques-uns d'entre eux s'étaient même chargés d'en surveiller l'impression à La Haye. Cependant, lorsqu'il fut devenu, par la mort de son père, chef de la monarchie prussienne, Frédéric songea d'abord à arrêter la publication de l'*Anti-Machiavel*, il se sentait gêné par le contraste trop frappant qui allait éclater entre les doctrines proclamées dans ce livre et celles qu'il se proposait de mettre prochainement en pratique. D'un autre côté, il ne lui déplaisait d'avoir à se désavouer soi-même aussi clairement aux yeux de tant d'admirateurs passionnés, dont les suffrages ne lui étaient pas indifférents. L'impression était d'ailleurs très-avancée, l'ouvrage annoncé et déjà presque connu ; bref, il parut en 1740, peu de temps après l'avénement de Frédéric. Voltaire, tout joyeux, eut grand soin d'offrir au nouveau souverain, son ami, des compliments d'autant plus vifs et d'autant plus empressés, qu'au fond, il le savait assez contrarié de cette intempestive publication.

comme nous l'avons dit, assez peu aimé de ses sujets. Il est certain qu'au point de vue de leurs intérêts particuliers, les principaux seigneurs du pays, et la plupart des fonctionnaires lorrains n'étaient pas insensibles à l'avantage de passer au service d'un plus grand maître, et de vivre désormais sous la protection d'un gouvernement plus redouté de ses voisins. Mais ceux-là mêmes qui pensaient gagner quelque chose au changement de domination, n'en ressentaient pas moins cruellement la perte de l'antique nationalité. Chez eux, comme parmi les classes diverses de la population, ce qui dominait, c'était une angoisse toute patriotique et le sentiment d'un grand malheur public. Avec nos mœurs actuelles, et nos idées modernes, peut-être nous est-il malaisé de comprendre la nature et la force des liens qui jadis attachaient si fortement les sujets à leurs princes. Fils des hommes généreux qui ont osé rompre sans retour avec les dogmes du passé, nous avons été, tout enfants, bercés au récit de la chute prodigieuse de la plus illustre monarchie qui fût au monde. Ecoliers, nous avons assisté aux prospérités inouïes d'un empire qui, fondé sur la force, se croyait éternel, et n'en a pas moins été emporté à son tour. Quand nos jeunes intelligences s'ouvraient aux premières notions d'équité et de justice, nous avons vu les défenseurs en titre du vieux droit, et des antiques traditions, se partager officiellement les peuples comme un vil troupeau, et, dans une seule année de paix, fouler aux pieds plus de glorieuses nationalités, confisquer plus de légitimes souverainetés qu'en vingt années de guerre la révolution elle-même n'avait osé en détruire. Hommes faits, nous avons deux ou trois fois changé de régimes ou de dynasties. De si fréquentes catastrophes ne passent pas impunément sur la tête d'une même génération. L'épreuve en est trop forte pour le commun des esprits. Lassés des nobles mais fatigantes émotions de la vie publique, combien, de nos jours, croient faire acte de sagesse en professant l'indifférence. Triste fruit de nos discordes civiles, une pareille indifférence sur le sort de la patrie n'était pas à l'usage des Lorrains du xviiie siècle. En disposant d'eux sans les consulter, à la suite d'une guerre à laquelle ils n'avaient eu nulle part, la France et l'Autriche les avaient profondément blessés au plus vif de leur cœur. Autant le duc François était devenu odieux à ses sujets pour les avoir ainsi abandonnés, autant la duchesse était restée populaire, parce qu'on l'avait toujours connue opposée à la cession. On frémissait à l'idée de la voir quitter le pays. Il semblait aux habitants de Lunéville qu'en la laissant s'éloigner, ils allaient perdre avec elle la vivante personnification de leur indépendance si regrettée. Le 6 mars 1737, au matin, quand il lui fallut enfin se mettre en route, la veuve de Léopold parut émue elle-même non moins que ceux dont elle allait se séparer. .

« Je vis, nous raconte Jamerey Duval, madame la duchesse régente et les princesses ses filles s'arracher de leur palais, le visage baigné de larmes, levant les mains au ciel, et poussant des cris tels que la plus violente douleur pouvait seule les arracher. Ce serait tenter l'impossible que de vouloir dépeindre la consternation, les regrets, les sanglots, et tous les symptômes de désespoir auxquels le peuple se livra, à l'aspect d'une scène qu'il regardait comme le dernier soupir de la patrie. Il est presque inconcevable que des centaines de personnes n'aient pas été écrasées sous les roues des carrosses, ou foulées aux pieds des chevaux, en se jetant aveuglément, comme elles faisaient, à travers les équipages pour en retarder le départ. Pendant que les clameurs, les lamentations, l'horreur et la confusion régnaient à Lunéville, les habitants des campagnes accouraient en foule sur la route par où la famille royale devait passer, et, prosternée à genoux, ils lui tendaient les bras et la conjuraient de ne pas l'abandonner..... »

Vers la fin de cette même journée, la Duchesse et ses deux filles arrivèrent au château d'Haroué. Ce fut dans cette magnifique habitation, construite par le prince de Craon, avec les dons qu'il tenait de la générosité de Léopold, que la femme et les filles de cet excellent prince, avant de se dire un éternel adieu, et tout entières livrées à leur pieuse tristesse, vinrent passer les derniers instants qu'il leur fut donné de séjourner en Lorraine. Le lendemain, la future reine de Sardaigne s'acheminait vers ses nouveaux États. La princesse Anne-Charlotte se dirigeait vers Remiremont, dont elle allait bientôt devenir abbesse, et la Duchesse prenait seule la route de Commercy, où quelques années plus tard, entourée de l'affection et du respect des serviteurs de sa petite cour, elle devait finir paisiblement ses jours, séparée, mais non oubliée de ses anciens sujets [1].

[1]. Voir pour de plus amples détails sur le départ des Princesses un Mémoire lu à la Société d'archéologie de Lorraine, par M. Louis Lallemant, avocat.

CHAPITRE XL

Importance du règne de Stanislas, comme époque de transition entre la complète indépendance et l'assimilation à la France. — Caractère de Stanislas. — Sa générosité personnelle, ses idées particulières sur le gouvernement des peuples. — Il n'est pas entièrement libre de s'affranchir de la direction qu'on veut, de Paris, donner à l'administration de ses États. — Traité secret passé avec Louis XV qui pèse sur tout son règne. — M. de La Galaizière. — Ses antécédents, son caractère. — Prise de possession par M. de La Galaizière de la Lorraine et du Barrois. — Arrivée de Stanislas en Lorraine. — Ses premiers actes. — Mesures prises par M. de La Galaizière. — Mécontentement de la noblesse. — Elle veut réclamer pour ses droits, par l'intermédiaire de la petite cour de Florence et du cabinet de Vienne. — Guerre de la succession d'Autriche. — Politique misérable du cardinal de Fleury. — Premiers succès, défaites des armées françaises. — Fleury perd absolument la tête. — Sa mort. — Campagnes de 1743-44, et 45. — Maladie du roi. — Bataille de Fontenoi. — La paix de 1748. — Stanislas à Lunéville et à Commercy. — Ses rapports avec Voltaire. — Mme du Châtelet. — Saint-Lambert. — Mort de Mme du Châtelet. — Fondation de l'académie Stanislas. — Palissot. — Sa comédie du *Cercle*. — Rapports avec J.-J. Rousseau. — Remontrance de la Cour souveraine, au sujet des vingtièmes. — Fermeté de la Cour. — M. de La Galaizière pris à partie par les magistrats de la Cour. — Perplexité de Stanislas. — Exil des magistrats. — Leur rappel. — Stanislas perd son petit-fils le Dauphin. — Expulsion des jésuites de France. — Tristesse et découragement du roi Stanislas. — Sa mort. — Réflexions générales sur l'histoire de Lorraine.

Si l'histoire des duchés de Bar et de Lorraine, si la vie des souverains de cette maison qui ont régné à Nancy, faisaient l'unique objet de cette étude, il nous faudrait sans doute la terminer ici. Notre récit devrait naturellement s'arrêter au moment où furent enfin signés, à Vienne (18 novembre 1738), les derniers protocoles du traité, qui, en plaçant sur les marches du trône impérial le petit-neveu de Charles IV, le descendant de Charles V et de Léopold, livra, d'un même trait de plume, leur pays à

DE LA LORRAINE A LA FRANCE. 441

la France. Mais, faut-il le rappeler, nous ne nous sommes pas seulement proposé de remettre en vogue les annales, d'ailleurs assez curieuses, d'une antique province. Retracer, aussi bien qu'il dépendrait de nous, les figures parfois assez piquantes de quelques princes qui méritaient, nous le croyons, d'être un peu moins inconnues, n'a pas été, non plus, notre but principal. C'est la nationalité lorraine elle-même que, de préférence, nous avons souhaité peindre au vif et dans toute l'énergie de sa tenace vitalité. C'est la lutte soutenue pendant près de deux siècles contre les chefs de la puissante monarchie française, par un groupe d'hommes énergiques, profondément attachés à leur dynastie, passionnément épris de leur indépendance, que nous aurions surtout aimé à rendre intéressante.

Ou notre faiblesse a trahi nos efforts, ou nos lecteurs ont déjà pressenti qu'une pareille résistance, fondée sur les plus nobles sentiments de l'âme humaine, glorieuse peut-être par ses tentatives désespérées, touchante, tout au moins, en raison de sa prodigieuse inégalité, n'a pas dû cesser entièrement à date fixe et du jour au lendemain. Grâce à Dieu, la politique n'est pas, à ce point, la maîtresse en ce monde, qu'il lui soit donné de trancher sur-le-champ, et comme par un coup de hache, la vie même des nations. Beaucoup de peuples ont survécu obstinément à de pareils arrêts de mort signifiés en due forme par de froids diplomates, et après nombre d'années senti leur cœur tressaillir encore au seul nom de leur patrie rayée de la carte officielle de l'Europe. Il en a été ainsi des Lorrains. Longtemps ils ont pleuré leur nationalité perdue et leurs libertés supprimées; longtemps ils n'ont voulu voir dans leurs voisins de la Bourgogne ou de la Champagne, que des étrangers et presque des ennemis, et dans les fonctionnaires, envoyés du dehors pour les administrer, que des conquérants et des oppresseurs.

Comment des dispositions si hostiles ont-elles graduellement perdu leur première vivacité? Comment des populations si peu portées, en 1738, à déposer leurs vieilles antipathies contre la France, se sont-elles, même avant le grand mouvement de 1789, trouvées tout à coup si françaises? Les trente années du règne de Stanislas, transition heureusement ménagée entre l'entière indépendance et la complète sujétion, ont trop servi à amener la fusion définitive des deux nationalités, pour qu'il n'entre pas forcément dans notre sujet d'en esquisser au moins les incidents principaux. Nous le ferons rapidement, sans exagérer l'importance du beau-père de Louis XV, attentifs toutefois à donner une idée aussi exacte que possible de cette petite royauté viagère de Lunéville, si humblement soumise mais si peu semblable à la grande monarchie de Versailles; moins une cour, à vrai dire, qu'une société élégante, société toute pleine de contrastes, docte et spirituelle sans pédantisme, familière et libre sans indécence, où l'on se piquait à peu près également de religion, de galanterie, voire, d'une pointe de philosophie; au lieu d'un prince, une sorte de grand seigneur polonais, facile et généreux, plus épris de belle littérature que de politique ou d'administration, quoiqu'il se plût à disserter et même à écrire sur les devoirs des souverains et sur les droits des peuples, fort empêché le plus souvent pour faire vivre de bon accord ensemble, son confesseur, le père Menou, et sa maîtresse, la marquise de Boufflers; correspondant assidu et conseiller intime de son dévot petit-fils, le Dauphin; lié toutefois avec Voltaire, en coquetterie ouverte avec Montesquieu et Rousseau, pas trop effarouché de recevoir les visites d'Helvétius, fort admiré, peut-être trop prôné par la fraction modérée des encyclopédistes qu'il protégeait discrètement ; jamais aussi heureux qu'aux jours où il pouvait fixer près de lui, dans ses retraites favorites de la Malgrange, de Lunéville ou de Commercy, en compagnie de quelques femmes aimables, de savants, comme le révérend père Leslie, ou le bénédictin dom Calmet, des poëtes mondains, causeurs aimables comme Saint-Lambert ou M. de Tressan; et ce qui, nous l'espérons, protégera sa mémoire aux yeux des honnêtes gens, jamais embarrassé, malgré sa prudente réserve et sa sincère déférence envers le Roi, son gendre, pour accueillir généreusement dans son petit État, suivant les temps et la violence des bourrasques qui soufflaient de Paris, tantôt les philosophes fuyant la Bastille et les lettres de cachet, tantôt les jésuites proscrits par le Parlement.

Depuis sa fuite miraculeuse de Dantzick, Stanislas vivait obscurément retiré au château de Kœnisberg, en Prusse, lorsqu'il y apprit à l'improviste la conclusion des préliminaires signés à Vienne le 3 octobre 1735. Heureux de se tirer à son honneur d'une aventure où la politique du cabinet de Versailles l'avait jeté malgré lui, dans laquelle il avait accepté, sans plus d'espoir que de goût, un rôle qu'il n'avait pas toutefois rempli sans quelque gloire et surtout sans péril, il en coûtait peu au père de Marie Leckzinska pour sacrifier aux convenances de la France et de l'Autriche ses droits contestés à la couronne de Pologne. Au fond, rien ne lui souriait tant que la perspective de finir paisiblement ses jours non loin de la Reine, sa fille, entouré des honneurs et libre des soucis de la royauté. Cependant la nouvelle même qui comblait ses vœux apportait la désolation parmi le petit groupe de gentilshommes polonais qui avaient fidèlement suivi jusqu'alors sa mauvaise fortune. Moins sages que leur chef, ils avaient peine à renoncer à ces tenaces illusions, si chères aux partis vaincus, aussi vaines, hélas! mais plus tenaces peut-être et plus chères au cœur de ceux qui peuvent se rendre témoi-

gnage d'avoir épousé le bon droit, combattu et
souffert pour la cause nationale. Avec cette complète
liberté d'esprit que les traverses de sa vie n'avaient
en rien altéré, avec cette franche cordialité qui
lui avait jadis si fort servi à s'attirer l'affection de la
petite noblesse de son pays, Stanislas se mit à discuter familièrement, devant ses anciens compagnons
de guerre et d'exil, les chances nouvelles qui s'ouvraient pour la Pologne et pour eux-mêmes. Tous
furent admis à faire franchement connaître leurs opinions personnelles et conviés à entretenir leur ancien
Roi de leurs intérêts privés et des desseins qu'ils formaient pour l'avenir. Au plus grand nombre, Stanislas conseilla de rentrer paisiblement dans leur pays
et de n'hésiter pas à reconnaître son compétiteur,
Auguste de Saxe. Aux plus considérables, à ceux que
des liens plus étroits attachaient à sa personne, il
offrit une retraite et des dignités en Lorraine. Les
moins faciles à persuader étaient les chefs des puissantes familles polonaises qui, retirés, depuis la
défaite du parti, dans leurs vieux manoirs féodaux,
comme dans autant de places fortes, bravaient encore impunément, à cette époque, les armes de la
Russie et de l'Autriche. Privé de toute communication avec eux, Stanislas prit le parti de leur adresser
une sorte de message public. « Voulez-vous, » leur
écrivit-il, « suivre l'avis de celui qui ne cessera jamais
de vous aimer? Imitez mon exemple, mettez bas les

armes. Vous les aviez prises pour la justice, la cause était louable. Déposez-les maintenant par respect pour les hautes puissances qui nous avaient invitées à les prendre, et ne vous exposez pas, par une opiniâtreté qui n'aurait plus de but, au reproche d'avoir voulu perpétuer le trouble parmi vos frères [1]. »

Après avoir ainsi fait entendre et accepter partout, près de lui comme au loin, de si sages conseils, après avoir été à Berlin remercier le roi de Prusse, Frédéric-Guillaume, de son hospitalité généreuse, Stanislas rentré en France alla s'établir non plus à Chambord, cette résidence un peu éloignée de la capitale qu'il avait le plus souvent occupée depuis le mariage de sa fille, mais tout près de Paris, au château de Meudon, mis à sa disposition par le roi Louis XV. C'est là qu'accueilli avec une distinction particulière par le cardinal de Fleury, maintenant assez désireux de se rapprocher de la Reine, journellement visité des ministres qui avaient à l'entretenir de mille affaires, recherché et fêté par tout ce qu'il y avait de brillant à Versailles, devenu tout à coup en crédit à la cour, et en faveur marquée près du public, le futur souverain de la Lorraine attendit sans grande impatience, depuis la fin de mai 1736 jusqu'aux premiers jours d'avril 1737, la conclusion des arran-

---

1. Lettre du roi de Pologne, écrite de Kœnigsberg, aux seigneurs de Poméranie et de Lithuanie, tenant encore pour sa cause, citée par l'abbé Proyat, tome I, p. 247.

gements compliqués dont nous avons précédemment rendu compte, et qui devaient ajourner quelques mois encore la prise de possession de sa nouvelle couronne.

Ce temps fut employé par le roi de Pologne à se procurer des renseignements sur la Lorraine, à s'enquérir curieusement des dispositions de ses habitants, à s'informer en détail des intérêts des principales familles des Deux Duchés. Il était impossible de se mieux préparer à l'accomplissement de sa tâche royale. Malheureusement, un acte d'une importance extrême, dont la portée et ses conséquences, n'apparurent que plus tard, marqua surtout ce séjour momentané de Stanislas aux environs de la cour de Versailles ; ce fut l'accord passé avec Louis XV pour régler la forme à donner au gouvernement de son petit État, et la façon dont serait désormais administrée une province destinée à faire, après sa mort, partie intégrante du territoire français. A la bien considérer, la déclaration de Meudon du 30 septembre 1736 fut un acte d'abdication anticipée consenti dans un premier mouvement irréfléchi de reconnaissance. Trop scrupuleux pour manquer à ses engagements, trop éclairé en même temps pour les accomplir à la lettre, Stanislas s'est pendant toute sa vie péniblement débattu entre les exigences opposés qui résultaient pour lui de ses devoirs de prince indépendant, et de l'abandon qu'il avait fait, par avance, des droits les plus inséparables d'une sérieuse souveraineté. Pour bien faire comprendre à quel point, engagé, dès le début, dans une voie aussi fausse, il lui fut impossible de s'en tirer jamais complétement, il importe d'expliquer comment ce malencontreux compromis qui pesa comme une fatalité sur tout son règne, fut le résultat compliqué de ses penchants personnels, des nécessités de sa situation et de l'esprit du temps.

Stanislas Leckzinski, né le 20 octobre 1682, touchait en 1737 à sa cinquante-quatrième année. Ses ancêtres n'avaient jamais cessé de jouer dans les troubles de leur patrie un rôle considérable. S'ils n'avaient de beaucoup dépassé en crédit ou en dignités les autres grandes familles de la Pologne, ils pouvaient du moins revendiquer l'honneur d'être toujours restés attachés à la cause populaire, c'est-à-dire d'avoir servi constamment de leur influence et de leurs armes les intérêts nationaux représentés, dans cette république de gentilshommes, par la petite noblesse. Stanislas avait été dès sa jeunesse élevé dans de pareils sentiments. Ils avaient deux fois amené son élévation, et deux fois causé sa ruine. Mais les coups de la fortune ne les avaient pas arrachés de son cœur. Le père de Marie Leckzinska avait naturellement tous les nobles instincts, et les qualités aimables et généreuses, qui sont le gracieux apanage de la race polonaise. Grâce à cette merveilleuse souplesse particulière à ses compatriotes, l'ami de Mazeppa, l'ancien protégé de Charles VII, et son fidèle compagnon de captivité à Binder, qui, du fond de sa prison avait trouvé moyen de gagner la bienveillance des ministres du sultan, n'avait pas plus tôt mis le pied à la cour de Versailles, qu'il en avait aussitôt adopté les mœurs douces, raffinées et polies. La culture des lettres ne lui avait jamais été étrangère. Plus d'une fois, pendant son orageuse carrière il s'était servi de sa plume, plus utilement encore que de son épée, tantôt pour combattre ses adversaires, et tantôt pour ranimer ses partisans découragés. Traduits dans diverses langues, ses manifestes publiés en polonais avaient été généralement admirés en Europe. Sa facilité à écrire avec élégance le latin, alors fort en usage dans presque tous les pays slaves, lui avait mérité la réputation d'un prince docte et éclairé. Retiré maintenant du théâtre de la politique et des affaires actives, il avait à Wissembourg, et plus tard à Chambord et à Meudon, consacré ses loisirs à l'étude de la littérature française. N'ayant plus de roi que le titre, simple gentilhomme par sa naissance, républicain d'origine, façonné de longue main à l'égalité par les mille accidents d'une vie toute pleine de hasards et d'aventures, il s'était lié, sans dessein formé d'avance, sans ombre d'ambition ni de vanité personnelle, par le seul agrément de son facile commerce, par l'unique attrait des occupations pareilles et des plaisirs goûtés en commun, avec les auteurs de grand renom qui vivaient alors à Paris. Aussi ignorés de l'insouciant Louis XV, qu'ils étaient recherchés avec un empressement intéressé par le Prince de Prusse, assez inoffensifs encore, quoique déjà possédés du sentiment de leur prochaine importance, les hommes de lettres, dont nous parlons, n'avaient pas jusqu'à ce jour osé prendre le titre un peu pompeux de parti des philosophes ; moins soucieux, à leur modeste début, de l'assentiment des classes inférieures ou moyennes de la société, que portés à bien vivre avec le gouvernement, et flattés de l'approbation des grands, ils étaient heureux toutefois, dans l'incertitude de ce que leur ménageait l'avenir, de trouver, en pleine cour, au sein de la famille royale, chez le père de la Reine elle-même, une sorte d'adepte, un allié utile et sûr, qui pouvait, au besoin, devenir un puissant protecteur.

Ce n'est pas qu'en matière de politique ou de religion, Stanislas adhérât aux maximes d'abord discrètement hasardées, plus tard assez ouvertement affichées, quoique voilées encore, de ceux qui, vers 1750, s'associèrent pour publier la préface du premier volume de l'*Encyclopédie*. Loin de là, le roi de Pologne était fervent dans ses croyances catholiques, voire même assez dévot, et il croyait à l'excellence du pouvoir absolu sagement et paternellement exercé. Mais la logique ne le gouvernait point. De même que sa foi ferme, arrêtée et précise, se conciliait à merveille avec une élégante galanterie, et s'arrangeait, sans trouble, d'une certaine facilité de mœurs, de même il ne regardait pas à professer habituellement dans ses conversations ou dans ses écrits, des opinions libérales, qui pour être tant soit peu en désaccord avec ses principes n'en étaient pas moins, de sa part, parfaitement loyales et sincères.

De la nouvelle école, il avait surtout emprunté les idées générales, et les formes de style un peu vagues et sentencieuses, qui, mises en crédit par les coryphées du parti, devaient, grâce à l'empire toujours irrésistible chez nous de la mode, envahir bientôt une portion de notre littérature. Ses écrits portaient à un haut degré le cachet de l'époque. Quoique précédée d'un verset tiré de l'Écriture sainte, l'instruction particulière, qu'au moment du mariage avec Louis XV il avait rédigée pour sa fille, et dont plusieurs copies avaient circulé à la cour, émanait, à vrai dire, d'une inspiration pour le moins aussi philosophique que chrétienne[1]. Le récit de l'évasion de Dantzick inédit encore, mais rapidement passé du portefeuille de la Reine, à laquelle il était adressé, aux mains de tous les amateurs des nou-

---

[1]. Avis du roi à la reine sa fille, lors de son mariage, avec cette épigraphe : « Écoutez, ma fille, et voyez. Prêtez l'oreille à mes paroles, et oubliez votre père et la maison de votre père. » (*Œuvres du philosophe bienfaisant*, édition de 1753, tome I, p. 1.)

veautés littéraires et des récits personnels animés et piquants, témoignait, chez son auteur, d'un esprit aussi affranchi de préjugés que libre de toutes préoccupations égoïstes. Mais c'était surtout dans ses lettres récemment écrites de Kœnisberg et dans un ouvrage composé en polonais sur le gouvernement de sa patrie, que Stanislas avait fait preuve sinon d'un esprit supérieur, tout au moins d'une modération incontestable et d'une sagesse pleine de bonhomie et de candeur [1].

1. Nous aurons parfois occasion de citer les œuvres de Stanislas, publiées de son vivant, sous le titre d'*Œuvres du Philosophe bienfaisant* (Paris, 4 volumes in-8). Tous les morceaux qui composent cet ouvrage sont en effet sortis de la plume du roi de Pologne, et, dans ce sens, il en est bien l'unique auteur. A vrai dire, cependant, Stanislas était surtout un causeur agréable, et s'il parlait bien le français, il l'écrivait fort mal, ainsi qu'il arrive le plus souvent aux étrangers. Ce n'était point le jésuite Menou, comme Jean-Jacques Rousseau se l'est à tort imaginé, mais le chevalier de Solignac, son secrétaire, qui, d'ordinaire, revoyait les écrits du roi et en corrigeait le style. Les manuscrits de Stanislas, mis en bon français par le chevalier de Solignac, existent à la Bibliothèque de Nancy. Nous en donnerons les extraits suivants, pour que le public puisse juger de la différence des deux versions.

DISCOURS ADRESSÉ A L'ACADÉMIE DE NANCY.

MANUSCRIT DE STANISLAS.	CORRECTIONS DE SOLIGNAC.
Messieurs,	Je profite, Messieurs, de l'occasion que votre séance publique me donne aujourd'hui. En me présentant devant vous, j'espère un accès favorable ; je n'aspire point à l'honneur de vous être associé, je sais trop à quoi l'on s'exposerait en voulant se mettre de niveau avec
J'use de la liberté que votre audience publique me donne pour espérer un accès favorable en me présentant non en qualité de postulant pour prétendre de vous être associé, je m'en exclus, ne méritant pas cet honneur et connoissant à quoi l'on	

Avec tant d'excellentes qualités, avec les dispositions généreuses que nous venons d'indiquer, le

s'expose en se mettant au niveau avec vous; je ne viens pas plus pour disputer le prix aux talents supérieurs, l'ambition et l'intérêt ne devant avoir aucune part pour paroistre devant vous avec toute impartialité, comme il convient à un bon citoyen qui ressent les biens de la patrie et qui vient, quoique sous un nom inconnu, vous rendre ce qui vous est dû, vous dire combien elle vous est redevable des soings que vous prenez en travaillant à votre gloire de luy procurer les plus grands et les plus vifs avantages dans lesquels vous faictes consister la récompense de tous vos travaux. Soyez satisfaicts sur ce que notre reconnoissance vous guarantit.....

vous. Je ne viens pas non plus dans le dessein de disputer des prix honorables que vous n'adjugerez qu'à des talents supérieurs, sans intérêts et sans partialité; je viens, en qualité de citoyen qui n'a en vue que le bien public, vous féliciter tous en général, et chacun en particulier, de votre zèle pour la patrie. Si vous mettez votre gloire à la servir, et si vous envisagez comme une récompense les avantages qu'elle retire de vos services, soyez satisfaits de vous-mêmes, et comptez sur la reconnaissance qu'elle vous doit.....

LE CLERGÉ.

STANISLAS.

Il n'y a personne qui ne soit convaincu que comme la religion qui doit unyr toutes les opinions à la loi de l'Évangile, de même elle doyt aussi guider généralement celles de tous les chrétiens, tant dans la morale que dans la politique, je pense même qu'on ne sçaurait estre bon cytoyen sans estre bon chrétien. Ce n'est pas à moi à recommander la vénération et le culte de la religion dans un royaume catholique où, par la grâce de Dieu, elle est dominante, mais ce n'est pas hors de mon propos de

SOLIGNAC.

Tout le monde est convaincu que la religion doit nous conduire dans la morale et dans la politique autant que dans tout ce qui concerne le culte de Dieu : il est même constant qu'on ne saurait être bon citoyen sans être bon chrétien.

Ce n'est pas à moi à recommander le respect et la vénération pour la religion dans un royaume où, par la grâce de Dieu, la loi de l'Évangile est la loi dominante de l'État; mais qu'il me soit permis de dire que tous nos soins temporels doivent se rapporter à cette roi de Pologne était éminemment propre à rendre moins pénible aux Lorrains la perte de leur indépendance, à leur adoucir les inconvénients d'un changement de régime, aussi bien que les ennuis d'une domination étrangère. Ancien chef électif d'une ombrageuse république, personne n'était plus que lui, par expérience et par goût, disposé à ménager les susceptibilités nationales de ses nouveaux sujets. Il avait donc vu sans inquiétude figurer dans l'article 14 de la convention du 28 août 1736, au nombre des garanties stipulées en faveur des habitants des deux duchés : « Le maintien des priviléges de l'Église, de la noblesse et du tiers État [1]. » Il avait appris sans déplaisir les signes de désolation et les marques de tendre attachement prodigués par la population lors du départ des princesses lorraines.

dire que nous devons réduire tous nos soings temporels au point de cette religion qui faict la plus belle règle dans toutes les sociétez cyviles, et qui la doit faire beaucoup plus dans un État républicain que dans un monarchique.

loi seule, comme à l'unique soutien des sociétés civiles, soutien bien plus utile dans un État républicain que dans une monarchie.

1. « Les fondations faites en Lorraine par S. A. R. le duc de Lor-
« raine ou par ses prédécesseurs subsisteront et seront maintenues,
« tant sous la domination du Roi, beau-père de S. M. T. Chrétienne,
« qu'après la réunion à la Couronne de France. Subsisteront et seront
« maintenus semblablement les jugements et arrêts rendus par les
« tribunaux compétents, les priviléges de l'Église, de la noblesse et du
« tiers-état, les anoblissements, graduations et concessions d'honneur
« faitès par les ducs de Lorraine, notamment les priviléges et immu-
« nités de l'Université de Pont-à-Mousson. » (Convention du 28 août
1736, imprimée dans Rogeville, tome II, p. 6 et suivantes.)

Il avait compati lui-même à ce deuil d'une nation regrettant ses anciens maîtres et pleurant l'éloignement de sa dynastie nationale. « J'aime ces sentiments, » s'était-il écrié, en écoutant le récit des scènes attendrissantes qui s'étaient passées à Lunéville. « Ils m'annoncent que je vais régner sur un peuple qui m'aimera quand je lui aurai fait du bien. » Nul doute que laissé à lui-même, Stanislas ne se fût appliqué à gouverner doucement la Lorraine, comme elle l'était naguère, aux jours de Léopold.

Malheureusement pour lui, malheureusement surtout pour ses futurs sujets, Stanislas n'était pas tout à fait maître de suivre exclusivement, en cette circonstance, ses inclinations naturelles. L'infériorité de sa situation, la reconnaissance qu'il devait au roi de France et à ses ministres, gênaient singulièrement sa liberté d'action. Il y avait convenance, de sa part, c'était presque un devoir, c'était, en tous cas, pour lui, une nécessité de subordonner ses propres penchants à l'ensemble des vues qui prévalaient à Versailles. Quel contraste plus frappant cependant que celui qui régnait alors entre les thèses, chimériques peut-être, mais libérales et généreuses, qui s'agitaient dans la petite société semi-littéraire, semi-philosophique, où se plaisait le père de Marie Leczinska, et les maximes étroites, les préoccupations terre à terre qui prévalaient dans les conseils du roi Louis XV. Comme il arrive d'ordinaire aux époques de décadence et d'abaissement, il n'y avait plus communauté entre les tendances générales de la nation, et celles des dépositaires du pouvoir. L'esprit public, personnifié en quelques hommes d'élite, précurseurs téméraires des temps prochains, marchait en sens opposé de la direction où s'engageaient de plus en plus les chefs du gouvernement. En face d'un jeune roi, inappliqué, timide, égoïste et sensuel, n'ayant retenu des leçons données à son enfance que l'idée follement exagérée de sa toute-puissance, on voyait un petit nombre de théoriciens, plus aventureux qu'expérimentés, jeter en pâture à l'imagination des peuples une foule de violentes déclamations, ou de dangereuses utopies; tandis que les ministres du nouveau règne tenaient moins compte chaque jour, nous ne dirons pas seulement des principes d'une morale un peu élevée, mais des simples données du bon sens et des règles de la prudence la plus vulgaire.

Que les hommes d'État contemporains de Voltaire et de Montesquieu n'aient pas songé à régler leur conduite d'après les maximes abstraites du livre sur l'Esprit des lois, ou des Lettres sur les Anglais, il serait puéril de s'en étonner et aussi injuste de le leur reprocher, qu'à leurs devanciers de n'avoir pas cherché leurs exemples dans *Télémaque* ni gouverné le royaume de France comme Mentor la petite ville de Salente. Louis XV, Fleury, ses collègues, seraient après tout fort excusables, si leur unique tort eût été de n'avoir pas tenu en assez grand honneur les idées générales évoquées pour la première fois, de leur vivant, par quelques esprits spéculatifs. L'équitable postérité n'a jamais imposé aux souverains ni à leurs ministres l'obligation de devancer leur époque ; elle pardonne toutefois difficilement, et c'est justice, à ceux qui, dédaignant les leçons de l'expérience, reculent jusque vers un passé impossible et retombent dans les fautes précédemment évitées. En 1678, quand la Franche-Comté fut cédée à la France par le traité de Nimègue ; en 1681, lorsque l'Alsace nous fut définitivement acquise par la capitulation de Strasbourg, il n'y avait point encore d'école libérale et philosophique faisant résonner très-haut le respect dû aux nationalités, et proclamant en paroles retentissantes les droits des citoyens et les devoirs des souverains. Cependant ni l'orgueilleux Louis XIV, vainqueur de l'Europe entière, ni Louvois, son ministre, si impérieux et si dur, ne songèrent un seul instant qu'au lendemain même de leur réunion il fût possible d'assimiler complétement ces provinces à la France. Ils n'obéissaient à aucun mot d'ordre donné au nom de la justice éternelle ou de la souveraineté inaliénable des peuples, ils n'entendaient appliquer aucune théorie fondée sur la dignité de la race humaine ou sur les principes imprescriptibles de l'équité naturelle, ils se piquaient uniquement d'appliquer les règles d'une politique sage et sensée, lorsqu'ils prenaient soin de laisser pendant quelque temps les populations de la Franche-Comté et de l'Alsace pratiquer encore, comme par le passé, une partie de leurs anciens usages et conserver ceux de leurs anciens priviléges qui n'étaient pas absolument incompatibles avec leur nouvelle situation.

En 1736, le cabinet de Versailles suivait d'autres errements. Aux larges vues des hommes versés dans la science politique avaient succédé les mesquines préoccupations de quelques esprits étroits uniquement soucieux d'administration et de finances. Le gouvernement intérieur du pays, dont le Roi ne s'inquiétait guère, avait été graduellement abandonné, sans direction venue d'en haut, à des commis tout-puissants, qui, sous le nom d'intendants, réunissant en leurs mains tous les pouvoirs, n'avaient d'application qu'à faire régner sur la surface entière du territoire le niveau d'une égale obéissance, et, dociles aux fréquentes injonctions parties de Paris, mettaient tout leur zèle à tirer de leurs administrés le plus d'argent possible. Aux yeux des médiocres ministres de Louis XV, les avantages de l'acquisition de la Lorraine demeuraient trop imparfaits aussi longtemps que ce petit pays, placé sous le sceptre d'un prince étranger quoique ami, conserverait un gouvernement séparé, un système d'impôts qui lui fût propre, et ses ressources particulières dont le trésor continuellement obéré de la France ne pourrait pas profiter. Un moyen s'offrait assez naturellement de mettre, dès à présent, la main sur les finances de cette riche contrée ; c'était de persuader à Stanislas d'en abandonner tous les revenus au Roi son gendre, moyennant l'octroi d'une rente annuelle et fixe. Cette combinaison enlevait au père de Marie Leczinska les droits les plus essentiels de la couronne qui lui était assurée par les préliminaires de Vienne. Elle en faisait une sorte de souverain honoraire et fictif, gagé par la France pour renoncer à faire lui-même le bien de ses futurs sujets. Sans doute un pareil sacrifice ne pouvait que coûter cher au roi de Pologne. Mais, hébergé à Meudon par la munificence de Louis XV, chef désigné, mais non encore investi du chétif État que le cabinet de Versailles avait en ce moment tant de peine à arracher à l'obstination de la cour impériale, peut-être Stanislas n'était-il pas tout à fait maître de discuter les clauses de son acceptation. Peut-être aussi, pour tout dire, l'amour de la tranquillité, si naturel après les agitations d'une vie si longtemps éprouvée lui rendait-il trop effrayante la perspective des ennuis attachés à l'exercice journalier du pouvoir. Qui sait enfin si, à la longue, le soin du repos n'avait pas fini avec l'âge par l'emporter chez lui sur les idées généreuses, à coup sûr, mais un peu abstraites et assez vagues, qu'il se faisait de ses devoirs de prince.

Quoi qu'il en soit, la Déclaration de Meudon du 30 septembre 1736, toujours gardée soigneusement secrète, soit par égard pour les puissances étrangères appelées à signer le traité de Vienne, soit par ménagement pour la dignité personnelle du beau-père de Louis XV, contenait de singuliers engagements. Non-seulement Stanislas y manifestait le désir d'être, à l'avenir, déchargé de tout ce qui regardait l'administration des finances et revenus des duchés de Bar et de Lorraine, moyennant une somme de 150,000 l., qui devait être plus tard portée à 2 millions, après la mort du grand-duc de Toscane, mais par les articles 3, 4, 5 et 6, « il concédait à Sa Majesté Très-Chrétienne le droit de prélever les impositions de quelque nature qu'elles fussent, d'administrer tous les domaines, bois, fermes et salines, tant du duché de Lorraine que de celui de Bar par les officiers qu'il lui plairait choisir à cet effet, ne se réservant que la faculté de pourvoir ces officiers de leurs commissions, et la nomination aux bénéfices, emplois de judicature et militaires, sauf toujours l'approbation du roi de France [1]. » Un septième article était plus explicite encore : c'était celui par lequel le nouveau duc de Lor-

---

[1]. Voir la Déclaration de Meudon, aux Pièces justificatives.

raine s'engageait à établir « de concert avec Sa Majesté un intendant de justice, police et finance, ou toute autre personne sous tel titre ou dénomination qui sera jugé à propos, pour exercer en son nom le même pouvoir et les mêmes fonctions que les intendants de province exerçaient en France ; le dit intendant devant être placé à la tête d'un conseil de finances composé de personnes choisies d'accord avec Sa Majesté Très-Chrétienne, lequel conseil aurait pouvoir de décider en dernier ressort de toutes les contestations et jugements des tribunaux ordinaires [1]. » Il y a plus ; le choix de l'intendant dont le nom n'était pas prononcé dans la déclaration du 30 septembre, mais qui devait être en réalité, plus que Stanislas, maître de la Lorraine, était déjà arrêté, et ce choix connu du public révélait d'une façon trop évidente les intentions du gouvernement français.

Antoine Martin de Chaumont de La Galaizière, né le 2 janvier 1697, avait été dès l'âge de quatorze ans admis à travailler dans les bureaux de M. Voisin, secrétaire d'État de la guerre sous Louis XIV. Voisin, devenu chancelier, lui avait donné de très-bonne heure l'entrée aux conseils du Roi. On raconte qu'assuré de la capacité de son protégé, le chancelier le chargea un jour (mai 1715) de rapporter en plein conseil devant Sa Majesté une affaire considé-

---

1. Voir la Déclaration de Meudon, aux Pièces justificatives.

rable et des plus embrouillées. Surpris et même un peu choqué que son chancelier eût désigné, pour une tâche si difficile, un rapporteur qui semblait si inexpérimenté, Louis XIV voulut que la question fût traitée à fond, et, prenant part lui-même à la discussion, se mit à pousser assez vivement le jeune débutant. L'épreuve était redoutable ; elle ne fut point fâcheuse pour M. de La Galaizière. « Monsieur, je suis satisfait, » lui dit Louis XIV, en levant la séance; puis, se retournant vers le chancelier, du même son de voix bref et imposant qui produisait toujours tant d'effet : « Je vous remercie d'avoir si bien choisi [1]. » Grâce au souvenir gardé de ces paroles du grand Roi, M. de La Galaizière fut nommé maître des requêtes dès l'année 1716. En 1731, il fut envoyé comme intendant à Soissons. La Picardie était alors en proie à des troubles assez graves. De nombreux incendies attribués à la malveillance avaient jeté partout la terreur et la désolation. Par la fermeté de son caractère, par la sévérité de ses mesures, M. de La Galaizière réussit à y rétablir promptement l'ordre le plus parfait. En peu d'années la Picardie était devenue sous son administration l'une des provinces de France les plus tranquilles, celle où les rentrées de l'impôt, de plus en plus productives, se faisaient avec le plus de régularité. Derrière

---

1. Papiers provenant de la famille de M. de La Galaizière, communiqués par M. le marquis d'Escarpac de Hauture.

le rigide fonctionnaire, il y avait aussi un homme du monde spirituel et un délié courtisan. Pendant ses déplacements de chasse à Compiègne, Louis XV avait eu souvent occasion d'entendre vanter, de connaître et de goûter l'habile administrateur qui sous des dehors si agréables cachait une si remarquable énergie. En vain Stanislas voulut indiquer au choix de son gendre l'intendant d'Alsace dont il avait eu à se louer durant son séjour à Wissembourg ; le Roi tint bon pour son protégé. Ainsi désigné par le choix personnel du monarque français, créé par Sa Majesté Polonaise chancelier et garde des sceaux de Lorraine et Barrois, pourvu de la charge de chef des conseils, et réunissant en ses mains tous les pouvoirs d'un intendant de province, M. de La Galaizière partit le 28 janvier 1737 pour Nancy. En qualité de commissaire délégué par les deux rois, il avait mission de fixer avec les commissaires du Duc de Lorraine, MM. Lefebvre, de Rennel et Dubois de Riocourt, le jour de la prise de possession, et devait recevoir successivement les serments de fidélité des Lorrains, d'abord à Stanislas comme à leur souverain actuel, puis à Louis XV, comme à son successeur éventuel.

Cette cérémonie se fit sans grande pompe pour le Barrois, le 8 février. Elle n'eut lieu à Nancy que le 21 mars, mais avec beaucoup plus d'éclat. C'était, comme nous l'avons dit, un sujet de consternation générale en Lorraine, que ce changement de domination. Parmi les différentes classes de la population, le regret de l'indépendance perdue était unanime, et l'on voyait avec un même désespoir s'éloigner l'ancienne dynastie; cependant la venue du nouveau souverain était accueillie avec des sentiments assez divers. D'après un long mémoire rédigé à cette époque sur les dispositions des habitants des deux duchés, la haute noblesse était représentée comme toute prête à s'attacher étroitement au roi de France. Ce qui la peinait surtout, c'était de ne passer pas immédiatement aux ordres d'un maître plus important, capable de lui donner, avec un relief plus grand, des grâces plus considérables. C'est à peine si parmi la bourgeoisie, encore moins parmi le peuple, on avait, par ouï-dire, entendu parler des vertus de l'ancien chef de la république polonaise. Il y avait donc fort peu d'empressement de la part des seigneurs lorrains, et plus de mauvais vouloir que d'entrain dans la foule, d'ailleurs fort clair-semée, qui vint, indifférente ou froissée, assister au spectacle de la prise de possession. Réunir, en cette circonstance, les trois ordres de l'État, de si importune mémoire, n'était pas une pensée qui pût venir à M. de La Galaizière. Mais, comme les pouvoirs nouveaux, les plus sûrs de leur force et les plus enclins à dédaigner l'assentiment des masses, ne sauraient jamais, par je ne sais quelle inconséquence, se passer entièrement, en pareil cas, de toute consécration extérieure, et se plaisent, comme s'ils en doutaient eux-mêmes, à entendre affirmer par d'autres leur bon droit, le commissaire délégué des deux rois eut grand soin de convoquer le corps judiciaire au grand complet, et la masse compacte des employés de l'État. Il n'y avait pas un seul de ces fonctionnaires qui ne fût tenu de prêter, ce jour-là, un double serment, d'abord à Stanislas, puis à Louis XV ; et tous n'étaient pas libres de le prêter sans l'accompagner de quelques phrases.

En Lorraine, aussi bien qu'en France, depuis que la parole avait été ôtée aux représentants des trois ordres, c'étaient les chefs de la magistrature qui, sans titre, sans mandat, par un universel et tacite accord, se trouvaient investis du privilége de représenter la nation, et quand l'occasion le requérait, de parler en son nom. Ce privilége toujours revendiqué par le Parlement de Paris, et, suivant les nécessités du moment, tantôt facilement reconnu, tantôt nié opiniâtrément par le cabinet de Versailles, n'avait jamais cessé d'être exercé, en Lorraine, par la cour souveraine et par la chambre des comptes de Nancy. A la tête de ces deux corps se rencontraient précisément les hommes les plus marquants du dernier règne, et ceux-là mêmes qui naguère avaient opposé la plus vive résistance au projet de réunion avec la France. Pour le plus grand nombre des spectateurs, tout l'intérêt de la séance consistait uniquement à savoir comment ces Messieurs se tireraient d'un pas si scabreux et trouveraient moyen d'accommoder leur attachement bien connu pour l'ancienne dynastie avec les convenances de leur nouvelle situation. Alors, comme aujourd'hui, l'attention publique s'attachait volontiers aux paroles qui sortaient de la bouche des hauts dignitaires qui, à défaut de représentants plus directs, jouaient au besoin, tant bien que mal, quand il le fallait, le personnage du pays lui-même. La curiosité publique éveillée chez les uns par une généreuse susceptibilité, chez le plus grand nombre peut-être par une envieuse malignité, se tenait prête à leur faire payer cher le périlleux honneur d'être, en cette occasion, seuls contraints à parler quand tant d'autres pouvaient se taire.

Deux harangues frappèrent surtout l'attention de l'auditoire. Ce fut d'abord celle de M. Bourcier de Montureux, dont le nom s'est quelquefois rencontré dans notre récit. M. Bourcier de Montureux, procureur général près la cour souveraine, avait été jusqu'à Vienne porter, en 1735, au duc François, les doléances, peut-être faudrait-il dire, tant son langage avait été vif et pressant, les reproches de ses sujets menacés d'être bientôt cédés à la France. Il était même soupçonné d'avoir mis la main à un écrit anonyme colporté, sous le manteau, à Nancy, écrit où la politique des préliminaires du 3 octobre était amèrement blâmée, qui avait fort déplu aux cours de France, de Lorraine et d'Autriche, et contre lequel la cour souveraine avait été, par ordre du duc François, obligée de requérir. Personne n'était donc aussi compromis que M. Bourcier de Montureux, et personne n'avait, plus que lui, besoin de donner des gages au nouveau régime. Mais les caractères fermes savent toujours faire face aux situations difficiles. M. Bourcier de Montureux ne se crut pas obligé de dissimuler ses sentiments. Son langage simple et digne fut tel qu'on pouvait l'attendre d'un bon citoyen, d'un honnête magistrat et d'un galant homme. « Il faut convenir, » dit-il tristement, en prenant la parole après les commissaires chargés par le duc François de relever les membres de sa cour souveraine, ses officiers et tous ses sujets lorrains de leur ancien serment de fidélité, « il faut convenir que nous avons été vivement touchés d'une résolution aussi étonnante, et que toute notre fermeté n'est point à l'abri de ce coup qui nous frappe, et que ce n'est qu'avec peine que nous avons fait un sacrifice de nos cœurs à l'obéissance et à la soumission que l'on doit aux décrets impénétrables de la Providence. Mais, en même temps, nous avons lieu de croire que les nouveaux monarques que le ciel nous destine ont trop de justice et d'humanité pour blâmer des sentiments si convenables, et même pour ne pas agréer les pleurs que nous font répandre l'éloignement et la dispersion de la maison régnante dont nous

468 HISTOIRE DE LA RÉUNION

avions le bonheur de suivre les lois depuis sept cents ans[1]. »

M. de La Galaizière ayant lu les lettres patentes de Stanislas et de Louis XV, portant déclaration de la prise de possession, ce fut le tour de M. de Viray, avocat général, de prendre la parole pour en demander l'enregistrement. M. de Montureux avait été grave et froid; M. de Viray voulut être animé et brillant. « La fidélité, » s'écria, en finissant, l'avocat général, « la fidélité, cette vertu propre de notre patrie, ce précieux héritage de nos pères, qui tant de fois les a dépouillés de tout autre héritage, est une vertu tendre, délicate et scrupuleuse qui s'offense aisément, à laquelle conviennent si bien les saisissements et les bienséantes frayeurs, semblable à la pudeur dont les innocentes répugnances envers l'objet même légitime et chéri n'ont d'autre effet que d'attirer d'autant plus sa confiance et son estime[2]. » Malgré ces beaux essais d'une éloquence toute fleurie, ce second orateur ne fut pas aussi goûté que le premier par le public lorrain; mais peut-être eut-il plus de succès auprès des commissaires étrangers. Quelques heures plus tard, trois longues tables dressées au château réunirent, en un solennel banquet, les fonctionnaires présents à la cérémonie du matin. Lorsque, debout et la tête dé-

---

1. Relation de la prise de possession de la Lorraine et du Barrois. Archives des affaires étrangères.
2. *Ibidem.*

couverte, M. de La Galaizière proposa de boire, en vin de Tokai, la santé de Sa Majesté Polonaise, un grand bruit de fanfares, de trompettes, de timbales et cors de chasse, de violons et de hautbois retentit avec fracas dans la salle, mais les acclamations de la foule ne se joignirent pas à la timide adhésion des convives ; et le soir, autour du magnifique feu d'artifice tiré à l'extrémité de la carrière, devant les monuments de la ville splendidement illuminés, les autorités constituées le matin ne virent errer qu'une population plus résignée à coup sûr que joyeuse, acceptant sans colère ni malveillance, mais aussi sans goût, et surtout sans enthousiasme, la destinée qui lui était faite, et le maître qui lui était donné.

Ce fut seulement le 3 avril 1737, qu'après avoir pris congé du Roi son gendre et de la Reine sa fille, Stanislas, bientôt rejoint par la reine de Pologne, vint se présenter à ses nouveaux sujets ; sa présence était après tout assez souhaitée. Parmi les habitants des grandes villes, dans la capitale, à Lunéville et aux lieux qui avaient eu jusqu'alors le privilége de servir de résidence aux souverains du pays, on n'était point fâché de voir enfin reparaître une cour, et à sa suite, le cortége ordinaire d'animation, de mouvement et de plaisirs dont la Lorraine était depuis si longtemps privée. On espérait rencontrer plus de douceur dans la direction imprimée à son gouvernement par un prince renommé pour sa générosité, que dans les procédés naturellement impérieux d'un administrateur fameux surtout par la fermeté et la hauteur de son caractère. Grâce à cette facilité qu'ont toujours les peuples à s'imaginer ce qu'ils désirent, les Lorrains avaient remarqué avec une vive satisfaction, dans les lettres patentes qui instituaient M. de La Galaizière chancelier de Lorraine et Barrois, le passage où, comme pour modérer l'ardeur de son délégué, Stanislas avait expressément manifesté « l'intention de conserver les priviléges de l'Église, de la Noblesse et du Tiers-État [1]. » Ces mots avaient-ils été insérés à dessein, ou bien n'étaient-ils qu'une vaine formule de protocole maintenue par habitude et sans réflexion? L'ancien chef électif de la république polonaise se

---

1. « Stanislas, par la grâce de Dieu, roi de Pologne..., duc de Bar... Les traités et conventions qui ont été signés par les ministres plénipotentiaires du roi très-chrétien... et par ceux de l'Empereur, que nous avons acceptés, nous ayant assuré la souveraineté des duchés de Lorraine et de Bar, et transmis la souveraineté et propriété actuelle du duché de Bar et marquisat de Pont-à-Mousson, terres, fiefs et seigneuries qui en dépendent; connaissant le fidèle attachement que nos nouveaux sujets ont eu jusqu'à présent pour les Ducs nos prédécesseurs, et espérant que Dieu qui dispense à son gré les sceptres et les couronnes, disposera les cœurs des sujets qu'il nous a soumis, à nous rendre avec zèle et fidélité l'obéissance qu'ils nous doivent comme à leur seul et légitime souverain : notre premier soin est de leur donner des marques de notre affection paternelle, en déclarant dès à présent que *notre intention est de conserver les priviléges de l'Église, de la Noblesse et du Tiers-État*, les anoblissements, graduations et concessions d'honneur faites par les Ducs de Lorraine nos prédécesseurs, notamment les priviléges et immunités de notre Université de Pont-à-Mousson, le tout conformément à la convention du 28 août de l'année dernière. » (Lettres patentes, en forme d'édit, pour la prise de possession du duché de Lorraine et de Bar, données à Meudon le 18 janvier 1737.)

DE LA LORRAINE A LA FRANCE. 471

proposait-il réellement de restituer, comme don de joyeux avénement, les anciennes libertés du pays, depuis longtemps tombées en désuétude. C'était à peine si, parmi les membres de la noblesse, quelques-uns osaient s'en flatter sérieusement. Mais personne ne doutait qu'il ne voulût gouverner en prince débonnaire et facile, conformément aux principes de sage modération continuellement professés dans ses anciens écrits et maintenant encore chaque jour complaisamment développés dans ses intimes conversations avec les hommes distingués dont il prenait plaisir à s'entourer. Les mesures prises pendant les premières années du règne de Stanislas ne démentirent ni ne justifièrent complétement ces heureuses espérances.

Stanislas arriva dans ses États, pénétré surtout du sentiment des obligations qu'il avait à la France, à son roi et à son principal ministre. Sa première démarche fut pour écrire, dès le 5 avril, au vieux précepteur de Louis XV, en termes qui témoignaient non-seulement de sa reconnaissance, mais de sa parfaite soumission [1]. Malgré les remontrances étu-

---

1. « Me voilà où la Providence m'a conduit et où elle s'est servie de vous pour être mon guide : le premier pas que j'y ai fait, en entrant, est pour vous en faire part et pour vous assurer que je n'auray de satisfaction plus vive dans ce nouvel établissement qu'en m'occuppant de tout ce qui pourra me conserver votre précieuse et chère amitié. Je vous la demande aussy ardemment qu'à Dieu votre santé et Votre contentement, qui sera toujours le plus parfait de celuy qui est, de Votre Émi-

diées du cardinal, il voulut à toute force (septembre 1737) nommer le jeune duc de Fleury, son neveu, au gouvernement de la Lorraine [1]. Les dignités les plus considérables de la cour, distribuées suivant un ordre de préférence assez marquée, échurent presque exclusivement à ses anciens amis polonais, puis à quelques seigneurs français, accourus de Meudon avec lui; les charges de sénéchal et de maréchal de Lorraine ayant été supprimées, il ne resta plus guère à donner aux gentilshommes du pays dans la maison de leur souverain qu'un assez petit nombre de charges importantes. Il est vrai qu'au sein des familles de la haute noblesse qui depuis tant de siècles étaient en possession de faire quelque figure à Nancy, la désertion était à peu près générale. Les uns (c'était la moindre fraction) avaient préféré suivre à Vienne la dynastie nationale; les autres, résolus à ne point séparer leur sort des destinées de la patrie, s'étaient au contraire hâtés de prendre du service en France. Parmi les membres de l'ancienne chevalerie, tous ceux qui étaient riches, jeunes ou ambitieux s'étaient précipités à Versailles comme vers un plus grand théâtre, afin d'attirer mieux les regards et de pousser plus vite leur fortune. Les personnages marquants du

---

nence, etc.....» (Stanislas au cardinal de Fleury. Lunéville, 5 avril 1737.) — (Archives des affaires étrangères.)

1. Lettre de Stanislas à Louis XV pour offrir de nommer le duc de Fleury, gouverneur de Lorraine, 1er septembre 1737. (Archives des affaires étrangères.)

dernier règne, tout en se faisant pour eux-mêmes un point d'honneur de rester fidèles au chef de la maison de Lorraine, n'avaient pas manqué d'engager leurs enfants à s'attacher, pour leur compte, au service, non pas du souverain viager de la Lorraine, mais du puissant roi de France. C'est ainsi que par la volonté du prince de Craon, grand maître de la maison du duc François, tous ses fils entrèrent dans les rangs de notre armée, à peu près au moment où cet ancien favori de Léopold allait prendre, au nom de son jeune maître, possession du grand-duché de Florence. C'est ainsi que M. le marquis de Choiseul Stainville, ambassadeur de ce même prince à Versailles, profitait des facilités que lui donnait sa position pour faire mettre à la tête d'un régiment français, pour marier à une riche héritière des premières familles de notre cour, et pour lancer dans le monde de la politique et des affaires celui qui devait être plus tard le seul ministre populaire du règne de Louis XV.

A défaut de l'élite des grandes maisons lorraines, les gens de qualité, restés dans le pays, pouvaient prétendre à jouer quelque rôle à la nouvelle cour. Stanislas, qui multiplia les efforts pour retenir près de lui, à Lunéville, les savants autrefois protégés par Léopold, qui prodigua inutilement, il est vrai, mais avec tant d'insistance, les offres les plus généreuses pour empêcher MM. Jameray,

Duval et Varinge de passer en Toscane et à Vienne, n'usa pas, à beaucoup près, des mêmes recherches envers la petite noblesse lorraine. Soit qu'il se méfiât de ses dispositions, soit qu'il attendît peu d'agrément de son commerce, il ne fit pas grands frais pour elle. Habitués à vivre entre eux sans aucun faste, ayant gardé des vieilles mœurs de leurs pères quelques coutumes maintenant surannées et des goûts passés de vogue parmi leurs pareils de France, les petits gentilshommes du pays n'étaient nullement curieux de se produire là où ils n'étaient pas vivement souhaités; ils se sentaient gênés dans ce petit cercle royal, modelé sur la cour même de Versailles, où plus qu'à Versailles le culte des lettres était si fort en honneur, où régnait ce tour d'esprit moitié sérieux, moitié léger, ce ton de conversation rapide, animé et railleur, propres aux sociétés élégantes, mais si embarrassants pour quiconque n'y a pas été initié de bonne heure. On les vit donc se cantonner de plus en plus dans leurs habitations de campagne, sinon positivement hostiles, du moins assez frondeurs et malveillants.

Abordable et ouvert pour tout le monde, gracieux à l'excès pour toutes les personnes de son intimité, le père de Marie Leczinska était l'un des princes les mieux faits pour gagner peu à peu l'affection de ses sujets. Mais aux yeux prévenus de ceux que leur ressentiment patriotique rendait si ombrageux, il avait le tort impardonnable d'apporter avec lui les habitudes et les modes d'une nation avec laquelle ils mettaient leur orgueil à n'être pas encore complétement confondus. Stanislas aimait à bâtir. En fait de constructions, son goût n'était pas différent de celui qui dominait en France. C'était précisément le temps où, dégoûté des splendeurs incommodes de Versailles et de Fontainebleau, le roi Louis XV ne trouvait plus d'agrément qu'à habiter les petits appartements, coquettement ornés, de Choisy et de la Muette. A l'exemple de leur maître, ennuyés comme lui de la représentation officielle et de la vie d'apparat ouverte à tous les yeux, désertant leurs vastes hôtels du centre de Paris, qu'ils abandonnaient à leurs femmes, les principaux seigneurs s'amusaient alors à s'arranger, dans des faubourgs éloignés, ces petites maisons d'apparence équivoque, au luxe bizarre et raffiné, dont quelques-unes, debout encore aujourd'hui, témoignent du goût étrange et des inventions singulières de l'époque corrompue dont nous nous occupons en ce moment. Stanislas obéissait donc à l'esprit d'un siècle épris de lui-même et amoureux de nouveautés, il n'agissait pas autrement que tous les souverains, toutes les municipalités et tous les particuliers de son temps, lorsqu'il traitait avec peu de respect les édifices des anciens âges et les constructions grandioses élevées par la génération précédente.

Il serait injuste, nous le croyons, de supposer qu'en démolissant une partie des bâtiments du palais ducal et de l'église Saint-Georges, en jetant bas le petit château de la Malgrange pour le rebâtir, en démolissant l'église de Bon-Secours pour la changer de place, le roi de Pologne se fût proposé de faire la guerre aux souvenirs nationaux du pays. Il satisfaisait tout simplement et sans arrière-pensée ses inclinations personnelles. Au sein de la noblesse et parmi la bourgeoisie, personne ne songea alors à s'en étonner et à s'en choquer. Il n'en fut pas tout à fait ainsi dans le bas peuple. Le peuple est, moins que les hautes classes, sujet à se laisser séduire par les fantaisies capricieuses de la mode. Son imagination qui, dans ces temps modernes, s'est élancée avec tant de confiante hardiesse dans les régions de l'avenir, pour y chercher un idéal de bonheur malheureusement trop prompt à fuir devant sa poursuite, se rejetait alors avec la même complaisance vers le passé. Il déplaisait aux ouvriers de Nancy de voir Stanislas raser jusqu'au sol des monuments que leurs yeux avaient admirés dès l'enfance, qui rappelaient les jours glorieux de la patrie, et les souvenirs de la race antique de ces princes qui, au dire de leurs pères, avaient autrefois rendu leurs sujets si heureux [1].

1. « Ces destructions et reconstructions firent tant d'impression sur certains Lorrains, que la famille Mouchette Revaud, potier d'étain,

Ce fut surtout dans les campagnes et parmi les paysans, que le nouveau règne fut accueilli avec le plus de répugnance. Il y eut, aux premiers jours, des rixes entre les soldats français et la population rurale chargée de les loger. Dans quelques villages placés près de la frontière, on vit les jeunes gens sortir par bandes pour défier au combat leurs voisins des hameaux français. M. de La Galaizière voulut sévir d'une façon éclatante contre les auteurs de ces désordres, Stanislas intercéda pour eux. Il jugea avec raison qu'il ne fallait pas donner tant d'importance à des faits qui révélaient à l'Europe l'impopularité du nouveau régime établi en Lorraine. Si les coupables furent punis, ils le furent à l'insu du Prince, en secret et sans bruit. Aussi souvent qu'il le put, le roi de Pologne s'employa pour modérer l'ardeur emportée du Chancelier. Mais il n'était pas tout à fait en mesure de remplir un rôle si conforme à son goût. L'obligation acceptée à Meudon de ne se mêler en aucune façon des finances de son petit État, l'engagement pris d'abandonner la direction principale du gouvernement aux mains d'un fonctionnaire désigné par la cour de Versailles, ruinaient à peu près entiè-

qui avait une maison près de Bon-Secours, fit murer ses fenêtres, et ne prit plus de jour que de son jardin, le tout pour n'avoir pas continuellement sous les yeux cette profanation de notre gloire nationale. Cette maison passa ensuite à divers particuliers, qui n'ont point rétabli les jours. Dans mon enfance, elle subsistait encore dans cet état, et on me l'a montrée. » (*Mémoires pour servir à l'Histoire de Lorraine*, par M. Noël, tome I, page 225.)

rement, aux yeux mêmes de son Chancelier, l'autorité personnelle du beau-père de Louis XV. M. de La Galaizière, homme de bon sens et d'esprit, s'était bien gardé d'afficher vis-à-vis du roi de Pologne les allures d'un maître ou même celles d'un surveillant fâcheux. Grâce à son habileté et à son tact, il avait même, en peu de temps, réussi à se concilier la bienveillance du roi de Pologne ; mais, délégué officiel du cabinet français, chancelier, garde des sceaux, chef de tous les conseils, intendant général de la province et plus responsable de sa sécurité que ne pouvait l'être, en réalité, un souverain nominal privé de toute puissance effective, il savait parfaitement se prévaloir au besoin de cette responsabilité même pour imposer ses volontés, usant tour à tour, au gré des circonstances, de tous les genres d'autorité qu'il réunissait en sa personne, et, suivant les expressions employées dans un Mémoire de la cour souveraine de Nancy, « couvrant de sa qualité de chancelier certaines irrégularités de l'intendant, et faisant servir sa qualité d'intendant à l'exécution des actes arbitraires du Chancelier [1]. »

C'est ainsi que, par des édits successifs, M. de La Galaizière substitua (4 juillet 1737) la peine des galères, jusqu'alors inconnue en Lorraine, à celle du bannissement ; c'est ainsi qu'il supprima les offices

1. Mémoire servant d'éclaircissement et de supplément aux remontrances de la cour souveraine de Nancy, du 27 juin 1758, page 66.

de trésoriers généraux des finances et du conseil, puis les remplaça par deux receveurs et deux contrôleurs généraux tels qu'ils existaient en France. Le 2 décembre il créa des charges de procureurs pour la ville de Nancy, où jusqu'alors les avocats avaient rédigé eux-mêmes tous les actes de procédure. Un arrêt du conseil des finances du 18 septembre 1738, concernant les bois propres à la marine, établit en Lorraine tous les usages qui se pratiquaient dans les provinces de France ; cette mesure fut elle-même plus tard aggravée par une déclaration du 21 mai, rendant obligatoires tous les règlements qui concernaient la juridiction des grueries et l'exploitation des bois. Par un édit en date d'octobre 1738, l'ancienne maréchaussée fut supprimée, et une nouvelle formée à l'instar de celle de France, habillée et armée comme elle. Elle fut mise sous les ordres d'un grand prévôt et de quatre lieutenants qui n'avaient à relever que du chancelier, et devaient former un tribunal prévôtal chargé de châtier, après une procédure sommaire, les vagabonds, les repris de justice et les individus saisis en flagrant délit. Un dernier édit, qui paraissait mettre en suspicion la population presque entière, supprimait toutes les compagnies de buttiers et d'arquebusiers, et défendait à toute personne non privilégiée de porter ou même de détenir des armes à feu [1].

1. Voir Durival, les Ordonnances de Rogeville, etc., etc.

Toutes ces mesures étaient graves en elles-mêmes; elles avaient l'inconvénient de froisser à peu près également toutes les classes de la société lorraine. Substituer la peine des galères à celle du bannissement, c'était renforcer singulièrement la sévérité de la législation pénale. Obliger les possesseurs de bois, libres jusqu'alors d'en tirer tout le parti que bon leur semblait, de ne les exploiter plus qu'avec l'autorisation de l'État et suivant un mode prescrit d'avance par l'autorité centrale, c'était porter une évidente atteinte à leur droit de propriété. Créer une maréchaussée dont les chefs étaient indépendants des magistrats, qui pouvaient se constituer eux-mêmes en tribunal et prononcer des arrêts et des peines, c'était donner au libre arbitre de la police toute la puissance de la justice elle-même. Pareilles innovations ne pouvaient que déplaire et choquer extrêmement en Lorraine. En cherchant à les imposer de haute lutte à un pays qui les repoussait de toutes ses forces, M. de La Galaizière se laissait sans doute aller à la nature impérieuse de son caractère; il ne faudrait pas toutefois imaginer que cette ardeur à soumettre immédiatement et complétement la population des Deux-Duchés aux lois et aux usages qui régissaient les autres provinces du royaume fût une disposition particulière au chancelier de Stanislas. Sans doute il mettait à l'accomplissement de cette tâche son zèle et sa rudesse ordinaires, mais elle lui avait été soigneusement recommandée par les ministres mêmes de Louis XV. Peut-être un autre eût-il procédé moins brusquement, avec plus de précautions et de lenteur ; mais parmi les intendants qui recevaient alors leur mot d'ordre de Paris, il n'en est pas un seul qui n'eût, autant que lui, tenu à grand honneur de faire passer le plus vite possible les Lorrains sous le niveau commun de la législation française. Rompre promptement ce petit pays au joug de l'administration centrale, c'était, à ses yeux, agir pour sa plus grande gloire, et lui procurer le plus grand bien. Excepté par la forme de ces procédés toujours entachés d'un peu de violence, M. de La Galaizière ne se conduisait guère autrement que tous ses collègues, les intendants du midi ou du nord, de l'est ou de l'ouest de la France. En Lorraine la résistance était plus forte et le mécontentement plus amer ; l'emploi des expédients sommaires, le mépris pour les anciens usages, la confusion intentionnelle de tous les pouvoirs, la prétention de ne compter avec rien et avec personne, choquaient plus qu'ailleurs et blessaient davantage, parce que ces façons d'agir étaient quelque chose de plus nouveau pour les habitants des Deux-Duchés que pour ceux du Dauphiné ou de la Picardie, ou de toute autre province française. Une question de nationalité envenimait le débat. Au fond toutefois c'était la lutte, générale alors, entre les tendances envahissantes du pouvoir central et les vieilles traditions locales affaiblies, mais non encore déracinées, lutte plus animée nécessairement et plus vive là où, comme en Lorraine, la liberté avait régné plus complétement et plus longtemps, où ses précieux souvenirs vivaient encore, respectés et chéris au fond de toutes les mémoires et de tous les cœurs. Réclamer au nom des trois ordres contre les exigences d'un intendant de province eût été une démarche dont peu d'esprits si avancés (faut-il dire, ou si arriérés qu'ils fussent) ne se seraient certainement pas avisés dans la France de 1740. Les parlements du royaume, celui de Paris en particulier, se croyaient seuls, à cette époque, autorisés à porter aux pieds du souverain, par une sorte de délégation tacite, les doléances de ses sujets. A Nancy, en 1740, les magistrats de la cour souveraine, ceux-là précisément qui plus tard soutinrent contre M. de La Galaizière une guerre si acharnée, soit par longanimité, soit plutôt par hésitation sur la nature de leur droit et la convenance d'un tel rôle, n'osèrent pas se poser en adversaires du chancelier de Lorraine. Ils hasardèrent à peine quelques remontrances, aussitôt cassées, le plus souvent retirées après avoir été faiblement produites ; ils feignirent même, par complaisance, d'ignorer l'édit de création du tribunal de la maréchaussée, qui empiétait d'une façon trop évidente sur leur juridiction.

Ce fut la noblesse lorraine qui releva fièrement

le gant jeté par M. de La Galaizière, et comme il arrive d'ordinaire, ce fut sur une affaire d'intérêt privé, plutôt que sur une question de priviléges politiques, que le débat s'entama avec une singulière vivacité. Au commencement de 1740, les seigneurs lorrains s'étaient rassemblés pour réclamer contre le dommage que leur causait, en leur qualité de grands propriétaires de bois, l'introduction en Lorraine du régime usité en France. Mais, dès les premières paroles, les esprits s'étaient vite échauffés ; et le motif principal de la réunion laissé un peu de côté, tous les sujets de plainte fournis par l'administration despotique de M. de La Galaizière avaient été abordés avec animation et traités avec toute sorte de liberté et de hardiesse. Loin d'arrêter l'ardeur de ces gentilshommes, l'exil de l'un d'entre eux, le sieur Collignon, comté de Malleloi, relégué à Bruyères le 18 février, ne fit que les exciter davantage. Il est vrai que si M. de La Galaizière, indigné d'une résistance inattendue pour lui, s'empressait de recourir aux voies de rigueur, Stanislas inclinait au contraire à la douceur. Non-seulement il supplia sous main son Chancelier de prendre en considération quelques-uns des griefs des mécontents, mais les engageant à s'adresser directement à la cour de Versailles, il ne craignit même pas de donner à leurs députés des lettres pour les ministres du roi de France. A Versailles, après beaucoup d'hésitations et malgré nombre de compliments, pour ne pas dire de promesses, on ne voulut rien céder. Alors désespérant d'avoir raison de la dureté de M. de La Galaizière, peu confiants dans la bonne volonté si évidente mais si timide de Stanislas, fatigués d'être dupes des cajoleries des ministres de Louis XV, les membres de la noblesse lorraine prirent le parti de s'adresser au grand-duc de Toscane pour réclamer, en faveur des priviléges méconnus de leur pays, son appui personnel et l'intervention plus puissante encore de la cour de Vienne.

La lettre adressée par les députés de la noblesse à M. le marquis de Choiseul Stainville, grand chambellan du grand-duc de Toscane et son envoyé à Paris, et qui était, nous le croyons, l'œuvre de l'un d'entre eux le marquis de Raigecourt, était tout à la fois modérée et ferme, noble et touchante. Nous la transcrirons en partie, car elle donne une idée parfaitement exacte non-seulement des dispositions de la noblesse lorraine, par rapport à la domination française, mais elle reproduit d'une façon assez fidèle l'antagonisme qui existait presque partout, à cette époque, entre la plupart des intendants de province, et les membres de la noblesse, cette portion déjà fort affaiblie mais puissante encore de l'antique société française.

« La Lorraine n'est plus reconnaissable, » disait la lettre écrite à M. de Stainville de la part de la

noblesse lorraine; « elle gémit dans l'oppression,
« et c'est au nom de tous les ordres de l'État que
« nous vous prions instamment de porter nos plaintes
« au pied du trône. » « Vous avez l'honneur,
« Monsieur, d'approcher le grand-duc de Toscane.
« Sans doute que son cœur lui parle encore en
« faveur d'un peuple qui adore tout ce qui porte
« son nom. Si par la protection de son Altesse
« Royale nous pouvons ménager la médiation de
« l'Empereur auprès de la France, nous aurons lieu
« d'en espérer des traitements plus humains.

« Aucun esprit d'indocilité ni d'aversion contre
« la France n'anime les Lorrains, » continuait l'auteur du mémoire ; « ce n'est pas sur l'excès de nos
« maux que nous mesurons nos démarches, c'est sur
« la droiture de nos cœurs... A Dieu ne plaise que
« nous fassions jamais rien qui puisse ébranler la
« fidélité des peuples ; nous voudrions au contraire
« pouvoir étouffer leurs murmures... Pour nous,
« nous ne sommes plus en pouvoir de nous choisir
« un souverain. La France a prévenu notre choix.
« Elle nous a tendu les bras, et elle nous a offert des
« secours. Elle a promis de nous confirmer tous nos
« priviléges. Nous avons redouté sa puissance ; nous
« nous sommes fiés en sa promesse. L'édit de Meu-
« don a soutenu notre confiance. On nous a d'abord
« donné un roi véritablement digne de l'être, par
« la droiture de son esprit, par la bonté de son

« cœur, par la sagesse de ses vues, par l'élévation
« de ses sentiments, par sa justice et par sa religion.
« Nous espérions que l'équité et la douceur de son
« gouvernement retraceraient sans cesse à nos yeux le
« gouvernement de ces princes qui ont régné succes-
« sivement sur nous pendant plus de sept cents ans,
« que nous avons toujours regardés comme nos pères,
« qui nous traitaient, en effet, comme leurs enfants,
« que nous aimerons et regretterons toujours......
« mais trois ans se sont à peine écoulés, et toutes nos
« espérances se sont évanouies. Malgré la sagesse
« et la modération du religieux monarque que nous
« reconnaissons aujourd'hui pour notre souverain
« actuel, nous nous trouvons accablés sous le poids
« de fléaux qui se renouvellent chaque jour par la
« dureté d'un intendant qui a surpris la religion du
« Prince, qui en impose à la justice et usurpe hau-
« tement son autorité. (Je lui ai ouïdire à lui-
« même : Je ne tiens rien du roi de Pologne, je suis
« ministre de France, et je n'ai d'ordres à recevoir
« que du ministre.).... Simple exécuteur, ou plutôt
« fidèle commis du sieur Orry, son beau-frère,
« tandis que d'une part M. de Chaumont (La Galai-
« zière) obéit en esclave à la France, de l'autre il
« commande en maître dans la Lorraine; du moins
« il semble vouloir lutter avec le souverain et l'em-
« porter par la dureté de son cœur sur la bonté de
« son Prince. Ce qu'il ne peut dérober à sa pru-

« dence il le déguise aux yeux de sa bonne foi. Il
« obtient par surprise ce qu'il n'espère pas pou-
« voir arracher à sa probité ; et nous éprouvons mal-
« heureusement que l'intrigue d'un particulier a
« plus de crédit pour nous faire du mal que l'auto-
« rité d'un roi n'a de pouvoir pour nous faire du
« bien...

Une partie de cette lettre expliquait ensuite en détail
les griefs particuliers de la noblesse. — « Ce n'est
« là, » lisait-on dans le mémoire des députés, « ce
« n'est là, Monsieur, qu'une partie des plaintes de nos
« magistrats, mais la noblesse a bien d'autres injus-
« tices. Vous aurez peine à le croire : les choses sont
« arrivées à un point qu'on peut presque dire qu'il
« n'est plus de seigneurs haut-justiciers en Lorraine.
« On a trouvé moyen de saper par les fondements
« tous leurs droits, de dégrader toutes leurs terres,
« de dénaturer leurs fonds, de rendre inutiles leurs
« anciens démembrements quoique reçus et vérifiés
« depuis un temps immémorial à la chambre des
« comptes. On ne peut plus jouir en paix de l'héri-
« tage de ses ancêtres. Le patrimoine de ses pères
« n'est plus en sûreté. Les biens sont devenus oné-
« reux à ceux qui les possèdent. Il faut acheter son
« bois dans ses propres forêts. Qu'un pressoir
« vienne tout à coup à se rompre dans le fort de la
« vendange, ou qu'un orage ébranle une maison ;
« que le château du seigneur menace ruine, pour

« obtenir la permission de couper un arbre dans son
« parc, il faut recourir à l'intendant, faire assem-
« bler les officiers de la gruerie royale, attendre
« qu'ils aient nommé des commissaires, que ceux-ci
« se soient transportés sur les lieux, aient dressé
« leurs procès-verbaux, aient ensuite fait leur rap-
« port, que l'affaire ait été discutée et décidée et
« confirmée par M. de Chaumont ; et pendant qu'on
« achète ainsi par des sollicitations, par des bas-
« sesses et à prix d'argent de pouvoir jouir de
« son bien, la vendange périt et le château s'écroule;
« alors pour de plus grandes réparations, il faut de
« nouveaux préparatifs, et par conséquent faire de
« nouveaux frais, et essuyer encore de plus longs
« délais. En un mot, Monsieur, nos biens nous sont
« devenus à charge, nous sommes forcés d'aban-
« donner une partie de nos revenus pour pouvoir
« recueillir l'autre, et cette autre partie à quel prix
« en jouissons-nous ? Il faut l'acheter par le sacrifice
« de nos droits. »

« Après tout que demandons-nous ? » disait en terminant la missive des gentilshommes lorrains ; « nous
« n'aspirons point à l'indépendance, tout au con-
« traire nous sommes prêts à sacrifier le peu de biens
« qu'on nous laisse, et de verser même notre sang
« pour le service de notre Roi, mais nous ne nous
« soumettrons jamais au plus honteux esclavage; au
« prix de tout ce que nous avons de plus cher, au

« risque même de nos vies, nous secouerons le joug
« insupportable et l'odieuse tyrannie d'un particulier
« qui ne fait servir son crédit et son ministère qu'à
« l'oppression et à la désolation publiques, et nous
« obtiendrons la révocation de ces ordres secrets et
« de ces déclarations publiques qui anéantissent nos
« priviléges, renversent nos droits et ruinent nos
« fortunes. Le Languedoc, la Bretagne, la Franche-
« Comté, l'Alsace et la Flandre ont été maintenues
« dans leurs usages et jouissent encore de leurs pri-
« viléges. On a juré solennellement de nous conser-
« ver les nôtres. Est-ce trop demander pour une
« nation nouvellement acquise à ces conditions que
« d'en demander l'accomplissement? En un mot,
« nous demandons l'exécution du traité de Vienne,
« dont tous les articles ont été signés par les puis-
« sances intéressées et confirmées par l'édit de Meu-
« don. Ce traité étant la base de notre engagement
« présent, et l'unique fondement sur lequel porte le
« serment de fidélité que nous avons prêté, en en
« demandant l'exécution selon sa forme et teneur,
« nous ne demandons que ce que l'humanité, la
« justice et le droit sollicitent pour nous, ce que la
« France a promis aux puissances contractantes et
« garantes de l'échange fait de la Lorraine avec
« le grand-duché de Toscane, ce qu'elle se doit à
« elle-même, à sa parole, à sa gloire et à la foi pu-
« blique. »

« Voilà, Monsieur, ce que les principaux du Clergé,
« de la Noblesse et du Tiers-État des duchés de Bar
« et de Lorraine vous supplient de faire représenter
« au Roi en lui remettant nos mémoires où il trou-
« vera les preuves incontestables de la justice de nos
« plaintes, et les assurances authentiques de notre
« inviolable fidélité [1]. »

Quel effet cette levée de boucliers des gentils-hommes du pays était-elle destinée à produire à Nancy, sur le roi Stanislas, qui n'avait pas encore tout à fait accepté à cette époque la domination de son impérieux Chancelier? Le crédit de M. de La Galaizière devait-il en être ébranlé, à Versailles, où l'on était bien loin encore de vouloir pousser les choses à l'extrême, où tous les grands seigneurs lorrains établis en France et une partie même de la noblesse française appuyaient chaudement, par esprit de corps, les intérêts des gentilshommes de la Lorraine et du Barrois? C'est ce qu'il est assez difficile de conjecturer aujourd'hui; car au moment où le curieux mémoire dont nous venons de citer quelques extraits parvenait à son adresse, un événement considérable vint tout à coup changer profondément l'état des choses, et consolider plus que jamais la situation peut-être un moment compromise de M. de La Galaizière. La mort de l'Empereur Charles VI privait non-seulement les députés de la noblesse lor-

1. Voir le Mémoire entier aux Pièces justificatives.

raine de l'appui d'un monarque puissant, partie principale aux traités de Vienne, qui avait un droit si évident à soutenir leur cause; mais elle ouvrait la porte à des complications au bout desquelles chacun, en France aussi bien qu'en Lorraine, entrevoyait la guerre comme à peu près inévitable. La prévision de pareilles éventualités, la conviction où étaient les ministres de Louis XV, et le roi plus que personne, que M. de La Galaizière était l'homme le plus propre à tirer des Deux-Duchés tout l'argent dont on allait sans doute avoir besoin, et le plus capable, en même temps, de contenir leurs mauvaises dispositions, raffermirent définitivement sa situation. Loin de mettre désormais obstacle à ses projets de répression contre les velléités d'indépendance qui s'étaient manifestées au sein de la noblesse lorraine, Fleury et ses collègues autorisèrent le Chancelier à déployer toute la sévérité à laquelle il n'était déjà que trop enclin. Les assemblées de gentilshommes furent rigoureusement interdites. Les exemplaires de la lettre adressée à M. de Choiseul Stainville, qui circulaient à Nancy, furent dénoncés à la justice, saisis et lacérés par la main du bourreau. Un maître des requêtes, M. Bagard, soupçonné d'avoir pris fait et cause pour les réclamations des gentilshommes, fut exilé à Besse-en-Vosges, le 17 mars 1741, et le scellé mis sur ses papiers. Ces rigueurs coïncidaient avec l'ouverture des hostilités.

Nous sortirions de notre sujet si nous voulions raconter les différents épisodes d'une lutte dans laquelle la Lorraine, dépouillée de sa nationalité, et déjà presque réduite à la condition de simple province française, ne fut pas appelée à jouer un rôle particulier et distinct. Cependant le fond de la querelle où était engagé le sort même de la dynastie qui avait si longtemps régné sur elle la touchait de si près ; lorsque les revers de nos armées amenèrent jusque sur leurs frontières les soldats allemands commandés par le jeune prince Charles Alexandre de Lorraine, l'émotion fut si vive parmi les habitants des Deux-Duchés ; il y eut, pendant un moment, une si visible appréhension à la petite cour de Stanislas, et tant d'inquiétude même à Versailles, qu'il nous est impossible de passer entièrement sous silence les circonstances qui faillirent ranimer en Lorraine l'esprit d'indépendance des temps passés, et causèrent les faibles et derniers tressaillements de son antique nationalité expirante.

Si jamais il y eut au monde une guerre injuste, ce fut celle entreprise contre la reine de Hongrie en 1741, par ses alliés de la veille. S'il y eut jamais un droit évident, c'était celui de Marie-Thérèse, revendiquant l'héritage de son père. Pendant les dernières années de sa vie, l'empereur Charles VI n'avait eu d'autres soins que d'obtenir de tous les princes qui pouvaient élever la moindre prétention sur quelques parties de ses États, une renonciation formelle en faveur de sa fille. La pragmatique sanction, c'est-à-dire le règlement de succession qui reconnaissait la jeune femme de François II pour unique héritière des domaines de la maison d'Autriche, avait été solennellement garantie par la France, par l'Angleterre, l'Espagne, la Russie, la Pologne, la Prusse, la Suède, le Danemark, et par le corps germanique tout entier. Parmi les souverains de l'Europe, s'il en était qui fussent, en conscience, plus particulièrement obligés de rester fidèles aux engagements pris sur la foi des traités, c'était à coup sûr le roi actuel de Prusse, naguère sauvé des violentes fureurs de son père par l'intercession de la cour de Vienne, et le roi de France qui, en retour de l'assentiment donné à la pragmatique sanction, venait, par un traité tout récent, de réunir définitivement à son royaume les États héréditaires de l'époux de Marie-Thérèse. Mais la foi des traités, faible barrière même aujourd'hui contre les velléités ambitieuses des princes ou des peuples, n'était pas alors pour retenir longtemps l'auteur de l'*Anti-Machiavel*. Elle eût dû peut-être arrêter davantage le vieux cardinal de Fleury, toujours si amoureux de tranquillité et de paix, qui avait prodigué au défunt Empereur tant de témoignages excessifs d'une humble déférence, et multiplié les expansives assurances de son inébranlable fidélité, et d'une amitié perpétuelle entre les cabinets de Versailles et de Vienne. Après la mort de Charles VI, Fleury fit, en effet, déclarer verbalement à Marie-Thérèse qu'il respecterait les engagements contractés avec son père. Laissé à lui-même, il est probable qu'il n'eût pas songé à les violer ; mais sa faiblesse était plus grande que sa bonne foi. De même qu'il s'était laissé entraîner, malgré lui, à la guerre de Pologne, par les conseils belliqueux de Villars et les excitations d'une jeunesse de cour désœuvrée, l'ancien précepteur de Louis XV, de plus en plus affaibli par l'âge, et toujours aussi versatile, céda cette fois aux suggestions du comte de Belle-Isle, l'aventureux héritier de la famille des Fouquet. Pour tromper les hésitations de son timide caractère il ne fallait que lui fournir quelques-uns de ces douteux prétextes dont se paient volontiers les gens d'église, quand ils ont mis le pied dans la politique. Belle-Isle et ses amis persuadèrent facilement au cardinal de porter à l'Empire l'Électeur de Bavière, ce qui était dans le droit de la France ; et l'Électeur une fois en guerre avec l'héritière de Charles VI, rien n'était plus naturel, selon eux, que d'envoyer, à titre d'auxiliaires, les troupes françaises dépouiller Marie-Thérèse de la plus grande partie de son héritage. Ce subtil détour suffit à satisfaire la religion de Fleury. Frédéric, de son côté, n'en avait pas trouvé un moins ingénieux pour s'emparer brusquement de toute la Silséie sans déclaration de guerre préalable.

On sait l'héroïque résistance opposée par l'intrépide Marie-Thérèse à la coalition de tant et de si redoutables adversaires. L'Europe entière rendit hommage à la noble fierté, au mâle courage de cette reine, jeune belle et délicate, supportant, sans fléchir, les désastres de trois malheureuses campagnes et déployant tant de fermeté d'âme contre les assauts de la fortune d'abord acharnée contre elle. Tous les cœurs généreux s'émurent partout au spectacle de cette princesse fugitive, allant, son jeune enfant sur les bras, demander asile, protection et secours aux patriotes indépendants de la Hongrie. En Allemagne plus d'un soldat des vieilles guerres de l'Empire répéta, sans doute au fond de son cœur, en reprenant ses anciennes armes, le cri des fidèles Magyars : *Moriamur pro rege nostro Maria Theresa*. Mais il y avait aussi, de ce côté du Rhin, un petit coin de terre où, parmi les masses du peuple, cette acclamation généreuse réveillait un écho, affaibli, sans doute, lointain et vague, mais sensible encore : c'était en Lorraine, particulièrement dans cette partie des montagnes des Vosges qui bordent la Lorraine allemande. Là, dans les châteaux épars au milieu de la campagne, au sein même de petites villes, la sympathie pour la cause de la maison de Hapsbourg, maintenant unie à la maison de Lorraine, était manifeste, quoique, suivant la condition des personnes et le cours des événements, plus ou moins soigneusement dissimulée.

Bientôt l'occasion s'offrit aux plus malintentionnés de laisser voir leurs secret sentiments. La guerre, heureuse pour nos armées à ses débuts, n'avait pas tardé à tourner fort mal, grâce à la faiblesse du gouvernement français et à l'incapacité de ses généraux. Nous avions réussi à faire élire Empereur (31 janvier 1742), sous le nom de Charles VII, l'Électeur de Bavière; mais au même moment où le candidat de la France était proclamé à Francfort (février 1742), les Autrichiens, maîtres de son pays, s'emparaient de sa capitale. L'année suivante ils étaient sur les bords du Rhin. Leur chef, le frère du grand-duc de Toscane, le prince Charles-Alexandre de Lorraine, se donnait le plaisir de menacer notre frontière de l'est, du côté de la Sarre, en vue même des contrée snaguère placées sous le sceptre de son père Léopold. Il n'était pas besoin de tant de désastres pour effrayer démesurément l'incapable ministre de Louis XV. Dans la correspondance familière que Fleury échangeait alors avec son confident le cardinal de Tencin, on surprend avec étonnement, mêlés aux appréciations les plus frivoles sur les événements du temps, des aveux étranges d'impuissance, qui seraient presque touchants à force de naïveté, s'ils n'étaient encore plus ridicules dans la bouche d'un vieillard qui, tout en ayant la conscience de son incapacité, ne pouvait cependant prendre sur lui de se détacher du pouvoir. « C'est, en vérité, une chose bien pénible de gouverner les hommes..., » écrivait-il avec désespoir, « et tout ce qui se passe, tant en Italie qu'en Bohême, me brouille si fort la cervelle que la tête m'en tourne. » « La tête me tourne, » écrivait-il encore une autre fois (12 février 1742) à notre ministre à Rome, « de tous les brouillards qui s'élèvent de tous côtés ; il y faudrait une tête beaucoup plus forte que la mienne, et je croirais presque que nous touchons à la fin du monde, en voyant la grande partie des signes funestes qui doivent la précéder. [1] »

Ce n'était pas la fin du monde qui était proche, c'était celle de la vie et du long ministère du cardinal de Fleury. Une preuve singulière du trouble où était tombé ce pauvre esprit frappa d'étonnement ses contemporains, mais surprendra moins nos lecteurs, déjà instruits de la correspondance entretenue par le ministre de Louis XV avec l'empereur Charles VI, pendant les négociations de Vienne en 1736; ce fut la lettre adressée par Fleury, le 11 juillet 1742, au feld-maréchal Kœnigsegg, dans le même moment où il envoyait au maréchal de Belle-Isle des instructions qui lui enjoignaient « de conclure

---

[1]. Fragments de Lettres du cardinal de Fleury au cardinal de Tencin, années 1740, 41, 42, 43, cités à la suite des Mémoires du président Hénault, publiés par le baron du Vigan, 1855.

la paix à quelque prix que ce fût. » Dans cette lettre Fleury se plaignait, avec les termes les plus humbles, au plénipotentiaire autrichien, de ce qu'à Vienne « on le regardait comme l'auteur principal des troubles qui agitaient l'Allemagne... » « Votre cour, » disait-il au feld-maréchal, « ne me rend pas justice. Bien des gens savent combien j'ai été opposé aux résolutions que nous avons prises, et que j'ai été, en quelque sorte, forcé d'y consentir par des motifs très-pressants qu'on a allégués... Votre Excellence devine aisément *celui* qui a mis tout en œuvre pour déterminer le roi à entrer dans une ligue qui était si contraire à mon goût et à mes principes[1]. » *Celui* que, dans cette lettre inconcevable, Fleury dénonçait à la malveillance de la cour de Vienne, était précisément le maréchal de Belle-Isle, chargé, en ce moment, de traiter avec elle. Il était impossible d'imaginer une démarche plus fausse et plus fâcheuse. Décidé à ne garder aucune mesure, et le cœur enflé de ses récents succès, le cabinet autrichien ne manqua pas de livrer à la risée de l'Europe la lettre du cardinal. La honte d'un si cruel affront désespéra ce vieillard, dont les facultés, toujours assez médiocres, baissaient visiblement. Ses jours en furent, dit-on, abrégés; il s'éteignit misérablement le 30 janvier 1743.

---

1. Lettre du cardinal de Fleury au feld-maréchal Kœnigsegg, citée tout entière à la suite des Mémoires du maréchal duc de Noailles.

Chose triste à dire, c'était encore un malheur pour la France d'être privée d'un ministre même si inhabile. Il maintenait au moins, par son influence prédominante, quoique si molle, une sorte d'unité dans la direction des affaires. Après sa mort, Louis XV annonça, pour la seconde fois, qu'il allait gouverner par lui-même. C'était déclarer au pays qu'il n'y aurait plus désormais de gouvernement; et l'on peut dire en effet que pendant plusieurs années l'anarchie régna dans les conseils de la France. Les traces ne s'en firent que trop apercevoir par la manière déplorable dont les opérations de guerre furent partout conduites, mais nulle part aussi mal que du côté de la Lorraine. Les ministres français avaient tiré des sommes énormes des habitants des Deux-Duchés; ils les avaient obligés à fournir, pour nos armées, d'immenses approvisionnements, ils y avaient levé, au nom de Stanislas, de nombreux régiments que le roi de France avait ensuite pris personnellement à son service ; cependant, ils s'étaient bercés de la puérile idée, qu'en vertu de la neutralité perpétuelle, jadis accordée à Léopold par la maison d'Autriche, le territoire de la Lorraine serait respecté des soldats slaves, hongrois et croates, et de toutes les bandes de paysans transylvains, moitié sauvages, moitié civilisés, que, pour défendre sa couronne, Marie-Thérèse avait appelés du fond des steppes voisines de la Turquie. Nulle précaution sérieuse n'avait été prise pendant les années 1743 et 1744 pour défendre la ligne des Vosges contre les excursions des corps francs de l'armée autrichienne. Tandis que depuis longtemps le prince de Lorraine avait annoncé son dessein de pénétrer dans les anciens États du grand-duc, son frère, afin d'y réveiller la sympathie avouée des populations pour la cause de sa famille, il n'y avait, de ce côté du Rhin, ni armée, ni garnisons assez fortes pour s'opposer à cette dangereuse tentative. On en avait même retiré, pour les employer ailleurs, les régiments fixés jusqu'alors dans le pays. Deux fois, l'alerte fut si vive à la petite cour de Stanislas qu'après avoir fait partir en toute hâte la Reine, sa femme, de Lunéville pour Meudon, le roi de Pologne jugea prudent de se retirer lui-même à la Malgrange, et, bientôt après, à Nancy. Les alarmes du beau-père de Louis XV et de son entourage avaient été surtout excitées par des feux qui paraissaient souvent, les soirs, sur le sommet de quelques-unes des montagnes les plus élevées des Vosges et qu'on disait allumés par les gens du pays, afin d'appeler chez eux les soldats de l'armée du prince de Lorraine. Au printemps de 1744, la terreur devint plus vive encore. Un chef d'aventuriers croates, le baron de Mentzel, avait, pendant la campagne précédente, publié deux manifestes, datés de Kreutznach et de Traarbach, par lesquels il menaçait la Lorraine de la livrer au pillage si elle ne se hâtait de se prononcer pour ses souverains légitimes. Cette année c'était une proclamation de Marie-Thérèse elle-même qui annonçait aux anciens sujets de son époux que, si Dieu accordait la victoire aux armées autrichiennes, François III viendrait reprendre possession de l'héritage de ses pères. Ce manifeste produisit par toute la Lorraine une émotion d'autant plus vive, qu'au même moment, le prince Charles-Alexandre passait le Rhin à Spire (1ᵉʳ juillet 1744), à la tête de 80,000 hommes, s'emparait en quelques jours des lignes de Wissembourg, et refoulait partout victorieusement devant lui les troupes du maréchal de Coigny. De nouveaux feux apparurent encore presqu'au centre du pays, sur les collines des environs de Saint-Diez, pour annoncer aux Autrichiens qu'on se tenait prêt à les seconder. La peur était générale, l'effroi extrême ; Stanislas ne voulut pas affronter un danger si imminent, et courut s'enfermer dans la citadelle de Metz.

Une seule personne était restée calme et de sang-froid pendant cette crise ; c'était M. de La Galaizière. Il supplia le roi de Pologne de ne point donner, en s'éloignant de ses États, à ses fidèles partisans le signal du découragement, et peut-être à tous les mécontents celui d'une révolte générale. Abandonné à lui-même, le chancelier de Lorraine et Barrois ne désespéra de rien. Il déploya tant de zèle et d'activité, tant de hardiesse et de fermeté, qu'à lui seul, sans ordres venus de Paris, sans secours autre que l'assistance équivoque des habitants du pays, et d'insuffisantes ressources ramassées à la hâte, il fit face à tous les périls d'une si difficile situation. Quelques milices lorraines, recrutées avec choix, les ouvriers des salines enrégimentés avec des soldats français, chargés de les instruire et de les surveiller, allèrent tenir garnison dans les villes les plus exposées aux courses de l'ennemi. Des abatis d'arbres coupés dans la montagne, des fortifications en terre élevées avec une rapidité prodigieuse, fermèrent la plupart des passages qui donnaient accès dans la Lorraine. Quelques troupes affidées, parmi lesquelles M. de La Galaizière eut soin de placer en première ligne le régiment de Royal-Lorraine, commandé par son frère, le comte de Chaumont de Mareil, qui y perdit les deux tiers de ses hommes, furent placées aux avant-postes.

Ces dispositions qui faisaient honneur à M. de La Galaizière, dont un grand homme de guerre, le maréchal de Saxe, se plut à reconnaître plus tard l'excellence et l'à-propos, suffirent à garantir la Lorraine du danger d'un coup de main ; car si l'alarme fut chaude, elle fut aussi de courte durée. A peine le danger auquel la Lorraine était exposée fut-il connu du roi de France, enfin décidé à entrer, pour la première fois, en campagne, qu'accourant de Flandre avec son armée, il se rapprocha de Metz pour s'opposer à l'invasion allemande. Ce mouvement, quoique retardé par la maladie grave qui arrêta quelque temps Louis XV à Metz, arrêta la marche du prince Charles-Alexandre. Une autre diversion plus puissante, l'envahissement de la Bohême par le roi de Prusse, obligea le chef des troupes autrichiennes à repasser le Rhin. La Lorraine, préservée des maux de la guerre par la fermeté de son courageux chancelier, vit alors Stanislas, remis d'un premier effroi, rentrer dans ses États. Peu de temps après, le roi de Pologne eut la joie d'y recevoir, avec toute la pompe que permettaient les circonstances, son gendre Louis XV, subitement échappé des bras de la mort, à peine convalescent encore, à moitié converti, à moitié réconcilié avec sa femme, la pauvre Marie Leckzinska, et, comme le témoignèrent sa froideur et sa taciturnité pendant son séjour à Lunéville, déjà mécontent et sans doute un peu honteux, au souvenir des moyens employés, pour lui faire brutalement renvoyer, pendant sa maladie, sa maîtresse nouvellement déclarée, la duchesse de Châteauroux.

Les campagnes suivantes, si elles n'amenèrent point de brillants résultats, contribuèrent du moins à rétablir l'honneur compromis de nos armes. Ce n'est jamais en vain chez nous que le souverain se montre à la tête de ses troupes. Soit qu'il eût cédé, comme le veut une version historique appuyée, à notre avis, sur d'assez faibles preuves, aux excitations chevaleresques de la fière beauté dont son cœur s'était momentanément épris, et que les courtisans du jour s'amusaient volontiers à comparer à Agnès de Sorel, soit plutôt, comme nous le croyons, qu'il eût passagèrement obéi à un bon mouvement de conscience royale, réveillée en lui par l'étendue des dangers que courait son royaume, Louis XV, sans renoncer tout à fait à ses molles habitudes ni à ses vicieux penchants, avait pris sur lui d'abandonner enfin, pour quelque temps, ses réduits favoris de Choisy et de Bagatelle. Jamais, à vrai dire, il ne se risqua à faire la guerre de sa personne, comme l'avait fait Guillaume d'Angleterre, ou comme Frédéric le faisait encore présentement. Jamais il ne songea sérieusement à diriger lui-même les opérations de ses troupes, comme s'y était tant complu Louis XIV; mais à l'instar du grand roi, son aïeul (c'était déjà beaucoup pour un prince si indolent), on le vit quatre ou cinq fois quitter Versailles, au printemps, pour aller en grand appareil, suivi de toute sa cour, assister à quelque siége. C'est ainsi qu'au mois de mai 1745, il se rendit sous les murs de Tournay. Mais la fortune le servit bien. Au lieu d'un siége, il y rencontra une bataille en règle, où le caractère national des officiers et des soldats français se déploya avec toutes les qualités ordinaires d'insouciante gaieté avant l'action, d'ardeur brillante, de fougue irrésistible pendant le combat, et de touchante générosité après la victoire. Par un singulier hasard, il se trouva que le moins belliqueux de nos rois fut précisément le seul qui, dans ces temps modernes, ait eu l'honneur de gagner, de sa personne, une bataille rangée contre les Anglais. Chose non moins étrange! cette victoire de Fontenoy remportée par un souverain peu populaire, due surtout au bouillant courage de la noblesse française, décidée, au moment suprême, par les charges répétées de la maison du Roi, toute composée de gentilshommes, est restée, parmi les souvenirs des glorieux faits d'armes de l'ancienne monarchie, l'un des plus chers encore à la France démocratique de nos jours.

La bataille de Fontenoy ne termina cependant ni la guerre ni les revers de notre politique. Notre incommode allié, Charles VII, un instant rentré dans sa capitale, mort à Munich (20 janvier 1745), laissait vacant le trône impérial. Nos succès en Flandre, compensés par nos défaites en Allemagne, nos expéditions tantôt heureuses tantôt manquées en Italie, n'empêchèrent point François de Lorraine, grand-duc de Toscane, d'être élu roi des Romains, puis empereur d'Allemagne le 13 septembre 1745. Le 4 octobre, Marie-Thérèse, désormais impératrice, accourait à Francfort jouir de son triomphe, et pendant que Louis XV lui enlevait la majeure partie de ses villes de Flandre, pendant que Frédéric gagnait sur ses troupes, en Bohême, la victoire de Prandnitz, se donnait le plaisir d'assister, à Francfort, au couronnement de son époux. Le grand but de l'ambition de la reine de Hongrie une fois atteint, et la prépondérance de la maison de Hapsbourg, maintenant passée définitivement à la dynastie lorraine, la guerre était désormais sans but sérieux pour les puissances de l'Europe qui avaient pris parti contre nous. L'orgueil de Louis XV était satisfait de sa part personnelle dans les succès obtenus par ses armées. La France un instant humiliée de tant de fâcheuses défaites se sentait maintenant un peu consolée par les avantages que des chefs étrangers, il est vrai, le prince Maurice de Saxe, et le comte de Lowendall venaient de remporter à Raucoux, à Lawfeld, à Berg-op-Zoom, à Maestricht, sur nos ennemis coalisés ; la paix était souhaitée par chacune des parties belligérantes ; elle était à peu près nécessaire à tout le monde. La favorite toute-puissante qui avait succédé à la duchesse de Châteauroux, Mme de Pompadour, la souhaitait plus que personne. Elle fut signée à Aix-la-Chapelle le 18 octobre 1748.

La guerre de la succession d'Autriche, si l'on examine ses résultats généraux, après sept années d'une lutte formidable, laissait toutes choses en Europe à peu près telles qu'elles étaient à son début. Le roi de Prusse avait cependant conquis à tout jamais la Silésie ; la reine d'Espagne avait obtenu, en Italie, le petit État de Parme pour l'un de ses enfants. Le roi de Sardaigne, suivant l'usage de sa maison, s'était un peu agrandi aux dépens de ses alliés. L'Angleterre avait eu la satisfaction de détruire une partie de nos colonies et d'achever la ruine de notre marine. Pour nous, nous n'avons rien gagné à cette folle prise d'armes, qui jeta un nouveau désordre dans nos finances, appauvrit de plus en plus nos provinces, et augmenta considérablement le chiffre de notre dette publique. Quant à la Lorraine, la conséquence en avait été une agitation passagère, bientôt comprimée par l'inébranlable fermeté de M. de La Galaizière, dont la position se trouvait ainsi singulièrement fortifiée. Lui seul, en effet, de l'aveu de tout le monde, n'avait pas un instant perdu la tête au milieu d'une terrible épreuve, et par sa rare énergie avait suffi à maintenir les populations ébranlées. Louis XV avait senti le prix d'un tel service ; il n'avait pas manqué d'en récompenser l'auteur par d'éclatantes faveurs, propres à attester à tous les yeux son croissant crédit. Un des frères de M. de La Galaizière, M. de Chaumont de Lucé, avait été nommé envoyé de France près de Sa Majesté Polonaise. Un autre, M. de Mareil, avait été nommé maréchal de camp, et le plus jeune de ses fils, âgé seulement de sept ans, reçut la riche abbaye de Saint-Mihiel en Lorraine. Justement fier de l'usage qu'il avait fait de son autorité, pendant la retraite momentanée de Stanislas à Metz, fort de l'appui si marqué qu'il recevait maintenant de Versailles et toujours prêt à agir en maître, M. de La Galaizière s'habitua de plus en plus à gouverner la Lorraine, sans consulter beaucoup désormais les inclinations personnelles de son souverain provisoire, tandis qu'un peu embarrassé peut-être de son rôle, mais en prenant toutefois son parti de bonne grâce et sans trop d'efforts, le roi de Pologne s'accoutumait, de son côté, à abandonner plus que jamais à son heureux chancelier, avec le souci des affaires, tous les attributs, mais aussi toute la responsabilité d'un absolu pouvoir.

Stanislas s'était réservé l'entier gouvernement de sa maison, et cette maison avait été tout d'abord montée sur un pied considérable. Le duc Ossolinsky en était le grand maître, le comte Zalusky grand aumônier, le chevalier de Wiltz grand veneur, le baron de Meszech intendant. Tous ces personnages avaient suivi la fortune de leur maître pendant les longues épreuves de sa carrière si agitée. Stanislas avait tenu, par reconnaissance, à les fixer auprès de lui, dans la nouvelle souveraineté où la Providence lui permettait de finir paisiblement ses jours. Le même pieux motif lui avait fait donner la place de grand veneur à M. de Thianges qui, en 1733, avait joué le rôle de roi de Pologne, en s'embarquant, sous son nom, à Brest pour l'expédition de Dantzick.

Le comte de Béthune était grand chambellan, le marquis de Custine grand écuyer, le comte d'Haussonville grand louvetier, le marquis de Lambertye commandant des gardes du corps. Il avait six chambellans ordinaires : les comtes de Croix, Ligneville, Nettancourt, Serinchamps, Brassac et le chevalier de Meuse. Stanislas y ajouta plus tard deux pensionnaires ayant les honneurs des grands officiers, MM. de Berchemy et d'Andelau, et douze chambellans d'honneur, savoir : les marquis de Lambertye, de Choiseul, du Châtelet, de Salles et de Rougey, les comtes de Torneille, d'Hunolstein, et le chevalier du Châtelet ; deux gentilshommes pour la chambre : MM. Casteja et Vanglas, Massolles et La Roche-Aymond pour la seconde table ; Miascosky et Grossolles pour la chasse, et six autres gentilshommes pour les étrangers, pour ses bâtiments, sa musique et le gouvernement de ses pages, avec douze gentilshommes *ad honores*. Mme de Linanges fut nommée dame d'honneur de la Reine ; la marquise de Boufflers, les comtesses de Choiseul et de Raigecourt furent les premières dames du palais [1].

Ce n'était point par ostentation, c'était par générosité, par envie de se rendre agréable, et pour retenir auprès de lui les personnes dont la société lui plaisait le plus que Stanislas avait tant créé de char-

1. Voir Durival, *Mémoires du maréchal duc de Richelieu*, publiés par M. Barrière, tome II, page 119.

ges et de dignités. En réalité, ses nombreux officiers étaient tous dispensés de remplir les fonctions de leurs places. « Un seigneur de l'ancienne cour, » raconte le président Hénault, « s'étant présenté pour solliciter un emploi équivalant à celui qu'il remplissait auprès des derniers ducs de Lorraine : « Quelle charge aviez-vous ? » lui dit Stanislas. — Sire, j'étais maître des cérémonies. — Eh, monsieur ! » repartit le roi de Pologne, « je ne permets même pas qu'on me fasse la révérence. » Les pratiques gênantes de l'étiquette étaient bannies de la cour de Stanislas ; son intérieur était bien plutôt celui d'un riche gentilhomme que celui du père d'une reine de France. Il avait gardé sur le trône les habitudes qui lui avaient tant de fois servi à tromper les ennuis de sa mauvaise fortune. Il aimait la peinture et peignait lui-même, il est vrai, assez médiocrement ; il goûtait fort la musique et tous les arts en général ; il se piquait de s'entendre en architecture, et dirigeait volontiers les constructions de ses palais et maisons de campagne, où son plus grand amusement était de multiplier des ornementations d'un style tant soit peu recherché et bizarre, dont il avait rencontré les modèles en Allemagne, en Transylvanie, ou même en Turquie, durant sa captivité de Bender. Il n'avait pas non plus perdu à Nancy son ancien penchant à écrire, et à donner son avis sur les affaires publiques. C'est ainsi qu'en

1746, pendant la guerre, il avait publié une défense de la politique de Louis XV, qui ne fit pas, il faut en convenir, grande sensation en Europe, soit que l'écrit fût faible, ou la cause trop difficile à défendre. Mais le plus vif de ses plaisirs était de causer avec des personnes dont l'esprit fût, comme le sien, vif et cultivé. « Stanislas est d'une conversation gaie, » écrivait, en 1746, le président Hénault; « il dit les choses les plus plaisantes ; il raconte juste ; il voit bien ; il a l'imagination féconde et agréable, comme on peut en juger en voyant ses maisons, et les singularités de la Malgrange, qui ne finissent point. Tout cela n'est point bâti à notre mode, et la peur m'a pris, à la fin, d'être en Turquie, quand j'ai été rassuré en voyant dans les jardins une figure de saint François à la place de Mahomet [1]. » Avant d'accueillir le président Hénault, Stanislas avait eu quelque temps à sa cour Helvétius, que ses tournées de fermier général amenèrent plusieurs fois à Nancy, et qui bientôt après épousa, chez Mme de Graffigny, et sans doute par la protection du Roi de Pologne (car cette alliance était considérable à cette époque pour un homme de finances), Mlle de Ligneville, héritière, fort pauvre il est vrai, de l'une des plus grandes familles de la Lorraine [2]. Une autre visite plus agréable encore à

---

1. Extrait des Mémoires du président Hénault, cité dans les *Mémoires du duc de Richelieu*, tome II, page 118.
2. On cita dans la société de ce temps-là, avec grand éloge et

Stanislas fut celle qu'il reçut, en 1747, de l'auteur des *Lettres persanes* : « J'ai été comblé de bontés et d'honneurs à la cour de Lorraine, et j'ai passé des moments délicieux avec le roi Stanislas, » écrivait, à l'abbé de Guasco, Montesquieu, alors occupé à mettre la dernière main à son livre sur l'*Esprit des lois*.

Mais les années 1748 et 1749 furent les plus brillantes de la petite cour de Lorraine. Catherine Opalinska, reine de Pologne, duchesse de Lorraine et de Bar, était morte à Lunéville l'année précédente. C'était une princesse excellente, douce et pieuse, tendrement attachée à son époux, mais très-renfermée, un peu triste, et, malgré ses soixante-six ans, fort jalouse encore de ce que le roi de Pologne appelait « ses petites peccadilles. » Mme la marquise de Boufflers avait succédé comme dame d'honneur à la comtesse de Linanges. Depuis la mort de la Reine, elle faisait, au grand déplaisir du révérend père de Menou, confesseur du roi Stanislas, les honneurs de la petite cour de Lorraine. C'était-elle qui recevait, au nom du roi, les étrangers, quand Voltaire vint, en compagnie de la marquise du Châtelet, s'établir, à la fin de janvier 1748, au petit château de Commercy que le roi de Pologne s'amusait à embellir

---

comme une preuve de la modestie et du tact de M. Helvétius, qu'à la mort du prince de Craon, son parent par Mme Helvétius, il évita de porter son deuil.

avec un soin extrême, depuis le jour où il en était devenu possesseur par la mort de la duchesse douairière de Lorraine, décédée il y avait deux ans. Dans cette résidence favorite se trouvaient déjà réunis, avec la marquise de Boufflers, Mmes de Lutzelbourg et de Lenoncourt, le vicomte de Rohan, quelques autres seigneurs français, un groupe de gentilshommes lorrains venus des environs, et le lecteur du roi de Pologne, M. Devaux, l'ami de Mme de Graffigny, nature aimable et douce, que son charmant esprit, la sûreté et la bonhomie de son caractère avaient mis fort avant dans les bonnes grâces des plus grandes et des plus aimables femmes de cette cour sans morgue.

A s'en rapporter aux mémoires de l'auteur de *la Henriade*, ni lui ni Mme du Châtelet ne se seraient beaucoup souciés d'aller faire un séjour à Commercy. La première idée en serait venue au père de Menou qui, pour supplanter Mme de Boufflers avec laquelle il était brouillé, aurait imaginé de lui substituer la marquise du Châtelet encore assez belle et très-bien faite. « En sa qualité de femme auteur, » ajoute Voltaire, « il espérait qu'elle réussirait mieux qu'une autre auprès d'un prince qui se mêlait quelquefois lui-même de faire d'assez mauvais petits ouvrages. » Mais la malice de Voltaire a fait tort en cette occasion, comme dans plusieurs autres, à l'exactitude de ses souvenirs. Il n'était pas, à cette époque de sa vie, comme le prouvent ses lettres, plus sûres que ses mémoires, en humeur de se déplaire dans la société des princes. Déjà quelques années auparavant, par l'entremise de Mme de Châteauroux et du duc de Richelieu, il avait été envoyé avec une mission secrète auprès du roi de Prusse; mission dans laquelle il n'avait eu d'ailleurs qu'un demi-succès, car un peu piqué du choix de cet ambassadeur inofficiel, Frédéric avait renversé plaisamment les rôles, et mis autant d'affectation à parler uniquement de vers et de littérature à son interlocuteur, que celui-ci avait déployé d'ardeur à l'entretenir exclusivement, mais en vain, de négociations et de guerres. Maintenant réconcilié avec le gouvernement français, fort occupé de plaire à Mme de Pompadour à laquelle il adressait les petits vers les plus louangeurs et, par elle, à Louis XV dont il venait d'écrire l'éloge historique, assez indifférent en politique, nullement dédaigneux de la puissance ou de la faveur quand il pouvait les faire servir au triomphe de ses idées, et se sentant, avec raison, trop peu prisé à la cour frivole de Versailles, Voltaire n'était pas fâché d'ajouter à sa considération, par l'éclat de l'accueil qu'il rencontrait, en Lorraine, dans la propre maison du père de la reine de France. « En vérité ce séjour est délicieux, » écrivait-il à la comtesse d'Argental; « c'est un château enchanté dont le maître fait les honneurs. » Comment Voltaire ne se serait-il pas plu, en effet, dans un lieu où les plus nobles seigneurs, les femmes les plus charmantes ne se lassaient pas de représenter presque tous les soirs devant lui, aux grands applaudissements de l'assemblée, ses tragédies : *Brutus, Mérope* et *Zaïre*, où le roi de Pologne insistait avec tant de gracieux empressement pour se faire lire, toutes portes fermées, les pièces légères, et les contes badins, encore inédits, que le chantre de *la Pucelle* gardait en portefeuille?

Mme du Châtelet avait d'autres raisons pour préférer la société qui entourait le roi de Pologne, au tête-à-tête un peu prolongé de Cirey. Quelques scènes, où la vivacité d'impatience avait été égale des deux côtés avaient déjà troublé l'harmonie de la liaison qu'elle avait formée avec Voltaire, et qui durait depuis tantôt quatorze ans. Quatorze ans! c'était beaucoup pour l'époque ; c'était surtout beaucoup pour la nature ardente et tant soit peu mobile d'une femme qui n'en était pas à sa première inclination, qui, avant d'aimer, dans Voltaire, l'homme le plus distingué de son siècle, s'était donnée assez publiquement au duc de Richelieu, ce héros des ruelles de Paris, et qui, douée du plus rare esprit, professait en même temps en morale les principes les plus larges et les plus singuliers. L'année précédente, à Lunéville, Mme du Châtelet avait rencontré, parmi les officiers des gardes de Stanislas, le jeune marquis de Saint-Lambert, le futur chantre des *Saisons*, déjà fort à la mode parmi les dames de cette cour, par sa jolie tournure, son bel esprit, et ses petits vers. Elle avait conçu pour lui une de ces passions impétueuses qui sur le retour de l'âge s'enracinent parfois si profondément au fond des cœurs qui se flattent à tort d'en être bientôt à tout jamais préservés. C'était afin de le retrouver qu'elle revenait, en plein hiver, s'établir, avec Voltaire, à Commercy.

En arrivant chez le roi de Pologne, Voltaire lui présenta un exemplaire de *la Henriade* avec ce quatrain :

> Le ciel, comme Henri, voulut vous éprouver :
> La bonté, la valeur à tous deux fut commune,
> Mais mon héros fit changer la fortune
> Que votre vertu sut braver.

On connaît les vers qu'il adressa en même temps à Mme de Boufflers.

> Vos yeux sont beaux, mais votre âme est plus belle,
> Vous êtes simple et naturelle,
> Et sans prétendre à rien, vous triomphez de tous.
> Si vous eussiez vécu du temps de Gabrielle,
> Je ne sais pas ce qu'on eût dit de vous,
> Mais l'on n'aurait point parlé d'elle.

La marquise de Boufflers, fille du prince de Craon, avait alors trente-six ans environ. Elle était du caractère le plus enjoué ; elle avait une taille charmante, une figure d'enfant pleine de charme et d'agrément. Voici un portait qu'un de ses contemporains, M. de Tressan, nous croyons, a tracé d'elle :

DE LA LORRAINE A LA FRANCE. 517

« Son esprit (lui seul peut-être aurait pu faire son portrait) était celui des esprits, cependant, auquel il avait moins pris garde. Elle parlait peu, lisait beaucoup, non pour s'instruire, non pour former de plus en plus son goût ; mais elle lisait comme elle jouait, pour s'exempter de parler. Ses lectures s'étaient bornées à peu de livres qu'elle relisait souvent. Elle ne retenait pas tout ; mais il en résultait néanmoins pour elle, à la longue, une source de connaissances d'autant plus précieuses qu'elles prenaient la forme de ses idées. Ce qui en transpirait ressemblait en quelque sorte à un livre décousu, si l'on veut, mais partout amusant, auquel il ne manquait que les pages inutiles. »

Si paresseuse qu'elle fût, Mme de Boufflers faisait quelquefois des vers. On a retenu d'elle ce joli quatrain, adressé probablement à Stanislas :

> De plaire un jour, sans aimer, j'eus l'envie ;
> Je ne cherchais qu'un simple amusement ;
> L'amusement devint un sentiment,
> Le sentiment le bonheur de ma vie.

A cause de sa gracieuse nonchalance, et d'un certain penchant pour les plaisirs tranquilles, on l'appelait, par plaisanterie, à la cour de Lorraine « la dame de Volupté. » C'était un titre dont elle ne s'effarouchait pas. Elle avait fait pour elle-même, à ce sujet, l'épitaphe que voici :

> Ci-gît, dans une paix profonde,

> Cette dame de Volupté
> Qui, pour plus grande sûreté,
> Fit son paradis dans ce monde [1].

A Commercy plus qu'ailleurs on vivait avec le roi Stanislas, sur le pied d'une charmante familiarité. M*me* du Châtelet avait été logée au rez-de-chaussée du château dans un appartement composé de plusieurs pièces, et Voltaire au second. M*me* de Boufflers, qui ne quittait jamais le Roi, occupait le petit logement des bains situé en bas, près de l'orangerie. C'était chez elle qu'avaient lieu les réunions plus intimes du soir. Stanislas ne manquait jamais d'y assister; on y faisait, entre soi, de la musique; on s'entretenait avec gaieté et abandon de science, d'histoire et de littérature ; on y récitait les petits vers éclos pendant la journée. Voltaire y donnait lecture de quelques-uns de ses romans en prose, entre autres de *Zadyg* qu'il était occupé à faire imprimer en ce moment, à Nancy, en même temps qu'une

---

[1]. La marquise de Boufflers Temiencourt, mère du marquis et du chevalier de Boufflers, était, comme beaucoup des grandes dames de son temps, du parti philosophique. C'est elle qui, après la mort de Voltaire, fit ce quatrain cité dans la Correspondance de Grimm :

> Celui que dans Athène eût adoré la Grèce,
> Que dans Rome, à sa table, Auguste eût fait s'asseoir;
> Nos Césars d'aujourd'hui n'ont pas voulu le voir,
> Et monsieur de Beaumont lui refuse une messe.

La marquise de Boufflers mourut à Paris, en 1787. — Il ne faudrait pas confondre la marquise de Boufflers, maîtresse de Stanislas et amie de Voltaire, avec la comtesse de Boufflers, sa contemporaine et sa cousine, maîtresse du prince de Conti et amie de Jean-Jacques Rousseau.

cinquième édition du *Panégyrique de Louis XV*, dans laquelle il s'était donné le plaisir de glisser une violente diatribe contre le journal de Trévoux. Stanislas ne soupait point. Il se retirait toujours de bonne heure. A son départ commençait une arrière-soirée plus animée encore, et plus libre. Saint-Lambert n'avait pas été nommé pour le voyage de Commercy, parce que le Roi ne l'aimait pas, et qu'il en était jaloux. — Mais il était venu se loger incognito chez le curé de Commercy, qui avait une maison voisine de l'orangerie. Des fenêtres de Saint-Lambert, on voyait chez Mme Boufflers; une lumière placée dans un petit cabinet avertissait le jeune exempt des gardes, quand le roi de Pologne avait regagné ses appartements. Sitôt qu'il était parti, Saint-Lambert qui avait une clef de l'orangerie venait, une lanterne sourde à la main, se joindre à la joyeuse compagnie. On se mettait à table, et ces agréables soupers, dont le bon roi Stanislas n'avait pas connaissance, servis par les seuls gens de Mme de Boufflers qui étaient dans la confidence, se prolongeaient quelquefois assez avant dans la nuit. Cependant il arrivait qu'à l'insu de Mme de Boufflers, Saint-Lambert devançait parfois le signal, pour se rendre, avant l'heure du souper, chez la marquise du Châtelet. C'est là, si nous en croyons Longchamp, son valet de chambre, qu'entrant un jour trop à l'improviste, Voltaire surprit, à son grand étonnement, la divine Uranie s'entretenant avec Saint-Lambert de toute autre chose que d'astronomie. Au premier moment sa colère fut extrême ; il voulait partir sur-le-champ. La marquise l'empêcha de faire pareil esclandre. Le lendemain même de l'aventure, elle alla trouver Voltaire dans sa petite chambre du second, avant qu'il fût encore sorti de son lit, et dans une longue conversation, persuada si bien le pauvre poëte, qu'il se radoucit peu à peu. Il parut même bientôt avoir pris assez facilement son parti de l'infidélité de son amie [1]. Peu de jours après cette explication, la petite société de Commercy partait toute ensemble pour se rendre à Lunéville, aussi gaie, aussi brillante et, grâce à la facilité singulière des mœurs de cette époque, plus unie que jamais.

---

1. On connaît ces vers de Voltaire, adressés à cette époque à Saint-Lambert :

> Tandis qu'au-dessus de la terre,
> Des aquilons et du tonnerre,
> La belle amante de Newton
> Dans les routes de la lumière
> Conduit le char de Phaéton
> Sans verser dans cette carrière,
> Nous attendrons paisiblement,
> Près de l'onde castalienne,
> Que notre héroïne revienne
> De son voyage au firmament;
> Et nous assemblerons, pour lui plaire,
> Dans ces vallons et dans ces bois
> Les fleurs dont Horace autrefois
> Faisait des bouquets pour Glycère.
> Saint-Lambert, ce n'est que pour toi
> Que ces belles fleurs sont écloses;
> C'est ta main qui cueille les roses,
> Et les épines sont pour moi.

A Lunéville la cour était plus nombreuse qu'à Commercy ; il y avait un théâtre. Mᵐᵉ du Châtelet qui aimait les fêtes, le bruit et le mouvement, qui se plaisait à se montrer à Saint-Lambert parée de tous ses avantages, y joua tour à tour la comédie et l'opéra-comique. Elle parut trois fois dans le rôle d'Issé, qu'elle avait représenté avec beaucoup de succès à Sceaux chez la duchesse du Maine[1]. Elle obligea Voltaire, à qui ce séjour ne plaisait plus autant qu'à elle[2], à faire des pièces de circonstance, dans lesquelles il lui fallait même parfois accepter un rôle. Ces divertissements finissaient presque toujours par quelques vers adressés au roi de Pologne. Fort agité de l'apparition d'une édition de ses œuvres en douze volumes et qui contenait beaucoup de pièces dont, suivant son usage, il ne voulait pas s'avouer l'auteur, occupé à mettre la main à sa tragédie de *Sémiramis* qu'on répétait à Paris, Voltaire trouvait le temps de suffire à tout et de plaire à tout le monde. C'est ainsi qu'après avoir joué dans la pièce de *l'Étourderie* le rôle de l'assesseur, il adressa un jour à Stanislas et à la princesse de La Roche-sur-Yon les vers suivants :

O Roi, dont la vertu, dont la loi nous est chère,

---

1. *Issé*, pastorale de La Motte.
2. « Je crois que Mᵐᵉ du Châtelet passerait sa vie ici, mais moi qui préfère la vie unie et les charmes de l'amitié à toutes les fêtes, j'ai grande envie de revenir à votre cour. » (Voltaire à la comtesse d'Argental. Lunéville, 5 février 1748.)

> Esprit juste, esprit vrai, cœur tendre et généreux,
> Nous devons chercher à vous plaire,
> Puisque vous nous rendez heureux.
> Et vous, fille des rois, princesse douce, affable,
> Princesse sans orgueil, et femme sans humeur,
> De la société, vous, le charme adorable,
> Pardonnez au pauvre assesseur.

Stanislas n'était pas insensible à ces hommages du poëte célèbre avec lequel Frédéric entretenait à cette époque une correspondance assidue. Les lettres de Stanislas témoignent qu'il ne ménageait pas à Voltaire les assurances d'une admiration et d'une amitié aussi vives et certainement plus sincères que celles de son collègue de Prusse[1].

---

[1]. « J'ai cru, mon cher Voltaire, jusqu'à présent, que rien n'était plus fécond que votre esprit supérieur, mais je vois que votre cœur l'est encore plus. J'en reçois des marques bien sensibles; j'aime son style au delà du style le plus éloquent. Je veux tâcher de me mettre au niveau en répondant à vos sentiments par ceux que votre incomparable mérite m'a inspirés et par lesquels vous me connaîtrez toujours. — Tout à vous et de tout cœur. — Lunéville, 17 mai. »

..... « Je vous renvoie vos deux pièces. — *Memnon* m'a endormi bien agréablement, et j'ai vu dans un profond sommeil que la sagesse n'est qu'un songe. — Tout à vous. — Lunéville, 31 janvier. »

...... « Nous mangeons vos bonbons tout notre soûl. Vos soins à nous les envoyer en font la plus agréable douceur. A la place de tout cela, je vous envoie le *Philosophe chrétien*, qui a été continué depuis votre départ. Memnon dira bien qu'il y a de la folie à vouloir être sage, mais du moins il est permis de se l'imaginer. Ce *Philosophe* ne mérite pas un moment de votre temps perdu pour le parcourir, mais il connaît assez votre indulgence pour se présenter devant vous. Faites-lui donc grâce en faveur du bonheur qu'il cherche et que vous lui procurerez si vous le jugez digne de vous en occuper un moment. Je vous embrasse de tout mon cœur. Lunéville, février 1749. »

« Je serais, mon cher Voltaire, au désespoir, si je me trouvais aussi embarrassé pour répondre à vos sentiments pour moi qu'à la production de votre incomparable génie, car il n'y a ni prose ni vers qui soient

DE LA LORRAINE A LA FRANCE.

Entre Stanislas d'une part, Voltaire et Mme du Châtelet de l'autre, c'était un échange perpétuel de bons procédés et de gracieux compliments ; on avait même soin de s'envoyer mutuellement, avant que le public en eût connaissance, les ouvrages nouveaux auxquels chacun travaillait de son côté. Tous ces envois étaient d'ailleurs de nature un peu disparate. Mme du Châtelet adressait au roi de Pologne sa Préface de Newton, que Voltaire déclarait un chef-d'œuvre et devant laquelle il était, disait-il, saisi d'admiration[1]. L'auteur de *la Pucelle* lui faisait en même temps parvenir *Sémiramis*, *Catilina* et quelques-unes de ses pièces fugitives les plus légères. Stanislas l'en remerciait en lui communiquant un manuscrit intitulé *le Philosophe chrétien*. Une correspondance plus active encore était celle de Mme du Châtelet avec le marquis de Saint-Lambert, correspondance toute parfumée, écrite sur de petits billets à bordure dentelée de rose ou de bleu, qui

---

capables de vous exprimer combien je suis sensible à tout ce que vous me dites. Toute mon éloquence est au fond de mon cœur.... 13 mars 1749. »

(Extraits de lettres de Stanislas à Voltaire, Correspondance de Voltaire, édition de M. Beuchot, tome 55, pages 184, 247, 257.)

1. Mme du Châtelet vient d'achever une Préface de Newton, qui est un chef-d'œuvre et qui fait honneur à son sexe et à la France. Elle a résisté avec courage aux impertinences des Caillettes, et passera, dans la postérité, pour un génie respectable. Si elle n'avait pas méprisé les mauvaises plaisanteries, elle n'aurait pas fait des choses admirables que les ricaneurs n'entendront pas. » (Voltaire à M. le président Hénault. 1749, tome 55, page 238.)

n'était même pas interrompue pendant les fréquents séjours de la marquise à Commercy ou à Lunéville, et que la vanité de Saint-Lambert nous a fort soigneusement conservée [1]. Les séjours de Voltaire et de Mme du Châtelet furent plus fréquents que jamais à la cour de Lorraine pendant l'été et l'automne de 1749. — Jamais l'intimité n'avait été plus grande entre les visiteurs de Cirey et le roi de Pologne. Voltaire, en comblant Stanislas de toutes sortes de profession et de témoignage de respect, avait grand soin toutefois de maintenir son indépendance et de garder ses aises dont il était fort jaloux. Il s'étudiait à faire habilement ses réserves, afin de n'être pas confondu avec un courtisan ordinaire. Tel était probablement le but de ces vers badins adressés à Mme de Boufflers :

> Le nouveau Trajan des Lorrains,
> Comme roi, n'a pas mon hommage;
> Vos yeux seraient plus souverains.
> Mais ce n'est pas ce qui m'engage,
> Je crains les belles et les rois;

1. La Correspondance de Mme du Châtelet avec M. de Richelieu, son premier amant, et avec le marquis de Saint-Lambert, fait partie de la curieuse collection de M. Feuillet, qui a bien voulu nous la communiquer. Voir, pour les détails de la liaison de Mme du Châtelet avec Voltaire et M. de Saint-Lambert, une charmante Étude publiée par Mme Louise Collet dans la *Revue des Deux Mondes*, imprimée plus tard en un volume séparé (Cadot, 1856). Les petits billets presque imperceptibles par lesquels Mme du Châtelet donnait ses rendez-vous à son ami étaient, dit-on, fourrés par elle dans les pédales d'une harpe dont elle jouait souvent dans le salon de Mme de Boufflers, afin d'amuser le roi Stanislas. C'était là que le jeune exempt aux gardes venait les chercher, quand le roi et sa société avaient quitté l'appartement.

Ils abusent trop de leurs droits,
Ils exigent trop d'esclavage.
Amoureux de ma liberté,
Pourquoi donc me vois-je arrêté
Dans les chaînes qui m'ont pu plaire?
Votre esprit, votre caractère
Font sur moi ce que n'eût pu faire
Ni la grandeur ni la beauté.

Cette manière de s'établir sur un pied si libre dans la maison d'un prince que cette familiarité ne choquait point, qui l'acceptait de bonne grâce et s'en montrait charmé, déplaisait aux ennemis de Voltaire. Ce n'était pas seulement le père de Menou qui était assez désappointé de l'échec de ses beaux desseins sur le compte de Mme du Châtelet; tout le parti dévot était mécontent du succès de Voltaire à la cour de Lorraine. M. de La Galaizière, M. Alliot, intendant de la maison du prince, tous deux attachés aux révérends pères jésuites, en étaient fort contrariés; M. Alliot surtout, qui était assez avare, et trouvait mauvais que, sous prétexte de santé, Voltaire, au lieu de prendre ses repas à la table commune, se fît souvent servir à manger dans son appartement. Alliot s'était vanté qu'il ferait bien déguerpir Voltaire en le prenant par la famine. *Hoc genus dæmoniorum*, s'était-il écrié un jour en plaisantant (car les dévots mêmes se piquaient d'esprit en ce temps-là) *non ejicitur nisi in jejunio*. Là-dessus, il avait donné des ordres pour qu'on cessât de porter à l'heure ordinaire son déjeuner à Voltaire.

Le poëte réclama, — point de réponse ; — Voltaire, qui ne voulait demeurer en reste avec personne, écrivit alors, de son lit, à Stanislas : « Sire, il faut s'adresser à Dieu quand on est en paradis... Les rois sont depuis Alexandre en possession de nourrir les gens de lettres, et quand Virgile était chez Auguste, *Alliotus*, conseiller aulique d'Auguste, faisait donner à Virgile du pain, du vin et de la chandelle. Je suis malade aujourd'hui, je n'ai ni pain, ni vin pour dîner... » Stanislas intervint, et M. Alliot dut céder [1].

On le voit, aucun genre d'animation, pas même celle qui peut provenir, entre gens bien élevés, d'un peu de rivalité couverte, et de petites altercations divertissantes, ne manquait au cercle dont Stanislas était en ce moment entouré. Parmi les personnes qui s'appliquaient à y jeter tout ce mouvement et cet agréable entrain, il en était une cependant, la plus gaie d'ordinaire, la plus brillante et la plus fêtée, qui luttait avec peine contre les plus tristes pressentiments. L'imprudente marquise du Châtelet était devenue grosse à la suite de ses relations avec Saint-Lambert. Elle avait alors quarante-trois ans. M. du Châtelet était parti depuis longtemps pour l'armée. Afin de lui faire prendre le change sur cette paternité inattendue, il avait fallu l'en rappeler en

[1]. Lettre de Voltaire au roi Stanislas, 29 août 1749, volume 55, page 325.

toute hâte sous prétexte d'affaires ; et Mme du Châtelet avait été obligée d'accepter à Cirey, dans une espèce de scène de comédie arrangée à l'avance avec plus de drôlerie que de convenance entre Saint-Lambert et Voltaire, un rôle, qui, en dépit de ses principes connus sur ces matières, avait dû coûter beaucoup à sa délicatesse. La ruse avait d'ailleurs parfaitement réussi ; c'était par précaution, afin d'être plus à portée des secours de l'art, qu'elle était venue s'établir à Lunéville, où Stanislas lui avait fait préparer au rez-de-chaussée du château l'ancien logement de la reine de Pologne. Sans avoir voulu interrompre un seul instant son travail habituel, sans avoir même renoncé à paraître encore, malgré sa fatigue, sur le théâtre de Lunéville, Mme du Châtelet était visiblement inquiète d'elle-même ; on l'avait vue avec surprise, quand approcha le terme de sa grossesse, ranger soigneusement ses papiers, mettre sous enveloppes toutes les lettres qu'elle avait reçues de ses amis, et par un tour de conversation, plus sérieux et plus tendre que de coutume, prendre pour ainsi dire congé d'eux, à l'avance. Voltaire ne partageait à aucun degré les préoccupations de la marquise. « Mme du Châtelet n'accouche encore que de problèmes, » écrivait-il le 23 août à Mme d'Argental. « Mme du Châtelet, » mandait-il, le 4 septembre, à l'abbé de Voisenon, « étant cette nuit à son secrétaire, selon sa louable coutume, a dit : Mais je sens quelque chose. — Ce quelque chose était une petite fille qui est venue au monde sur-le-champ. On l'a mise sur un in-quarto qui s'est trouvé là, et la mère s'est allée coucher. » Mais cette délivrance, si facile en apparence, avait été suivie de quelques fâcheux accidents. Une imprudence de la malade, qui voulut boire de l'orgeat glacé pendant sa fièvre de lait, précipita la catastrophe. Mme du Châtelet mourut le 10 septembre, six jours seulement après son accouchement.

On ne saurait se figurer quelle consternation cette fin lamentable répandit aussitôt dans le palais et dans toute la ville de Lunéville. Stanislas aimait personnellement beaucoup cette jeune femme si distinguée et si pleine de vif entrain, qui prenait, pour l'amuser et pour lui plaire, tant de soins si aimables, et qui jetait sur sa petite cour un si prodigieux éclat. Mme du Châtelet appartenait par son mari à l'une des plus grandes familles du pays. Depuis deux ans qu'elle avait presque entièrement quitté Versailles, Paris et Cirey, pour habiter le plus souvent chez le roi de Pologne, tous les yeux des Lorrains étaient fixés sur elle. On l'admirait; on en était fier. Le regret fut universel. Mais ce qu'on ne saurait peindre, c'est la douleur de Voltaire. Les torts récents de son amie ne lui avaient jamais beaucoup importé. Il faut dire, à son honneur, qu'il ne voulut se souvenir que des preuves de dévouement prodiguées, pendant une

DE LA LORRAINE A LA FRANCE.

si longue liaison, par la femme généreuse qui avait si soigneusement protégé sa personne contre les persécutions, épousé si passionnément sa gloire, et jeté dans sa vie le charme incomparable, et si nouveau pour lui, d'un tendre et sérieux attachement. Sa sensibilité éclata en accès de désespoir qui touchèrent tous les témoins de ces tristes scènes[1]. Trois fois dans

1. Mme du Châtelet était logée, comme nous l'avons dit, dans les appartements de la feue reine de Pologne; ces appartements avaient une sortie particulière du côté de la ville, par un petit escalier qui subsiste encore. C'est au pied de cet escalier, et non sur les marches du grand perron du château, que peu d'instants après le funeste événement, Saint-Lambert trouva Voltaire abîmé dans sa douleur, n'ayant plus le sentiment de lui-même et se frappant la tête contre le pavé. « C'est là, » raconte Longchamp, « qu'ouvrant les yeux, obscurcis par les larmes, et reconnaissant Saint-Lambert, il lui dit en sanglotant et avec l'accent le plus pathétique : — Ah! mon ami, c'est vous qui me l'avez tuée! — Puis, tout d'un coup, comme s'il s'éveillait en sursaut d'un profond sommeil, il s'écrie avec le ton du reproche et du désespoir : — Eh mon Dieu! Monsieur, de quoi vous avisiez-vous de lui faire un enfant! — Ils se quittèrent là-dessus, sans une seule parole. » (*Mémoires de Longchamp.*) Mme du Châtelet fut enterrée, avec une grande pompe, dans la nouvelle église paroissiale de Lunéville. Une grande plaque de marbre noir marque encore, au milieu même de la nef, la place où son cercueil fut déposé. Une tradition locale voulait que ce marbre eût été retourné, en 1802, quand l'église fut rendue au culte, afin, disait-on, qu'entrant dans le sanctuaire, les fidèles ne fussent pas scandalisés, en lisant la pompeuse inscription inscrite sur le tombeau et qui célébrait les mérites de cette fameuse pécheresse. Nous étions curieux de connaître cette inscription. Le mystérieux marbre noir a été soulevé, à notre prière, en présence du curé actuel de Lunéville. Il en est résulté que, par une raison ou par une autre, aucune inscription n'avait été gravée sur ce marbre en l'honneur de celle pour qui Voltaire et tous les poëtes du temps ont composé tant d'épitaphes. — Le clergé lorrain n'avait donc pas commis le petit acte d'intolérance dont on le soupçonnait fort injustement. Mais, hélas! chose triste à dire, dans leur fureur aveugle contre tous les souvenirs du passé, ou plutôt, conduits par l'appât d'un gain sordide, quelques forcenés révolutionnaires de province, tristes imitateurs des sauvages qui

la journée, Stanislas alla s'enfermer chez Voltaire pour le consoler et pleurer avec lui. Il l'emmena dans sa voiture à la Malgrange, et l'y retint jusqu'au moment où le poëte, un peu remis de sa première émotion, partit pour Cirey avec M. du Châtelet. Voltaire n'oublia jamais ces témoignages de l'amitié du roi de Pologne, qui, de son côté, resta toute sa vie affectueusement attaché à l'ami de Mme du Châtelet. — Quelques années plus tard, en 1757, quand Voltaire chercha à acheter une terre hors de France, avant de penser à Genève et à son beau lac, il songea d'abord à s'établir aux lieux mêmes où il avait perdu la personne qu'il avait le plus aimée, dans les États du prince qui lui avait témoigné le plus de sympathie. Nous avons trouvé aux archives des affaires étrangères une lettre par laquelle M. de Lucé était chargé de pressentir, à cet égard, de la part de Stanislas, la volonté de Louis XV. La réponse faite au nom du roi par le duc de Choiseul, assez mal disposé pour Voltaire, fut si froide, qu'il fallut renoncer à l'exécution

---

saccagèrent les tombes royales de Saint-Denis, avaient, pour en voler le plomb, ouvert le cercueil de Mme du Châtelet et jeté confusément épars les restes de cette jeune femme, moins illustre par son rang que par son amour pour la philosophie et pour la science. Cette odieuse profanation des cendres de l'amie célèbre de Voltaire s'était accomplie au temps même où le corps de l'apôtre de la liberté, du précurseur du grand mouvement de 1789, était porté en triomphe, par un peuple enivré, dans les caveaux du Panthéon. Aujourd'hui, grâce aux recherches entreprises à notre occasion, on a pu inhumer enfin convenablement les dépouilles mortelles de la pauvre créature pour qui la tombe même n'a pas été un séjour de repos.

d'un projet qui aurait charmé le roi de Pologne[1]. Depuis cette année 1749, Stanislas et Voltaire ne se revirent plus ; mais ils restèrent toujours en amicale correspondance.

La mort de Mme du Châtelet et la retraite de Voltaire privaient le roi Stanislas du plus vif de ses plaisirs, celui qu'il trouvait dans le commerce journalier d'esprits aimables et distingués. Pour combler un peu ce vide, et surtout pour favoriser dans ses États la culture des sciences, des lettres et des arts, il institua, par édit du 28 décembre 1750, une bibliothèque publique, surveillée par des censeurs royaux, qui devaient couronner chaque année un certain nombre d'ouvrages soumis à leur examen. Cette institution était à peine fondée, qu'elle recevait une nouvelle forme, et devenait, par un autre édit (16 janvier 1751), une véritable académie, dont Stanislas rédigea lui-même les règlements, qui depuis porta son nom, et qui maintenant subsiste encore. Ce fut M. le comte de Tressan, qui fut en partie la cause de cette métamorphose, à laquelle M. de La Galaizière n'était pas très-favorable. Louis Lavergne, comte de Tressan, qui ne tient pas aujourd'hui dans la littérature française du xviiie siècle un rang fort élevé, n'était cependant dépourvu ni de mérite ni d'amabilité, et ne laissait pas que d'être, de son

---

[1]. Voir aux Pièces justificatives la lettre de M. de Lucé et la réponse du duc de Choiseul.

vivant, un personnage assez marquant à Versailles, et fort considérable en Lorraine. Il avait été du nombre des jeunes seigneurs français élevés avec Louis XV, qui lui avait d'abord témoigné assez d'amitié. Il avait, de bonne heure, fait preuve d'une certaine disposition pour les sciences et pour les lettres, mêlée à un goût non moins vif du plaisir. Sa valeur était incontestable; à Fontenoi, où il remplissait les fonctions d'aide de camp du duc de Noailles, sa conduite avait été brillante et remarquée. Comme tous les beaux esprits de son temps, il avait la manie des petits vers, et malgré ses manières souples envers le maître, et sa grande envie de parvenir, n'en était pas moins un peu philosophe et frondeur. A l'exemple de beaucoup de gens de sa qualité, il avait épousé les idées nouvelles; Voltaire, d'Alembert et Montesquieu étaient ses héros. Ce n'était pas une bonne note auprès du roi Louis XV. Il le lui aurait bien pardonné toutefois; mais l'amant de M{{me}} de Pompadour ne put prendre son parti de quelques quatrains dirigés contre sa maîtresse, et la carrière militaire de M. de Tressan en fut à tout jamais perdue.

Heureusement ce qui était crime aux yeux du roi était vertu aux yeux de la reine. Ainsi l'élève de M{{me}} de Tencin, l'ami de Bernard, l'auteur de l'*Art d'aimer*, et de tous les poëtes anacréontiques de son époque, se trouva tout à coup l'un des familiers les

DE LA LORRAINE A LA FRANCE.   533

plus intimes du cercle de Marie Leczinska. Il est vrai que la reine et ses pieuses amies avaient soin de confesser de temps à autre leur très-mondain favori ; et quand il lui fallait avouer certaines légèretés de conduite, elles lui imposaient, comme pénitence, l'obligation de mettre en vers les psaumes de la Bible. Ces poésies sacrées, qu'on est étonné de trouver dans les œuvres de M. de Tressan, mêlées à des pièces d'un genre fort différent, sont, à coup sûr, parmi ses moins bonnes productions ; elles se ressentent évidemment de l'effort qu'elles lui ont coûté[1]. Quoi qu'il en

---

1. Le ton qui régnait dans le cercle intime de Marie Leczinska (toutes dévotes qu'étaient la reine et ses dames), n'avait rien de trop sévère, ou du moins perdait beaucoup de sa gravité, quand M. de Tressan y était admis, si l'on en juge par cette anecdote racontée par M. le marquis d'Argenson :

« On disait que les houssards feraient des courses dans nos provinces et approcheraient bientôt de Versailles ; la reine dit : « Mais si j'en rencontrais une troupe, et que ma garde me défendît mal... — Madame, dit quelqu'un, Votre Majesté courrait grand risque d'être houssardée. — Et vous, monsieur de Tressan, que feriez-vous ? — Je défendrais Votre Majesté, au péril de ma vie. — Mais si vos efforts étaient inutiles. — Madame, il m'arriverait, comme au chien qui défend le dîner de son maître : après l'avoir défendu de son mieux, il se laissa tenter d'en manger comme les autres... » La reine est si bonne, qu'elle ne fit qu'en rire. Le lendemain, M. de Tressan vint au dîner de la reine ; il lui fit des mines et elle à lui, et il la lorgna tout le temps du dîner. » (Mémoires du marquis d'Argenson.)

C'était l'usage, dans la société de cette époque, de donner des petits noms aux gens. Mme de Tencin, qui avait donné des noms de bêtes à tous ses amis, appelait M. de Tressan *son mouton*. La reine le nommait toujours ainsi en lui parlant et en lui écrivant. Un jour que M. de Tressan revenait de l'armée, après une campagne périlleuse : « Eh bien, mon pauvre *mouton*, lui dit la reine, vous avez couru bien des dangers ; et le moral, comment va-t-il ? — Mais il va son petit train. » Et comme elle ne put guère tirer de M. de Tressan une réponse plus

soit, l'ancien menin de Louis XV, le chevalier de Marie Leczinska, ayant été nommé commandant de Toul, et plus tard de Bitche, ce qui le rapprochait fort de Nancy, ne tarda pas à figurer à la petite cour de Lorraine sur le pied d'ami particulier du roi Stanislas, et fut bientôt nommé son maréchal des logis. Correspondant de Voltaire, qui échangeait avec lui des petits vers complimenteurs et badins, lié avec Saint-Lambert, qui n'aimait pas plus que lui M. de La Galaizière, ce fut M. de Tressan qui persuada au roi de Pologne de ne pas s'arrêter aux objections de son chancelier, et de fonder à Nancy, sous sa protection, une société de gens de lettres qui ne relèveraient que d'eux-mêmes et de leur royal fondateur. L'idée plut à Stanislas. Par suite de l'esprit de conciliation qui lui était ordinaire, il eut soin de faire entrer dans la nouvelle académie, conjointement avec M. de Tressan et Montesquieu [1], le primat de Lorraine, M. de Choiseul, qui, en sa

satisfaisante, la reine substitua le nom de *petit train* à celui de *mouton* que lui avait donné Mme de Tencin.

On le voit, le ton de la plaisanterie et les habitudes d'une douce familiarité sont d'ancienne date à la cour de France; il n'est pas vrai que Marie-Antoinette les ait importés de Vienne à Versailles. C'est le plus sot des préjugés de s'imaginer que, dans leur intérieur, les membres de la famille royale de Bourbon, rois ou reines, princes ou princesses, aient jamais montré de morgue ou d'arrogance. La timidité seule a quelquefois donné à quelques-uns d'entre eux la fausse apparence de la maussaderie.

1. C'est pour l'académie royale de Nancy que Montesquieu a composé son morceau, intitulé *Lysimaque*, qui est une allégorie ingénieuse pour louer le roi Stanislas.

qualité de grand seigneur, était un assez libre esprit, les révérends pères jésuites Leslie et de Menou. La séance d'ouverture eut lieu le 3 février 1751, en présence de Sa Majesté Polonaise. A peine le chancelier de Solignac, secrétaire des commandements de Stanislas, eut-il donné lecture des règlements de la société, que le procureur général Thibault en quelques paroles, et, après lui, M. de Tressan dans un long discours, exposèrent le but et les avantages de la nouvelle institution, en payant à son auteur tout le tribut d'hommages qui lui était dû.

La séance d'inauguration venait à peine d'avoir lieu avec une pompe extraordinaire; la ville de Nancy en était encore émue, et Stanislas jouissait avec complaisance du succès qu'obtenait dans l'opinion publique sa récente création, lorsque parut, avec l'éclat que chacun sait, le fameux discours de Jean-Jacques Rousseau, couronné à l'académie de Dijon sur le tort causé par les sciences à la pureté des mœurs. Cet écrit qui commença la réputation du philosophe genevois avait eu, à Paris et en France, un prodigieux succès d'enthousiasme. Blessé dans son œuvre chérie, et prenant peut-être plus au sérieux que de raison la thèse paradoxale de Rousseau, le roi de Pologne releva le gant, et publia une réfutation du discours couronné à Dijon. Cette réfutation ne parut pas très-forte au public, dit Grimm dans sa correspondance, mais elle avait du moins le mé-

rite d'être remplie des meilleurs sentiments et écrite du ton le plus digne et le plus modéré. Ravi d'avoir affaire à ce royal contradicteur, Rousseau ne manqua pas d'accepter la controverse. « Le premier
« qui tomba sous ma plume, » raconte-t-il dans ses *Confessions* (un certain Gauthier de Nancy), fut ru-
« dement malmené dans une lettre à M. G... Le se-
« cond fut le roi Stanislas lui-même, qui ne dédai-
« gna pas d'entrer en lice avec moi. L'honneur qu'il
« me fit me força de changer de ton pour lui répon-
« dre ; j'en pris un plus grave, mais non moins fort;
« et sans manquer de respect à l'auteur, je réfutai
« pleinement l'ouvrage. Je savais qu'un jésuite, ap-
« pelé le père de Menou, y avait mis la main ; je me
« fiai à mon tact pour démêler ce qui était du prince,
« et ce qui était du moine, et tombant sans ména-
« gement sur toutes les phrases jésuitiques, je rele-
« vai, chemin faisant, un anachronisme, que je crus
« ne pouvoir venir que du révérend.... J'y saisis
« l'occasion qui m'était offerte d'apprendre au pu-
« plic comment un particulier pouvait défendre la
« cause de la vérité contre un souverain même. Il
« est difficile de prendre en même temps un ton plus
« fier et plus respectueux que celui que je pris pour
« lui répondre. J'avais le bonheur d'avoir affaire à
« un adversaire pour lequel mon cœur plein d'es-
« time pouvait, sans adulation, la lui témoigner ;
« c'est ce que je fis avec assez de succès, mais tou-

« jours avec dignité. Mes amis, effrayés pour moi,
« croyaient déjà me voir à la Bastille. Je n'eus pas
« cette crainte un seul instant et j'eus raison. Ce bon
« prince, après avoir lu ma réponse, dit : *J'ai mon
« compte, je ne m'y frotte plus*[1]. »

Si, comme l'assure Rousseau, et nous le croyons
volontiers avec lui, Stanislas ne fut pas tenté de
continuer la lutte contre si rude jouteur, il eut, au
contraire, tout lieu d'être content du succès qu'obtint,
à la séance académique de la société de Nancy,
la lecture d'un discours anonyme, lu le 16 janvier
1735 et que tous les membres présents reconnurent
aussitôt pour l'œuvre de leur fondateur. Présent à la
séance et couvert, malgré lui, d'unanimes applaudissements, Stanislas se prêta de bonne grâce à

[1]. Fidèle, au moins dans les commencements de sa carrière littéraire, aux habitudes du parti des philosophes, qui, tout en attaquant
par les tendances générales de leurs doctrines les princes et les grands de
cette terre, ne dédaignaient pas de se ménager au besoin leur faveur,
Rousseau avait terminé sa réponse à Stanislas par des louanges délicates tournées avec une très-grande habileté.
« Il y a en Europe un grand prince, disait-il en finissant, et, ce qui
est bien plus, un vertueux citoyen, qui, dans la patrie qu'il a adoptée
et qu'il rend heureuse, vient de former plusieurs institutions en faveur des lettres. Il a fait en cela une chose très-digne de sa sagesse et
de sa vertu. Quand il est question d'établissements politiques, c'est le
temps et le lieu qui décident de tout... Mon adversaire a négligé de
tirer avantage d'un exemple si frappant et si favorable, en apparence,
à sa cause; peut-être est-il le seul qui l'ignore ou qui n'y ait pas
songé. Qu'il souffre donc qu'on le lui rappelle, qu'il ne refuse point à
de grandes choses les éloges qui leur sont dus; qu'il les admire ainsi
que nous, et ne s'en tienne pas plus fort contre les vérités qu'il atta-
que. » (Réponse au roi de Pologne, duc de Lorraine, ou Observations
de J.-J. Rousseau sur la réponse qui a été faite à son discours.)

cette ovation littéraire. Mais l'institution à laquelle il portait un si sérieux intérêt, qui était pour lui une source de si innocentes distractions, ne devait pas tarder à devenir pour lui la cause d'un peu d'ennui et d'embarras. Là comme ailleurs, il y avait, outre les petites rivalités personnelles, communes à toutes les académies, plusieurs partis en présence, qui ne consentaient pas à avoir les uns à l'égard des autres la tolérance dont Stanislas usait envers eux tous. — Il y avait le parti des Français et le parti des Lorrains, le parti des philosophes et celui des dévots. M. de La Galaizière n'était aimé ni de M. de Tressan ni de Saint-Lambert[1]; partisan des jésuites, le chancelier avait peu de goût pour cette société de beaux esprits, qui n'était pas sous sa juridiction, mais où siégeaient cependant, outre plusieurs gens d'église, deux révérends pères jésuites. Ce fut par eux que la discorde entra dans le sein de l'académie de Nancy, jusqu'alors si paisible. Le père de Menou,

---

1. Dans la première édition du poëme de Saint-Lambert, sur *les Saisons*, on lisait :

> J'ai vu le magistrat qui régit *ma* province,
> L'esclave de la cour et l'ennemi du prince,
> Commander la corvée à de tristes cantons
> Où Cérès et la faim commandaient les moissons.

Dans les éditions suivantes, probablement sur les réclamations de M. de La Galaizière, à qui on reprochait, en Lorraine, d'avoir, pendant le temps de la moisson, obligé les paysans à travailler aux chemins qui conduisaient à son château, Saint-Lambert, au lieu de *ma* province, a mis *la* province; ce qui n'a plus de sens.

mécontent de la direction donnée aux travaux de la société par M. de Tressan, signala à Marie Leczinska les opinions irréligieuses et mal sonnantes professées dans un discours prononcé en pleine académie par cet ancien favori de la reine. La fille de Stanislas s'émut; elle écrivit elle-même pour exiger la rétractation de M. de Tressan. Il fallut que Stanislas intervînt en faveur de son ami. Le discours suspect fut soumis par l'auteur à l'appréciation de la Sorbonne et de l'évêque de Toul. Devant ce tribunal, on donna tort au père Menou, car s'il y avait alors des jésuites pour dénoncer les doctrines et les personnes qui leur déplaisaient, il y avait aussi des évêques et des docteurs, gens du monde, à qui les idées nouvelles et ceux qui les soutenaient ne répugnaient pas trop. La reine se calma; M. de Tressan eut cause gagnée. On recommanda seulement à Stanislas de veiller un peu mieux sur ses amis les gens de lettres, afin qu'ils ne fissent point de chagrin aux révérends jésuites. L'académie de Nancy, ainsi avertie, devint incontinent plus sage, et devenue plus sage, ne fit plus guère parler d'elle; c'était probablement tout ce que voulait le père Menou ; mais le roi de Pologne en fut très-désolé.

Stanislas était malheureusement destiné à voir sa tranquillité troublée par de plus graves soucis. Ceux-ci allaient lui provenir des querelles de M. de La Galaizière avec la cour souveraine de Nancy.

Depuis que la noblesse était rentrée dans le silence, c'étaient les magistrats de Nancy qui, interprètes de l'opinion publique, avaient repris la lutte contre le chancelier de Lorraine et Barrois. Ils avaient sur les gentilshommes du pays l'avantage de ne pouvoir être soupçonnés de se laisser entraîner dans leur opposition par des intérêts de caste. L'exemple du Parlement de Paris, qui, en France, avait repris pied dans la politique, était là pour autoriser leur conduite, et donner du poids à leurs remontrances. Le peuple lorrain tout entier appuya vivement la résistance de ce corps respectable qui se mettait courageusement en avant contre M. de La Galaizière pour défendre, tantôt la liberté de conscience violée par l'obligation imposée aux malades de s'adresser à un confesseur qu'ils n'avaient pas choisi [1], tantôt l'humanité outragée par les procédés violents de la maréchaussée, puis enfin, les droits les plus sacrés de la nation entière pressurée, comme le reste de la France, par des impôts redoublés et d'insupportables corvées [2]. Pour flétrir la corvée, cet usage si odieux aux gens de la campagne, que la révolution de 1789 a seule réussi à abolir, la cour souveraine trouvait de nobles et touchants accents. « Un peuple, » disait-elle dans sa remontrance du 14 décembre 1757, « qui ne subsiste que par la culture des terres, se

---

1. Remontrances de la Cour souveraine du 2 janvier 1755.
2. Remontrances du 13 février et du 15 mai 1756.

« ruine et périt, s'il n'est ménagé par une juste pro-
« portion de ses forces avec les travaux qui lui sont
« imposés. L'arracher aux occupations qui lui don-
« nent la subsistance, pour l'attacher à des ouvrages
« qui ne lui procurent ni nourriture, ni salaire ; le
« forcer à s'éloigner de son champ, pour l'employer
« pendant des semaines, des mois entiers à des tra-
« vaux pénibles et gratuits, c'est épuiser, à la fois,
« sa fortune et sa santé [1]. »

Les magistrats de Nancy n'étaient pas moins sou-
tenus par la chaleureuse adhésion de tous leurs concitoyens, quand ils s'élevaient contre l'aggravation
des charges publiques. Ils avaient non-seulement
la raison, mais le droit pour eux, quand ils réclamaient contre le prélèvement, en Lorraine, de
l'impôt du vingtième. L'impôt du vingtième, si
décrié en France, dénoncé à Paris par tant de bro-
chures, et contre lequel Voltaire lui-même, avait
publié plus d'un secret écrit [2], était une ressource
provisoire de guerre, dont le gouvernement obéré de
Louis XV avait voulu, par une opération de finance
d'un mérite fort contestable, se conserver le bénéfice
en temps de paix. Ce n'était que par une violation
évidente de la lettre et de l'esprit du traité de
Vienne, que le gouvernement de Stanislas, souverain

1. Remontrances du 14 décembre 1757.
2. Lettre à l'occasion de l'impôt du vingtième, 1749, tome XXXIX
des Œuvres de Voltaire, page 112, l'édition Breschet. — La Roue du
sage et du peuple, *ibidem*, page 340.

indépendant d'un petit État qui n'était en hostilité avec personne, prétendait imposer aux Lorrains une charge qui ne devait en aucune façon retomber sur eux. Mais, comme nous l'avons dit au commencement de ce chapitre, Stanislas avait abandonné l'administration de ses finances au cabinet français. C'était au profit du Trésor de la France, à laquelle ils n'étaient pas encore réunis, que les habitants des Deux-Duchés devaient supporter un si lourd fardeau. Déjà, au 26 novembre 1755, quand Stanislas avait fait ériger sur la place Royale la statue de son gendre, Louis XV, on avait pu constater, malgré les frais énormes que s'était imposés la ville de Nancy, malgré les discours officiels prononcés en grande pompe par les gens constitués en dignité et entre autres par M. de Tressan, combien la population était devenue froide, ou plutôt mécontente. Le soir même de la cérémonie, tandis que les soldats du régiment du roi, attablés en plein air, portaient encore des toasts à la santé du monarque français, un groupe de vieux Lorrains débouchant, musique en tête de la place du marché, allèrent devant un buste de Léopold, qu'on voit encore aujourd'hui posé dans une niche de la rue Saint-Dizier, chanter sur d'anciens airs du pays les louanges du feu duc [1].

1. Mémoires de M. Noël pour servir à l'*Histoire de Lorraine*, tome I, page 230.

Mais, lorsqu'à l'imitation du roi Louis XV, en septembre 1757, à l'ouverture de la guerre de Sept Ans, Stanislas, ou pour mieux dire, M. de La Galaizière, voulut établir un second vingtième, le récri fut général en Lorraine. La cour souveraine était en vacances. A peine remontés sur leurs siéges, les magistrats adressèrent au roi un touchant mémoire pour lui peindre la désolation et la misère qui régnaient au sein des campagnes, et l'impossibilité pour ses sujets, déjà si appauvris, d'acquitter cette nouvelle imposition. Le roi en fut tout ému, mais M. de La Galaizière resta intraitable. Il exigea, d'autorité, l'enregistrement ; la cour refusa. Le 28 avril, le premier président fut averti, par lettre de cachet, de se trouver avec treize de ses collègues, le greffier et le registre de la cour, à Lunéville. Il n'était pas douteux que le chancelier de Lorraine et Barrois ne voulût faire enregistrer sur-le-champ, par une portion des conseillers, l'édit que la compagnie entière n'avait pas consenti à recevoir. Après avoir un instant hésité, car il leur déplaisait de désobéir à un ordre formel du roi de Pologne, les membres désignés et leur président tinrent ferme et refusèrent de se rendre à Lunéville. Onze conseillers furent, par suite de cette désobéissance, envoyés en exil. La cour suspendit alors ses séances. Profonde était la douleur de Stanislas et plus grand son embarras, car il ne voulait pas abandonner son chancelier ; sa dignité lui paraissait engagée à soutenir celui qui était censé parler et agir en son nom; d'un côté, il reconnaissait la justice des réclamations des magistrats; de l'autre, il s'était dépouillé lui-même de la possibilité d'y faire droit. Tantôt il envoyait donc l'intendant de sa maison, M. Alliot, à Paris, pour appuyer en secret, auprès des ministres de Louis XV, les prétentions de sa cour souveraine, qui lui paraissaient, disait-il, fondées en équité. Tantôt il s'adressait aux magistrats de sa cour, pour leur faire entendre qu'il n'était pas absolument libre de leur donner raison, et qu'ils devaient aussi quelque déférence aux volontés d'un souverain plus puissant que lui, et qui ne tarderait pas à être leur maître définitif; il les suppliait d'avoir quelque pitié de son âge et de ne point empoisonner par de si tristes divisions les jours qui lui restaient à vivre au milieu d'eux. Ces touchantes prières d'un si bon prince eurent plus d'action sur les magistrats lorrains que les menaces de M. de La Galaizière. Un compromis trancha provisoirement la question : huit des conseillers exilés ayant été rendus à leurs familles, la cour consentit à reprendre ses séances ; mais, en faisant cette concession, elle demanda qu'on rétablît l'état et l'honneur de chacun ; car, ajoutait assez fièrement un mémoire de la Cour : *Il faut exister pour agir; et il n'y a point de différence pour des magistrats de compagnies souveraines entre ne pas exister, et exister sans dignité, sans l'honneur et la plénitude des fonctions nécessaires à un aussi grand ministère.*

Les trois magistrats maintenus provisoirement en exil étaient MM. de Chateaufort, Protin et de Beaucharmois. Leurs noms étaient devenus en un instant populaires en Lorraine, comme ceux des martyrs d'une cause juste et nationale. L'opinion publique demandait à haute voix leur rappel. La Cour l'exigeait chaque jour avec plus d'insistance, au nom du grand principe de l'inviolabilité des juges. Son langage était de ceux qu'il est toujours opportun de citer. « *Des magistrats*, disait-elle, *que la crainte contient, sont bien peu capables de s'élever à ce haut degré de courage, si nécessaire pour représenter la vérité au souverain, sur le vrai bien de son service, et l'intérêt des peuples, à ce haut degré de zèle si nécessaire pour soutenir les intérêts de la justice, de désintéressement pour renoncer à toutes vues personnelles. De tels magistrats n'auroient plus que des sentiments de faiblesse qui deviennent la source de mille prévarications* [1]. Ces réclamations de la magistrature ne restaient pas elles-mêmes isolées. Les gentilshommes lorrains n'avaient ni la puérile vanité, ni la mesquine jalousie qui portaient la noblesse de France à séparer le plus souvent sa cause de celle du Parlement de Paris. Les seigneurs de la cour de

1. Remontrances du 27 juin 1758.

Lorraine envoyèrent une députation à Versailles pour prendre, devant les ministres français, la défense des exilés. Les comtes de Raigecourt et de Bressey s'acquittèrent avec zèle de cette mission. De son côté, le prince de Beauvau, fils du prince de Craon, maintenant fixé à la cour de Versailles, personnage estimé et considérable qui allait bientôt devenir maréchal de France, ne craignit pas de prendre la plume pour écrire au roi Louis XV une lettre respectueuse, mais noble et pressante, en faveur de ses compatriotes. Les magistrats de Nancy avaient d'ailleurs, en ce moment, un protecteur naturel auprès du trône : c'était un autre Lorrain, le duc de Choiseul, entré au ministère depuis le mois de juin 1757. En sa qualité de Lorrain, M. de Choiseul n'aimait pas beaucoup M. de La Galaizière. Le crédit des jésuites sur lequel s'appuyait le chancelier de Lorraine en Barrois, déjà détruit en Portugal, miné en Espagne, était, à cette époque, quelque peu entamé à la cour de Versailles. La partie était devenue trop inégale, il fallut céder. M. de La Galaizière consentit à remplacer le second vingtième par un abonnement fixé à un million de livres tournois ; les magistrats exilés furent rappelés. Leur retour à Nancy fut une véritable ovation. Il était temps que la conciliation s'opérât, car cette controverse si animée entre son chancelier, qu'il aimait, et des magistrats qu'il estimait, tant d'agitations, la vue des misères de ce pauvre peuple ruiné par les impôts, et qu'il ne pouvait soulager, avaient désolé l'âme tendre de Stanislas, et troublaient sa conscience de souverain. Dans un accès de désespoir, il avait même, le 22 septembre 1758, écrit à Versailles, pour supplier le roi Louis XV de vouloir bien prendre en considération son âge et l'état de sa santé, et rendre, pour lui, la justice dans ses États[1].

La paix faite, ou à peu près, dans la région des affaires, d'autres divisions survinrent qui causèrent une profonde tristesse à ce prince débonnaire, plus occupé de littérature que de politique. Ce furent les disputes qui s'élevèrent, vers 1760, entre quelques auteurs qu'il avait à peu près également protégés, et la rupture ostensible qui éclata entre le parti des philosophes et celui des dévots, factions opposées et rivales, que, dans sa petite cour, il s'était donné tant de peine pour faire vivre côte à côte, sinon dans un parfait accord, comme nous l'avons vu tout à l'heure, tout au moins sans de trop violents orages. Le signal de la mêlée avait été donné à Nancy même, et par un Lorrain, le sieur Palissot de Montenoy, membre de l'Académie de Stanislas.

Le jour même où avait été inaugurée, à Nancy, la statue de Louis XV, on avait joué au théâtre de la ville, devant la cour, une petite comédie de Palissot,

---

[1]. Lettre du roi Stanislas à Louis XV. (Voir aux Pièces justificatives.)

intitulée *le Cercle*. C'était une pièce assez gaie où l'auteur avait mis en scène les travers d'une grande dame bel esprit, et les ridicules des auteurs reçus dans son intimité. Il était évident que Palissot avait eu l'intention de désigner à la malice d'un parterre de province les singularités et les défauts de plusieurs écrivains célèbres, les uns par d'immortels ouvrages, les autres par l'imitation exagérée du style et des manières de leurs chefs. La pièce avait assez bien réussi, sans exciter beaucoup l'attention de Stanislas ni du public lorrain. Mais à Paris, la chose avait été prise fort au sérieux. Un homme de mérite, à l'esprit large, au cœur droit, que de pareilles moqueries n'attaquaient à aucun degré, mais qui avait le malheur, (faut-il dire le tort?) de se laisser ériger, sinon comme le chef, au moins comme l'homme d'affaires du parti des philosophes, d'Alembert, avait écrit à M. de Tressan pour demander vengeance contre Palissot. Avec l'ardeur d'un néophyte, et la vivacité d'un gentilhomme enchanté de faire montre de son pouvoir et de sa générosité, M. de Tressan s'était hâté d'écrire à Jean-Jacques Rousseau plus particulièrement désigné dans la comédie du *Cercle*. Il lui avait mandé que pour punir l'auteur de *son attentat*, Sa Majesté Polonaise allait le chasser de l'Académie de Nancy[1]. A cette offre de

---

1. Lettres de M. de Tressan à Jean-Jacques Rousseau, du 20 décem-

réparation, déjà un peu brouillé avec la société
des encyclopédistes, et trouvant sans doute quelque
orgueilleux plaisir à prendre, pour son compte, l'attitude d'un homme supérieur, et d'un sage indifférent
à de si insignifiantes attaques, Rousseau répondit
en prenant, sur le ton d'un badinage aimable, la
défense de Palissot. Les encyclopédistes en avaient
beaucoup voulu à leur confrère génevois de sa
démarche, et Palissot avait ainsi gardé les rieurs
de son côté. C'était cette même dispute, plus envenimée encore, qui se reproduisait à propos de la comédie des *Philosophes*, autre pièce de Palissot, conçue dans le même esprit d'agression moqueuse, et
jouée à Paris vers le milieu d'avril 1760. Cette fois
l'émoi des partis était à son comble ; « à ce point, dit
Grimm dans sa correspondance, que si la nouvelle
d'une victoire remportée fût arrivée à Paris le jour
de la première représentation des *Philosophes*, c'était
une bataille perdue pour la gloire du général qui l'aurait gagnée, car personne n'en aurait parlé[1]. » Soit

bre 1755 et du 4 janvier 1756. — Réponses de Jean-Jacques Rousseau
du 26 décembre, 11 et 21 janvier 1756.

1. « Vous voulez sans doute que je vous parle de la fameuse comédie des *Philosophes*, qui a tant occupé le public depuis six semaines.
Rien ne peint mieux le caractère de cette nation que ce qui vient de se
passer sous nos yeux. On sait que nous avons quelques mauvaises affaires en Europe. Quel serait l'étonnement d'un étranger qui, arrivant
à Paris dans ces circonstances, n'y entendrait parler que de Ramponneau, Pompignan et Palissot. Voilà cependant où nous en sommes, et
si la nouvelle d'une bataille gagnée était arrivée le jour de la première
représentation des *Philosophes*, c'était une bataille perdue pour la gloire

par amitié pour son compatriote, soit plutôt que brouillé avec les jésuites, par un calcul de grand seigneur tant soit peu sceptique et léger, il ait trouvé utile et de bon goût de ne pas ménager davantage leurs adversaires, M. le duc de Choiseul passait pour protéger Palissot. Les philosophes étaient outrés. Afin de plaire à ses amis, le comte de Tressan ne tarda pas à reprendre la plume pour écrire contre Palissot, dans l'Encyclopédie au mot : *Parade*, un article insultant, où il traitait fort mal l'ancienne pièce du *Cercle*, et la nouvelle comédie des *Philosophes* [1]. Malheureusement pour M. de Tressan, il avait oublié qu'après son intervention un peu étourdie en faveur du philosophe génevois il avait écrit d'aimables lettres à Palissot pour lui témoigner « son regret de la part prise à une affaire dont le souvenir l'affligeait. » Palissot n'avait oublié ni perdu les lettres de M. de Tressan. Il s'en arma, ainsi que de quelques billets complimenteurs de Stanislas, pour riposter tout à la fois avec beaucoup de fierté et de hauteur aux encyclopédistes, et au maréchal des logis du roi de Pologne [2]. L'auteur de la *Dunciade* et de la comédie des *Philosophes*, avec

de M. de Broglie, car personne n'en aurait parlé. » (Correspondance littéraire de Grimm, 1er juin 1760.)

1. Voir l'article *Parade*, Dictionnaire des Sciences, tome XI, p. 888.

2. Voir les Lettres de Palissot au duc de Choiseul, à M. de Tressan, aux auteurs du *Journal encyclopédique*. — Mémoires pour servir à une époque de notre histoire littéraire. — Œuvres de Palissot, tomes II et VI. (Liége, 1777.)

quelques travers de vanité, avait l'esprit vif et mordant. C'était dans la polémique un adversaire redoutable. Le patriarche des philosophes, Voltaire lui-même, quoique peu épargné par les plaisanteries de Palissot, avait grand soin de ne pas se brouiller trop avec lui. Stanislas, justement affligé des fâcheuses querelles nées si mal à propos dans le camp des gens de lettres, ne voulait, non plus, ni démentir ni avouer complétement le fougueux champion que l'Académie de Nancy avait fourni à la lutte; il était surtout péniblement affecté du rôle malencontreux et ridicule qu'y avait joué son ami, M. de Tressan.

Mais au milieu de ces maussades préoccupations, un coup terrible vint tout à coup frapper le roi de Pologne au plus profond de son cœur. Ce fut la mort de son petit-fils, le dauphin (22 mars 1764). Stanislas avait mis toutes ses affections et toutes ses espérances sur ce jeune prince. Il était avec lui en correspondance assidue et intime. Il lui adressait des conseils pleins d'une douce autorité sur les difficultés de sa situation, sur l'éducation à donner à ses fils, qui sont devenus plus tard Louis XVI, Louis XVIII et Charles X. Ces jeunes princes écrivaient eux-mêmes à leur grand-père des lettres enfantines, pour lui rendre compte de leur conduite et de l'emploi de leur temps. Toute la vie intime de Stanislas était là. L'atteinte fut profonde; Stanislas ne s'en releva jamais complétement. La dispersion des jésuites, qui furent chassés de France (6 août 1762), ajouta encore à sa tristesse. Stanislas leur avait toujours été attaché. Il aimait en eux les protégés du petit-fils qu'il venait de perdre ; et depuis ce grand malheur, les idées religieuses avaient pris sur lui plus d'empire. Ce n'était pas chose nouvelle pour lui que de se metttre du parti des persécutés. On l'avait vu défendre les philosophes contre les lettres de cachet, les violences ouvertes et les persécutions déguisées ; il protégea maintenant avec courage tant de pauvres prêtres brutalement chassés de leurs maisons, leur ouvrit ses États, et ne craignit pas d'écrire en leur faveur au roi Louis XV une lettre qu'on ne trouve pas dans ses œuvres, mais que les jésuites nous ont précieusement gardée, comme un témoignage flatteur de l'intérêt que leur portait le père de Marie Leczinska.

Quelques voyages entrepris pendant la belle saison, pour aller visiter à Versailles sa fille chérie, furent les seules distractions des années assombries de la vieillesse de Stanislas. Les nombreux écrits composés à une époque plus heureuse de sa vie, réunis en quatre volumes, furent publiés, en 1763, sans nom d'auteur, par les soins du chevalier de Solignac, sous le titre d'*OEuvres du philosophe bienfaisant*. Mais Stanislas ne parut pas attacher grande importance à cette publication. Aux chagrins, aux faiblesses de l'âge, s'étaient joints les ennuis d'une incommode infirmité. Sa vue avait baissé; il ne pouvait plus lire, à peine écrire. Démesurément engraissé, la marche lui était devenue presque impossible. Son esprit était cependant resté curieux de toutes les choses de l'intelligence ; son caractère avait gardé toute sa douceur et partie de son enjouement. Mais la petite cour de Lorraine était maintenant devenue aussi paisible et terne, qu'elle avait été naguère animée et brillante. La perspective d'un changement inévitable et prochain attirait tous les yeux du côté de la France et de la cour de Versailles. Les étrangers n'accouraient plus à Lunéville. Les seigneurs du pays prenaient de plus en plus leurs habitudes à Paris. Stanislas était moins entouré, il lui fallait pour jouer au trictrac, son jeu favori, recruter sa société parmi les bourgeois de la petite ville, assez complaisants pour venir faire la partie de leur vieux souverain. C'était une assez triste fin de vie. Mais quelle fin de vie n'est pas triste ! Celle de Stanislas se termina par une terrible catastrophe.

Un jour qu'il était seul assis et endormi près de la cheminée, la flamme gagna le bas de la robe de chambre ouatée dont il était vêtu. Soit en voulant sonner, soit en faisant quelque autre mouvement pour éteindre le feu, il se laissa choir, et une partie de son corps tomba dans le brasier ardent. En vain il appela à son aide ; les gens de service étaient éloignés ; les secours furent longs à arriver. Quand on le releva, la figure, les mains et tout un côté de sa personne étaient déjà brûlés. On voulut d'abord espérer que ces blessures seraient sans conséquences fâcheuses. Stanislas conservait dans des douleurs atroces toute sa fermeté, sa douceur, et ses façons aimables de plaisanter et de rire. « Vous m'avez recommandé, » faisait-il écrire à sa fille, la reine de France, « de me préserver du froid ; c'était contre le chaud que vous auriez dû me dire de prendre mes précautions. » Une vieille femme de charge accourue des premières pour secourir Stanislas, avait été elle-même légèrement atteinte par la flamme. « Qui nous eût dit, » lui repartit plaisamment le roi de Pologne, quand elle vint le lendemain dans sa chambre s'informer de ses nouvelles, « qui nous eût dit qu'à nos âges nous devions brûler des mêmes feux ? » Tant de gaieté entretenait les illusions des amis du malade. Mais les brûlures étaient trop nombreuses et trop profondes. Après avoir péniblement souffert, Stanislas tomba dans une espèce d'assoupissement contre lequel les remèdes n'agirent point ; il mourut le 23 février 1766. Agé de quatre-vingt-huit ans, Stanislas en avait régné vingt-neuf sur la Lorraine ; il était aimé de ses sujets, il méritait de l'être. Sa mort causa parmi eux un deuil universel ; elle ne fut cependant, pour personne, un grand événement public. L'heure seulement était enfin sonnée qui devait faire de la Lorraine une province française. Le lendemain de cette mort, 24 fé-

DE LA LORRAINE A LA FRANCE. 555

vrier 1766, M. de La Galaizière, muni de pleins pouvoirs envoyés par avance de Paris, prenait définitivement possession des Deux-Duchés au nom de Louis XV.

Arrivé au terme de cette longue étude, hâtons-nous de jeter en arrière un rapide coup d'œil sur les destinées, communes au début, séparées aujourd'hui de la nation et de la dynastie dont nous avons entrepris de raconter les annales. A notre avis, que le champ de l'observation soit considérable ou restreint, que le théâtre des événements soit obscur ou fameux, qu'il s'agisse des plus grands empires, ou des plus chétives nationalités, que l'avenir des maisons souveraines soit en jeu, ou seulement celui des simples individus, c'est toujours la même question qui s'agite, c'est le même éternel démêlé entre les fins nécessaires et l'indépendance humaine. Quel esprit sensé oserait nier, soit la toute-puissance de Dieu et son intervention dans les affaires de ce monde, soit la liberté complète, et partant la responsabilité de la créature? Que l'on contemple de haut le cours général des grandes révolutions chez tous les peuples, ou que l'on observe minutieusement, et de près, l'enchaînement continu des faits particuliers pendant un temps précis et chez une seule nation, comment ne pas reconnaître qu'il y a des situations géographiques, des influences de climat et de race, une solidarité persistante entre les générations qui se succèdent, certains instincts natifs, certaines aptitudes spéciales, des qualités et des défauts transmis, par héritage, des pères aux enfants, toutes choses qui, à leur insu et malgré eux, agissent puissamment sur le sort des princes et des peuples? Mais, d'un autre côté, comment ne pas sentir qu'en dépit de toutes ces circonstances il n'y a point, sinon pour les princes, au moins pour les peuples, dont la vie, en tant que corps de nation, s'accomplit tout entière ici-bas, de destinée complétement imméritée? S'efforcer à démêler, tant bien que mal, de quelle façon s'accomplit, en dernier ressort, cette justice finale ; chercher curieusement à découvrir, sous leur apparente incohérence, l'équité des arrêts de la Providence, étudier par quelles voies détournées elle procède, par quels longs circuits, avec quelle infinie lenteur, quels singuliers retours, et quels fréquents démentis donnés à l'expérience humaine, c'est bien là, à vrai dire, tout l'intérêt de l'histoire. Considéré à ce point de vue, le travail que nous venons de terminer offre peut-être un assez curieux exemple de la façon inattendue, bizarre, équitable toutefois, dont se dénouent les affaires de ce monde.

Ce récit s'est ouvert par le tableau de la lutte de la famille de Lorraine contre la maison de Bourbon. Un instant la couronne du grand royaume de

France a failli passer sur la tête des fils cadets des petits souverains de Nancy. Pareille visée était trop haute ; elle a dû échouer. Cependant la mémoire en reste vivante, à la cour de Lorraine, comme le gage d'un brillant avenir, à la cour de France; comme la dette d'un affront à venger. Louis XIII n'avait pas oublié les souvenirs de la Ligue, quand il venait, en 1633, conduire de sa personne le siége devant Nancy, et Charles IV se rappelait le rôle joué par les Guises, quand il menait, en 1652, sa petite armée sous les murs de Paris agité par la Fronde. Louis XIV songeait à la fois à la Ligue et à la Fronde, lorsqu'il s'emparait deux fois violemment de la Lorraine, et surtout quand il renvoyait brutalement de sa cour le jeune prince lorrain Charles V. Ce furent précisément les procédés de Louis XIV qui ouvrirent à la famille de Lorraine sa nouvelle et glorieuse carrière, et les victoires de Charles V, chassé de Versailles, frayèrent à ses descendants le chemin au trône impérial. La route une fois tracée, Léopold, politique consommé, prince avisé et prudent, mena à bien cette grande œuvre. Ambitieuse et active, douée de rares talents, la dynastie lorraine ne pouvait tenir dans son petit État, si faible et exposé de toutes parts. Mais tant de vertu, de mérite et de glorieux efforts, sans avoir atteint leur but précis, ne furent pas non plus inutilement dépensés par cette race de princes illustres. Elle avait rêvé de supplanter, en France, la race avilie des Valois, ce furent les Hapsbourg dégénérés qu'elle remplaça en Allemagne. Une si merveilleuse fortune avait été préparée de longue main, par les singulières aventures du belliqueux Charles IV, par les exploits du sage Charles V, par les profondes négociations de l'habile Léopold ; elle échut à un jeune prince qui n'était ni sage, ni belliqueux, ni habile. Quels souverains ont plus travaillé à s'emparer de la Lorraine, que Louis XIII, qui l'envahit, à trois reprises, les armes à la main, que Louis XIV qui, deux fois la déclara réunie à son royaume ! Quels ministres ont plus que Richelieu, Mazarin, ou de Lyonne cherché, en paix comme en guerre, par la négociation ou par la violence, à donner cette belle province à notre pays ! Ils n'y ont pas réussi ; mais le bénéfice en est toutefois demeuré acquis à leurs successeurs et au pays lui-même. L'insouciant Louis XV et l'incapable Fleury ont eu l'honneur d'accomplir, par un traité public et garanti par toute l'Europe, cette grande fin de la politique française. Certes, voilà des résultats étranges, amenés par des voies imprévues, où les desseins de la Providence paraissent assez visibles, son intervention assez apparente, où la liberté des acteurs a été cependant manifestement respectée.

Si des princes de la dynastie lorraine on reporte ses regards sur ce petit pays lui-même, on n'est pas moins frappé de la bizarrerie des événements et de

DE LA LORRAINE A LA FRANCE

la singularité de leurs conséquences. Là encore, les contrastes extraordinaires abondent, que le cours du temps a pourtant réussi à concilier. Là encore, à travers mille oscillations contradictoires, surgit la solution inévitable, mais amendée, adoucie et comme transformée par la persistante énergie des populations. Quelle contrée fut autrefois, plus que la Lorraine, hostile à la France, plus jalouse de sa nationalité propre, plus éprise de son indépendance et de ses antiques usages; et pourtant parmi les populations d'origines diverses composant notre unité nationale, quelle est celle qui se montre aujourd'hui plus attachée à la commune patrie? L'antipathie était si grande, la résistance a été si vive et si prolongée, et pourtant quelle complète fusion, et quelle parfaite identité d'intérêts et de sentiments! La Lorraine, qui ne s'était point laissé acquérir, de haute lutte, par des souverains belliqueux et par leurs entreprenants conseillers, s'est donnée peu à peu, graduellement à la France, sous le règne d'un prince faible et par l'entremise d'un ministre peu habile, quand enfin elle a eu mieux compris les secrètes affinités qui l'unissaient à sa puissante voisine. La royauté viagère du père de Marie Leczinska a servi d'utile intermédiaire à ce rapprochement, pendant lequel l'assimilation s'est faite, beaucoup moins par les violences administratives de M. de La Galaizière, que par les gracieux procédés et par les tendances plus littéraires que politiques d'un prince éclairé et débonnaire. A la mort de Stanislas, la présence d'un ministre lorrain à la tête des affaires de France fut aussi une heureuse circonstance. Le mariage du petit-fils de Louis XV avec une fille de François de Lorraine et de Marie-Thérèse d'Autriche rallia, plus tard encore, les vieux seigneurs lorrains restés à l'écart dans une tenace et muette opposition; tandis que le mouvement libéral, qui précédait l'ouverture des États généraux, attirait décidément les cœurs des masses lorraines vers ce généreux pays de France, qui, après leur avoir apporté la grandeur, leur faisait maintenant entrevoir la liberté. Nulle part, sur notre territoire, la proclamation des principes de 89 ne fut saluée avec une joie plus sérieuse et un plus sincère enthousiasme qu'en Lorraine. Depuis ce jour, les habitants des Deux-Duchés sont devenus, du fond de l'âme, complétement français.

Quelques traits distincts marquent peut-être encore la physionomie des habitants de cette contrée qui, associés sans retour au reste de la nation française, gardent toutefois certaines traces indélébiles de leur ancienne histoire et de leur antique caractère national. Là plus qu'ailleurs les populations ont conservé les instincts religieux et les traditions guerrières. C'est la Lorraine qui avait donné à la vieille France ces vaillants capitaines plébéiens, Abraham Fabert et Chevert, qui, sortis des rangs du peuple, sont devenus les émules des Villars et des Luxembourg. C'est encore elle qui a fourni à la France moderne la plus grande partie des maréchaux de l'Empire. C'est en Lorraine, disent les statistiques, qu'à l'heure qu'il est on voit le plus de jeunes gens s'enrôler dans l'armée, et de jeunes filles entrer dans les ordres de charité. Là, moins qu'ailleurs, vous apercevrez les signes funestes de ces divisions qui ont été l'une des plaies de notre pays. On sent qu'à l'époque où cette petite nation était, comme toutes celles du reste de l'Europe, répartie encore en trois ordres distincts, ces trois ordres, mus par un même sentiment patriotique, ont toujours vécu en harmonie et en paix, et, pour résister aux empiétements d'un grand peuple voisin, agi, combattu et souffert ensemble. Dans le passé, nulle haine de classe à classe, point d'ombrage, point de revanches à prendre, des unes entre les autres, point d'injures à venger, rien que de bons souvenirs. C'est pourquoi les violences qui, dans d'autres provinces, ont accompagné l'émancipation des masses populaires, n'ont pas affligé les départements formés de l'ancienne Lorraine. Ils n'ont point participé aux excès de la révolution. Ils n'ont mis de bouillante ardeur qu'à défendre le sol menacé de leur patrie. 1815 a vu les habitants de la Meurthe, de la Meuse et des Vosges, combattre corps à corps, dans leurs campagnes, les soldats étrangers envahissant la France, comme, cent ans auparavant, ils avaient combattu les soldats français envahissant la Lorraine. Dans nos modernes dissensions, une certaine modération naturelle, une disposition d'esprit tranquille, mais ferme cependant, ennemie de toute exagération, et peu disposée à sacrifier ses convictions anciennes, profondément enracinées, aux impressions mobiles et emportées du moment, ont caractérisé ces mêmes populations. En cela aussi, elles obéissent toujours aux traditions de leur passé historique. Si quelque chose ressort, en effet, des détails dans lesquels nous sommes entré, et des documents que nous avons produits, c'est qu'il y a toujours eu, parmi ce petit peuple, qui vivait sous le sceptre des anciens ducs de Lorraine, un désir ambitieux de grandeur nationale et l'amour sincère de la liberté. Grâce au sort que la Providence leur a fait et qu'ils ont si franchement et si complétement accepté, ils ont eu leur part de gloire dans les destinées de leur nouvelle patrie; espérons, si confuses que soient les chances de l'avenir, qu'ils auront aussi un jour, Dieu aidant, leur part de liberté.

FIN.

DOCUMENTS HISTORIQUES

ET

PIÈCES JUSTIFICATIVES

I.

LETTRE DU DUC LÉOPOLD A LOUIS XIV.

Nancy, 10 décembre 1699.

Monseigneur, je me suis allé mettre aux pieds de V. M., l'esprit rempli de sa grandeur et de ses grandes actions, qui font l'admiration de toute la terre. J'en suis revenu pénétré des charmes de son auguste personne et de l'excès de bonté avec lequel elle a voulu entrer dans mes petits intérêts, qui sont entièrement entre les mains de V. M. Mme la duchesse de Lorraine, sa niepce, convaincra V. M. mieux de bouche, que je ne saurais faire en escrivant, de ma reconnoissance éternelle de toutes les grâces qu'elle m'a témoignées. Je supplie très-humblement V. M. d'en estre bien persuadée. LÉOPOLD.

(*Archives des affaires étrangères, collection Lorraine.*)

II.

LOUIS XIV AU DUC LÉOPOLD.

21 décembre 1699.

Mon frère et neveu, aussitôt que vous êtes entré dans mon alliance, j'ay pris la résolution de vous donner toutes les marques qu'une liaison aussi étroite devoit vous faire attendre de mon amitié. J'ay vu avec plaisir, dans le peu de séjour que vous avez fait auprès de moy, que vous la méritiez par vous-mesme ; et comme je veux que vous en ressentiez incessamment les effets, on a déjà commencé, par mes ordres, à examiner les affaires qui regardent vos intérêts. Il ne sera pas apporté le moindre retardement de ma part à les terminer, et vous connoîtrez en toutes occasions les véritables sentiments que j'ay pour vous.

Louis.

(Archives des affaires étrangères, collection Lorraine.)

III.

LETTRE DU DUC LÉOPOLD A LOUIS XIV.

Nancy, 1er février 1700.

Monseigneur, je reconnois, avec toute la soumission possible, la grâce que V. M. m'a faite en se privant, pendant quelque temps, de l'assistance d'un homme utile à son service, pour m'aider à jouir ici avec quelque commodité des États qu'il a plu à V. M. me rendre. Il ne falloit pas moins que l'habileté de M. Mansart pour donner quelque forme à une maison très-irrégulière et encore bien moins logeable, et je ne luy suis pas peu obligé de s'estre pu réduire à un projet de bâtiment proportionné à ma portée, après les vastes idées auxquelles la grandeur de V. M. l'avoit habitué. Je ne puis pas m'empêcher d'ajouter à ces bontés les très-humbles grâces à lui rendre pour celles que j'apprends que V. M. a sur toutes mes affaires. J'en implore la continuation et tâcherai de la mériter par mon plus profond respect. LÉOPOLD.

(Archives des affaires étrangères, collection Lorraine.)

IV.

LOUIS XIV AU DUC LÉOPOLD.

19 février 1700.

Mon frère et neveu, avant que de répondre à la lettre que vous m'avez écrite du 1ᵉʳ de ce mois, et que le sieur Mansart m'a rendue, j'ai voulu qu'il me fist voir les dessins qu'il vous a donnés pour vos bâtiments. Il m'a paru qu'il n'avoit rien oublié de ce que vous pouvez désirer et pour l'agrément et pour la commodité. Ainsi, le voyage qu'il a fait, contribuant à vous rendre le séjour de vos États encore plus agréable, aura tout le succès que j'en attendois, et vous ne vous trompez pas si vous jugez par cette marque de mon attention à vous faire plaisir, de celui que j'aurai de faire connoitre, dans les occasions importantes comme dans les moindres, l'estime et la sincère amitié que j'ay pour vous. Priant Dieu, etc.   Louis.

(*Archives des affaires étrangères, collection Lorraine.*)

V.

MÉMOIRE POUR SERVIR D'INSTRUCTION A M. DE CALLIÈRES, SECRÉTAIRE DU CABINET DU ROI, ALLANT EN LORRAINE EN EXÉCUTION DES ORDRES DE S. M. (Extrait.)

17 mai 1700.

Lorsque le duc de Lorraine est venu rendre hommage au Roi, il a su que dans le traité, qui se faisoit alors entre S. M. et le roi d'Angleterre et les Provinces-Unies, il avoit été proposé de lui donner, en cas de mort du roi d'Espagne, le duché de Milan en échange de ceux de Lorraine et de Bar qu'il céderoit au roi.

Le traité étant signé et ratifié, S. M. a envoyé l'ordre de le communiquer à l'Empereur et de lui demander d'y souscrire. Maintenant elle envoie M. de Callières auprès du duc de Lorraine pour le convaincre des avantages de cet échange.

Il devra demander une prompte réponse. Si le duc de Lorraine n'accepte pas l'échange qui lui est offert, S. M. est assurée que d'autres princes seront plus faciles et qu'ils n'attendent qu'une ouverture de sa part pour s'expliquer.

C'est par l'intermédiaire du comte de Carlingford que M. de Callières communiquera les intentions du Roi. Voici les raisons qu'il lui donnera :

D'abord, on lui donne un État beaucoup plus étendu, abondant, dont les revenus surpassent infiniment ceux qu'il retire de la Lorraine ; puis, devenant duc de Milan, il devient en même temps l'arbitre et le défenseur de l'Italie.

Les avantages de cet échange ne peuvent pas faire question; mais on répondra que le Duc est en possession paisible des États de ses pères, au lieu qu'il ne sera qu'un étranger dans le Milanais; qu'il lui faudra peut-être s'y maintenir par force et que l'issue d'une pareille guerre est douteuse, d'autant plus qu'il est probable que cet échange n'aurait pas l'approbation de l'Empereur.

A cela M. de Callières répondra que S. M. n'entend pas prendre possession de la Lorraine avant que le duc de Lorraine ne soit établi à Milan; qu'il est probable que l'Empereur reculera devant la coalition de la France, de l'Angleterre et des Provinces-Unies; que la protection du Roi lui est assurée alors comme aujourd'hui. — On peut dire, dès à présent, que l'Empereur donnera son consentement soit volontairement, soit par force ; que dans l'un et l'autre cas, le duc de Lorraine n'aura rien à craindre de sa part, puisque, s'il y a consenti volontairement, il ne troublera pas son neveu dans la possession d'un État plus considérable que celui qu'il gouverne présentement; que si le consentement de l'Empereur est seulement l'effet des forces supérieures aux siennes, ces mêmes forces l'auront mis hors d'état de pouvoir, à l'avenir, former des entreprises au préjudice de ce qu'il aura promis.

Les autres princes d'Italie seront intéressés à son maintien, et d'ailleurs le roi devant posséder Naples et la Sicile, fera aisément passer ses troupes en Milanais. Les Milanais ont été fidèles à l'Espagne qui ne lui envoyait que des gouverneurs; ils le seront bien plus à un prince qui résidera chez eux. L'affection des Lorrains pouvant, d'ailleurs, être bientôt altérée par la nécessité imminente de créer de nouveaux impôts, au lieu que le Milanais sera moins pressé qu'il ne l'a été par l'avidité des gouverneurs espagnols.

Enfin, M. de Callières insinuera que, quelle que soit la bonne volonté du Roi, il ne peut pas répondre que de nouvelles difficultés ne s'élèvent pas au sujet de la Lorraine, et qu'il vaut mieux s'en mettre complétement à l'abri. Il devra insister pour que l'acceptation de cet échange soit immédiat...

(*Archives des affaires étrangères, collection Lorraine.*)

VI.

TRAITÉ ENTRE LE ROI ET LE DUC DE LORRAINE POUR L'ÉCHANGE DE SES DUCHÉS DE LORRAINE ET DE BAR AVEC LE MILANAIS, EN CAS DE MORT DU ROI D'ESPAGNE.

(Donné à M. de Callières avec l'instruction du 17 mai.)

Le Roi, désirant véritablement de maintenir la paix rétablie dans l'Europe par les traités de Riswick, S. M. a vu avec un sensible plaisir que le roi de la Grande-Bretagne et les États généraux des Provinces-Unies estoient aussi dans les mêmes dispositions. Ainsi, après être convenu avec ce prince et avec les États généraux qu'il estoit nécessaire de prendre des mesures pour empêcher la guerre que l'ouverture de la succession d'Espagne ne manqueroit pas d'exciter, il a été pourvu, par un traité signé et ratifié dans toutes les formes, au mois de mars dernier, à ce qu'il y auroit à faire pour maintenir la tranquillité générale, si le roi Catholique, dont LL. MM. et les États généraux désirent véritablement la longue conservation, venoit à mourir sans enfants.

Mais comme la clause de l'art. 4 qui regarde l'échange des duchés de Lorraine et de Bar avec le Milanais a été insérée, non seulement sans avoir été sollicitée par M. le duc de Lorraine, mais encore à son insu, et, sur l'opinion vraisemblable qu'il ne refuseroit pas un parti aussi avantageux, S. M., aussitôt après l'échange des ratifications, a voulu communiquer le traité audit sieur duc de Lorraine et l'inviter de souscrire aux conditions qui sont énoncées, et a envoyé pour cet effet M. de Callières, conseiller en ses conseils et secrétaire de son cabinet, auquel elle a donné son plein pouvoir pour signer. Et ledit sieur de Callières est convenu avec. . . . . , muni du pouvoir de S. A. le duc de Lorraine, des articles suivants :

Art. 1.

Le traité conclu entre le Roi, le roi de la Grande-Bretagne et les États-généraux des Provinces-Unies sera censé accepté par M. le duc de Lorraine dans tous ses articles, aussitôt qu'il aura signé le présent traité séparé.

Art. 2.

En conséquence dudit traité, si le cas de la mort du roi Catholique arrivoit, le Roi promet et s'engage, tant en son propre nom qu'en celui de Mgr le Dauphin, ses enfants mâles ou femelles, héritiers et successeurs nés et à naître, comme aussi Mgr le Dauphin promet et s'engage pour luimême, ses enfants, etc., à transporter tous ses droits et toutes ses prétentions sur l'État et duché de Milan au duc de Lorraine, pour en jouir lui, ses enfants, etc., etc., en toute propriété et possession plénière.

Art. 3.

En conséquence de cette cession, le duc de Lorraine sera mis en pleine et paisible possession de l'État de Milan, si le roi d'Espagne meurt sans enfants, et en échange les duchés de Lorraine et de Bar, ainsi que le duc Charles, IVe du nom, les possédoit et tels qu'ils ont été rendus par le traité de Ryswick, seront cédés et transportés par ledit sieur duc de Lorraine à Mgr le Dauphin, ses enfants, etc., etc.

Art. 4.

Et comme l'intention de S. M. est de procurer l'avantage du duc de Lorraine, elle promet qu'il ne sera dépossédé d'aucune partie des États de Lorraine, dont il jouit présentement, avant qu'il n'ait été mis en pleine et paisible possession du duché de Milan.

Art. 5.

Si, malheureusement, M. le duc de Lorraine mouroit sans enfants, ou bien qu'après eux la branche vint à manquer, les princes de la maison de Lorraine présentement vivants, leurs enfants et descendants seront appelés à la succession du duché de Milan suivant le même ordre de leur naissance où ils sont présentement appelés à la succession des duchés de Lorraine et de Bar.

Art. 6.

Quoiqu'il soit porté, par l'art. 11 du traité conclu entre le Roi, le roi de la Grande-Bretagne et les Provinces-Unies, que chacune des parties sera garante de l'exécution, et qu'il soit dit par l'article 13 que tous les rois, princes et États qui entreront dans ledit traité seront invités de le garantir, S. M. veut bien cependant promettre encore, par un traité particulier, sa garantie, celle de Mgr le Dauphin et de leurs successeurs à perpétuité. En sorte que, si l'exécution de cet échange reçoit quelque trouble, S. M. promet pour elle-même, etc., etc., de maintenir et de secourir ledit sieur duc de Lorraine, etc., etc., contre tous ceux qui entreprendroient de les attaquer.

Art. 7.

Les ratifications dudit traité seront échangées dans l'espace de dix jours, à compter du jour de la signature, ou plus tôt si faire se peut.

(*Archives des affaires étrangères, collection Lorraine.*)

VII.

LE DUC LÉOPOLD AU MARQUIS DE TORCY.

Nancy, le 17 juin 1700.

J'ay signé, Monsieur, le traité, comme le Roy l'a souhaitté et l'ay mis en main de M. de Callières, son envoyé vers moi : il y a cependant quelques articles secrets et séparés à y ajouter, lesquels j'attends de l'équité de S. M. et comme vos bons offices y pourront contribuer beaucoup, je viens vous les demander et vous assurer que je vous en auray une parfaite reconnoissance, estant bien constamment

Votre très affectionné,

Léopold.

(*Archives des affaires étrangères, collection Lorraine.*)

VIII.

LE DUC LÉOPOLD A LOUIS XIV.

25 novembre 1700.

Monseigneur,

Comme je m'estois moins prêté au traité que S. M. avoit

désiré de moy, par l'espérance des avantages que j'y aurois, que par le véritable désir que j'ay de luy donner en toutes occasions des marques sincères de mon penchant pour tout ce qui peut faire sa satisfaction, M. de Callières, de la sage conduite duquel j'ay tant lieu de me louer, pourra vous dire, Monseigneur, que j'ay appris, avec le même esprit d'attachement que je conserveray toute ma vie pour les intérêts de V. M., la résolution qu'elle a prise de préférer au partage de la monarchie d'Espagne, les dispositions du testament du feu Roy en faveur de monseigneur le duc d'Anjou, à qui je souhaite toutes les prospérités imaginables. Par la lettre que M. de Callières m'a remise de V. M., elle me fait la grâce de m'assurer de la satisfaction qu'elle a de ma conduite et qu'elle me donnera en toutes occasions des marques de sa tendresse. Oserai-je donc, Monseigneur, prendre la liberté de les demander à V. M. avec toute la confiance que je crois devoir prendre à vos bontés, et de supplier V. M. de me les accorder par l'expédition des affaires pour lesquelles mes envoyés luy font depuis si longtemps mes instances respectueuses. Que V. M. ne permette pas, Monseigneur, que les prétentions de M. de Toul, dont je ne puis douter que l'on connoisse l'excès, arrête plus longtemps l'effet de sa justice. M. de Callières pourra asseurer V. M. des dispositions où je suis de la luy rendre très-exacte, et de mon attention scrupuleuse pour tout ce qui regarde la religion. LÉOPOLD.

(*Archives des affaires étrangères, collection Lorraine.*)

IX.

M. DE CALLIÈRES AU ROI.

10 décembre 1702.

Sire,

Je rendis compte hier à V. M. par la poste ordinaire des audiences que j'eus jeudi à Lunéville de M. le duc et Mme la duchesse de Lorraine, et de ce que je leur dis en exécution des ordres de V. M., contenus dans la dépêche du 4º de ce mois. Comme j'estois prêt d'envoyer mon paquet à la poste, je reçus hier au soir, par un courrier de M. le comte de Tallard, la dépêche de V. M. du 6º, qui me donnoit de nouveaux ordres pour l'exécution desquels je suis parti d'ici ce matin, avant le jour, pour aller à Lunéville d'où j'arrive présentement.

J'ai dit à M. le duc de Lorraine qu'ayant reçu hier les derniers ordres de V. M., je venois prendre congé de lui et lui dire que V. M. m'ordonne par sa dernière lettre de l'assurer qu'elle n'oubliera jamais la bonne conduite qu'il a tenue touchant l'entrée de ses troupes dans Nancy, que cela augmente beaucoup l'amitié qu'on avoit déjà pour lui, et qu'il y peut faire fonds pour toute la vie ; que l'intention de V. M. est qu'il soit aussi maître dans Nancy qu'il l'estoit auparavant ; que V. M. souhaite qu'il y retourne pour y demeurer avec Mme la duchesse de Lorraine, et que la garnison française leur rendra les mêmes respects que ceux qu'ils reçoivent de leurs sujets.

Il m'a répondu qu'il estoit fort consolé d'apprendre que V. M. fût contente de lui, qu'il en feroit toujours l'objet de ses désirs et de sa principale application ; qu'à l'égard de son retour à Nancy, il m'avoit déjà informé des raisons qui l'obligeoient de rester à Lunéville, et qui regardent l'état où se trouve Mme la duchesse de Lorraine, prête d'accoucher, qui ne peut plus s'y faire transporter sans se mettre en danger évident, à cause de la mauvaise saison et des très-mauvais chemins qu'il y a de Lunéville à Nancy.

Je lui ai dit ensuite que l'Empereur ne lui ayant point annoncé la neutralité et s'étant ainsi réservé la liberté de faire des entreprises dans son pays, V. M. se trouvoit obligée de faire entrer des troupes dans divers postes de la Lorraine, principalement du côté de la Sarre, pour empêcher les troupes impériales de s'en emparer, et pour s'opposer aux courses qu'elles pourroient faire dans son pays, surtout depuis l'occupation de Nancy dont il a jugé lui-même qu'ils pourroient prendre occasion de faire des hostilités dans son pays : que l'intention de S. M. est de le conserver comme ses propres provinces, et que les troupes de S. M. y vivront avec la même discipline et la même règle que dans Nancy.

Il m'a reçu d'abord avec un visage assez ouvert et tranquille, mais lorsque j'ai commencé à lui faire cette proposition, il m'a paru fort affligé ; il m'a dit qu'il estoit bien malheureux de ne pouvoir convaincre S. M. de la fidélité de ses paroles, qu'il estoit incapable d'y manquer et à la profession qu'il fait d'être honnête homme : qu'il a promis à V. M. et à l'Empereur d'observer une exacte neutralité ; qu'il a l'honneur d'être attaché à tous les deux par le même degré de parenté ; qu'il a de grandes obligations à l'un et à l'autre : à V. M., de l'avoir rétabli dans ses États et de lui avoir donné madame sa nièce en mariage, et à l'Empereur de l'avoir fait élever et de l'avoir assisté dans ses malheurs : qu'il ne peut manquer de reconnaissance d'aucun côté, sans se déshonorer et sans exposer tous ses sujets à être ruinés ; que s'il consent à l'entrée des troupes de V. M. dans les postes qu'elle veut faire occuper du côté de la Sarre ou ailleurs, les troupes de l'Empereur ne manqueroient pas d'en tirer un juste sujet et faire contribuer son pays comme ennemi, et d'attaquer ces mêmes postes qui seroient occupés par les troupes de V. M., qu'ainsi il n'avoit point d'autre parti à prendre que de conserver la neutralité tout autant qu'il lui sera possible ; qu'il est persuadé que l'Empereur ne la lui refusera pas ; que V. M. a la puissance en main pour faire du tout ou de partie de son pays tout ce qu'il lui plaira, mais qu'il ne peut absolument entrer en aucune convention à cet égard.

Je lui ai représenté là-dessus que l'intention de V. M. n'estoit pas de donner aucune atteinte à sa souveraineté, à ses droits, ni à ses revenus ; que c'estoit la seule nécessité de la conjoncture et de la situation de ses États qui forçoit

V. M., contre son inclination, à ne pas se laisser prévenir par ses ennemis; que s'il estoit assez fort pour se soutenir lui-même contre le premier occupant, le parti qu'il prenoit d'observer une parfaite neutralité seroit raisonnable, mais que n'étant pas en cet état, il lui seroit bien plus avantageux de prendre des mesures justes avec V. M., pour la sûreté de ses États et pour le repos de ses peuples, qui seroient exposés aux malheurs de la guerre par cette neutralité qu'il ne pouvoit soutenir.

Il m'a répliqué que s'ils doivent être ruinés, il veut au moins avoir la consolation de n'y avoir pas contribué, en ne prenant point d'autre parti que celui de demeurer en repos chez lui, tant qu'on lui permettra d'y demeurer, et qu'il espère que Dieu aura pitié de lui et de ses peuples. Je suis revenu plusieurs fois à lui proposer d'entrer au moins en quelque convention sur la manière de recevoir les troupes de V. M. dans ces postes; mais il a persisté à dire qu'il ne le pouvoit sans exposer tout son pays à être saccagé par les troupes de l'Empire, sur quoi je l'ai pressé de me dire quelle estoit sa dernière résolution à cet égard, et s'il vouloit exposer ses sujets à se laisser forcer dans ces postes éloignés après avoir consenti de si bonne grâce à l'entrée des troupes de V. M. dans sa capitale. Il m'a répondu là-dessus que son intention n'estoit pas de faire aucune résistance aux troupes de V. M.; que je pouvois juger par l'exemple récent de ce qui venoit d'arriver à Nancy, que comme les troupes de V. M. avoient droit de passer par la Sarre, il leur feroit ouvrir les portes partout où elles voudroient entrer, et que si elles vouloient demeurer dans les postes qui y sont occupés par ses troupes, elles auroient ordre de se retirer, se remettant du reste à la générosité de V. M. de faire traiter ses sujets avec modération et avec justice.

Voilà, Sire, quelle a été sa dernière résolution, à laquelle il me paroît inébranlable, n'ayant omis ni remontrances ni raisons générales et particulières pour l'engager à entrer dans quelque convention amie, V. M., à laquelle il m'a dit qu'il se donnera l'honneur d'écrire et de m'envoyer sa lettre pour lui représenter les raisons du parti qu'il a pris...

CALLIÈRES.

(*Archives des affaires étrangères, collection Lorraine.*)

X.

LE DUC LÉOPOLD A LOUIS XIV.

Lunéville, 10 décembre 1702.

Monseigneur,

Après les bontés que V. M. m'a témoignées par sa dernière lettre qu'elle m'a écrite, par laquelle elle m'assure que le parti qu'elle a pris de mettre de ses troupes dans Nancy ne provenoit pas d'aucune méfiance de ma conduite, laquelle j'assure V. M. qui sera toujours droite, mais d'une nécessité indispensable de l'État présent, je ne m'attendois pas aux propositions que le sieur de Callières m'a fait de sa part pour mettre les troupes de V. M. sur ma frontière du côté de l'Allemagne. Je supplie très-humblement V. M. d'avoir la bonté de considérer que ce serait exposer mes États à devenir le théâtre de la guerre, et réduiroit mes peuples à la dernière misère. Ces considérations, Monseigneur, me font espérer que V. M. aura la bonté de surseoir à ces ordres. Je m'emploierai du mieux qu'il me sera possible à obtenir de l'Empereur une neutralité qui satisfera V. M., n'ayant rien au monde plus à cœur que de la convaincre de mon attachement respectueux avec lequel j'ai l'honneur, etc. LÉOPOLD.

(*Archives des affaires étrangères, collection Lorraine.*)

XI.

RELATION DE L'ENTRÉE DES TROUPES FRANÇAISES A NANCY, LE 2 DÉCEMBRE 1702, ADRESSÉE AU COMTE DE MARTIGNY D'APRÈS LES ORDRES DU DUC LÉOPOLD, PAR M. SAUTER, SON SECRÉTAIRE, ET INSTRUCTIONS DU PRINCE AUDIT COMTE DE MARTIGNY, SON AMBASSADEUR A VIENNE, A PROPOS DE CETTE OCCUPATION MILITAIRE.

Lunéville, 7 décembre 1702.

Monsieur,

Voicy une très-fascheuse nouvelle que S. A. R. m'ordonne de vous mander; elle est arrivée le samedy dernier, qui est le 2 du présent mois. Pendant que nous avons cru estre dans une paix profonde, soubs la bonne foy de la neutralité que le Roy de France a accordée à S. A. R., et dont il luy a si souvent réitéré les asseurances, il a fait marcher de Metz deux régiments de cavallerie et cinq ou six battaillons droit à Nancy, avec ordre d'entrer dans les deux villes, sans que S. A. R. en ait eu le moindre avis. Pendent que ces trouppes s'avançoient sur la routte de Metz, et lorsqu'elles n'estoient qu'à une petite marche de Nancy, voilà de l'austre costé M. de Callières, arrivé de Paris en poste. A peine estoit-il descendu de sa chaise, qu'il vint à la cour, accompagné de l'envoyé de France. Il déclara d'abord à S. A. R. que le Roy son maistre faisoit avancer ces trouppes pour mettre garnison dans les deux villes de Nancy; en mesme temps il proposa à S. A. R. d'entrer en traité pour cela avec le Roy. Vous pouvez vous imaginer, Monsieur, combien cet accablement aura surpris S. A. R., et quel chagrin cela lui aura causé. Cependant, par sa prudence admirable qui vous est connue, S. A. R. luy répondit sur le champ qu'elle ne vouloit entrer en aucun traité, ny consentir non plus à aucune chose qui puisse blesser la neutralité; mais qu'estant hors d'estat de résister à la force, si le Roy veut user de contrainte, elle ne peut s'y opposer, et n'a point d'autre parti à prendre que d'abandonner sa capitale. Cela fist agir avec tant de précipitation, que LL. A. R. n'eurent pas vingt-quatre heures de temps pour se retirer dans ce château, puisque les troupes françoises s'estoient déjà si fort avancées, que le lendemain elles étoient prestes d'entrer dans la ville. On fist semblant de ne demander qu'à passer au travers de Nancy, comme par le traité de Riswick les troupes françoises ont le passage libre par tous les Estats de S. A. R., et Nancy mesme n'en est pas excepté. Ainsi, soubs prétexte de passage, ils y sont entrés, et y estant, ils ont déclaré avoir ordre d'y rester, ce qui n'a pas esté difficile d'estre préveû, mais impossible d'estre empesché. Vous sçavez, outre cela, en quel estat cette ville se trouve, et qu'il y manque généralement tout ce qu'il faut pour faire résistence. Les ménagements qu'on a esté obligé d'observer à l'esgard de la France ayant toujours empesché de la mettre en estat, ce qui a obligé S. A. R. de quitter Nancy, et d'emmener avec soy précipitamment Madame Royale, quoyque dans le huittième mois de sa grossesse, qui est le plus dangereux, et pendant les rigueurs de cette saison faire voyager une princesse de son rang, et dans l'estat où elle se trouve, comme aussi Madame la princesse, un enfant de deux ans! Jamais je ne pourrai vous exprimer le désespoir et les hûrlements de la ville et de tout le peuple, principalement lorsque Madame Royale sortit et la petite princesse, tout le monde fondoit en lârmes, jettant des cris lamentables, et la pluspart s'arrachant les cheveux dans les rues publiquement. S. A. R., pour ne pas augmenter la désolation, sortit sur le petit pont du bastion de la cour, se mist, sans estre veu, sur des chevaux de chasse avec trois ou quatre personnes. Le lendemain, qui estoit dimanche, les troupes françoises entrèrent dans Nancy, et nostre foible garnison se retiroit des postes à mesure que les François s'en emparèrent. S. A. R. m'ordonne de vous faire ce triste détail, et qu'aussytost que vous aurez reçeu ma lettre, vous ailliez en diligence trouver Monseigneur le prince Louis de Baden de sa part, pour luy en faire récit, en attendant que M. Parisot, que S. A. R. envoye à l'Empereur, et qui rendra en passant une lettre de S. A. R. à Monseigneur le prince de Baden, luy en fasse un détail plus circonstentié.

Si vous avez besoing d'argent, ayez la bonté de m'en escrire, je tascheray de vous en faire avoir, S. A. R. m'ayant dit qu'elle ne veut pas vous laisser manquer de rien.

J'ay l'honneur d'estre avec respect,

Monsieur,

Votre très-humble et très-obéissant serviteur,

SAUTER.

Lunéville, 7 décembre 1702.

Je n'ay rien, mon pauvre Martigny, à adjouter à cette triste nouvelle que vous apprendrez par la cy-jointe. Ainsy je suis à jamais, LÉOPOLD.

(*Papiers communiqués par la famille de Marches, descendant du comte du Han de Martigny.*)

XII.

LOUIS XIV A M. D'AUDIFFRET

Versailles, 20 juin 1703.

Monsieur d'Audiffret, j'ai reçu la lettre que vous m'avez écrite le 8 de ce mois. L'état des affaires de l'Empereur, tant en Allemagne qu'en Italie, peut aisément persuader que, connaissant l'embarras de soutenir plus longtemps la guerre et les suites fâcheuses qu'il en doit craindre, il serait bien aise de trouver les moyens de la terminer par une bonne paix. Je ne doute pas qu'il ne songe au peu de fondement qu'il doit faire sur la fidélité de ses alliés; l'expérience du passé, le peu d'attention qu'ils ont présentement au véritable intérêt de l'Empire, et les reproches continuels qu'ils lui font l'avertissent assez qu'ils l'abandonneront aisément aussitôt qu'ils trouveront leur avantage à faire un accommodement particulier. Ainsi, je ne serais point surpris que ce prince, se voyant abandonné par ses alliés dans le temps que mon armée est au milieu de l'Empire, pût songer à faire les premières ouvertures d'un traité de paix par le moyen du duc de Lorraine ; les circonstances que vous avez remarquées d'ailleurs, donnent aussi lieu de croire que le sieur de*** ne vous a pas parlé seulement de lui-même. On peut juger encore par le discours qu'il vous a tenu, qu'il faut que l'état des affaires de l'Empereur soit bien mauvais, puisqu'il commence à faire des ouvertures pour une paix dont il a rejeté toujours jusqu'aux moindres apparences. Mais cette dernière considération ne changerait pas le désir que j'ai toujours eu de rendre le repos à l'Europe, et il me trouverait encore dans les mêmes dispositions, s'il voulait y concourir de bonne foi. Au reste, quelque intérêt qu'il puisse avoir à la prompte conclusion de la paix, il y aura toujours à prendre garde aux artifices ordinaires de la cour de Vienne. Ses démarches apparentes pour la paix ne sont peut-être fondées que sur l'espérance qu'elle a d'inspirer par ce moyen à mes alliés la défiance de mes desseins, et de leur faire craindre que je ne les abandonne pour la conclure plus promptement. Si l'Empereur la désire effectivement, il est encore facile de la faire ; s'il diffère, les retardements pourront changer les conditions, et j'ai lieu de croire, que ce ne sera pas avantageux pour lui.

S'il était question d'une négociation pour cet effet, l'entremise du duc de Lorraine ne me serait pas suspecte, et vous pouvez lui faire connaître que j'aimerais mieux qu'il en fût chargé que tout autre. Mais en même temps je ne vois pas qu'il soit nécessaire de beaucoup de négociations si l'Empereur souhaite effectivement la paix, et qu'il soit touché de la crainte qu'il doit avoir des suites de la guerre, par rapport à ses intérêts particuliers et du préjudice qu'elle cause au bien de la religion et de l'avantage que les princes hérétiques en retirent.

Quant à la conduite que vous avez à tenir sur ce sujet, mon intention est que vous disiez comme vous avez déjà fait, que vous me rendrez compte des propositions que l'on vous fera ; mais qu'on ne doit pas attendre que j'en fasse aucune, que l'état des affaires ne le comporte pas; que d'ailleurs j'ai lieu de juger de l'avantage que mes ennemis tireraient de la moindre ouverture que je ferais, par l'attention qu'ils ont à répandre que je fais des propositions de paix, quand il n'y a pas le moindre fondement à pareil bruit..... Louis.

(*Archives des affaires étrangères, collection Lorraine.*)

XIII.

LE DUC LÉOPOLD AU PAPE

Lunéville, 4 novembre 1703.

Très-Saint Père,

Je ne puis assez exprimer à V. S. l'extrême surprise que m'a causée l'avis qui m'a été donné par l'abbé Valentin, mon agent auprès d'elle, que V. S. s'était portée à condamner, par un bref du 27 septembre dernier, l'ordonnance d'août 1700 que j'ai fait publier dans mes États pour l'administration de la justice et le règlement de mes affaires à mon avénement à la couronne de mes ancêtres, et que le motif de cette condamnation est que l'on prétend que cette ordonnance contient trente-trois dispositions contraires à l'immunité et à la juridiction ecclésiastique. J'avoue à V. S. que j'aurais eu peine à croire la chose, si je n'avais pas vu par le contenu de ce bref, qu'il avait été affiché publiquement dans Rome par les ordres de V. S. Je ne me serais jamais persuadé que mon nom, qui est à la tête de cette ordonnance, et compris comme tel dans l'affiche du bref de V. S., paraîtrait un jour placardé dans les carrefours de la capitale du monde chrétien, comme si j'étais l'ennemi déclaré de l'Église et son persécuteur dans mes États. J'ai vu avec joie avec toute l'Europe l'exaltation de V. S. à la suprême dignité qu'elle remplit. J'ai eu l'honneur de lui en témoigner mes congratulations respectueuses avec les soumissions de mon obéissance filiale.

A mon égard, je suis né d'un prince qui a exposé mille fois sa vie pour les intérêts de l'Église, et dont Dieu a voulu se servir dans ces derniers temps, pour le faire libérateur de son peuple, du joug de la tyrannie ottomane. Je suis le fils d'une reine qui s'est rendue plus recommandable encore par sa piété que par son auguste naissance. L'un et l'autre m'ont élevé dans les sentiments d'une soumission parfaite aux devoirs de la religion et de l'obéissance à l'Église. Je suis sorti d'une maison qui a toujours fait consister sa gloire principale à maintenir la pureté de la foi dans ses États, et à les préserver de toutes les sectes étrangères, et je compte parmi mes ancêtres un grand nombre de princes qui ont soutenu cette même foi à la pointe de leur épée, parmi les nations les plus reculées ; instruit par tant d'exemples et de leçons domestiques, je n'ai rien eu de plus à cœur, à mon avénement dans mes États, que de suivre en cela les traces glorieuses de mes prédécesseurs. Ayant été obligé de faire faire une ordonnance générale pour l'administration de la justice à mes sujets, j'ai employé à cet ouvrage des conseillers non-seulement d'une capacité peu commune, mais encore d'une piété distinguée. Tous mes sujets, tant ecclésiastiques que laïques, ont respecté cette ordonnance, et tous les ordres de mes États, en suivent les décisions avec une soumission parfaite. Cependant j'ai appris que cette ordonnance est flétrie par une condamnation honteuse, et son exécution réprimée par la peine la plus sévère de l'Église, à la face de toute la ville de Rome, qui est le théâtre du christianisme. Si V. S. veut bien faire une sérieuse réflexion sur cette conduite, j'ai peine à croire qu'elle ne soit touchée de douleur de m'avoir traité de la sorte. Je n'entreprends pas, Très-Saint Père, de convaincre V. S. que mon ordonnance ne contient rien de contraire à la juridiction et à l'autorité de l'Église; je m'en rapporte à ce qui est de droit et de coutume dans mes États. Cette discussion, quoique facile, passe les bornes d'une lettre ; mais je lui représente seulement, avec tout le respect que je lui dois, que quand cette ordonnance blesserait en quelque chose les droits et les immunités de l'Église (ce que je ne puis avouer), il était de sa justice, aussi bien que de sa bonté, de me le faire connaître, et de m'exhorter paternellement à y remédier ; non-seulement la charité pastorale l'exigeait, mais encore l'équité, la bienséance, l'ordre public et l'exemple de tous les prédécesseurs de V. S. Tout les siècles ont vu, depuis l'établissement de l'Église jusqu'à présent, qu'en pareil cas les souverains pontifes ont envoyé des lettres monitoires et exhortatoires. A Dieu ne plaise que j'impute uniquement à V. S. la conduite contraire dont on a usé à mon égard et le bref dont je me plains ; il porte son nom, à la vérité, mais il ne porte pas les caractères de son cœur... Je connais bien l'auteur secret de cette entreprise qui, par des sollicitations sourdes et clandestines et par les artifices d'une politique mondaine, a abusé les officiers de V. S., les a trompés par de faux mémoires, les a éblouis par les dehors d'un zèle apparent, et enfin a fait jouer tous les ressorts que la vengeance mêlée avec l'ambition la plus fine et la plus cachée est capable de remuer. Voilà, T. S. P., la source de la condamnation dont je me plains....

Je suis déjà parvenu, malgré ma jeunesse, à un âge qui ne permet pas à un prince d'ignorer, non-seulement les devoirs de la religion, mais encore les droits de la souveraineté, et je croirais manquer à ce que je dois au rang où Dieu m'a fait naître, si je n'étais vivement touché de l'outrage éclatant que j'ai reçu par cette condamnation. Si j'avais été averti ou cité comme je le devais être, j'aurais dit mes raisons à V. S.; ce sont des raisons de fait qui ne peuvent pas être connues à Rome, parce qu'elles dépendent purement de la connaissance du local. Dieu même, à qui rien n'est caché, a voulu marquer à tous les hommes, de quelque rang qu'ils fussent, l'obligation indispensable de s'instruire des faits : *descendam et videbo*. Il est bien dur pour moy, qu'à mon occasion, on ne se soit pas souvenu des règles du droit divin et du droit naturel en me condamnant sans m'entendre, et que le saint-siége, qui est la source de l'équité canonique, n'ait pas cru devoir faire attention à l'équité naturelle. Si l'on avait eu à se plaindre des écrits de quelques particuliers, on aurait eu pour eux beaucoup plus de ménagements que pour moi. J'apprends que V. S. a fait avertir, depuis peu un religieux français, célèbre par sa doctrine, de rétracter certaines propositions insérées dans un de ses ouvrages, sinon qu'elle serait obligée de procéder contre lui. Apparemment, les officiers de V. S. lui ont fait connaître qu'il y aurait plus de plaisir et de gloire à humilier un souverain qu'un simple religieux, puisque la conduite qu'on a tenue à son égard est tout opposée à celle qu'on a gardée au mien. L'Écriture sainte défend d'avoir un poids et un poids, une mesure et une mesure ; cependant, dans la main du père commun des chrétiens, il y en a un pour les autres et un pour moi. Je suis traité comme le fils de l'esclave, tandis que les autres sont regardés comme les enfants de la femme libre. On ne saurait assez s'étonner qu'une ordonnance qui n'a été faite que pour le règlement des affaires civiles et temporelles de mon État ait été regardée à Rome comme une pièce qui pouvait être soumise à la juridiction de l'Église. Je n'avais pas encore appris que les princes étaient obligés d'aller chercher à Rome les règles pour administrer la justice à leurs sujets; que si les officiers de V. S. prétendent qu'il y a dans cette ordonnance des articles qui choquent les droits de l'Église, c'était à eux à les désigner et spécifier dans le bref de V. S.; mais ils n'ont osé le faire, ils ont appréhendé le jugement public et ils ont mieux aimé envelopper le tout sous une censure générale pour éviter le détail, confondre les idées et détourner l'objet de la décision. Tant de considérations m'obligent, T. S. P., d'en porter de justes plaintes à V. S. ; c'est à elle que je m'adresse contre elle-même ; j'en appelle à son cœur paternel, à sa parfaite sagesse et à son exacte justice. Je suis persuadé que si elle ne consulte que ses lumières et sa bonté, elle ne souffrira pas que je sois exposé plus longtemps à la dureté d'un bref que je ne saurais regarder comme son ouvrage.

Je la supplie encore très-humblement d'en suspendre l'exécution jusqu'à ce qu'elle ait su et écouté mes raisons. Elle ne trouvera pas mauvais non plus que j'en arrête la publication dans mes États. Je respecte le glaive spirituel qui est entre les mains de V. S. ; mais j'espère qu'à l'exemple de saint Pierre elle le remettra dans le fourreau et que j'entendrai un jour, de sa bouche, les paroles que l'un des plus illustres de ses prédécesseurs écrivait à un grand archevêque : *patienter sustinebimus, si non feceris quod pravà nobis insinuatione suggestum est.* LÉOPOLD.

(*Archives des affaires étrangères, collection Lorraine.*)

XIV.

MÉMOIRE DU ROI POUR M. D'AUDIFFRET.

Versailles, 6 juin 1707.

Comme il n'y a pas de prince plus intéressé à la paix que M. le duc de Lorraine, et par les alliances qu'il a l'honneur d'avoir avec le roi et avec l'Empereur, et par la situation de son pays, S. M. est aussi persuadée que personne ne la désire plus véritablement et qu'il travaillerait utilement à la négocier au moins entre S. M. et l'Empereur, s'il était à portée de le faire. Il semble que l'occasion s'en présente par la proposition que l'évêque d'Osnabruck, son frère, lui fait de se rendre à Vienne, et comme le duc de Lorraine en a donné part au sieur d'Audiffret, par une lettre qu'il lui a écrite de sa main, le priant de savoir si ce voyage ne serait pas désagréable au Roi ; on peut croire que son intention a été de demander si S. M. voudrait en même temps l'employer à commencer une négociation qu'il pourrait conduire plus heureusement que personne.

L'etat des affaires générales, la conduite des alliés de l'Empereur à l'égard de ce prince, l'autorité qu'ils veulent s'attribuer de diriger ses projets pour arriver à leurs fins, le péril dont la maison d'Autriche est menacée ainsi que la religion catholique en Allemagne, sont de pressantes raisons pour obliger l'Empereur à songer à la conservation de sa maison, de ses États et de sa religion. Les réflexions jointes à ce mémoire expliqueront plus particulièrement les sujets que ce prince a de craindre les desseins de ses ennemis cachés, S. M. se rapporte à ce qu'elles contiennent.

Elle veut que le sieur d'Audiffret retourne incessamment auprès du duc de Lorraine, lui dise que non-seulement S. M. approuve le voyage qu'il a le dessein de faire à Vienne, mais qu'elle croit encore qu'il peut contribuer plus que personne au bien général de la chrétienté et à celui de la maison d'Autriche en particulier, en profitant de la disposition des affaires et de la confiance que l'Empereur prend à lui pour l'engager à convenir secrètement avec S. M. des mesures à prendre pour leur satisfaction réciproque et pour établir à l'avenir, sur des fondements solides, une alliance perpétuelle entre la maison de France et celle d'Autriche.

Si le duc de Lorraine, touché comme il doit être de l'honneur de travailler à ce grand ouvrage, de la confiance que le roi veut bien avoir en lui, et de l'intérêt particulier qu'il trouverait à la conclusion d'une paix entre S. M. et l'Empereur, accepte la proposition que le sieur d'Audiffret lui fera de la part de S. M., de commencer cette négociation pendant son séjour à Vienne, il paraît qu'il serait nécessaire, en ce cas, que ce prince, avant que de partir, écrivit directement à l'Empereur qu'il croit pouvoir obtenir que le Roi lui confie ses intentions pour la paix, et qu'allant à Vienne, il les demandera à S. M., si l'Empereur souhaite qu'il se charge d'une affaire aussi importante et aussi agréable que le serait celle de contribuer à la parfaite union de la maison de France et de celle d'Autriche, dont il a l'honneur d'être également allié.

Il faudrait aussi que cette lettre fût portée par un courrier exprès, que le duc de Lorraine en attendît la réponse; car alors si l'Empereur acceptait la proposition, le Roi confierait avec plaisir à M. le duc de Lorraine ses intentions pour la paix. Les affaires ayant bien changé de face depuis l'année dernière, S. M. lui ferait remettre le projet différent aussi qu'elle voulut bien communiquer à ce prince dans la vue qu'il avait d'entamer une négociation avec l'Empereur.....

(*Archives des affaires étrangères, collection Lorraine.*)

XV.

M. D'AUDIFFRET AU ROI.

Nancy, 7 juillet 1706.

J'allai lundi à Lynville, comme M. le duc de Lorraine l'avait souhaité. J'appris qu'il était à la chasse et qu'il devait aller coucher à Lunéville où je me rendis. Je ne pus lui parler que mardi matin, et il me pria que la conversation fût remise à l'après-dîner, ayant quelques affaires à expédier. Il me dit qu'il avait lu avec une extrême attention le mémoire que je lui avais remis, qu'il n'avait encore rien vu de plus beau ni de plus fort, qu'il ferait un très-bon effet pour rappeler l'Empereur à ses véritables intérêts, mais qu'il se trouverait embarrassé de s'en pouvoir servir utilement, parce qu'il appréhendait que si l'Empereur le communiquait à ses ministres, comme il n'en fallait pas douter, les alliés n'en fussent aussitôt informés, et qu'en ce cas il s'en ferait des ennemis qui ne lui pardonneraient jamais une pareille démarche, ce qui pourrait le jeter dans des embarras qu'il devait éviter. Je lui ai répondu que ces considérations étaient justes, qu'il avait raison de vouloir se ménager en s'employant dans une affaire si importante ; que, s'agissant de faire connaître à l'Empereur ses véritables intérêts, je doutais fort que ce prince en étant convaincu par la force des raisons contenues dans le mémoire, n'en voulût pas tirer toute l'utilité qu'il pouvait espérer, mais qu'il me paraissait aisé de remédier à cet inconvénient, en faisant à Vienne, sous quelque autre prétexte, le voyage dont il m'avait parlé, qu'il pourrait consulter l'Empereur, s'il le trouvait bon, lui parler du mémoire dont il était chargé et même lui demander s'il conviendrait qu'en allant à Vienne, il sût auparavant les intentions de S. M. sur les conditions dont on pourrait convenir pour une paix particulière. Il me répliqua qu'il avait pensé à cet expédient comme le seul qu'il pouvait prendre, qu'il écrirait au comte des Armoises dans ce même sens et qu'il me ferait voir sa lettre. Il me la montra hier matin et m'en donna une copie ci-jointe, m'assurant qu'il ferait partir son courrier aujourd'hui et qu'il aurait la réponse dans quinze jours, souhaitant qu'elle soit telle qu'il puisse marquer à V. M. son zèle et le désir de contribuer à une union nécessaire au bien de la religion..... D'AUDIFFRET.

(*Archives des affaires étrangères, collection Lorraine.*)

XVI.

LOUIS XIV A M. D'AUDIFFRET.

Versailles, 10 août 1707.

Monsieur d'Audiffret, la lettre que vous m'avez écrite le 31 du mois dernier et celle du comte des Armoises au duc de Lorraine, dont vous m'envoyez la copie, m'informe de la réponse que l'Empereur a faite à l'envoyé de la Lorraine auprès de lui. Il suffit de savoir le sentiment de ce prince. Il aura peut-être lieu de se repentir un jour de l'éloignement qu'il témoigne présentement pour la paix et de mieux connaître les véritables dispositions de ses alliés à son égard. Vous assurerez cependant le duc de Lorraine que le secret qu'il demande lui sera fidèlement gardé. Je ne puis douter par la conduite qu'il a tenue jusqu'à présent, aussi bien que par la raison de ses propres intérêts qu'il ne souhaite autant que personne le rétablissement de la paix générale, et qu'il y travaille avec zèle et empressement toutes les fois qu'il croira trouver l'occasion favorable pour y réussir. Continuez au reste à m'informer avec la même exactitude de tout ce que vous apprendrez qui aura quelque rapport au bien de mon service. Louis.

(*Archives des affaires etrangères, collection Lorraine.*)

XVII.

LOUIS XIV A M. D'AUDIFFRET.

Versailles, 17 mai 1708.

Monsieur d'Audiffret, la lettre que vous m'avez écrite le 12e de ce mois m'informe des dernières nouvelles que le duc de Lorraine a reçues de son envoyé à Vienne. Les propositions en forme qu'on pourrait faire à l'Empereur pour la paix seraient présentement aussi inutiles que l'ont été les insinuations générales sur la même matière. Mais cette démarche serait plus dangereuse que la première, en ce que l'Empereur ne manquerait pas de communiquer à ses alliés les offres qu'on lui aurait faites, et comme il voudra voir quels seront les événements de cette campagne, avant que d'entrer dans aucune négociation, ils prendraient ensemble de nouvelles mesures pour demeurer plus étroitement unis que jamais, quelques propositions qu'on leur pût faire. Il est donc plus à propos de suspendre présentement l'effet de la bonne volonté du duc de Lorraine et de le remettre à des conjonctures où son zèle pour l'avénement de la paix aura un succès plus heureux. Je suis persuadé qu'il n'oubliera rien pour détourner l'Empereur d'accorder au duc de Savoie l'investiture du Montferrat. J'apprends avec plaisir la continuation des diligences qu'il fait pour l'empêcher; mais je doute que l'Électeur palatin contribue à détourner cette résolution. Les sollicitations qu'il fait lui-même pour être mis en possession du Haut-Palatinat l'empêcheront d'agir contre les intérêts du duc de Savoie, leur cause ayant beaucoup de conformité l'une avec l'autre.

Je ne suis point surpris du refus fait à Vienne à la duchesse de Mantoue, mais le duc de Lorraine ne doit pas être content du peu d'égard de cette cour à ses instances...

Louis.

(*Archives des affaires étrangères, collection Lorraine.*)

XVIII.

LOUIS XIV A M. D'AUDIFFRET.

24 janvier 1709.

J'ai reçu la lettre particulière que vous avez pris la peine de m'écrire avec les copies que vous y avez jointes. Les particularités que cette lettre contient ne reviendront à personne, et vous me ferez plaisir de continuer à m'informer de ces mêmes détails. Quoique dans le fond on doive les traiter comme des bagatelles, ils sont ordinairement le principe et la cause des révolutions les plus importantes et des plus grands événements. Il serait même fort nécessaire d'en être instruit, et peut-être d'en faire usage, s'il arrivait jamais qu'on voulût proposer encore quelque translation à M. le duc de Lorraine. Véritablement je n'y vois présentement aucune apparence... Louis.

(*Archives des affaires étrangères, collection Lorraine.*)

XIX.

M. D'AUDIFFRET AU ROI.

Nancy, 2 février 1709.

M. l'évêque d'Osnabruck a été extrêmement piqué du soupçon qu'on avait eu qu'il eût donné à la marquise Lunati le beau diamant qu'il a eu de la princesse de Wolfenbuttel. Il n'en a cependant rien témoigné, mais il a prié le duc François de porter cette bague, afin qu'elle fût vue de tout le monde. Le duc de Lorraine a pris depuis le parti de faire beaucoup d'amitiés à Mme Lunati qui a empêché le départ du Prince pour avoir le temps de ménager ses intérêts contre le ressentiment de Mme de Craon, auquel elle se voyait exposée, lorsque cet appui lui manquera. Mme la duchesse de Mantoue a reçu fort froidement M. le duc de Lorraine dans la visite qu'il lui fit samedi passé avec ses frères. J'ai eu l'honneur, Monseigneur, de vous informer qu'il lui fit dire de ne venir pas au coucher de Mme la duchesse de Lorraine. Il a eu cette complaisance pour Mme de Craon, qui a conçu une telle jalousie contre cette duchesse qu'elle a menacé M. le duc de Lorraine de ne le plus voir, si Mme la duchesse de Mantoue revenait à Lunéville. Elle a boudé pendant trois jours avec des airs de hauteur étonnants. Le bon Prince était alors dans un embarras qui lui est ordinaire lorsqu'elle est de mauvaise humeur. Il ne fait pas bon auprès de lui dans ces temps d'orage. Le caractère allemand se montre tout au naturel, et personne n'en est exempt. Il a eu beau plier, et deux mille pistoles qu'il lui envoya ne le remirent en grâce qu'à condition que Mme la duchesse de Mantoue ne viendrait plus à la cour...

D'AUDIFFRET.

(*Archives des affaires étrangères, collection Lorraine.*)

XX.

LOUIS XIV A M. D'AUDIFFRET.

Versailles, 5 juin 1709.

Monsieur d'Audiffret, j'ai reçu les lettres que vous m'avez écrites le 25 mai et le 1er de ce mois. Il est plus nécessaire que jamais que vous veilliez sur les démarches du duc de Lorraine et que vous renouveliez toutes vos diligences pour pénétrer autant qu'il vous sera possible ses desseins secrets; car il ne m'est plus permis de douter qu'ils ne soient très-contraire à mes intérêts. Les instructions qu'il donne à ses ministres, les démarches qu'ils font pour exécuter ses ordres, l'aveu même de mes ennemis me font voir clairement que ce prince veut profiter d'une conjoncture qu'il croit lui être favorable pour s'agrandir à mes dépens.

Le sieur le Bègue et le sieur Barrois lui auront apparemment écrit, l'un de La Haye, et l'autre d'ici le juste sujet que j'ai d'être blessé d'une pareille conduite. S'il vous en parle, vous lui direz qu'il est vrai que je ne m'attendais pas à le voir recourir à mes ennemis pour obtenir par leur moyen des pays qui m'appartiennent et pour terminer par leur protection ce qui reste à exécuter du traité de Rysweick, aussi bien que pour changer les conditions de ce traité qui le regardent, comme lui étant à charge.

S'il entre avec vous dans quelques détails, vous l'écouterez seulement pour m'en rendre compte, et vous lui direz que le meilleur moyen de me persuader est de faire cesser tant de négociations, et d'empêcher que désormais ils ne se mêlent des discussions à faire par rapport à mes intérêts et aux siens.

Au reste, sachant ce que je sais des intentions de ce prince, vous ne pourrez, comme je vous l'ai déjà marqué, donner trop d'attention à découvrir ses intrigues. Sur ce,... Louis.

(*Archives des affaires étrangères, collection Lorraine.*)

XXI.

M. D'AUDIFFRET AU ROI.

Nancy, 15 juin 1709.

Je veillerai avec toute l'attention possible sur les démarches de M. de Lorraine, et je tâcherai de pénétrer ses desseins.

Il vint coucher lundi à la Malgrange, et mardi, à six heures du matin, il envoya un officier de ses gardes pour me prier de m'y rendre. Je le trouvai à Notre-Dame-de-Bon-Secours où il était venu entendre la messe. Il me dit qu'il avait été extrêmement touché d'apprendre par une lettre de M. Barrois qu'on le soupçonnât d'avoir employé l'appui et le secours des ennemis de V. M. pour mieux faire valoir ses intérêts au traité de paix, et pour s'agrandir à ses dépens. Je lui répondis qu'il était vrai que V. M. ne s'attendait pas de le voir recourir à ses ennemis pour obtenir, par leur moyen, des pays qui lui appartiennent, et pour terminer ce qui reste (comme dans la lettre du Roi). Il me répliqua qu'il n'avait jamais eu la pensée de déplaire à V. M. en demandant l'exécution du traité de Ryswick, qu'elle lui avait fait dire plusieurs fois que cette affaire se terminerait à la paix; qu'il avait cru pouvoir s'adresser aux puissances qui avaient été garantes de ce traité, pour avoir la satisfaction qui lui était due; qu'on ne pouvait blâmer sa conduite puisqu'elle n'était fondée que sur les réponses qui lui avaient été faites de la part de V. M., et qu'il était naturel que depuis onze ans de non-jouissance de la principauté de Longvy, il profitât de la conjoncture pour être indemnisé; qu'à l'égard des démarches qu'on l'accusait d'avoir faites pour s'agrandir aux dépens de V. M., il n'y avait jamais pensé, et qu'il se serait contenté du duché de Montferrat, que même les ministres qu'il a à La Haye ont ordre d'insister sur la restitution de ce duché; que comme la reine Anne et les États généraux avaient signé la garantie de ce traité entre l'Empereur et le duc de Savoie, il n'avait pu se dispenser de recourir à eux pour se plaindre de l'injustice qui lui avait été faite et pour en tirer au moins des assurances d'un dédommagement, s'étant même expliqué qu'il serait satisfait du duché de Mantoue; que si l'Empereur avait songé à lui procurer l'Alsace pour cet équivalent, il n'avait eu en vue que ses propres intérêts, parce qu'il souhaitait conserver le Mantouan; qu'on ne devait donc pas s'en prendre à lui; que si le prince Eugène avait parlé pour lui, l'Empereur lui devait cette justice; qu'à la vérité, il convenait d'avoir demandé que l'article de ce traité concernant la défense de relever les fortifications de la ville neuve de Nancy fût changé, mais qu'il croyait devoir à son honneur, cette réparation de la honte qui lui avait été faite; que cependant il n'avait pas de peine à consentir que cette ville fût entièrement démolie... D'AUDIFFRET.

(*Archives des affaires étrangères, collection Lorraine.*)

XXII.

LOUIS XIV A M. D'AUDIFFRET.

Marly, 27 juin 1709.

Monsieur d'Audiffret, j'ai reçu les deux lettres que vous m'avez écrites le 15 et le 20 de ce mois. Vous m'informez, par la première, de tout ce que le duc de Lorraine vous a dit pour se justifier auprès de moi sur les soupçons que je pourrais avoir de ses liaisons secrètes avec mes ennemis. Il doit connaître la sincérité de mes intentions à son égard, puisque je ne fais point de mystère des raisons que j'ai de me plaindre de sa conduite. Je serai fort aise que les effets répondent aux nouvelles assurances qu'il nous a données mais il ne suffit pas qu'il dise qu'il n'a fait aucune démarche pour obtenir l'Alsace comme un dédommagement du Montferrat et qu'il a ignoré absolument l'idée que l'Empereur et ses alliés ont eue sur cet article. Il faut que désormais il fasse connaître bien clairement qu'il ne veut jamais entendre parler d'un pareil dédommagement, et qu'il est persuadué que les instances que mes ennemis pourraient faire seraient pernicieuses pour lui. Une conduite équivoque de sa part ne me convient pas, et lorsqu'il s'agit d'une affaire aussi importante, je n'admettrai pas les excuses fondées sur la simple ignorance. J'ai fait parler à peu près dans le même sens au sieur Barrois. Quand je serai content de la conduite de son maître, il ne doit pas douter que je lui rende justice, et pour l'obtenir il ne doit pas avoir recours à mes ennemis.

Comme vous connaissez la nécessité d'être plus attentif que jamais à ses démarches secrètes, je suis persuadé que vous n'omettrez aucune diligence pour en être exactement informé. Je me ferai rendre compte de l'arrêt de mon Parlement de Paris dont il se plaint. Je ne prétends pas qu'il soit fait aucun préjudice à ses droits, et de ma part il ne doit craindre aucune innovation.

Continuez à m'informer de tout ce que vous apprendrez qui aura quelque rapport au bien de mon service...

Louis,

(*Archives des affaires étrangères, collection Lorraine.*)

XXIII.

M. D'AUDIFFRET AU ROI.

Nancy, 6 juillet 1709.

J'ai trouvé M. le duc de Lorraine peu disposé à faire connaître à l'Empereur et à ses alliés qu'il ne voulait point.

avoir de dédommagement du duché de Montferat aux dépens
de V. M. Il m'a témoigné que comme il n'avait jamais
demandé une pareille indemnité, on ne pouvait pas exiger
de lui une pareille déclaration ; qu'on se moquerait de lui
et qu'on le tournerait en ridicule de prévenir ses alliés sur
une demande dont il n'avait jamais été question ; qu'il
désirait de conserver les bonnes grâces de V. M., mais qu'il
voulait aussi ménager l'amitié des autres puissances dont
il pourrait avoir besoin ; que sa grande maxime était de se
maintenir dans la neutralité et de ne s'engager dans aucune
démarche qui la pût blesser et qu'il avait donné ordre au
sieur Barrois de le représenter à M. le marquis de Torcy.
C'est en vain que je lui ai remontré que V. M. n'aurait pas
lieu d'être satisfaite de la difficulté qu'il faisait de donner
cette preuve de la sincérité de sa conduite ; que si ses intentions étaient bonnes, il me semblait qu'il ne devait pas
hésiter de faire cette profession de foi, et même les ennemis ne sauraient désapprouver qu'il prît cette précaution,
puisqu'il y avait un si grand intérêt : que s'il refusait de le
faire, je le priais lui-même de me dire s'il n'autorisait pas
les soupçons qu'il avait donnés.

Il me répondit qu'il n'avait rien à se reprocher, qu'il ne
pouvait pas empêcher l'Empereur et ses alliés de faire des
projets pour leur avantage, que ce n'était point à lui à s'y
opposer, et qu'il se contentait de leur demander la restitution du Montferrat ou une satisfaction convenable. Je lui
répliquai que, nonobstant tout ce qu'il venait de me dire,
je suis persuadé qu'il ferait beaucoup d'attention à ce que
V. M. m'avait ordonné de lui faire connaître, qu'il s'agissait
d'une des plus importantes occasions qui pouvaient arriver
pour lui complaire ou pour perdre ses bonnes grâces, et
que s'il n'en profitait pas, il ne devait s'en prendre qu'à
lui-même de la mauvaise satisfaction qu'il en recevrait. Il
me parla d'abord d'un air si embarrassé, et dans la suite
avec tant de chaleur, que cette conversation m'aurait décou-
vert ses véritables intentions si je n'en avais, depuis long-

temps, d'autres preuves. Ce prince est aveuglé par la conjoncture, et croit de n'en trouver jamais une si favorable pour s'agrandir. C'est le fond de son cœur, et les ministres qu'il a à La Haye continuent à l'en flatter. Ce prince, mieux conseillé par ses réflexions, vient de m'envoyer dire, par M. Protin, qu'il fera tout ce que S. M. désirera, hors ce qui pourra blesser la neutralité et ses intérêts.

D'AUDIFFRET.

(*Archives des affaires étrangères, collection Lorraine.*)

XXIV.

M. D'AUDIFFRET AU ROI.

Nancy, 17 août 1709.

Monseigneur, je n'ai pas eu l'honneur d'informer le Roi des discours que M. le duc de Lorraine a tenus à Notre-Dame-de-Bon-Secours, de peur d'aigrir davantage S. M. contre lui. Il commença par me dire qu'on l'avait menacé mal à propos; qu'on n'avait qu'à s'expliquer si on en voulait à sa personne ou à ses États; que si c'était à sa personne, son parti serait bientôt pris; que si c'était à ses États, il était persuadé qu'on serait obligé de les rendre à lui ou à ses enfants; que si on lui faisait ces menaces pour l'obliger à se déclarer, on n'y réussirait jamais, et que si c'était par un effet de méchante humeur à cause du mauvais état des affaires de France, il n'en devait pas souffrir; qu'il voyait bien d'où ces mauvais offices lui venaient et qu'il irait à droiture au Roi. Je lui répartis un peu vivement que personne n'était capable de lui en rendre, que les ordres venaient du Roi et qu'il ne devait s'en prendre qu'à lui pour les sujets des plaintes qu'il donnait. Il me répliqua brusquement qu'il serait bien aise qu'on sût tout ce qu'il venait de dire, qu'il me priait de l'écrire, et que si je ne voulais pas le dire, il l'ordonnerait à M. Barrois. Je lui répondis que je ne me chargeais pas d'une commission aussi dangereuse pour lui;

qu'il pourrait la donner à son envoyé, mais que j'étais persuadé qu'il ne le ferait pas.... D'AUDIFFRET.

(*Archives des affaires étrangères, collection Lorraine.*)

XXV.

LOUIS XIV A M. D'AUDIFFRET.

Versailles, 3 juin 1710.

M. d'Audiffret, la lettre que vous m'avez écrite le 31 du mois dernier m'informe du désordre que le duc de Lorraine a mis dans ses finances par l'excès des dépenses secrètes qu'il fait, et quoique vous ne sachiez pas encore précisément l'emploi de tout l'argent qu'il fait passer dans les pays étrangers, je vois cependant qu'il n'épargne rien pour se faire des amis dont il croit que l'appui lui sera fort utile. On se trompe souvent sur de pareils projets. Le duc de Lorraine pouvait s'acquérir de la considération en réglant sa conduite par proportion avec son État, mais les ressources qu'un petit prince trouve dans son pays s'épuisent aisément, et lorsqu'elles cessent, toute sa considération tombe. Ceux qu'il croit avoir gagnés par ses bienfaits ne s'empressent pas de lui rendre service, parce qu'ils n'ont plus rien à espérer de lui, et dans la suite il se trouve exposé à la vengeance de ceux que ses pratiques secrètes peuvent avoir irrités.

Je souhaite, pour le bien du duc de Lorraine, qu'il fasse encore ces réflexions et qu'il en profite ; mais il me paraît entraîné par des vues d'ambition bien contraires au bien de son État et à la tranquillité de sa vie. Comme vous connaissez parfaitement l'importance dont il est que je sois ponctuellement informé de ses desseins et de ses démarches, je ne doute pas de votre exactitude à me rendre compte de tout ce que vous en pourrez pénétrer.

LOUIS.

(*Archives des affaires étrangères, collection Lorraine.*)

XXVI.

M. D'AUDIFFRET AU ROI.

Nancy, 14 mars 1711.

Sire,

L'ambition n'est pas la seule cause du désordre où le duc de Lorraine a mis ses finances. La puissance de V. M., les succès dont Dieu a béni ses armes et celles du roi d'Espagne, et les dispositions préparées à punir l'orgueil de ses ennemis doivent avoir désabusé ce prince des idées d'agrandissement qu'il croit avoir assurées par ses négociations secrètes. Il serait avantageux, pour lui et pour ses sujets, qu'il revînt d'une autre passion qui continue à le jeter dans de grandes dépenses, et, tarissant ses principales ressources, excite un mécontentement général. Il est dû trois quartiers aux officiers de sa maison, aux domestiques et à ceux qui ont des pensions, deux années; et sur les dettes de l'État, un million et demi avancé par le fermier général et par les pourvoyeurs ou prêtées par des particuliers, et 1,100,100 livres perdues au jeu. A mesure qu'il arrive quelque fonds, il est diverti à des usages de complaisance sans aucun égard aux besoins pressants ni aux remontrances sur cette dissipation. Ce prince n'a point d'objet plus pressant que celui d'y satisfaire. Tout est sacrifié au désir de plaire, et cet empire absolu vient de s'étendre jusqu'au sanctuaire de la justice contre un gentilhomme français nommé Villeron, qu'on fait plaider depuis sept ans pour le marquisat d'Haraucourt d'une manière fort criante, au grand étonnement de la plupart des juges, le procureur général ayant présenté, après un si long temps, une requête à la cour pour réunir ce marquisat au domaine par droit d'aubaine qu'il fait remonter à l'an 1668. D'AUDIFFRET.

(*Archives des affaires étrangères, collection Lorraine.*)

XXVII.

LOUIS XIV A M. D'AUDIFFRET.

Monsieur d'Audiffret, j'ai reçu la lettre que vous m'avez écrite le 21 de ce mois, lorsque j'ai fait insinuer au duc de Lorraine qu'il serait utile et glorieux pour lui d'employer ses soins à procurer le rétablissement de la paix générale. Ce prince a toujours évité d'entrer dans cette vue, et la crainte de déplaire à mes ennemis a été assez forte sur son esprit pour l'empêcher d'offrir seulement ses offices. Il propose présentement de lui-même de les interposer; il appuie même sur les raisons qu'il a de croire que les dispositions à la paix sont meilleures en Angleterre et en Hollande qu'elles ne l'ont été jusqu'à présent. Ce changement de langage s'accorde aux avis que j'ai reçus et dont je vous ai informé, il y a quelque temps, que les Hollandais songeraient à faire agir le duc de Lorraine, pour entamer par son moyen une négociation de paix. Je crois d'ailleurs qu'il a trop de ménagements pour eux pour entreprendre une pareille démarche sans leur aveu. L'expérience me l'a fait voir; mais la connaissance qu'elle m'a donnée des sentiments de ce prince, est en même temps une forte raison pour ne pas accepter légèrement l'offre qu'il pourra faire de travailler à ce grand ouvrage... LOUIS.

(*Archives des affaires étrangères, collection Lorraine.*)

XXVIII.

LOUIS XIV A M. D'AUDIFFRET.

Marly, 26 avril 1711.

Monsieur d'Audiffret, j'ai reçu par l'ordinaire la lettre que vous m'avez écrite le 18 de ce mois. L'embarras que le duc de Lorraine n'a pu s'empêcher de faire paraître lorsque vous lui avez rendu ma réponse, ne laisse pas lieu de douter de l'espérance qu'il avait conçue de se voir employé à renouer les négociations de la paix. Il s'y portait aisément, sachant les intentions de mes ennemis, et je suis persuadé que, si vous l'aviez pressé de s'expliquer sur l'expédient qu'il avait à proposer, il vous eût confié un secret qu'il souhaitait que vous lui eussiez demandé, mais vous avez bien fait de marquer beaucoup d'indifférence sur ce sujet. Je sais que la paix est nécessaire à mes ennemis, et que le moyen d'en éloigner la conclusion est de marquer de ma part le désir que je conserve toujours de la conclure. L'Empereur m'a fait voir combien les Hollandais ont abusé de ma sincérité, et que ceux qui gouvernent cette république ne songent qu'à donner de fausses interprétations aux démarches que je pourrais faire pour avancer le rétablissement du repos de l'Europe. Ainsi, lorsqu'il sera question de traiter de la paix, je préfèrerais désormais toute autre voie à celle de la Hollande. Je vois qu'il n'y a pas moyen de négocier en secret avec l'Empereur, quoique rien ne convînt tant à la maison d'Autriche que de signer un traité particulier avec moi ou avec le Roi mon petit-fils.

Vous m'avez informé, par la lettre que vous m'avez écrite le 23 de ce mois, de la maladie dont l'Empereur avait été attaqué. Quoique le danger fût passé lorsque le courrier que vous avez dépêché à Vienne en est reparti; l'appréhension qu'on doit avoir eue pour la vie de ce prince devait être un grand sujet de réflexion sur l'état où se trouve la maison d'Autriche, et c'est dans ces conjonctures que les conseils pacifiques pourraient avoir lieu; mais il ne convient pas, comme je vous l'ai mandé, de presser le duc de Lorraine de rien insinuer sur ce sujet. Il faut lui laisser la liberté d'agir comme il conviendra davantage à sa manière de penser, et il suffit que vous me rendiez compte de ce qu'il vous dira et de ce que vous pourrez apprendre de ses négociations secrètes. Sur ce, etc. LOUIS.

(*Archives des affaires étrangères, collection Lorraine.*)

XXIX.

M. D'AUDIFFRET AU ROI.

13 février 1712.

Sire, j'ai reçu la dépêche de V. M. du 4 de ce mois.

Outre les douze cents louis d'or que M. Bourcier a emportés il a une lettre de change de trente mille florins qui a été fournie et assurée par un banquier de cette ville, nommé Dominique-Antoine. L'instruction qui lui a été remise n'est qu'un supplément à celle dont il fut chargé lorsqu'il fut envoyé à La Haye, en 1709. L'on m'a assuré que ce n'est qu'un changement touchant l'indemnité de Montferrat qui est demandée selon les vues que M. le duc de Lorraine avait alors; que tous les autres articles subsistent, et que ce que ce prince a le plus à cœur d'obtenir est le dédommagement du Montferrat pour lequel il insistera sur la restitution pour tâcher d'avoir le Mantouan, en quoi il se promet aussi d'avoir la protection de V. M., la suppression des chemins cédés en souveraineté par le duc Charles III par le traité de Paris du dernier février 1661; comme encore du passage libre aux troupes de V. M. par ses États, en exécution du traité de Ryswick et la reconnaissance du titre d'Altesse Royale. Il y a, en outre de cette instruction, divers mémoires qui y sont relatifs et un écrit fort ample touchant la souveraineté de Charleville, composé par le Père Hugo, religieux prémontré, qui a été envoyé deux fois secrètement à Charleville.

La dépense ne sera pas épargnée dans tout ce qui regardera le faste et les moyens de se faire des amis. On juge de là que celle que M. le duc de Lorraine a faite depuis cinq ans pour se procurer de l'appui n'a pas été employée fort utilement et qu'il ne sait pas encore sur quoi pouvoir compter, et M. Bourcier a dit, avant son départ, qu'il avait peu d'espérance de réussir dans sa mission, et qu'il portait beaucoup de papiers qu'il croyait inutiles.

Les Lorrains sont fort inquiets sur la destinée de leur prince; il leur semble que sa conduite confirme la crainte qu'ils ont d'une translation; cas bien loin de remédier aux désordres qu'il y a dans ses finances, de soulager ses sujets et de faire cesser le mécontentement de ceux qui le servent et à qui il est dû trois quartiers à la fin du mois prochain, il oblige les fermiers à le payer d'avance et ne paraît occupé qu'à se satisfaire. Cette espèce d'abandonnement leur donne lieu de croire qu'il regarde cet État comme un pays qui va lui devenir étranger, et ce qui a contribué à le leur persuader est que le dernier courrier qui a été renvoyé par M. Le Bègue a publié qu'on le croyait en Hollande; ce ministre a informé M. le duc de Lorraine par ce courrier, qui arriva mardi au soir, de ce qu'il avait fait à Utrecht, et dont il a paru que ce prince n'était pas content.

D'AUDIFFRET.

(*Archives des affaires étrangères, collection Lorraine.*)

XXX.

LOUIS XIV A M. D'AUDIFFRET.

17 mars 1712.

Monsieur d'Audiffret, j'ai reçu les lettres que vous m'avez écrites le 5 et le 12 de ce mois. Si j'avais eu moins d'égard pour le duc de Lorraine pendant le cours de cette guerre, il n'oserait aujourd'hui se plaindre que ses ministres soient exclus des conférences d'Utrecht, ni donner des mémoires tels que celui qu'il a fait imprimer en Hollande. Il doit bien croire que je ne suis pas content des prétentions qu'il y forme, ni des demandes que mes ennemis font en sa faveur. On commence à voir présentement l'effet de tant d'intrigues et de négociations secrètes dont je doute cependant qu'il retire beaucoup d'utilité. Il était plus sage à lui et à son frère, l'électeur de Trèves de songer que leur maison a besoin de ma protection, et que ce n'est pas un moyen de l'acquérir d'entretenir des liaisons aussi étroites avec mes ennemis et de les faire agir ouvertement pour soutenir les prétentions mal fondées du duc de Lorraine. Je veux bien qu'il sache que je suis très-mécontent de son mémoire et que je vois encore davantage la nécessité dont il est d'exclure ses envoyés des conférences de la paix.

Continuez au reste à m'informer avec la même exactitude de ce que vous pourrez découvrir des secrètes démarches de ce prince, et généralement de ce que vous apprendrez qui aura quelque rapport au bien de mon service.

Sur ce, etc. Louis.

(*Archives des affaires étrangères, collection Lorraine.*)

XXXI.

LOUIS XIV A M. D'AUDIFFRET.

24 mars 1712.

Monsieur d'Audiffret, j'ai reçu la lettre que vous m'avez écrite le 19 de ce mois. Le duc de Lorraine recueillera peu de fruit de toutes les peines qu'il se donne pour grossir ses demandes aux conférences d'Utrecht.

Sa conduite achève seulement de découvrir beaucoup de mauvaise volonté qu'il avait mal déguisée pendant le cours de cette guerre et qu'il était de sa prudence de cacher avec plus de soin. Il aura le déplaisir de voir qu'il sera fait peu d'attention à ses demandes, et je doute même qu'elles servent de prétexte à ceux qui veulent, à quelque prix que ce soit, traverser la négociation de la paix.

Je ne vois nulle disposition à faciliter l'échange que le duc de Lorraine semble souhaiter de ses États avec quelqu'autre souveraineté plus considérable et dont la situation lui parût plus indépendante que celle de la Lorraine. Je souhaiterais qu'il pût trouver les moyens de faire cet échange, et si ces projets sur cet article étaient raisonnables, je contribuerais volontiers à les faciliter, bien loin d'en traverser le succès.

Faites en sorte que ceux qui vous écrivent de Mayence continuent de vous envoyer, s'il est possible, les copies des lettres du comte de*** à l'Électeur son oncle. Les avis qu'elles contiendront seront toujours plus sûrs que ceux qu'on peut recevoir d'ailleurs. Continuez aussi à m'informer de tout ce que vous apprendrez qui aura quelque rapport au bien de mon service. Sur ce, etc.

Louis.

(Archives des affaires étrangères, collection Lorraine.)

XXXII.

M. D'AUDIFFRET AU ROI.

26 mars 1712.

Sire, j'ai reçu la dépêche de V. M. du 17 de ce mois. Le président Mahuet et les sieurs Vignal et Sarrazin ont achevé de travailler à des mémoires fort amples sur les prétentions énoncées dans celui qui a été imprimé en Hollande, et sur d'autres prétendus griefs dont le duc de Lorraine doit demander aussi satisfaction. Ils les envoyèrent, mardi, à Lunéville, et le fils de M. Bourcier, qui doit les porter à Utrecht, a ordre de se tenir prêt à partir. Des copies de celui qui a été rendu public ont été répandues dans ce pays-ci, et ce qui a été compris en faveur de ce prince, dans les demandes des ennemis de Votre Majesté; cela tient ses sujets dans des égarements de joie et d'espérance qu'on ne peut pas exprimer.

Les courriers continuent d'être dépêchés à Vienne et en Allemagne. Le comte Des Armoises a de plus fréquentes conférences avec les ministres de l'Archiduc. L'abbé Heinskelman, qui réside à Ratisbonne, a été à la dernière assemblée des États du cercle de Franconie et ensuite à celle des États du Haut-Rhin. J'ai appris encore que c'est pendant la diète de l'élection que la demande, faite par les Cercles associés, a été méditée à Francfort où le baron Forstner s'est trouvé ; que les courses de l'électeur de Trèves, sous prétexte de chasser, tendaient à cette fin ; qu'on y a intéressé divers États de l'Empire ; et que la prétendue barrière a servi à l'Archiduc de moyen pour se tirer d'embarras sur l'indemnité du duché de Montferrat.

Je vois que M. le duc de Lorraine se flatte d'être arrivé au point de maturité qu'il désirait. Il est depuis quelques jours d'une gaieté et d'un enjouement surprenants. Les courtisans ne font pas de façon de dire qu'il est bien assuré des effets de la protection de l'Archiduc ; et le prince François, qui vint dîner mardi en cette ville, dit aussi que, suivant les nouvelles de Hollande, l'Archiduc et les États Généraux prenaient fort à cœur l'intérêt de son frère. Le banquier juif, qui est établi à Lunéville, m'a confié qu'on fait encore passer beaucoup d'argent à Francfort ; et que si l'on continue de ne payer personne, sur ce que l'argent manque, c'est que le prince travaille à faire un fonds sur lequel il puisse compter en cas de besoin. Il ne confère qu'avec l'électeur de Trèves sur tout ce qu'il reçoit de Vienne, de Ratisbonne et de Francfort, et c'est un secrétaire allemand, qui a été au service de la reine sa mère, qui seul est admis au secret de ce qui se traite.

Des personnes bien informées m'ont averti que je ne devais pas douter que M. le duc de Lorraine ne se fût entièrement attaché à l'archiduc. Il est certain que ce prince n'oubliera rien pour profiter, à quelque prix que ce soit, de la négociation de la paix ; mais je suis persuadé qu'il a formé le plan de ne se déterminer que suivant que les affaires tourneront ; que si la paix se fait à l'avantage de Votre Majesté, il sortira de ce pays ; que si, au contraire, les ennemis de Votre Majesté obtenaient les barrières qu'ils ont demandées, ce prince pourrait avoir une bonne part en celle de l'Empire... D'AUDIFFET.

[*Archives des affaires étrangères, collection Lorraine.*]

XXXIII.

M. D'AUDIFFRET AU ROI.

6 avril 1713.

J'ai reçu la dépêche de Votre Majesté du 31 du mois dernier. Depuis l'arrivée du dernier courrier d'Utrecht, M. le duc de Lorraine a paru extrêmement chagrin. M. Le Bègue mande qu'il n'y avait plus rien à espérer. Il lui envoie le protocole de ce qui s'est passé dans la séance qui s'est tenue le 23 du mois dernier dans la maison du comte de Sinzendorff, entre les plénipotentiaires de l'Archiduc et ceux des princes de l'Empire... Les traités seraient signés dans peu de jours et successivement.

M. le duc de Lorraine a témoigné au duc François, son frère, d'être au désespoir de la manière dont il avait été traité à Utrecht, mais qu'il avait encore une ressource dont il veut profiter et pour laquelle il avait expédié un courrier parti dimanche dernier, 2ᵉ de ce mois.

. . . . Je sais bien sûrement qu'il lui en a coûté cinq millions sur lesquels M. de Marlborough a eu des présents magnifiques en diverses fois. Je ne désespère pas d'avoir un état de l'emploi qui en a été fait, aussi bien que des copies des mémoires donnés par récépissé à M. Le Bègue lorsqu'on traitait de la paix à Gertruidemberg, et dont il a eu ordre depuis de faire usage.

J'ai vu, par les minutes de ces mémoires, que ce prince n'a jamais eu de bonnes intentions. D'AUDIFRET..

(*Archives des affaires étrangères, collection Lorraine.*)

XXXIV.

LOUIS XIV A M. D'AUDIFFRET.

1er juin 1713.

Monsieur d'Audiffret, on verra bientôt s'il est vrai, comme le duc de Lorraine le croit, que le ressentiment de l'Archiduc contre les Anglais et les Hollandais soit la seule cause de la rupture des conférences d'Utrecht, mais jusqu'à présent il y a lieu de l'attribuer à d'autres motifs; car autrement il ne serait, ni de l'intérêt, ni de la prudence de ce prince de laisser expirer le terme que je lui ai donné pour accepter mes offres. Il s'en fallait peu qu'il ne convînt de les accepter, et la guerre commençant, il n'obtiendra plus les mêmes avantages.

J'ai fait assez voir le désir que j'avais de contribuer en même temps au parfait rétablissement du repos général de l'Europe. Toute démarche que je ferais présentement, dans la vue de renouer une négociation, ne ferait que l'éloigner. Je connais assez le génie et les maximes de la cour de Vienne pour savoir qu'elle imputerait à faiblesse toutes ces dispositions que je ferais désormais paraître pour la paix, et qu'elle en tirerait avantage pour suppléer, par de nouvelles alliances, à celles qu'elle vient de perdre.

Vous témoignerez donc au duc de Lorraine le gré que je lui sais, et de la confidence qu'il vous a faite, et des sentiments qu'il vous a témoignés; mais vous lui direz que toute proposition, même indirecte, retarderait la conclusion de la paix beaucoup plus qu'elle ne l'avancerait; qu'il faut laisser à l'Archiduc le temps de se désabuser de l'espérance qu'il a d'obtenir des avantages considérables par la continuation de la guerre, et que le moyen le plus sûr de faire la paix est d'obliger ce prince à la désirer pour ses propres intérêts.

Je crois que rien n'y serait plus convenable que l'union

dont le prince de Lorraine vous a parlé pour l'avenir; je n'aurai de ma part aucune répugnance à l'établir solidement avec la maison d'Autriche, mais il faut avant toutes choses que la paix soit faite.

Au reste, je suis persuadé que le duc de Lorraine ne vous aurait pas tenu le discours dont vous me rendez compte, s'il n'était instruit particulièrement des intentions de l'Archiduc; mais quelque désir que j'aie que le repos général soit bientôt rétabli, il ne convient pas, pour le but que je me propose, de commencer dès à présent une nouvelle négociation. Ainsi, vous répondrez au duc de Lorraine dans les termes que je vous marque. LOUIS.

(*Archives des affaires étrangères, collection Lorraine.*)

XXXV.

M. D'AUDIFFRET AU ROI.

9 août 1714.

Sire, j'ai reçu la dépêche de Votre Majesté du 26 du mois dernier. Il y a longtemps que M. le duc de Lorraine désire de quitter ses États par échange. Sa confiance, qu'il n'a donnée qu'à des étrangers, a fait connaître aux Lorrains qu'il n'était leur maître que par nécessité, et le peu de ménagements qu'il a toujours eus pour eux semble lui faire oublier qu'ils étaient ses sujets. Il a souvent témoigné pendant la guerre cette idée aux Italiens qui sont près de lui. C'est ce qui l'a engagé dans les grandes dépenses qui ont mis ses affaires dans le désordre où elles sont; et si jamais la proposition lui en était faite on trouverait en lui beaucoup de facilité, parce que quelque part qu'il pût aller, les revenus seraient en meilleur état et plus abondants...

D'AUDIFFRET.

(*Archives des affaires étrangères, collection Lorraine.*)

XXXVI.

X*** A M. D'AUDIFFRET.

3 février.

Monsieur, j'ai suivi de si près, depuis un mois, l'ami de M. Le Bègue, que j'en ai appris ce qui suit, que je porte moi-même à notre adresse ordinaire pour être plus en repos et assuré que vous en ferez l'usage qu'il mérite.

M. Le Bègue parle à son ami :

« Cher prélat, voilà une lettre de quatre pages que Son Altesse doit copier pour être mise à l'ordinaire de demain en réponse du paquet que je reçus avant-hier de Vienne. Il ne m'est pas permis de vous en faire la lecture; j'y ai mis tout mon savoir faire, car l'Empereur la lira.

Je vous dirai seulement que le conseil de Vienne m'a chargé de dire à mon maître que, s'il ne guérit la gangrène qui est dans les finances, il ne rétablira jamais les affaires de sa maison. Je l'ai tenu longtemps avec l'Électeur son frère sur ce chapitre; ils m'ont promis des merveilles. Après leur avoir fait comprendre que, sans rien rabattre des plaisirs qui leur conviennent, ils peuvent tous deux passer l'année avec moins de trois millions, de cinq qu'ils ont de revenu, et qu'avec cette épargne, pendant quelques années, jointe à leur crédit et à la ressource qu'ils ont sur leurs sujets, ils pourraient retrouver l'occasion de remettre leur maison tout au moins dans son ancien lustre.

Après cette remontrance, Son Altesse me dit d'écrire à Vienne que son frère et lui n'étaient pas si mauvais ménagers qu'on le pense, que lui avait actuellement quinze cent mille livres en bourse, et que son frère avait et aurait toujours des livres pour une bonne somme, lesquelles pourraient servir dans les occasions où on voudrait les employer.

M. Le Bègue, surpris de cette déclaration que ce prince ne lui avait pas encore faite depuis son retour, lui dit : Monseigneur, Votre Altesse a beaucoup perdu de n'avoir pas employé cet argent au paiement de ses dettes avant les diminutions. « J'ai pris », répondit-il, « mes mesures pour mes dettes qui ne sont pas assez considérables pour m'inquiéter; en un mot, je ne veux jamais être sans argent comptant, et cela se fera avec un si grand secret, qu'il ne passera pas plus loin que Mahuet; enfin, pour faire croire à qui je veux que je suis malaisé, il faut que je doive et que mes libéralités et ma dépense paraissent autant que faire se pourra toujours excessives, sans conduite ni précaution.— Monseigneur, « repartit M. Le Bègue », il faut du moins payer les gages, gratifications et pensions, ou les supprimer.— Ce n'est pas là ma maxime, « dit Son Altesse »; je fais payer sous main ceux que je veux retenir, et pour les autres le défaut de paiement les dégoutera, me contentant de faire donner quelques petites choses aux plus importuns. »

Le Père***, dont ce prince s'est servi à Paris pour savoir ce qui s'y passe, prit la liberté de lui dire en particulier, dans son dernier voyage, que ce n'était pas faire sa cour au roi et au Pape que d'employer et de protéger des gens dont la doctrine était suspecte, comme le Père Hugo et d'autres ; et que s'il n'était autant sous sa protection, les religieux de son ordre lui feraient son procès pour sa mauvaise doctrine qui les avait scandalisés aussi bien que l'université du Pont-à-Mousson et tous les Jésuites; à quoi Son Altesse répondit : il n'y a que les Français qui lui en veulent à cause de son histoire de Lorraine; il n'a qu'à rester où il est pour n'avoir rien à craindre. « Il paraît, Monseigneur, « dit le Père***, » que Votre Altesse pourrait garder un peu plus de mesure. » Sur quoi la conversation finit; et comme deux jours auparavant Son Altesse avait promis cent pistoles au Père*** pour aider à faire expédier les bulles pour l'abbaye de***, s'étant comme excusé de ne pouvoir faire davantage, à cause du dérangement de ses finances, il défendit sur-le-champ qu'on les lui payât. X***

(*Archives des affaires étrangères, collection Lorraine.*)

XXXVIII.

M. D'AUDIFFRET AU RÉGENT.

17 février 1717.

La réforme projetée par M. le duc de Lorraine a été déclarée au commencement de ce mois, et s'il reste ferme, elle produira une épargne de cinq cent mille livres qui ira à plus d'un million s'il veut aussi retrancher les intérêts payables au porteur; mais les finances ont à combattre l'ambition et la libéralité. Ceux qu'il honore de ses bonnes grâces sont traités avec une profusion à laquelle je doute qu'il soit aisé de remédier.

L'ambition l'engage aussi dans de grandes dépenses. Il n'est pas content de son État; c'est pour cela qu'il avait sollicité le gouvernement des Pays-Bas. On m'a assuré qu'il avait depuis formé un autre projet d'établissement en Italie, que l'Empereur avait approuvé, mais que la guerre contre les Turcs en avait suspendu la décision. Je sais, de bonne part, que ce prince travaille à avoir des informations exactes du Milanais et des autres pays de la Lombardie par le résident qu'il a à Milan, et qu'il continue d'entretenir les intelligences qu'il a dans le Monferrat; tout cela avec de grandes dépenses.

Il a dit à une personne de confiance que le traité, pour seize mille hommes que le roi de Prusse doit fournir à l'Empereur, était sur le point d'être conclu et que ces troupes étaient destinées pour l'Italie...   D'AUDIFFRET.

(*Archives des affaires étrangères, collection Lorraine.*)

XXXIX.

LETTRE DE Mme LA DUCHESSE DE LORRAINE AU DUC D'ORLÉANS.

8 juillet 1717.

Depuis que je ne vous ai écrit, j'ai appris, mon très-cher frère, avec un grand contentement, que l'affaire des princes du sang et des bâtards était enfin jugée, et que ces derniers sont rétablis comme il était de mon temps; ce qui est, je vous l'avoue, une nouvelle bien agréable pour moi; et cela est selon les lois du royaume, car ce que le feu roi avait fait en leur faveur était tout à fait contre. Mais permettez-moi encore de vous dire, mon très-cher frère, que, pour achever de remettre entièrement la tranquillité dans la maison royale, je crois qu'il serait bon que M. du Maine ne fût plus chargé de l'éducation du petit roi, car il n'y a pas à douter qu'un enfant est susceptible des impressions qu'on lui donne, et que sûrement il ne lui en donnera pas à votre avantage ni à celui des princes de la maison royale contre qui il est enragé. Outre cela il court des bruits que madame sa femme fait tout ce qu'elle peut pour exciter des révoltes contre vous; ensuite, mon très-cher frère, tout cela ne vaut pas grand'chose; il semble, quand je songe aux méchancetés qu'elle a faites contre vous, en faisant jeter des libelles dans les camps. C'est une méchante femme capable de tout au monde. Au nom de Dieu, mon très-cher frère, soyez bien sur vos gardes, et ayez toujours avec vous des gens qui vous soient bien attachés.

Si l'on ôtait l'éducation du roi à M. du Maine, l'on a assez de bonnes raisons pour cela. Toute personne qui peut et veut exciter des révoltes, comme il a déjà fait à l'égard de la noblesse, est indigne d'être auprès du roi et prouve les méchantes intentions qu'il a pour Sa Majesté et pour le bien de l'État. Cette raison seule suffit pour l'éloigner.

Je ne doute pas que la vieille Maintenon ne donne aisément dans les provinces quelques-uns des millions qu'elle a volés du temps du feu roi pour exciter les révoltes, et le peuple et la noblesse sont si pauvres et si accablés de misère par les taxes qu'elle-même leur a fait mettre, qu'ils se laisseront aller à l'argent; et je ne doute pas même que ce n'ait été à cette intention-là de causer des troubles après la mort du roi, qu'elle ait mis la France dans l'état de misère où elle est, et qu'elle ait tant pris d'argent pour après faire des révoltes en faveur de son cher M. du Maine.

Enfin, mon très-cher frère, je ne serai pas tranquille pour l'amour de vous, tant que ce diable de boiteux sera auprès du petit roi, car il ne songera jamais qu'à vous faire tous les maux du monde. Pour les Parisiens, j'ai trop bonne opinion de leur bon cœur pour croire qu'on les puisse jamais gagner contre vous; mais c'est les provinces que je crains qui ne se laissent gagner par argent, et c'est à quoi l'on croit que la vieille travaille sous main avec le duc du Maine.

Ce n'est que mon extrême tendresse, mon très-cher frère, qui me fait vous avertir de tout cela; mais souvenez-vous que, depuis la mort du feu roi, je vous ai toujours dit de vous méfier de vos beaux-frères, et vous voyez bien, à présent, que j'avais raison.... CHARLOTTE D'ORLÉANS.

(*Archives des affaires étrangères, collection Lorraine.*)

XL.

LETTRE DU DUC DE LORRAINE AU DUC D'ORLÉANS.

18 janvier 1718.

Je retarde tant que je puis pour ne pas interrrompre M. le duc d'Orléans dans ses importantes occupations; mais dans l'occasion qui se présente, je ne puis m'empêcher de l'incommoder et de le prier en même temps de vouloir bien me faire réponse, ou du moins, d'ordonner à M. l'abbé Dubois de me la faire de sa part.

M. le duc d'Orléans se souviendra que, lors de mon séjour à Paris, il a eu la bonté de me témoigner qu'en cas que les États de Toscane ou de Parme ne pussent pas être donnés par investiture aux fils du second lit du roi d'Espagne, et que ce roi n'acceptât pas les conditions qui lui ont été proposées de la part de la France et de l'Angleterre, il verrait avec plaisir que l'État de Toscane me fût assuré. Le refus que le roi d'Espagne a fait d'accepter ces propositions dans les termes qui lui ont été prescrits, et les nouvelles déclarations de guerre faites à l'Espagne, tant de la part de la France que de celle de l'Angleterre, paraissent avoir donné lieu de le déterminer en ma faveur. Par un courrier que j'ai reçu ce matin de Vienne, l'Empereur marque y être porté; on me flatte que, de la part de l'Angleterre, non-seulement elle y consent, mais on doit en avoir parlé à M. le duc d'Orléans de la part du roi d'Angleterre, pour qu'il veuille aussi, de son côté, y donner son approbation. C'est celle-là que je viens demander à M. le duc d'Orléans avec toute l'instance possible; ne pouvant en ce cas douter de la réussite, et comptant sur les assurances réitérées des bontés et amitiés pour moi de la part de M. le duc d'Orléans. Je n'entrerai pas dans un long détail des raisons qui paraissent devoir l'engager à m'être favorable; je répéterai seulement que le refus d'acceptation de la part de l'Espagne des conditions qu'on lui a proposées, les mouvements de trouble que le gouvernement d'Espagne s'est donnés dans l'intérieur de la France, et enfin la déclaration de guerre entre la France et l'Espagne, me paraissent suffire pour engager M. le duc d'Orléans à se déterminer en faveur de qui l'attachement inviolable à sa personne lui est connue.

J'ose encore importuner un moment M. le duc d'Orléans. Il se souviendra de ce que j'ai eu l'honneur de lui écrire à l'égard de l'envie que j'ai de pouvoir être admis dans la quadruple alliance. Il m'a marqué que je devais rester dans l'inaction; qu'il me fera avertir lorsqu'il sera temps, ce que j'ai exécuté exactement. Mais, par ce même courrier de Vienne, on me mande (comme me le suggérant) que je devrais penser à être admis dans cette ligue et qu'il paraissait qu'il était temps que je me donnasse du mouvement près des puissances contractantes pour y être admis. Je prie donc M. le duc d'Orléans de me mander ou me faire mander son sentiment à cet égard.

Il a eu la bonté de me mander précédemment qu'il paraissait que je devais rester dans l'inaction jusqu'à ce que la Hollande et le duc de Savoie eussent accédé à cette alliance. Comme ils l'ont fait à présent, je prie M. le duc d'Orléans de me marquer si je puis à présent solliciter cette affaire auprès des autres puissances; comptant toujours, à son égard, sur ce qu'il m'a témoigné là-dessus, d'autant plus qu'on me mande de Vienne que le roi de Portugal sera admis incessamment, ce qui me fait appréhender que, si j'échappais ce temps où il me paraît que l'on est bien disposé en ma faveur, je rencontrerai à la suite plus de difficultés. Comme M. le duc d'Orléans a trouvé bon que je lui parlasse avec toute la confiance possible, je le prie de me vouloir marquer les conditions que la quadruple alliance pourrait exiger de moi ou celles que je devrais proposer pour y être admis. Je crains si fort d'avoir été trop importun que je n'ose marquer mon attachement à M. le duc d'Orléans; mais en deux mots, je lui dirai qu'il n'y a personne sur qui il puisse compter plus sûrement que moi, ni qui, avec plus de zèle, lui sera attaché jusqu'à la mort. LÉOPOLD.

(*Archives des affaires étrangères, collection Lorraine.*)

XLI.

LETTRE DE L'ABBÉ DUBOIS A M. D'AUDIFFRET.

17 avril.

Vous avez su, sans doute, Monsieur, que M. le duc de Lorraine poursuit depuis longtemps l'érection d'un évêché à Saint-Diez, pour soustraire en quelque façon ses États de la juridiction de l'évêque de Toul. Cette prétention a été discutée à Rome dans une congrégation consistoriale dans laquelle on a examiné les motifs de cette érection proposée par M. le duc de Lorraine, et ceux de l'opposition de l'électeur de Trèves et de l'évêque de Toul, et enfin elle a rendu un décret dont la copie est ci-jointe. Si obscurs que paraissent être les termes de ce décret, on approuve les causes qui ont porté M. le duc de Lorraine à demander l'érection d'un Évêché dans ses États; ce qui est un préjugé bien considérable que les raisons que l'on a alléguées contre cette érection n'ont pas été jugées valables; le surplus du décret paraît ambigu comme les anciens oracles et aura tel sens que l'on voudra : *Et ad mentem mens est quod requirantur novi consensus liberi.* Ce qui n'est pas un grand empêchement à Rome où ils ont pour principe que tout consentement est légal, et que celui auquel on le demande doit le donner et expliquer la cause de son refus dont Rome reste toujours le juge.

La fin du décret regarde un droit de patronage qu'il paraît, à la vérité, que l'on refuse à M. le duc de Lorraine, parce que les bénéfices qui doivent servir à la dotation de l'Évêché ne sont pas à sa nomination.

S'il s'agissait ici de l'intérêt de simples particuliers, ce décret serait un préjugé violent ; mais comme il s'agit d'un intérêt public et d'empêcher que chaque prince puisse demander de pareilles érections, et que le roi a un intérêt essentiel d'empêcher que celle-ci ne se fasse, les mesures que l'on prendra pour s'y opposer doivent avoir plus d'effet. Cette prétention de M. le duc de Lorraine n'est pas nouvelle, et nos rois l'ont combattue comme contraire à leurs intérêts, dans le temps même qu'ils n'avaient qu'un droit de protection sur les Trois Évêchés. Le roi a donc des raisons bien plus fortes que ses prédécesseurs puisqu'il est souverain des Trois Évêchés, depuis qu'ils lui ont été cédés par le traité de Westphalie.

ET PIÈCES JUSTIFICATIVES. 617

Le ministre du roi à Rome a protégé l'opposition formée par M. l'évêque de Toul et a déclaré au ministre de Lorraine et aux officiers de la congrégation que S. M. y formerait opposition elle-même, croyant que cette seule menace les retiendrait plus qu'elle n'a fait; on ne peut plus différer de former cette opposition au nom du roi, et c'est pour avoir votre sentiment sur la manière dont elle doit être libellée et dressée que je vous écris. DUBOIS.

(*Archives des affaires étrangères, collection Lorraine.*)

XLII.

DÉPÊCHE DE M. D'AUDIFFRET, ADRESSÉE AU JEUNE ROI LOUIS XV, DEVENU MAJEUR.

17 juin 1723.

Sire, j'eus l'honneur hier de saluer M. le duc et Mme la duchesse de Lorraine dans la maison du marquis de Craon, où ils se sont retirés depuis la mort du prince leur fils aîné, et après leur avoir fait mon compliment de condoléance, M. le duc de Lorraine me mena dans son cabinet, où il me dit qu'il avait su ce qu'on avait pensé en France du voyage que son fils devait faire à la cour impériale, qu'il n'y avait pas d'autre motif que de rendre ses devoirs à l'Empereur, comme il les avait rendus à V. M. à Rheims; que ces grands établissements qu'on disait lui être destinés étaient des bruits; qu'il pouvait m'assurer qu'il n'avait jamais fait une démarche qui aurait beaucoup déplu à l'Empereur, et qui aurait plutôt nui à son fils qu'elle ne lui aurait servi; que même pour en ôter le moindre soupçon, son séjour à Vienne ou à Prague n'aurait été que de trois semaines ou d'un mois; qu'il fallait bien peu connaître les intérêts de l'Empereur pour croire qu'il voulût déjà marier sa fille aînée ou prendre des engagements à cet égard, et encore moins faire élire un Roi des Romains, puisqu'il se mettait au risque de faire sortir l'Empire de sa maison s'il venait à avoir un fils, ce qu'il désirait si fort que cette seule raison devait désabuser des raisons qu'on publiait; que, cependant, il ne me cachait pas qu'il eût fort souhaité qu'elles fussent véritables, et que s'il n'avait pas écrit déjà à M. le duc d'Orléans sur ce voyage c'est que le temps n'en était pas encore fixé.

J'aurais été persuadé de ce qu'il venait de me dire, si je n'avais été informé que le comte de Ligneville, qui arriva de Vienne la semaine passée, lui a rapporté que l'Empereur était dans des dispositions très-favorables pour le prince son fils; qu'il avait témoigné désirer fort de le voir, et qu'il lui offrait telle maison qu'il la voudrait avoir sans s'embarrasser de mener des équipages, parce qu'il y trouverait tout ce qui serait nécessaire... D'AUDIFFRET.

(*Archives des affaires étrangères, collection Lorraine.*)

XLIII.

LETTRE DE M. D'AUDIFFRET A M. LE DUC DE BOURBON.

5 avril.

Monseigneur, M. le duc de Lorraine m'ayant fait dire de me trouver hier à neuf heures du matin au couvent des Capucins de Saint-Nicolas qui est à deux lieues de cette ville, je m'y rendis, et là il me dit que tant qu'il n'avait été question, suivant les nouvelles publiques, que du mariage du roi avec la princesse de Galles, il n'avait point songé à faire de démarches; mais que depuis qu'on parlait des princesses de Danemark, de Prusse, de Hesse-Rheinfeld et de la fille du roi Stanislas, il croirait manquer à ce qu'il devait à lui-même et à l'honneur de sa famille, s'il ne mettait aussi sa fille sur les rangs; qu'il serait au comble de ses désirs s'il pouvait lui procurer un si grand et si glorieux établissement, que tant d'alliances avec la maison de France, dont la sienne avait été honorée, devaient lui donner quelque avantage pour la préférence; qu'il y avait de la conformité d'âge aussi bien que de religion, dont la différence laissait souvent un levain d'hérésie à craindre, et qu'il espérait de son bon naturel cultivé par une bonne éducation qu'elle remplirait bien tous ses devoirs à l'égard de l'époux auquel elle serait destinée; qu'il me priait de vous rendre compte de ce qu'il venait de me dire, d'assurer S. M. de ses respectueux et dévoués sentiments, et de vous témoigner la reconnaissance qu'il aurait si vous vouliez bien prendre quelque intérêt à ce qui le regardait. Il est certain que, soit qu'on regarde la naissance, soit qu'on reconnaisse le caractère de l'esprit, l'humeur, le tempérament, les bonnes qualités, l'éducation et la fécondité de la mère, qui est toujours un heureux préjugé, outre les motifs et les vues politiques, la princesse de Lorraine pourrait avoir l'honneur d'épouser Sa Majesté.

D'AUDIFFRET.

(*Archives des affaires étrangères, collection Lorraine.*)

XLIV.

LETTRE DE M. LE DUC A M. D'AUDIFFRET.

17 mai 1725.

Monsieur, il me reste à vous parler de la proposition par rapport au mariage du Roi que M. le duc de Lorraine vous a renouvelée. Il nous est revenu que ce prince avait été piqué au vif de la froideur avec laquelle sa première ouverture avait été reçue. Si cela est vrai, je ne me suis point trompé lorsque j'ai jugé qu'en proposant la princesse sa fille, il n'a eu d'autre prétexte que de se plaindre de la France; car il y a en ceci deux choses également vraies : l'une, qu'il n'a pu manquer de sentir, que pour toute sorte de raisons sa démarche était superflue, parce qu'il n'avait pas lieu de supposer, ni que, dans l'examen qui se ferait des personnes convenables pour le roi, l'aînée de celles de Lorraine échappât à l'attention de S. M., ni qu'elle pût appréhender de voir la recherche rejetée, si elle avait voulu en honorer cette princesse; l'autre, que quand des propositions de la nature de la sienne ne peuvent être admises, on les laisse tomber plutôt que d'y répondre. Cependant, nous voyons bien qu'il faut que vous rompiez ce silence. Pour diminuer l'amertume, ne mettez aucune borne aux assurances que vous donnerez, que le Roi est entièrement convaincu des sentiments que M. le duc de Lorraine vous a fait paraître en dernier lieu pour lui; qu'elle est bien éloignée de condamner les ménagements qu'il a pour la cour de Vienne; que tant s'en faut qu'il voulût prétendre qu'il ne suivit pas avec ardeur d'aussi grands intérêts que ceux qu'il a dans la situation du prince de Lorraine, qu'au contraire, elle contribuera volontiers au succès des espérances de sa maison, ne doutant point que le duc de Lorraine ne sache tout à la fois remplir ce qu'il doit à S. M. et à l'Empereur. Cet entretien ne sera pas le plus gracieux que vous puissiez avoir avec le duc de Lorraine; votre bon esprit et votre habileté vous fourniront ce qu'il y aura à dire de plus. LOUIS DE BOURBON.

(*Archives des affaires étrangères, collection Lorraine.*)

XLV.

LETTRE DU DUC LÉOPOLD AU CARDINAL DE FLEURY.

8 janvier 1727.

Je ne puis assez marquer à M. le cardinal de Fleury ma reconnaissance de la réponse qu'il m'a faite à la lettre que j'ai pris la liberté d'écrire au roi pour marquer à S. M. la résolution inébranlable que j'ai prise de conserver mes États dans une parfaite neutralité en cas de guerre, et cela fondé sur les obligations infinies que j'ai aux deux maisons de Bourbon et d'Autriche, jointes à l'honneur que j'ai de leur appartenir de si près. L'assurance que le roi approuve ma résolution me rend très-tranquille ; et ayant jugé nécessaire, avant de rien solliciter des autres puissances qui pourraient se trouver engagées dans la guerre, de faire à l'égard de l'Empereur la même démarche que j'ai faite envers le Roi ; j'en ai reçu la réponse dont M. le marquis de Stainville donnera copie à M. le cardinal de Fleury. Je le prie de vouloir bien observer que, dans la neutralité que l'Empereur m'accorde, il y a la condition d'obtenir les mêmes assurances des puissances qui pourraient entrer en guerre. Je prie donc M. le cardinal de Fleury de vouloir bien m'obtenir une pareille lettre du roi. Je prends la liberté d'écrire de nouveau à S. M. à cet égard. Le marquis de Stainville aura l'honneur de montrer à M. le cardinal de Fleury la copie de ma lettre au roi, lui ayant recommandé de n'en parler à qui que ce soit. Je prie M. le cardinal de Fleury d'être persuadé qu'il n'y a dans ma demande ni inquiétude, ni méfiance, et de ne pas avoir d'inquiétude lui-même sur l'état de nécessité indispensable qui pourrait arriver et empêcher qu'on ne me laissât plus longtemps dans cette neutralité.

P. S. La grâce que le roi d'Espagne a faite à M. de Craon lui donne effectivement, ainsi qu'à la princesse sa femme, les honneurs en France ; mais, comme ces honneurs ne sont que personnels, je prie M. le Cardinal d'obtenir du roi, qu'en cas que le prince de Craon mariât un de ses fils en France, et pour lui procurer un rang, il lui abandonnât la Grandesse, que M. et Mme de Craon puissent conserver aussi ce rang pour eux ; les exemples de pareilles grâces sont très-communs en France. LÉOPOLD.

(*Archives des affaires étrangères, collection Lorraine.*)

XLVI.

LE ROI AU DUC LÉOPOLD.

12 février 1727.

Mon frère et oncle, l'affection sincère que j'ai pour vous, et qui n'est pas moins due au sang qui vous unit à moi qu'à la connaissance que j'ai de vos sentiments à mon égard, me détermine à satisfaire le désir que vous avez d'être instruit par moi-même de ce que je pense du parti que vous vous proposez de prendre et de suivre, si, malgré mes vœux et mes soins pour le repos de l'Europe, la guerre venait à s'allumer. Je vous assure donc très-volontiers que j'approuve le dessein que vous formez de garder une entière et constante neutralité, et que, dans les cas où l'entrée, le passage ou le séjour de mes troupes en Lorraine deviendraient nécessaires, vous éprouverez que j'aurai toute l'attention possible à empêcher que rien ne puisse troubler la tranquillité dans laquelle je souhaite qu'un prince, qui m'est aussi cher que vous l'êtes, possède ses États. Je prie Dieu qu'il vous ait, mon frère et oncle, en sa sainte et digne garde. Votre bon frère et neveu.   Louis.

(*Archives des affaires étrangères, collection Lorraine.*)

XLVI.

DÉCLARATION DE NEUTRALITÉ PERPÉTUELLE POUR LA LORRAINE.

14 octobre 1728.

Louis, par la grâce de Dieu, roi de France et de Navarre, à tous ceux qui ces présentes lettres verront, salut. Notre très-cher et très-aimé frère le duc de Lorraine et de Bar, ayant toujours témoigné depuis son avénement dans ses États un désir extrême de ne prendre aucune part à toutes les divisions qui peuvent altérer l'union et la paix entre les puissances de l'Europe, dont il souhaiterait de se conserver également l'amitié et la bienveillance, il nous a fait représenter qu'il tiendrait à grâce singulière si nous voulions lui accorder un acte de neutralité perpétuelle pour ses États et pays en dépendant, sans préjudice à l'exécution du traité de Ryswick pour tous les articles qui le concernent et des traités intervenus en conséquence ; que la neutralité a été déjà accordée en différentes occasions aux Ducs ses prédécesseurs, et qu'il a d'autant plus de sujet de l'espérer pour lui et ses successeurs ducs de Lorraine et de Bar, que ces États, qui sont enclavés entre notre royaume et l'Empire se trouvent sans aucune place forte et ouverts de tous côtés ; qu'ainsi il ne peut être d'aucun secours ni donner d'ombrage ; que ce sont ces motifs qui lui ont fait obtenir une neutralité, non-seulement pendant le cours de la dernière guerre, mais encore aux apparences de celle qui semblait se préparer ; qu'il en a observé inviolablement toutes les obligations ; qu'à l'avenir, il s'y conformera toujours avec même exactitude ; toutes lesquelles considérations nous ayant déterminé à traiter favorablement notre dit frère le duc de Lorraine, d'autant plus encore que le lien de parenté et d'alliance, qui l'attachent à la plupart des couronnes de l'Europe le rendent plus particulièrement digne de notre attention ;

Nous avons dit, statué, déclaré et ordonné et par ces présentes, signé de notre main, disons, déclarons, statuons et ordonnons qu'en cas de rupture, infraction, invasion, guerre ou hostilité de quelque nature et pour quelque raison que ce soit entre nous et les autres puissances de l'Europe, notre dit frère le duc de Lorraine et de Bar et ses successeurs jouiront d'une neutralité pleine et entière, perpétuelle et irrévocable pour tous leurs États, terres, villes, bourgs, villages, hommes et sujets sans aucune exception ni réserve, et généralement de tous autres droits dépendants d'une neutralité durable et parfaite, de même que s'ils étaient ni particulièrement spécifiés ni déclarés ; à charge et condition que notre dit frère le duc de Lorraine et ses successeurs observeront de leur part la même neutralité à notre égard, le tout sans préjudice du traité de paix conclu à Ryswick, le 30 octobre 1697, pour tous les articles qui concernent notre dit frère le duc de Lorraine, et notamment l'art. 34, de même qu'aux autres traités intervenus, lesquels seront exécutés ; et, en conséquence, promettons d'entretenir, garder et observer tout le contenu aux présentes lettres, et de le faire entretenir, garder et observer en ce qui peut nous concerner et appartenir, sans acte, au contraire, car tel est notre plaisir ; en témoin de quoi nous avons fait apposer à ces dites présentes le scel de notre secret. Donné à Fontainebleau, le 14 octobre, l'an de grâce 1728, et de notre règne le 14e.

LOUIS.

(*Archives des affaires étrangères, collection Lorraine.*)

XLVII.

CONTRE-DÉCLARATION DONNÉE PAR M. DE STAINVILLE.

14 octobre 1728.

M. le garde des sceaux m'ayant remis aujourd'hui l'acte par lequel le roi veut bien accorder une neutralité perpétuelle pour les États de M. le duc de Lorraine, je promets de lui remettre incessamment l'acte par lequel S. A. R., acceptant, tel qu'il est, celui accordé par le roi, déclarera qu'elle ne prétendra pas, que ce fut déroger à cette neutralité de la part de S. M., si, dans le cas de nécessité absolue, comme il arrive dans presque toutes les guerres et comme il s'en est présenté en différents temps de la dernière, S. M. était obligée d'en user autrement. En foi de quoi j'ai signé le présent à Fontainebleau, le 14 octobre 1728.

CHOISEUIL STAINVILLE.

(*Archives des affaires étrangères, collection Lorraine.*)

XLVIII.

DÉPÊCHE DE M. DE VERNEUIL.

12 octobre 1733.

Sire, vos troupes entreront demain matin dans la ville de Nancy, dans la citadelle et dans le château de Bar sans éprouver la moindre résistance.

Je suis arrivé ici ce matin à neuf heures, je suis allé sur-le-champ au château où j'ai eu mon audience aussitôt que j'ai été annoncé. J'ai présenté la lettre de V. M. à Mme la duchesse de Lorraine que j'ai trouvée seule. Elle l'a lue avec autant d'empressement que d'émotion, et elle m'a témoigné, les larmes aux yeux, combien elle était touchée des termes dans lesquels V. M. avait bien voulu lui écrire.

J'ai exposé alors les motifs de la résolution de V. M. en profitant du moment d'incertitude dans lequel j'ai remarqué Mme la duchesse de Lorraine, par ce désir de satisfaire V. M. et la crainte de ne pas être avouée par M. le duc de Lorraine, je l'ai déterminée en lui représentant ce qu'elle devait à V. M., à elle-même et à ses sujets. Presque dans ce même moment, je l'ai fait consentir à ce que j'ai été chargé en dernier lieu de demander pour le château de Bar et les autres postes que les généraux de V. M. jugeraient à propos d'occuper dans la suite.

L'idée de ne consulter aucun de ses ministres a un peu inquiété Mme la duchesse de Lorraine. Je lui ai dit qu'elle n'avait pas besoin de leur conseil pour prendre un bon parti ; je l'ai rassurée, et il m'a paru qu'elle s'embarrassait peu de ce que penserait la cour de Vienne et le prince son fils.

L'ordre a été envoyé immédiatement au gouverneur de Nancy de venir ici pour se concerter avec moi.

Le courrier que j'expédie à V. M. a été retardé par les petites difficultés que M. de Vidampierre, qui me paraît l'homme en qui Mme la duchesse de Lorraine a le plus de confiance, a engagé cette princesse de faire; elles ne sont d'aucune conséquence et je les ai levées.

Mon premier soin, au sortir de mon audience, a été de faire répartir M. de Mortagny, un officier que j'avais emmené avec moi de Metz, pour aller rendre compte à M. de *** de ce que j'ai fait, et j'ai écrit en même temps à M. de Bellisle qui sera demain à neuf heures à la porte de Nancy. VERNEUIL.

(*Archives des affaires étrangères, collection Lorraine.*)

XLIX.

Vienne, 10 juin 1735.

Monsieur,

M'estant rendu chez M. le comte de Sinzendorff, selon l'ordre que j'en avais reçu, il m'a dicté d'un mémoire qu'il tenait en sa main le billet ci-joint, disant que c'estait une méthode reçue en France; et, sur ce que j'aurais souhaité, qu'il y eût fait entrer des termes plus expressifs, et qu'il eût signé le billet, il m'a fait connaistre que, quant à présent, il lui paraissait trop dangereux de dire quelque chose de plus, et qu'il ne pouvait rien signer, à moins qu'il ne vît aussy une signature de M. le cardinal de Fleury, en la droiture et intention pacifique, duquel, je crois, qu'on a icy beaucoup de confiance. Il n'en est pas de même à l'égard d'un autre ministre que vous savez, de sorte que je conçois bien que l'on facilitera beaucoup de choses, si l'affaire se traitait secrètement et immédiatement avec cette Éminence, sans la participation d'aucun autre, auquel cas je ne doute plus de la réussite, depuis qu'on m'a fait entendre qu'on était toujours dans de bonnes dispositions pour faire une paix solide et qu'on n'avait aucun engagement avec les puissances maritimes, qui dût empêcher de traiter de la paix par une voie infiniment plus courte... Dieu veuille bénir une œuvre qui tend à épargner le sang humain et prévenir l'entière désolation de tant de pays.

FRÉDÉRIC-ALEXANDRE, comte de WIED.

(*Archives des affaires étrangères, correspondance de Vienne.*)

L.

Vienne, 11 juin.

Le comte de Neuwiedt et le baron de Nierodt s'étant rendus tous deux à Vienne, au mois de mai dernier, dans la vue d'entamer une négociation secrète de paix, ils ont trouvé M. de Sinzendorff et les autres ministres de l'Empereur, avec lesquels ils ont eu de fréquentes entrevues sur cette matière, tellement disposés à entrer dans toutes les voies d'accommodement qu'il semble qu'il ne tient plus qu'à S. É. d'en dicter elle-même les conditions...

.... Mais les ministres de S. M. croyent que S. É., entraînée par les conseils d'un autre ministre, dont les vues particulières et les intérêts connus sont absolument opposés à la paix, a été jusqu'icy et sera toujours détournée de ce qui pourrait la procurer....

(*Archives des affaires étrangères, correspondance de Vienne.*)

LI.

LE CARDINAL DE FLEURY A L'EMPEREUR.

Versailles, 16 juillet 1735.

Sire,

M. le baron de Nierodt, attaché à M. le comte de Wied, arriva ici il y a trois jours, et demanda à me parler en particulier. Il était conduit par un Français que j'ai toujours regardé comme honnête homme, et dont je n'ai aucun sujet de me méfier. Le baron me montra une manière d'instruction, qu'il m'assura avoir été dictée par M. le comte de Sinzendorff, par laquelle je vois que S. M. I. concourrait avec plaisir avec le roi mon maître à un traité de paix sous des conditions équitables et solides.

Cette instruction est accompagnée d'un mémoire plus ample, dans lequel on s'explique plus au long, et d'une lettre de M. le comte de Wied au dit baron, qui confirme la vérité de toutes ces pièces, et qu'il agit par ordre. Je ne les détaille point parce que j'ai lieu de supposer que V. M. en a connaissance. L'instruction commence par le doute où l'on est que je sois porté à la paix, et j'ose assurer que celui qui l'a dressée ne me rend pas justice, et on oublie qu'on était si persuadé du contraire, il y a deux ans, qu'on répandait partout que je la désirais à tel point, que je ne me résoudrais jamais à conseiller la guerre au roi, quelque sujet qu'il eût de s'y déterminer. On veut m'imputer aujourd'hui de ne vouloir plus la paix, et on ne se trompe pas moins sur l'un que sur l'autre de ces faits.

J'ay cru que l'honneur du roy et de la France, si ouvertement blessé dans l'affaire de Pologne, devait l'engager à prendre les armes; mais, quoyque cette résolution ait été suivie de succès, je puis protester ouvertement à V. M. que je n'ai jamais perdu la paix de vue, pourvu qu'elle soit solide et honorable. Ce sentiment est gravé dans mon cœur, et d'autant plus encore, qu'en mon particulier, c'est avec une très-grande répugnance que j'ay vu que le roy ne pouvait se dispenser d'entrer en guerre avec V. M., pour laquelle je conserveray toute ma vie le plus profond respect et la plus vive reconnaissance des bontés dont elle a daigné m'honorer.

Je sais que nos ennemis ne cessent de m'imputer des sentiments bien opposés pour éloigner de moi V. M. et lui faire croire que je voudrais, s'il était possible, la dépouiller de tous ses États. Ces sortes d'artifices sont ordinaires à de certaines gens, mais ce que je ne puis leur pardonner est de recourir à des calomnies qui n'ont pas la plus légère apparence de fondement. Je ne puis m'empêcher d'en rappeler une qui aura fait impression sur V. M., et qui lui aura fait perdre la bonne opinion qu'elle avait bien voulu avoir jusqu'icy de ma probité.

Il m'est revenu qu'on m'a accusé auprès d'elle d'avoir révélé au roy d'Angleterre le projet d'une ligue que V. M. offrait de faire avec la France pour le détrôner, que ce prince en avait eu connaissance par moi; que par l'ancienne et aveugle confiance que j'avais aux Anglais, je leur avais fait part des avances que V. M. m'avait faites, et que le roy d'Angleterre luy en avait fait porter les plaintes les plus amères. Quoique ce soit la plus noire des impostures, j'avoue qu'elle n'a pas laissé de me toucher sensiblement, et j'ay même quelque honte d'être obligé de m'en justifier, n'ayant pas cru de me voir jamais exposé à une pareille accusation.

V. M. sait s'il a jamais été question d'une semblable ligue, et il faudrait que je fusse le plus scélérat des hommes, sans foy, ni religion pour avoir inventé une si fausse supposition. Je n'userai d'aucune récrimination contre les auteurs de cette calomnie, et je me contenterai de déclarer à V. M. qu'elle est fausse de tous points, et je défie qui que ce soit dans le monde d'oser la soutenir. Dès qu'on a recours à des mensonges si dénués de toute vraisemblance, on ne peut marcher en sûreté, et il est triste de s'y voir exposé. Je reviens, Sire, à l'objet principal de cette lettre.

L'instruction et le mémoire portent que, si je consens à traiter de la paix avec V. M., il faut y observer un secret inviolable, et que le moyen le plus court, le plus prompt et le plus sûr d'y réussir est que j'envoie un homme au plus tôt à Vienne, qui s'y rendra avec le baron de Nierodt, sans avoir besoin d'aucun passe-port. J'accepte avec respect toutes ces propositions, et je commence par déclarer à V. M. que, quel que puisse être le sujet de notre négociation, je n'en découvrirai jamais rien, ni devant, ni après, à personne du monde. C'est au nom du roy que je fais cette déclaration, en conséquence d'une pareille que V. M. a bien voulu faire.

V. M. exige une autre condition qui me fait une vraie peine, parce qu'elle n'est pas fondée, mais à laquelle je ne laisse pas de me soumettre pour ne pas retarder un ouvrage si important, qui doit décider de la tranquillité de l'Europe. V. M. exige donc que je ne confie cette négociation à aucun autre du conseil du roy, et qu'elle ne passe que par moy seul, parce qu'elle a pour suspect un ministre qu'il est facile de deviner. Je crains fort, Sire, que les auteurs de cette calomnie, dont je me suis plaint ci-dessus, ne le soient aussy des préventions qu'on lui a données contre ce ministre.

Je n'entrerai pas dans un plus long détail de sa justification, mais je puis assurer V. M. qu'il pense entièrement comme moi, et, que dans nos fréquents entretiens, il est convenu que l'unique moyen de finir la guerre était que tout se passât directement entre elle et nous. Je ne puis croire qu'il ait jamais manqué au profond respect qu'il lui doit, et s'il lui est échappé dans quelque dépesche, dont je doute pourtant, quelque expression qui ait pu le blesser, c'a été certainement contre son intention et contre ce qu'il pense.

Cependant, je me soumets à la volonté de V. M., quoique je ne laisse pas que d'être embarrassé pour le choix de l'homme que j'envoyrai à Vienne, sans sa participation, et pour les détails de la négociation. J'espère que dans la suite V. M. voudra bien lui rendre plus de justice, et que je puis lui répondre par avance que tous ses sentiments et sa manière de penser sont entièrement conformes aux miens.

Comme le choix de l'homme que j'envoyrai, retardera peut-être de deux ou trois jours son départ, et qu'il faudra que je travaille à ses instructions, j'ai cru que je devais le faire précéder par cette lettre, afin que V. M. soit assurée par avance des dispositions sincères du roy mon maître et des miennes, par conséquent. Je prends d'autant plus volontiers ce party que l'instruction et le mémoire portent qu'on souhaiterait voir un acquiescement de moy par écrit à ce qui y est contenu. Je n'ay aucun soupçon que tout ne soit avec la participation de V. M., et quoique je n'aye aucune sûreté précise, elle connaîtra par là toute l'étendue de ma confiance.

FLEURY.

(*Archives des affaires étrangères, correspondance de Vienne.*)

LII.

LE CARDINAL DE FLEURY A L'EMPEREUR.

24 octobre 1735.

Je demande très-humblement pardon à V. M. I. si je prends la liberté de la fatiguer de cette seconde lettre, mais j'ay des raisons personnelles si fortes de luy réitérer mes plus respectueuses instances sur l'article de la Lorraine que, comptant comme elle m'a permis de le faire sur ses précieuses bontés, j'ay l'honneur de lui ouvrir mon cœur sur les circonstances où je me trouve. Je ne dissimulerai point à V. M. que toutes les personnes qui composent le conseil du roi ne pensent pas tout à fait comme M. le garde des sceaux et moy. J'ay tout lieu de craindre que, quand les articles préliminaires y seront rapportés, je ne trouve de l'opposition dans quelques-uns d'eux, et quoyque leur opposition ne changera certainement rien à tout ce que nous aurons signé, il serait très-désagréable pour moy que le projet de pacification ne fût pas unanimement approuvé, et que je fusse obligé à des justifications toujours fâcheuses, et qui iraient à diminuer un peu du crédit dont j'ay tant besoin dans une conjoncture si délicate.

Je ne crains point que cela altère en aucune façon la confiance entière dont S. M. veut bien m'honorer, mais ceux qui voudront se faire honneur d'avoir pensé plus noblement et plus conformément au génie et aux dispositions présentes de notre nation ne garderont peut-estre pas un secret bien parfait, et me feront un démérite d'avoir trop cédé par le désir de la paix, et un pareil bruit ne pourrait que produire un effet très-désagréable pour moy.

Il serait encore augmenté par les reproches du peu de fidélité que nous aurions observé envers nos alliés, et il serait assez triste d'avoir à soutenir en même temps leurs clameurs et celles des Français qui, sans rien examiner, ny estre même en état de le faire, se soucient peu de la tranquillité publique, et ne songent qu'à censurer le ministère sous le faux prétexte qu'il n'a pas profité des avantages que nous paraissions avoir, et de sacrifier l'intérêt et l'honneur de la nation à mon inclination pacifique. Ces accusations tourneraient principalement contre moy ; mais si elles ne faisaient que me nuire personnellement, je m'en consolerais, parce que Dieu connaît les motifs qui m'ont fait agir, et la pureté de mes intentions ; mais, Sire, dans celle que j'ai toujours eue, et que je n'ai jamais perdu de vue d'établir une union intime entre le roi et V. M., j'aurais lieu d'appréhender que ces accusations ne traversassent la facilité, ou du moins n'affaiblissent les moyens d'y parvenir.

Je conjure donc V. M., autant qu'il m'est possible, d'avoir la bonté d'écouter mes très-humbles représentations, et si elle a des raisons essentielles de se refuser à la cession de la Lorraine dès à présent, ainsy que M. de La Baune nous l'avait fait espérer dans sa première dépêche, je la supplie très-respectueusement de vouloir bien se rendre à l'expédient de fixer cette cession au moment du mariage de la Sérénissime Archiduchesse avec M. le duc de Lorraine. Si j'avais l'avantage d'estre à ses pieds, je me flatterais de toucher et persuader V. M. — Si je n'avais pas craint de l'embarrasser, le roi lui en aurait écrit pour le luy demander.

Au cas que V. M. voulût bien se prester à cet expédient, j'ay fait dresser à l'avance un projet d'article que M. de l'Estang est autorisé à signer, et qui serait ratifié ensuite sans que cela retarde pour le présent l'échange des ratifications des articles signés à Vienne.

Quelle que soit la décision de V. M., M. de l'Estang a ordre de changer contre les ratifications de V. M. celles du roy dont il est chargé. Je ne puis donner à V. M. une plus grande marque de la confiance que je lui dois et avec laquelle j'en agiray dans toute cette affaire. FLEURY.

(*Archives des affaires étrangères, correspondance de Vienne.*)

LIII.

LE CARDINAL DE FLEURY A L'EMPEREUR.

Versailles, 18 octobre.

.... Les nouvelles d'une prochaine paix ont été reçues à Paris avec beaucoup de joye ; mais, comme on n'y est pas instruit en détail des conditions, chacun envisage à sa fantaisie, et je vois seulement en général qu'on s'attend d'en avoir d'honorables pour la France et surtout pour l'affaire de Pologne ; il y a, comme partout ailleurs, des frondeurs, qui en forgent par avance d'impraticables pour se réserver la liberté de critiquer, et tomber principalement sur moi, si elles ne sont pas telles qu'il leur plaît de les régler dans les cafés. Il faut se préparer à leurs clameurs et s'endurcir contre ce qu'ils pourront dire, mais j'avoue pourtant à V. M. que ma justification serait plus difficile, si elle me refusait les adoucissements que j'ay pris la liberté de lui demander avec les dernières instances.

V. M. a veu ma bonne foy et ma confiance sans réserve en ses bontés et son équité. M. de La Baune avait passé ses pouvoirs, et elle en a veu les preuves dans ma dépesche du 19 octobre. Cependant, pour ne point retarder l'ouvrage important de la paix, j'ay bien voulu consentir à ce que ce ministre avait signé, et j'ay mieux aimé me sacrifier que de m'en tenir à la rigueur aux loys que le roy m'avait prescrites. S. M. a bien voulu, par bonté pour moi, se rendre aux représentations que j'ay pris la liberté de luy faire, et la confiance dont elle m'honore ne me laisse aucun scrupule sur la continuation de ses mêmes bontés.

Mais il n'en sera pas de même pour le public, et tous les reproches sur ma facilité à consentir à des conditions, qu'on ne croira pas satisfaisantes pour l'honneur du roy et l'intérêt de nos alliés, tomberont sur moy personnellement...

(*Archives des affaires étrangères, correspondance de Vienne.*)

LIV.

M. DE CHAUVELIN A M. DU THEIL.

Versailles, 14 mars.

.... Pour l'état présent des Lorrains, en particulier, il peut, au premier coup d'œil, ne paraître pas favorable, mais à tout bien considérer, la cession actuelle de la Lorraine conviendrait mieux que toute autre à leurs intérêts. Elle les tirerait d'un long état d'incertitude très-embarrassant, et leur présenterait pour leur fortune, outre le parti de l'Empereur et du Duc, celui d'un grand roy qui n'est capable de les faire appercevoir du changement de maitre que par un plus grand pouvoir de leur faire du bien. C'est dans cet esprit, Monsieur, que vous pouvez vous expliquer avec eux, et vous devez surtout marquer de grandes attentions pour le prince de Craon, ainsi que pour tous les grands seigneurs de ce duché....

(*Archives des affaires étrangères, correspondance de Vienne.*)

LV.

M. DU THEIL AU CARDINAL DE FLEURY.

15 février 1736.

Les trois derniers jours ont été employés aux cérémonies et festes du mariage de l'archiduchesse Marie-Thérèse et du duc de Lorraine. Il m'a paru dans toutes de la dignité et de la magnificence. Une cour, formée ordinairement d'un aussi grand nombre de personnes des deux sexes de la plus haute noblesse, et augmentée par celles du même rang venues des différents États de l'Empereur, a aisément cet air de dignité et de magnificence que je viens de vous marquer. La représentation des Lorrains a esté aussy assez belle ; j'ay vu un assemblage de bijoux destinés pour les présents que S. A. R. a faits, où il y avait de la richesse, du goût et un travail recherché. La garde-robe de l'Archiduchesse, qui a esté quelques jours exposée en veue, formait un assortiment qui ne sçaurait guères être surpassé, par rapport à la quantité. Selon mon faible jugement, les festes auraient pu n'estre pas si uniquement pour la cour qu'elles l'ont esté. Rien n'a été fait pour le peuple qui ne peut pas même jouir de la veue ou du spectacle de ces sortes de cérémonies. J'ay recherché l'assistance à toutes ; elle m'a esté procurée avec empressement et soin.

Le Nonce a fait la cérémonie du mariage. En entrant à l'église, et au pied de l'autel, le duc de Lorraine avait la droite sur l'Archiduchesse, mais les paroles sacramentelles prononcées et les époux retournant au prie-Dieu, la princesse a repris la droite.

Le prince Charles de Lorraine n'a point pris de rang ; il estait à l'église dans une tribune. Depuis son arrivée icy, il soupait avec la famille impériale, servy comme elle par les dames de cour. Mais il n'était point au souper de noces. Il y avait au haut bout de la table l'empereur, l'impératrice et l'impératrice Amélie; au côté droit, l'Archiduchesse et le duc de Lorraine; au côté gauche, la seconde archiduchesse Caroline et l'archiduchesse Léopoldine....

Du Theil.

(*Archives des affaires étrangères, correspondance de Vienne.*)

LVI.

LETTRE DE L'EMPEREUR A SON ÉMINENCE LE CARDINAL DE FLEURY.

27 janvier.

Nous touchons enfin au moment de la consommation de cet ouvrage important et salutaire pour toute la chrétienté commencé sous les auspices favorables de la divinité, et auquel nous n'avons cessé d'employer nos soins pour assurer à jamais la tranquillité publique et cimenter entre moy et le roy très-chrétien cette union si désirable. Je me fais un plaisir d'autant plus vif de féliciter V. R. P. sur cet heureux événement, que c'est à son zèle, à ses soins, à sa prudence et surtout à sa piété qu'on doit l'attribuer. C'était sans doute un ouvrage épineux et sujet à des difficultés aussi grandes qu'innombrables, mais c'était en même temps ce qui le rendait plus digne des soins de V. R. P., pour les porter à sa perfection.

Tandis qu'elle a eu la consolation de travailler de la manière la plus utile pour les intérêts de son roy, et de procurer à son royaume l'unique accroissement qui pouvait luy manquer encore, elle a eu encore la gloire immortelle de signaler par son zèle, son amour pour le bien public, et par un exemple aussi rare qu'heureux de procurer une conciliation qu'à peine on pouvait espérer, et qui ne pouvait se faire que par les sages moyens qu'elle a employés. Je n'en ajouterai pas davantage pour ne pas blesser sa modestie qui, parmi ses vertus, brille avec tant d'éclat. L'état des affaires étant parvenu au point qu'il répond à mes vœux, comme assurément à ceux de S. M. T. C., V. R. P. remarque sagement à son ordinaire qu'il faut oublier pour toujours des deux parts tout ce qui pouvait paraître moins agréable, soit dans ce qui s'est passé, soit pendant le temps qui a été employé à surmonter les difficultés qui se présentaient. Le salut de tant de peuples, et le bonheur que l'on peut s'en promettre aujourd'hui avec justice demandent encore d'autres soins et bien plus désirables. En effet, on ne peut douter que plus cet événement a été inattendu, plus il établit la nécessité d'une union étroite entre moy et le Roy T. C., et plus on doit espérer qu'elle saura contenir les autres puissances, lorsqu'elles seront persuadées qu'on ne pourra plus réussir à la traverser. Elle donnera lieu sans doute à des soupçons, des inquiétudes, à des mouvements à des brigues et à des démarches, mais insensiblement on les verra diminuer. Ils cesseront entièrement lorsque les autres puissances sentiront que cette union, dont je viens de parler, est uniquement appuyée sur la justice et l'équité, et que, par conséquent, elle ne tend à l'oppression de qui que ce soit, mais à une conservation plus durable de la tranquillité publique, ou plutôt du bien commun de toute l'Europe.

Suivant ce système, il est donc raisonnable de porter la prévoyance en général jusqu'au point que mes ministres et ceux du Roy T. C., dans les cours étrangères règlent dessus leurs démarches et leur langage; et pour parvenir à un but si salutaire, il ne sera pas moins nécessaire de convenir en particulier, et d'établir d'avance par un concert mutuel, ce qu'il sera à propos de faire des deux parts dans les cas importants qui se présenteront, et surtout dans ceux qui pourraient troubler la tranquillité publique; pour moi, je m'y prêterai toujours avec la même candeur, la même fidélité et la même affection, et je me persuade que les dispositions du Roy T. C. répondront parfaitement à de pareils sentimens. Si l'on parvient à établir cette intimité, et je l'espère, la volonté et les forces manqueront également aux autres puissances pour nous empêcher de recueillir les fruits précieux d'un ouvrage aussi avantageux qu'il aura coûté de peine. Jusqu'ici cela avait fait en vain le souhait de tous les gens sensés, mais la gloire de mettre la dernière main à cet ouvrage paraissait réservée à V. R. P. CHARLES.

(*Archives des affaires étrangères, correspondance de Vienne.*)

LVIII.

Mme LA DUCHESSE DE LORRAINE A Mme LA DUCHESSE D'ORLÉANS.

Lunéville, 1er mars 1736.

.... Le valet de chambre de l'Empereur arriva hier matin et me rendit la lettre de l'Empereur et des deux Impératrices. Le même va à Paris en porter au roi et à la reine, et va ensuite à Bayonne pour donner part de ce mariage à la reine, première douairière d'Espagne, qui est la propre tante de l'Empereur. Ainsy, puisque ce valet de chambre va aux rois et aux reines, cela me consolera d'être traitée de même, car je vous avoue que j'en étais très-scandalisée. Comme vous me demandez, ma chère sœur, la relation de ce qui s'est passé à Vienne au mariage de mon fils, voilà ce qu'on m'en a mandé. Je n'ai point encore eu de portrait de ma belle-fille, mais elle m'a écrit avant et depuis son mariage des lettres très-respectueuses et tendres... Mon fils m'a envoyé la médaille qu'il a donnée à tout le monde à Vienne. Je prends la liberté de vous en envoyer une. Mon fils Charles n'a pas assisté à la cérémonie, il est resté tout seul dans sa chambre, où il est aussy toujours; car l'étiquette, qui ordonne que ce soit un valet de chambre qui porte les lettres aux têtes couronnées dans cette occasion, n'a pas permis à mon fils Charles d'assister aux noces de son frère, ni ne lui permet pas non plus de sortir de sa chambre quand on est logé à la cour, ni de se promener. Pour moy, je regarde cela comme une prison, et mon pauvre fils Charles le regarde bien de même. Pour moy, je vous avoue que je tremble pour sa vie, car il est d'un chagrin mortel, et l'on ne parle en rien de son mariage avec la seconde Archiduchesse, qui n'a pas assisté non plus au souper le jour des noces de sa sœur. Mais au moins elle a été à l'église, et mon fils Charles, non. Il n'y avait qu'à ne le point faire aller à Vienne et le laisser avec moi. J'en aurais été bien contente et lui encore plus. Je vous fais tout ce détail, afin que vous ne soyez pas étonnée, si je vous ajoute que je crains d'aller à Vienne passer mes vieux jours, m'aller mettre en prison et n'oser voir personne. Au moins, quand on est dans un couvent, l'on en peut sortir et se promener et voir ses amis. Je vous prie, ma chère sœur, que ce que je vous mande là soit pour vous seule. Outre cela, c'est l'Empereur qui fait la grâce à mes enfants de les nourrir, et ce sont des ragoûts dont l'on ne peut manger. L'Empereur n'ayant que des cuisiniers allemands très-mauvais, et l'on meurt de faim devant une quantité de plats prodigieux, mais si mauvais qu'il est impossible d'en manger....

CHARLOTTE.

(*Archives des affaires étrangères, collection Lorraine.*)

LIX.

MÉMOIRE DE QUELQUES OBSERVATIONS A FAIRE SUR LA LORRAINE TANT POUR L'INTÉRÊT DU ROY QUE POUR LE BIEN DU PAYS.

1736.

Les Lorrains ont toujours été attachés inviolablement à leurs souverains. Ce sentiment est général dans le pays tant dans la grande noblesse, dans celle du second ordre comme dans la bourgeoisie et le peuple. Les priviléges qui leur étaient restés, un gouvernement doux, et un accès facile de là part de leurs princes qui ont toujours traité la haute noblesse avec de grands égards, ont perpétué cet attachement jusqu'à la mort de Léopold Ier. M. le duc de Lorraine présentement régnant, par toutes sortes de procédés durs et injustes qu'il faudrait un volume pour expliquer, a changé l'attachement de cette nation en une aversion personnelle pour luy et peut-être bien méritée. Les Lorrains dans tous les états regrettent une maison qui les gouverne depuis près de huit cents ans, mais ils ne regrettent point le duc présentement régnant ni son gouvernement. Ils sont disposés à s'attacher au Roy et à lui être aussy fidèles qu'ils l'ont été aux Ducs prédécesseurs de celuy-ci. Ils désirent et espèrent être traités avec bonté, et n'être point regardés comme pays de conquête, mais comme un pays cédé. En effet pour peu qu'il plaise au Roy, ils seront dès, les premiers momens, aussy attachés à Sa Majesté et à l'État qu'aucune autre province du royaume. Une de leurs plus grandes peines dans ce changement prochain est de ne point passer tout d'un coup à la France, et de voir en Lorraine un prince qu'ils ne regardent point comme leur véritable maître, ni celuy par lequel ils demanderont des grâces au Roy. Ils auront cependant pour luy tous les respects dus à son rang, mais ne s'y attacheront que suivant et jusqu'au degré qu'ils croiront que le Roy le désirera. Voilà le système de la principale noblesse qu'il semble que l'on ne peut désapprouver.

M. le marquis de Gerbevilliers possède la première charge de l'État qui est celle de grand chambellan. C'est un homme de la plus grande naissance, originaire d'Italie, et d'une probité reconnue, âgé de soixante-onze ans et considéré de tout le pays, vivant avec une grande représentation dans tous les temps et avec les plus grandes attentions pour tous les Français. Il perd au changement outre les prérogatives de sa charge quinze mille livres d'appointements qu'elle luy valait, outre cela trois mille livres comme grand bailly de Nancy, et sa place de conseiller d'honneur né du parlement à cause de sa charge de grand chambellan. L'état qu'il tient et sa représentation en Lorraine lui donnent un grand crédit dans ce pays-là, ainsy qu'à Mᵐᵉ la marquise de Gerbevilliers, sa femme, qui y

a toutes les considérations et le crédit possible. Cette famille
doit être considérée comme française par ses sentiments et
ils peuvent être très-utiles, surtout si l'on a la bonté de leur
marquer des égards, car leurs sentiments seront suivis
dans le pays. M. le marquis de Gerbevilliers voyant la
maison s'éteindre a donné son nom et ses armes au chevalier de Lambertye son neveu, capitaine dans le régiment
d'Anjou, auquel il a assuré tous ses biens en le mettant au
service de France. Lorsque le marquis de Gerbevilliers a
été à Vienne pour le mariage du duc de Lorraine, l'Empereur le fit conseiller d'État pour lui donner un rang distingué. Il ne prit séance qu'une fois et par ordre exprès du
Duc. Ce prince luy ayant fait des reproches de ce qu'il
ne retirait pas ses patentes, il luy répondit qu'elles luy
étaient inutiles parce que le jour même que le Roy prendrait possession de la Lorraine, il les renverrait à Vienne,
ne concevant pas qu'un sujet du Roy fût revêtu d'une dignité alors étrangère.

M. le prince de Craon, grand écuyer et conseiller d'honneur né du parlement par sa charge, perdra une vingtaine
de mille livres de rente qu'elle luy rapporte ; il est présentement aimé dans le pays. C'est un homme d'un esprit très-
brillant, doux et obligeant. Mme la princesse de Craon, sa
femme, y est infiniment estimée par la solidité de son esprit, sa vertu et sa bonne conduite. Cette maison a tant
d'obligations au feu duc de Lorraine et même à celuy-ci et
à l'Empereur, qu'il est bien difficile qu'ils ne conservent pas
toujours des liaisons par reconnaissance et même par besoin,
mais jamais au détriment de leur devoir et de leurs obligations envers le Roy. Ils n'ont encore nul dessein formé
dans quel pays ils marieront leur fille ainée. L'on croit qu'ils
désirent l'établir en France, s'ils peuvent prendre cet arrangement sans manquer à M. le duc de Lorraine. L'Empereur
le fit aussy, étant à Vienne, conseiller d'État et la toison
lui est promise par Sa Majesté impériale.

Le marquis de Custine, colonel du régiment des gardes

et gouverneur de Nancy, jouissait d'environ trente mille livres de rente, y compris douze mille que luy donnait le Duc pour tenir une table, mais ce prince les luy a retranchés, il y a six mois; ainsy il perdra au changement dix-huit mille livres de rente. C'est un homme de qualité, plein d'honneur et de vertu, que tout le monde estime, qui a beaucoup servi autrefois en Allemagne et très-bien. Ce n'est point un génie. Il a soixante-quinze ans et sera bon Français.

Dans la maison de Lenoncourt, il n'y a que le comte et l'abbé de ce nom. C'est une des quatre premières maisons, fort honnêtes gens, mais retirés et sauvages.

Dans la maison de Bassompierre, il n'y a que le marquis de ce nom qui a un fils capitaine de cavalerie en France. On doit les regarder comme Français par leurs sentiments. Ils n'ont aucun bienfait du prince.

Dans la maison de Ligneville, il n'y a point de sujets présentement. Le feu marquis de Ligneville a laissé un enfant de sept à huit ans qui est au collége.

Il n'y a plus personne de la maison de Haraucourt que la marquise douairière de ce nom. Cette maison était une des quatre qui est éteinte dans celle de Bissy.

Le marquis du Châtelet est un fort honnête homme ; il a un fils au service de France.

Dans la maison des Armoises, qui est une des plus grandes, il n'y a personne que le comte des Armoises qui n'a point d'enfant, et ce n'est point de ces hommes fort propres au monde.

M. le marquis de Lambertye, originaire de France, premier gentilhomme de la chambre du duc, perdra huit mille livres d'appointement de sa charge; il est aussy grand bailly de Lunéville. C'est un très-honnête homme. Il est père du chevalier de Lambertye, capitaine dans le régiment d'Anjou, qui se nomme le comte de Tornielle par les dispositions de M. le marquis de Gerbevilliers, son oncle, dont il est parlé cy-dessus. Le feu duc Léopold honorait M. de Lambertye de son amitié et lui a fait de grands dons qu'il a dépensés et consommés avec la même facilité qu'il les a reçus. M. le duc de Lorraine d'aujourd'hui l'a traité un peu moins séchement que beaucoup d'autres, lui a même donné des espérances, mais fort vagues, sur lesquelles on ne croit pas que M. de Lambertye compte beaucoup.

La maison de Ludres est encore du nombre de celles du premier ordre. Le comte de ce nom est un chasseur. Il a un frère auprès du duc de Lorraine qui est un bon sujet.

MM. les comtes de Raigecourt et d'Haussonville sont tous deux au service du Roy et de très-bons sujets.

M. de Hapcourt, doyen des secrétaires d'État du duc de Lorraine, est neveu du feu président Mahuet; son fils ayné est capitaine dans le régiment de cavalerie d'Anjou. C'est l'homme de tous les pays qui connaît le mieux la Lorraine et le Barrois, et le plus capable de travailler. Il est vrai qu'à force d'exactitude dans son travail, il est long, mais ce qu'il fait est bien fait, et certainement depuis la mort du premier président Lefebvre, personne ne connait mieux le fort et le faible du pays que luy et ne peut en donner plus de lumières; d'ailleurs homme sûr et de probité.

(*Archives des affaires étrangères, collection Lorraine.*)

LX.

LETTRE DE SON ALTESSE ROYALE LE DUC DE LORRAINE A MM. LES BARONS DE RIOCOURT, COMTE DE RENNEL ET LEFEBVRE, COMMISSAIRES DE SON ALTESSE ROYALE POUR LA CESSION DU BARROIS.

Janvier 1737.

Le 29 décembre dernier, il y a eu, messieurs, une convention signée à Paris entre les ministres de S. M. I. et S. M. T. C. et le mien, dont vous trouverez copie ci-jointe.

Quoiqu'elle ait été faite sans mes ordres, le grand ouvrage de la paix, et l'évacuation des places de l'Empire m'obligent d'y souscrire ; ainsy vous vous'y conformerez, nonobstant toutes instructions à ce contraires : telles sont mes intentions.

FRANÇOIS DE LORRAINE.

(*Archives des affaires étrangères, collection Lorraine.*)

LXI.

DÉCLARATION DE STANISLAS, ROI DE POLOGNE, DUC DE LORRAINE ET DE BAR.

Devant nous rendre incessamment dans les États dont la souveraineté nous est acquise, tant en vertu des préliminaires du 3 octobre 1735, que par la convention signée à Vienne le 11 avril 1736 entre S. M. T. C. et S. M. I., et considérant que des États qui après notre décéds doivent appartenir à la France ne peuvent trop tôt être régis selon les maximes et principes du gouvernement de S. M. T. C., nous avons jugé ne pouvoir mieux faire que de convenir pour les détails, de manière qu'il ne reste aucun doute sur la forme de l'administration des duchés de Lorraine et de Bar. En conséquence nous déclarons :

1º Qu'accédant pleinement et entièrement aux préliminaires et à la convention signée entre S. M. T. C. et S. M. I. le 11 avril de la présente année, nous exécuterons et ferons exécuter toutes les conditions dans l'étendue de nos nouveaux États regardant ladite convention, comme si elle était icy insérée de mot à mot.

2º Ayant fait connaître à S. M. T. C. qu'au lieu de nous charger des embarras des arrangemens qui regardent l'administration des finances et revenus des duchés de Bar et de Lorraine nous préférerions qu'il nous fût assigné une somme annuelle sur laquelle nous puissions compter, nous nous sommes contentés de la somme de 1,500,000 livres, monnaye de France, à compter du premier jour d'octobre de la présente année jusqu'à la mort du grand-duc, comme aussi, ledit cas de mort du grand-duc arrivant, de nous faire augmenter ladite somme de 1,500,000 livres jusqu'à celle de deux millions monnaye de France, le tout payable de mois en mois.

3° Au moyen de ce dont nous nous tenons content, nous consentons et agréons que S. M. T. C. se mette en possession dès à présent et pour toujours des revenus du duché de Bar et de ceux du duché de Lorraine, lorsque nous en aurons la souveraineté réelle et actuelle, auxquels revenus nous renonçons, à condition néanmoins que l'administration s'en fera toujours en notre nom, comme souverain desdits duchés, et étant aux droits du duc de Lorraine. Renonçant pareillement à faire aucune imposition ni établissement d'aucun nouveau droit à notre profit, sous quelque nom et patente que ce puisse être.

4° En conséquence nous déclarons que notre intention est que toutes impositions de quelque nature qu'elles soient ou puissent être, soient levées au profit de S. M. T. C. que les fermes, salines, domaines, bois, étangs, et tous autres droits tant du duché de Lorraine que de celuy de Bar, soient administrés ainsy que S. M. T. C. le jugera à propos, et par les officiers qu'il lui plaira de commettre et de choisir, lesquels cependant seront pourvus par nous, et que le produit d'impositions, fermes, domaines, bois, salines, étangs et tous autres droits usités de toute nature affermés ou régis, et de quelque façon qu'ils soient administrés, soient perçus au profit de S. M. T. C. sans que nous y puissions rien prétendre pour le présent ni pour l'avenir.

5° Nous conserverons la nomination de tous les bénéfices, emplois de judicature et militaires, nous engageant à ne nommer auxdits bénéfices et emplois qu'avec le concert de S. M. T. C. et les brevets, commissions ou provisions seront expédiés en notre nom.

6° Nous nous engageons aussy à ne vendre aucun office, et à n'en créer aucun nouveau soit de justice, militaire et de finance, et en cas que sadite M. T. C. jugeât à propos d'en créer mesme moyennant finances; nous promettons d'y donner notre consentement et d'accorder auxdits officiers les provisions nécessaires sans rien prétendre dans le produit de la finance.

7° Nous nommerons un intendant de justice, police et finances dans le duché de Lorraine et de Bar, ou autre personne sous tel titre et domination qui sera jugé à propos, lequel sera choisi de concert avec S. M. T. C. Ledit prétendant ou autre exercera en notre nom le mesme pouvoir et les mesmes fonctions que les intendants de province exercent en France. Il sera établi en Lorraine ou Barrois un conseil de finances composé de personnes nommées de concert avec S. M. T. C., et pourvu par nous, à la tête duquel conseil sera l'intendant ou autre personne choisie, et ce conseil aura le pouvoir de décider en dernier ressort de toutes les contestations et jugements des tribunaux ordinaires, concernant les revenus ordinaires ou extraordinaires, domaines, bois, droits et impositions du pays.

8° Il sera libre à S. M. T. C. d'établir, de concert avec nous, des troupes qui sont à son service en telles places de nos États qu'il sera jugé convenable, comme aussy de mettre en quartier dans le plat pays tel nombre de troupes d'infanterie et de cavalerie que S. M. T. C. jugera nécessaire pour le bien et la seureté du pays, lesquelles troupes y auront le mesme traitement qu'elles ont dans les provinces de nouvelle acquisition comme l'Alsace et la Franche-Comté.

9° Ne seront cependant placées aucunes troupes françaises dans notre résidence sans notre consentement.

10° Sera pareillement libre à S. M. T. C., aussi de concert avec nous, de faire fortifier tel endroit ou place qu'elle jugera à propos.

11° Enfin, en mesme temps que nous recevrons le serment actuel de fidélité de nos nouveaux sujets, nous le ferons prester éventuel au nom de S. M. T. C.

En foy de quoy nous avons signé le présent acte, et y

avons fait apposer le sceau de nos armes. — Fait au château de Meudon, 30 septembre 1537.   STANISLAS, roy.

(*En original aux archives des affaires étrangères.*)

LXII.

DÉCLARATION DU ROI LOUIS XV AU SUJET DE LA LORRAINE.

30 septembre 1736.

Notre très-cher beau-père le sérénissime Roy Stanislas Ier de Pologne, Grand-Duc de Lithuanie ayant, en vertu des préliminaires signés à Vienne le 3 octobre de l'année dernière, la souveraineté des duchés de Lorraine et de Bar, et considérant qu'il serait plus avantageux pour nous que les dits États devant nous appartenir après sa mort, les revenus en soient dès à présent régis et administrés par ceux que nous jugerons à propos de commettre, sans déroger en aucune façon ni donner aucune atteinte à ladite souveraineté, et ledit sérénissime roy de Pologne cherchant à nous donner en toute occasion des marques de son tendre attachement pour notre personne et pour les avantages de notre couronne, nous de nostre côté désirant aussy luy montrer notre sincère amitié pour luy et notre attention particulière sur tout ce qui peut le regarder, nous nous engageons, ainsy qu'il est marqué en l'article 2 de l'acte signé aujourd'hui par le sérénissime roi de Pologne, à luy faire payer de mois en mois la somme de 1500 mille francs par an de notre monnaye, à commencer dudit premier jour d'octobre de la présente année jusqu'à la mort du Grand-Duc.

Le payement de ladite somme sera assigné sur ceux qui sont préposés à la régie et au recouvrement desdits duchés de Lorraine et de Bar, lesquels en cette partie seront comptables et responsables au sérénissime roy de Pologne de l'exacte exécution de ce payement.

Nous nous engageons en outre, ledit cas de mort du Grand-Duc arrivant, d'augmenter ladite somme annuelle de 1,500,000 fr. jusqu'à celle de 2 millions de livres de notre monnaye qui seront payés ainsy que dessus.

Le sérénissime roi de Pologne ayant désiré qu'il fût pourvu au plus prompt remboursement d'une somme de 200,000 livres qui a esté avancée et payée sur ses ordres par le sieur Bernard, nous nous engageons à faire acquitter la dite somme et sera, ainsy qu'il a été convenu avec le sieur roi de Pologne, cette somme retenue sur l'augmentation des 500,000 fr. de revenus dont ledit sieur roi de Pologne commencera à jouir à la mort du Grand-Duc.

Nous déclarons aussy que la sérénissime reyne de Pologne venant à survivre au sieur Roy son époux, nous luy ferons payer annuellement pour son domaine la somme de 300,000 fr. de notre monnaye, et que nous luy laisserons le château de Commercy pour sa résidence et habitation.

Fait au château de Versailles, le 30 septembre 1736.

Louis.

(*Archives des affaires étrangères, collection de Lorraine.*)

LXIII.

Lettre écrite a monsieur le marquis de Stainville, grand chambellan de son altesse royale le grand-duc de Toscane.

5 novembre 1740.

Votre naissance, votre probité et la place que vous occupez aujourd'hui nous engagent à nous adresser à vous; votre patrie va vous confier ses douleurs.

La Lorraine n'est plus reconnaissable; elle gémit dans l'oppression, et c'est au nom de tous les ordres de l'État que nous vous prions instamment de porter nos plaintes au pied du trône.

Vous avez l'honneur, monsieur, d'approcher le Grand-

Duc de Toscane; sans doute que son cœur luy parle encore en faveur d'un peuple qui adore tout ce qui porte son nom. Si par la protection de Son Altesse Royale nous pouvons ménager la médiation de l'Empereur auprès de la France nous aurons lieu d'en espérer des traitements plus humains.

Ce n'est point par un esprit d'indocilité que nous nous sommes déterminés à réclamer des intercessions si puissantes. Si nous avions écouté les propositions qu'on nous a faites de nous cantonner avec les Suisses, ou les offres qu'on nous a réitérées de nous associer aux cercles de l'Empire, ou la satisfaction que nous pourrions nous procurer à nous-mêmes en nous gouvernant par nos propres lois, on aurait lieu de suspecter nos sentiments, d'attribuer nos démarches à un esprit de révolte, et de taxer nos cœurs d'infidélité ; mais non, monsieur, aucun de ces motifs n'a fait impression sur nous, et ce n'est pas dans de pareilles dispositions que nous sollicitons aujourd'hui de faire valoir en notre nom les plus fortes remontrances. C'est avec des prétentions plus modérées et plus convenables à des sujets fidèles qui en fesant éclater l'amertume de leurs plaintes ne cherchent qu'à pénétrer jusqu'au cœur du souverain pour obtenir de sa justice un remède efficace à des maux qu'ils ne peuvent plus dissimuler inutilement. Nous avons présenté jusqu'icy différents mémoires aux cours de Lunéville et de Versailles. On n'a pas pu disconvenir de la réalité des griefs dont nous nous plaignons, et de la nécessité des remèdes que nous exigeons. On n'a pu se refuser à la force et à l'évidence de nos raisons, on a senti la justice de nos demandes, mais on a cherché seulement à dissiper nos craintes par des espérances. On a essuyé nos pleurs avec de belles promesses; on a beaucoup promis; on n'a rien tenu, et malgré les assurances les plus fortes et les assurances les plus flatteuses nos maux se sont accumulés ; ils se multiplient chaque jour; la vexation se manifeste de plus en plus et s'augmentent toujours davantage. On ne garde plus de mesure; notre douleur est à son comble, et pour surcroît nos prières deviennent importunes, toute représentation nous est désormais interdite, et nos gémissements les plus secrets commencent presque déjà à passer pour des cris séditieux.

Or, c'est par l'impossibilité où nous sommes aujourd'hui de nous faire entendre que d'un consentement unanime nous nous sommes tous réunis, monsieur, dans le dessein de vous prier de faire parler pour nous des voix qui peuvent se faire écouter. La prudence nous a suggéré cette ressource. Il en est d'autres que la nécessité d'une juste défense pouvait fournir à une nation entière lorsqu'elle est opprimée, mais ce n'est pas sur l'excès de nos maux que nous mesurons nos démarches, c'est sur la droiture de nos cœurs. A Dieu ne plaise que nous fassions jamais rien qui puisse ébranler la fidélité des peuples; nous voudrions, au contraire pouvoir étouffer leurs murmures, et nous desavouons même hautement icy ces écrits furtifs qui se sont répandus depuis peu, dans lesquels un autheur instruit développe à dessein les principes du droit naturel et du droit des gens pour prouver que les souverains peuvent bien disposer de leur sort personnel, mais non pas du sort de leurs sujets et de la destinée de leur État.

Lorsqu'une maison régnante par voye de succession héréditaire a renoncé à la domination qu'elle avait obtenue sur un peuple, et a dégagé une fois ses sujets de leur serment de fidélité, alors la nation libre de tous ses engagements rentre dans ses droits primitifs et se trouve en pouvoir de choisir un maître ou de se donner une autre forme de gouvernement. Nous apercevons combien des ouvrages de cette sorte sont dangereux dans de pareilles circonstances, et nous protestons icy que nous n'y avons aucune part. Quand même nous pourrions tirer avantage de la pluspart des maximes qui y sont établies nous n'aurions garde de nous en prévaloir, ne fût-ce que par considération pour les princes cadets de l'auguste maison de Lorraine; ils seraient toujours, suivant même le système de l'auteur, les premiers en date à réclamer leurs droits et à faire valoir leurs justes présentations; pour nous, nous ne sommes plus en pouvoir de nous choisir un souverain.

La France a prévenu notre choix. Elle nous a tendu les bras, et elle nous a offert des secours. Elle a promis de nous confirmer tous nos priviléges. Nous avons redouté sa puissance; nous nous sommes fiés en sa promesse. L'édit de Meudon a soutenu notre confiance. On nous a d'abord donné un Roy véritablement digne de l'être, par la droiture de son esprit, par la bonté de son cœur, par la sagesse de ses vues, par l'élévation de ses sentiments, par sa justice et par sa religion. Nous espérions que l'équité et la douceur de son gouvernement retraceraient sans cesse à nos yeux le gouvernement de ces princes qui ont régné successivement sur nous pendant plus de 700 ans, que nous avons toujours regardés comme nos pères, qui nous traitaient en effet comme leurs enfants, que nous aymerons et regretterons toujours. (Non, grands Princes, vous ne sortirez jamais de nos souvenirs, et tant que subsistera la Lorraine vous porterez son nom et vous aurez son cœur.) Mais trois ans se sont à peine écoulés et toutes nos espérances se sont évanouies, malgré la sagesse et la modération du religieux monarque que nous reconnaissons aujourd'hui pour notre souverain actuel; nous nous trouvons accablés sous le poids de fléaux qui se renouvellent chaque jour par la dureté d'un intendant qui a surpris la religion du Prince, qui en impose à la justice et usurpe hautement son authorité. (Je luy ai ouï dire à lui-même : Je ne tiens rien du roy de Pologne, je suis ministre de France, et je n'ai d'ordre à recevoir que du ministre.) Simple exécuteur, ou plutôt fidèle commis du sieur Orry, son beau-père, tandis que d'une part M. de Chaumont obéit en esclave à la France, de l'autre il commande en maître dans la Lorraine; du moins il semble vouloir lutter avec le souverain et l'emporter par la dureté de son cœur sur la bonté de son Prince. Ce qu'il ne peut dérober à sa prudence il le déguise aux yeux de sa bonne foi. Il obtient par surprise ce qu'il n'espérait pas pouvoir arracher à sa probité; et nous éprouvons malheureusement que l'intrigue d'un particulier a plus de crédit pour nous faire du mal que l'authorité d'un Roy n'a de pouvoir pour nous faire du bien. Des âmes basses et vénales s'oublient bientôt; la faveur les enorgueillit; sorties de la lie du peuple, une grandeur inopinée les éblouit, mais tôt ou tard la vérité perce, la justice prévaut, l'authorité dégradée réclame ses droits, et la Providence qui se joue des superbes, ne les élève pour un temps que pour les replonger honteusement dans la poussière d'où les avait tirés l'aveugle fortune, et rentrer une fois dans la crasse de leur origine pour n'en plus ressortir.

Jugez, monsieur, de notre situation par le détail que je viens de vous faire, et dont vous verrez les preuves dans les mémoires que je joins icy. Nous n'avançons rien qui ne soit justifié par des preuves et autant les preuves sont évidentes, autant les faits vous paraîtront criants.

Vous y verrez différentes déclarations d'abord pour le joyeux avénement qui, quoyque déjà payé depuis peu, a été payé une seconde fois, et augmenté du tiers par la création des syndics des communautés, et leur prééminence sur les maires pour la fabrication des sels, pour l'augmentation des impôts, pour les impositions des tailles faites à gens non contribuables, pour l'abolition des manufactures, pour l'extension des droits compris dans la ferme, pour les nouveaux frais de contrôle. Toutes ces déclarations sont sorties successivement du conseil portant à leur tête le nom respectable du Roy que nous aymons. Ce titre seul arrêta d'abord l'indignation publique, mais les dispositions parurent si étranges que la cour souveraine et la chambre des comptes conclurent sur-le-champ d'une voix unanime à surseoir à l'enregistrement, et députèrent en remontrances, ou se jetèrent aux pieds du Roy. On re-

présenta à Sa Majesté que non-seulement la pluspart de ces
déclarations donnaient atteinte à nos droits les plus naturels, à nos usages les plus anciens, à nos priviléges les plus
incontestables qui nous ont été conservés par le traité de
cession fait à Vienne et confirmé par la déclaration faite,
à Meudon, mais encore que chaque article en particulier
était autant d'injustices faites à chacun de nous personnellement. Le simple exposé de ces faits appuyé des preuves
les plus évidentes toucha le cœur du Roy, et nous eûmes
la consolation de voir ce bon Prince gémir avec nous sur
de pareilles vexations que sa bonté et sa justice désavouè-
rent hautement; et il nous renvoya chez son chancelier
pour que nous luy fassions remarquer les funestes suites
qu'auraient de semblables dispositions si elles venaient
à avoir leur effet. Sa Majesté eut la bonté encore de promettre des lettres de recommandation de sa part à la Cour
de France pour en obtenir des interprétations favorables
et de nécessaires modifications.

Vous ne vous imagineriez jamais de quel air le sieur
Chaumont reçut nos députés, de quel ton il leur parla,
avec quelle hauteur il les interrompit, en quels termes il
osa les menacer, de quelle façon il les congédia, et pour
justifier aux yeux du public un accueil qui choqua tout le
monde, et qui parut déshonorant pour la nation, il affecta
de répondre que les remontrances de nos cours souveraines renfermaient des termes séditieux. Leur députation
fut traitée de révolte, et leurs sages précautions pour empêcher la ruine entière des peuples furent taxées d'atteintes
sur l'authorité royale. Quatorze arrêts tant du parlement
que de la chambre des comptes ont été depuis successivement cassés, et flétris, et leurs charges sont aujourd'hui si
avilies, leur ministère si discrédité, leurs personnes si mal-
traitées, en un mot, l'authorité de ces deux compagnies
est à présent en si grand discrédit, qu'avoir un arrêté
contre soy émané de l'un ou de l'autre de ces deux tribunaux, c'est pour une partie condamnée la meilleure pièce

de son sac, et un titre suffisant pour être sûr de gagner son procès au Conseil royal, où sans aucune ombre de raison ny même de prétexte, chacun se croit aujourd'hui en droit d'en appeler sur toutes sortes d'affaires.

Ce n'est là, monsieur, qu'une partie des plaintes de nos magistrats, mais la noblesse a bien d'autres injustices. Vous aurez peine à le croire, les choses sont arrivées à un point qu'on peut presque dire qu'il n'est plus de seigneurs haut-justiciers en Lorraine. On a trouvé moyen de saper par les fondements tous leurs droits, de dégrader toutes leurs terres, de dénaturer leurs fonds, de rendre inutiles leurs anciens dénombremens quoyque reçus et vérifiés depuis un temps immémorial à la chambre des comptes. On ne peut plus jouir, en paix des héritages de ses ancêtres, le patrimoine de son père n'est plus en sûreté. Les biens sont devenus onéreux à ceux qui les possèdent. Il faut acheter son bois dans ses propres forêts; qu'un pressoir vienne tout à coup à se rompre dans le fort de la vendange, ou qu'un orage ébranle une maison; que le château du seigneur menace ruine, pour obtenir la permission de couper un arbre dans son parc, il faut recourir à l'inténdant, faire assembler les officiers de la Gruerie-Royale, attendre qu'ils aient nommé des commissaires, que ceux-ci se soient transportés sur les lieux, ayent dressé leurs procès-verbaux, ayent fait ensuite leur rapport, que l'affaire ait été discutée et décidée, et confirmée par M. Chaumont, et pendant qu'on achette ainsy par des sollicitations, par des bassesses et à prix d'argent, le pouvoir de jouir de son bien, la vendange périt et le château s'écroule; alors pour de plus grandes réparations, il faut de nouveaux préparatifs, et par conséquent faire de nouveaux frais, et essuyer encore de plus longs délais. En un mot, monsieur, nos biens nous sont devenus à charge, nous sommes forcés d'abandonner une partie de nos revenus pour pouvoir recueillir l'autre, et cette autre partie à quel prix en jouissons-nous? Il faut l'acheter par le sacrifice de nos droits.

Le peuple est incessamment surchargé d'impôts. L'augmentation des tailles est montée en sus du prix de la moitié depuis trois ans. On force à payer des espèces de contributions comme en temps de guerre et on a compris dans les cruelles impositions les fermiers et les valets des hauts justiciers qui n'ont jamais été contribuables. Tout commerce nous est interdit avec nos voisins; il ne nous est plus permis de faire transporter chez eux nos denrées, et par conséquent de percevoir une partie de nos revenus, et cependant on est en proye de toutes parts aux recherches et à l'avidité des traitants, ils inondent nos villes et nos campagnes. L'exécuteur avide et le publicain insatiable achèvent de sucer le sang des peuples et remplissent nos cachots de familles infortunées qui exposent leurs vies pour avoir du pain et qui préfèrent à une misère extrême une dure captivité.

Vous savez, monsieur, qu'il y a des sommes considérables prélevées sur les revenus de l'État et mises en séquestre pour les réparations des ponts et chaussées et pour l'entretien des chemins publics. On ne voit pas l'employ de ces grandes sommes, jamais les chemins n'ont été si mal entretenus; ils ne se réparent point. Les ponts ruinés par les inondations ou détruits par vétusté ne se rétablissent point, ou ne se rétablissent que très-lentement; les uns sont construits en bois et payés aux frais du passant par les droits de péage, les autres restent ensevelis sous leurs ruines et empêchent le cours libre des rivières. Les chaussées abattues ne se relèvent point; les seules réparations qu'on a faites à la grande route de Bar à Strasbourg, ont été à la charge des laboureurs et corvéables. Les communautés en ont essuyé toutes les fatigues, et les peuples en ont fait toutes les dépenses par des corvées continuelles qui les ruinent eux et leurs chevaux, en leur ôtant une partie du temps le plus nécessaire pour la culture des terres, et empêchent le laboureur de même que le manœuvre de pouvoir se livrer à leurs travaux ordinaires, le seul moyen qu'ils aient pourtant de se procurer de quoy fournir à leur subsistance et à l'entretien de leur famille et de leurs enfans. Aussy voit-on ces pauvres gens de campagne épuisés de force, surchargés d'impôts, sans ressource du côté du commerce, abandonnés de la Cour, laisser les terres sans culture, quitter leurs chaumières, abandonner leur patrie, trainer leur misère partout, et porter en des climats plus heureux, avec leurs regrets et leurs imprécations, leur industrie et leur service. Femmes, enfants, vieillards, des familles entières, des villages, des communautés nombreuses se sont déjà transportés et se transportent tous les jours sous la domination de l'Empereur. Nos champs sont déserts en plusieurs endroits, et dans nos villes on n'entend que plaintes et que murmures; on se regarde et on pleure, on ne reconnait plus ce pays si florissant autrefois. La Lorraine a changé de face, et trois ans écoulés dans la peine ont apporté depuis le changement de domination plus de calamités dans les villes, plus d'aigreur dans les cœurs, plus d'émotion dans les esprits, et plus de désolation partout, que n'auraient pu faire vingt années de dissensions intestines ou de guerres étrangères.

Qui eût cru que sous le gouvernement du meilleur de tous les Princes, le peuple du monde le plus fidèle fût devenu en si peu de temps le plus malheureux? Qu'avons-nous fait à la France? Quel avantage tire-t-elle de nos malheurs? Quelle gloire lui en revient-il aux yeux de l'Europe? Qu'avons-nous fait au Roy, par où avons-nous mérité de sa part de si rigoureux traitements? Qu'avons-nous fait à M. le Cardinal de Fleury? Par où nous sommes-nous attiré l'indignation d'un ministre dont les nations étrangères louent si fort la sagesse et la modération? Qu'avons-nous fait à M. Chaumont? Croit-il remplir présentement la carrière que lui ouvre son ambition, et élever plus aisément sa fortune en la cimentant sur la ruine des peuples? Trouve-t-il de la satisfaction à faire des malheureux? Est-ce par ce seul trait qu'il veut illustrer son nom dans l'histoire, et prétend-il encore au milieu des plus criantes vexations étouffer dans nos bouches la voix des plaintes et des représentations? Croit-il nous éblouir par les lettres du Cardinal Ministre qu'il montre pour sa justification, ou nous intimider par les menaces qu'il ose nous faire de faire venir un renfort de troupes en Lorraine pour achever de nous ruiner en les mettant à discrétion, ou pour nous réduire par le fer? Qu'il sache que l'injustice ni la violence ne peuvent rien sur les cœurs pour les gagner, non plus que l'avidité et la fureur des soldats sur des peuples irrités pour les ramener à leur devoir. La hauteur et la cruauté du duc d'Albe coûtèrent à l'Espagne la perte de dix-sept provinces. On ne peut prévoir ce que coûtera peut-être à la France les intrigues et les indiscrétions d'un intendant qui ne prend conseil que de l'âme intéressée de son beau-père; mais vu les dispositions où sont actuellement icy tous les esprits, on ne peut répondre des événements.

Après tout, que demandons-nous? nous n'aspirons point à l'indépendance, tout au contraire nous sommes prêts à sacrifier le peu de bien qu'on nous laisse, et de verser même notre sang pour le secours de notre Roy. Mais nous ne nous soumettrons jamais au plus honteux esclavage. Au prix de tout ce que nous avons de plus cher, au risque même de nos vies, nous secouerons le joug insupportable et l'odieuse tyrannie d'un particulier qui ne fait servir son crédit et son ministère qu'à l'oppression et à la désolation publique, et nous obtiendrons la révocation de ces ordres secrets et de ces déclarations publiques qui anéantissent nos priviléges, renversent nos droits et ruinent nos fortunes. Le Languedoc, la Bretagne, la Franche-Comté, l'Alsace et la Flandre ont été maintenus dans leurs usages et jouissent encore de leurs priviléges. On a juré solennellement de nous conserver les nôtres. Est-ce trop demander pour une nation nouvellement acquise à ces conditions que d'en exiger l'accomplissement? En un mot, nous demandons l'exécution du Traité de Vienne dont tous les articles ont été signés par les puissances intéressées et confirmées par l'édit de Meudon. Ce Traité étant la base de notre engagement présent, et l'unique fondement sur lequel porte le serment de fidélité que nous avons prêté, en en demandant l'exécution selon sa forme et teneur, nous ne demandons que ce que l'humanité, la justice et le droit sollicitent pour nous, ce que la France a promis aux puissances contractantes et garantes de l'échange fait de la Lorraine avec le grand-duché de Toscane, ce qu'elle se doit à elle-même, à sa parole, à sa gloire, et à la foi publique.

Voilà, monsieur, ce que les principaux du Clergé, de la Noblesse et du Tiers-État du duché de Bar et de Lorraine vous supplient de faire représenter au Roy en luy remettant nos mémoires où il trouvera les preuves incontestables de la justice de nos plaintes, et les assurances authentiques de notre inviolable fidélité.

(*Archives des affaires étrangères, collection Lorraine.*)

LXIV.

M. DE LA GALAIZIÈRE A M ***.

7 septembre 1743.

J'ai reçu, monsieur, la lettre que vous m'avez fait l'honneur de m'écrire au sujet de l'abbé de Raigecourt. Je ne suis point étonné de ce qui vous est revenu de sa façon de penser; il ne se contraint point assez dans ses discours pour qu'on puisse l'ignorer. Vous m'avez déjà marqué qu'on vous avoit donné de pareils soupçons sur le compte du marquis de Raigecourt, et ce n'est pas en effet sans fondement. Il y a longtemps que je fais épier l'un et l'autre; ils se montrent fort peu dans cette province quand ils y sont, ce qui est rare, le marquis allant souvent à Bruxelles où il a des affaires de famille, et à Liége où l'abbé réside, à cause de son canonicat; ils sont proches parents de l'évêque.

ET PIÈCES JUSTIFICATIVES.   659

Vous paraissez surpris de ce qu'ayant l'un et l'autre des bienfaits du Roy, ils ne sont rien moins qu'affectionnés à son service; mais tel est le caractère du gros de cette nation. Les bienfaits qu'elle désire avec plus d'ardeur qu'une autre, qu'elle recherche quelquefois même avec bassesse, ne l'attachent point, j'en fais depuis longtemps l'expérience. La reconnaissance n'est pas la qualité dominante dans cette province, mais je dois dire aussi que les effets de leur ingratitude ne sont rien moins que redoutables; ils se borneront à parler beaucoup sans oser remuer qu'autant qu'ils seront assurés de pouvoir le faire impunément.

Il seroit aisé de remettre dans leur devoir les deux sujets que vous me nommez, mais ils ne sont pas les seuls dans le cas de donner à leur langue une entière liberté; et il faudroit étendre le remède à bien d'autres sujets de pareille étoffe dont quelques-uns servent même actuellement le Roi dans ses armées. C'est pourquoy mon zèle pour le service de Sa Majesté me portera à m'expliquer un jour avec vous, car il ne faut pas que vous preniez cette idée de toute la nation sans réserve puisqu'elle fournit actuellement nombre d'officiers aussy distingués par leur naissance et leur talent que par un zèle à toute épreuve.

(*Archives des affaires étrangères, collection de Lorraine.*)

LXV.

M. DE LUCÉ A M. DE CHOISEUL.

Commercy, 15 juillet 1758.

. . . . M. de Voltaire, Monseigneur, est dans le dessein d'acquérir une terre en Lorraine et de venir s'y établir. Le roy de Pologne m'a fait l'honneur de m'en parler et ce prince paroit assez disposé à le recevoir dans ses États espérant qu'il s'y comportera avec sagesse et circonspection. Dans le cas où est Sa Majesté d'être presque entièrement privée de la vue, un homme tel que M. de Voltaire lui seroit d'une grande ressource pour la distraire de l'ennui où sa situation la plonge souvent. Cependant elle ne lui accordera point la permission qu'il désire, qu'elle ne sache auparavant si le Roy son gendre l'approuvera. Si vous me faites l'honneur, Monseigneur, de me faire part des intentions de Sa Majesté à cet esgard, je les ferois connaître au roy de Pologne.... Ce Prince est dans la disposition de faire cette année comme les précédentes un voyage à Versailles.....

(*Archives des affaires étrangères, collection Lorraine.*)

LXVI.

M. LE DUC DE CHOISEUL A M. DE LUCÉ.

Sans date.

..... Quant au projet du sieur de Voltaire de former un établissement en Lorraine par l'achat d'une terre dans ce duché, Sa Majesté le connoît assez pour pouvoir se décider par elle-même, et je suis persuadé qu'elle ne fera rien là-dessus qui ne soit agréable au Roy....

(*Archives des affaires étrangères, collection Lorraine.*)

LXVII.

LE ROY STANISLAS AU ROY DE FRANCE.

Versailles, 22 septembre 1758.

Monsieur mon frère et très-cher gendre,

Mon âge et ma santé me rendant trop pénibles les soins inséparables de l'administration de la justice à mes sujets, je prie S. M. en qualité de souverain éventuel de mes États, de vouloir bien y faire rendre en son nom la justice dans la partie lorraine sur le pied qu'elle y est exercée dans la partie du Barrois par des bailliages avec ressort au parlement de Paris.   STANISLAS.

(*Archives des affaires étrangères, collection Lorraine.*)

FIN DES PIÈCES JUSTIFICATIVES.

TABLE DES CHAPITRES

DU TOME QUATRIÈME

CHAPITRE XXXIII. — Situation de la Lorraine à la mort de Charles V. — État des esprits. — La domination française devient de plus en plus impopulaire. — Gouvernement intérieur de Louis XIV. — Souffrances des provinces françaises. — Ces souffrances sont plus vives en Lorraine qu'ailleurs. — La Lorraine traitée en pays conquis. — L'opinion publique change en France et au dehors sur le compte de Louis XIV. — Mme de Maintenon. — Ses commencements. — Son caractère. — Son influence. — Son mariage avec Louis XIV. — Révocation de l'édit de Nantes. — Ses effets en France et en Lorraine. — Campagne du roi en 1693. — Il quitte l'armée de Flandre, pour revenir à Versailles. — Détails à ce sujet. — Effet produit par ce brusque retour. — La réputation du roi en est atteinte à l'étranger, et particulièrement en Lorraine... 1

CHAPITRE XXXIV. — Louis XIV continue à diriger, de Versailles, les opérations de la guerre. — Situation de l'Europe. — Imminence de la mort du roi d'Espagne. — Louis XIV désire la paix, afin de se trouver en mesure de profiter de cet héritage — Détails sur les négociations secrètes qui précédèrent le traité de Ryswick. — Elles sont plus importantes que celles de Ryswick. — Louis XIV se propose de diviser les cours alliées. — Il détache Victor Amédée de la ligue européenne. — Il envoie un agent secret à la duchesse de Lorraine à Inspruck. — Effet de la mission de M. de Couvonges. — Réunion du congrès de Ryswick. — On n'y tombe d'accord de rien, et les négociateurs perdent leur temps en vaines formalités. — Guillaume III désire la paix comme Louis XIV. — Entrevue de lord Portland et du maréchal de Boufflers. — Ils conviennent d'un accord particulier entre les deux rois. — Situation des plénipotentiaires lorrains au congrès de Ryswick. — Traité signé entre la France, l'Angleterre, les États généraux et l'Espagne. — L'Empereur ne veut point signer. — La duchesse de Lorraine s'emploie à vaincre l'obstination de l'Empereur. — Traité de paix entre la France et l'Empire. — Projet de mariage entre le duc de Lorraine et une fille de Monsieur. — Mort de la reine Marie-Éléonore, duchesse douairière de Lorraine... 51

CHAPITRE XXXV. — Enfance du duc Léopold. — Son éducation et ses débuts à la cour de Vienne. — Campagnes contre les Turcs et sur le Rhin. — A la paix, il envoie le comte de Carlingford gouverner la Lorraine. — Son arrivée en Alsace. — Il est accueilli avec enthousiasme par ses sujets. — Il se fixe à Lunéville, en attendant l'entière évacuation de Nancy par les troupes françaises. — Premiers actes du gouvernement de Léopold. — Il s'occupe de soulager la misère affreuse des villes et des campagnes. — Mesures d'administration intérieure et organisation de la justice. — Léopold fait entrer dans ses conseils des hommes nouveaux, et ne donne aux grands seigneurs que des charges de cour. — L'opinion publique ne réclame ni le rétablissement des Assises, ni la convocation des États. — Motifs de cette indifférence pour les anciennes libertés du pays. — Elle provient surtout de la confiance dans le nouveau souverain. — Mariage de Léopold avec Mademoiselle, fille de Monsieur. — Arrivée de cette princesse en Lorraine. — Réjouissances publiques et fêtes populaires.................. 98

CHAPITRE XXXVI. — Situation de Léopold. — Dévoué à l'Autriche, il désire ménager la France. — Il va à Paris rendre hommage pour le Barrois. — Cérémonie de la prestation de serment. — Réception gracieuse de Louis XIV. — Retour à Nancy. — Les restes de Charles V ramenés en Lorraine. — Arrivée secrète de M. de Callières à Nancy. — Il offre au Duc l'échange de la Lorraine contre le duché de Milan. — Hésitations de Léopold. — Il pense à refuser. — Il rencontre peu d'appui dans ses projets de résistance. — Il signe le projet de cession. — Mort de Charles II, roi d'Espagne. — Louis XIV accepte la couronne d'Espagne pour le duc d'Anjou. — La guerre est imminente. — Inquiétudes de Léopold pour l'indépendance de ses États.. 137

CHAPITRE XXXVII. — Guerre de la succession d'Espagne. — État des esprits en France. — Faiblesse et désordres de l'administration. — Campagne d'Italie en 1701. — Campagne de 1702 sur le Rhin. — Les généraux français demandent que le roi fasse occuper la Lorraine. — Envoi de M. de Callières à Nancy. — Occupation de Nancy. — Le Duc se retire à Lunéville. — Continuation de la guerre. — Léopold offre de s'entremettre pour réconcilier la France et l'Empire. — Refus de Louis XIV. — Campagnes de 1707, 1708, 1709. — Louis XIV, battu, sollicite l'intervention du duc de Lorraine. — L'Empereur ne veut entendre à aucun arrangement particulier avec la France. — Voyage de M. de Torcy en Hollande. — Prétentions exagérées des puissances étrangères. — Le duc de Lorraine espère obtenir l'Alsace et le Luxembourg. — État de la petite cour de Lunéville. — Détails d'intérieur. — Intrigues et galanteries. — Mission de l'abbé Gauthier à Paris. — Accord particulier entre la France et l'Angleterre. — Le duc de Lorraine perd ses chances d'agrandissement. — Ses ministres échouent dans leurs prétentions à Utrecht et à Radstadt. — Découragement du duc de Lorraine. — Fin de la guerre de la succession d'Espagne. — Mort de Louis XIV... 169

CHAPITRE XXXVIII. — État de l'opinion en France au moment de la mort de Louis XIV. — Situation et caractère du régent. — L'abbé Dubois. — Politique extérieure suivie pendant la régence. — Elle repose sur l'alliance anglaise. — Difficultés avec l'Espagne. — Rapports du régent avec la cour de Nancy. — Il fait espérer au duc de Lorraine une principauté considérable en Italie en échange de la Lorraine. — Raccommodé avec Philippe V, le duc d'Orléans déjoue les espérances de son beau-frère. Léopold se rejette dans les bras de l'Autriche. — Facilités qu'il y rencontre. — L'empereur Charles VI bien disposé pour la maison de Lorraine. — Il pense à marier sa fille ainée, Marie-Thérèse, avec le prince Clément, héritier du Duc. — Mort du prince Clément. — On lui substitue son frère cadet. — Le prince François part pour Prague. — Cordiale réception de l'Empereur. — Position du jeune prince à la cour de Vienne. — Léopold n'avoue pas ses projets pour son fils à la cour de France. — Mort de Dubois et du régent. — Ministère de M. le Duc. — Son incapacité. — Sa jalousie contre la maison d'Orléans. — Mme de Prie toute puissante. — L'évêque de Fréjus. — Jeunesse et caractère de Louis XV. — Sa pernicieuse éducation. — Il tombe malade. — Le duc de Bourbon songe à le marier. — Liste des princesses étrangères entre lesquelles M. le Duc est appelé à choisir. — Il refuse l'une des filles de Léopold pour le roi. — Mlle de Vermandois, sœur de M. le Duc, est au moment d'être faite reine de France. — Mme de Prie rompt ce mariage. — Comment son choix tombe sur Marie Leczinska. — Détails sur Stanislas, roi de Pologne, et sur sa fille. — Mme de Prie est envoyée à Strasbourg. — Mariage du Roi........ 250

CHAPITRE XXXIX. — Situation de l'Europe. — Politique extérieure de M. le Duc. — Il cherche à faire renvoyer Fleury. — Il est lui-même renversé du pouvoir. — Le roi annonce l'intention de gouverner lui-même. — Le cardinal Fleury devenu tout-puissant. — Son système de pacification générale au dehors, et d'économie au dedans. — Vanité du cardinal, exploitée par les cabinets étrangers. — Son intimité avec Léopold, qui le flatte de l'espoir de réconcilier la France avec l'Empire. — Fleury accorde la neutralité perpétuelle de la Lorraine. — Joie de Léopold à cette occasion. — Il se propose de remettre un peu d'ordre dans ses finances. — La mort le surprend au milieu de ses projets de réformes. — Portrait de Léopold. — La Duchesse déclarée régente. — Disgrâce du prince de Craon des anciens serviteurs de Léopold. — Arrivée du duc François en Lorraine. — Ses inclinations toutes allemandes déplaisent à ses sujets. — Sa visite à la cour de France. — Il va voyager en Europe et retourne à Vienne. — La France lasse de la paix. — Fleury est entraîné malgré lui à la guerre, à propos de la réélection de Stanislas au trône de Pologne. — Le roi reste à Versailles pendant que la France est en armes. — Échec de l'expédition sur Dantzick. — Les Autrichiens battus en Allemagne et chassés de l'Italie. — Les succès de nos armes embarrassent le cardinal. — Il veut la paix à tout prix, et envoie un agent la solliciter à Vienne. — Ouverture qu'il fait à l'Empereur pour la cession de la Lorraine à la France. — Les ministres impériaux font semblant de n'y consentir qu'avec peine. — Fleury se met, par sa faiblesse, à la merci de ses adversaires. — Il adresse à l'Empereur des lettres remplies des plus humbles supplications. — Difficultés suscitées par le cabinet autrichien. — Perplexités du duc François. — Embarras de Fleury. — Chauvelin prend la conduite de la négociation. — Elle aboutit aussitôt. — Signature du traité. — Exil de Chauvelin. — Désespoir des Lorrains.. 315

CHAPITRE XL. — Importance du règne de Stanislas, comme époque de transition entre la complète indépendance et l'assimilation à la France. — Caractère de Stanislas. — Sa générosité personnelle, ses idées particulières sur le gouvernement des peuples. — Il n'est pas entièrement libre de s'affranchir de la direction qu'on veut, de Paris, donner à l'administration de ses États. — Traité secret passé avec Louis XV qui pèse sur tout son règne. — M. de La Galaizière. — Ses antécédents, son caractère. — Prise de possession par M. de La Galaizière de la Lorraine et du Barrois. — Arrivée de Stanislas en Lorraine. — Ses premiers actes. — Mesures prises par M. de La Galaizière. — Mécontentement de la noblesse. — Elle veut réclamer pour ses droits, par l'intermédiaire de la petite cour de Florence et du cabinet de Vienne. — Guerre de la succession d'Autriche. — Politique misérable du cardinal de Fleury. — Premiers succès, défaites des armées françaises. — Fleury perd absolument la tête. — Sa mort. — Campagnes de 1743-44, et 45. — Maladie du roi. — Bataille de Fontenoi. — La paix de 1748. — Stanislas à Lunéville et à Commercy. — Ses rapports avec Voltaire. — Mme du Châtelet. — Saint-Lambert. — Mort de Mme du Châtelet. — Fondation de l'Académie Stanislas. — Palissot. — Sa comédie du *Cercle*. — Rapports avec J.-J. Rousseau. — Remontrance de la Cour souveraine, au sujet des vingtièmes. — Fermeté de la Cour. — M. de La Galaizière pris à partie par les magistrats de la Cour. — Perplexité de Stanislas. — Exil des magistrats. — Leur rappel. — Stanislas perd son petit-fils le Dauphin. — Expulsion des jésuites de France. — Tristesse et découragement du roi Stanislas. — Sa mort. — Réflexions générales sur l'histoire de Lorraine.......................... 440

DOCUMENTS HISTORIQUES ET PIÈCES JUSTIFICATIVES.

, — Lettre du duc Léopold à Louis XIV................................ 563

II. — Louis XIV au duc Léopold.................................... 563

III. — Lettre du duc Léopold à Louis XIV............................ 564

IV. — Louis XIV au duc Léopold 565

V. — Mémoire pour servir d'instruction à M. de Callières, secrétaire du cabinet du roi, allant en Lorraine en exécution des ordres de S. M........... 565

VI. — Traité entre le roi et le duc de Lorraine pour l'échange de ses duchés de Lorraine et de Bar avec le Milanais, en cas de mort du roi d'Espagne. 567

VII. — Le duc Léopold au marquis de Torcy........................... 570

VIII. — Le duc Léopold à Louis XIV................................. 570

IX. — M. de Callières au roi....................................... 571

X. — Le duc Léopold à Louis XIV.................................. 575

XI. — Relation de l'entrée des troupes françaises à Nancy, le 2 décembre 1702, adressée au comte de Martigny d'après les ordres du duc Léopold, par M. Sauter, son secrétaire, et instructions du prince audit comte de Martigny, son ambassadeur à Vienne, à propos de cette occupation militaire... 576

DES CHAPITRES.

XII. — Louis XIV à M. d'Audiffret..................................... 578
XIII. — Le duc Léopold au Pape..................................... 580
XIV. — Mémoire du roi pour M. d'Audiffret........................ 584
XV. — M. d'Audiffret au roi... 586
XVI. — Louis XIV à M. d'Audiffret................................... 588
XVII. — Louis XIV à M. d'Audiffret.................................. 588
XVIII. — Louis XIV à M. d'Audiffret................................. 589
XIX. — M. d'Audiffret au roi.. 590
XX. — Louis XIV à M. d'Audiffret.................................... 591
XXI. — M. d'Audiffret au roi.. 592
XXII. — Louis XIV à M. d'Audiffret.................................. 593
XXIII. — M. d'Audiffret au roi.. 594
XXIV. — M. d'Audiffret au roi.. 596
XXV. — Louis XIV à M. d'Audiffret.................................. 597
XXVI. — M. d'Audiffret au roi.. 598
XXVII. — Louis XIV à M. d'Audiffret................................ 599
XXVIII. — Louis XIV à M. d'Audiffret............................... 599
XXIX. — M. d'Audiffret au roi.. 601
XXX. — Louis XIV à M. d'Audiffret.................................. 602
XXXI. — Louis XIV à M. d'Audiffret................................. 603
XXXII. — M. d'Audiffret au roi....................................... 604
XXXIII. — M. d'Audiffret au roi...................................... 606
XXXIV. — Louis XIV à M. d'Audiffret............................... 607
XXXV. — M. d'Audiffret au roi....................................... 608
XXXVI — X*** à M. d'Audiffret...................................... 609
XXXVIII. — M. d'Audiffret au régent................................ 611
XXXIX. — Lettre de Mme la duchesse de Lorraine au duc d'Orléans... 612
XL. — Lettre du duc de Lorraine au duc d'Orléans................ 613
XLI. — Lettre de l'abbé Dubois à M. d'Audiffret.................. 515
XLII. — Dépêche de M. d'Audiffret, adressée au jeune roi Louis XV devenu majeur... 617
XLIII. — Lettre de M. d'Audiffret à M. le duc de Bourbon........ 618
XLIV. — Lettre de M. le duc à M. d'Audiffret..................... 619
XLV. — Lettre du duc Léopold au cardinal de Fleury.............. 620
XLVI. — Le roi au duc Léopold...................................... 622
XLVI. — Déclaration de neutralité perpétuelle pour la Lorraine... 622

TABLE DES CHAPITRES.

XLVII. — Contre-déclaration donnée par M. de Stainville....................	624
XLVIII. — Dépêche de M. de Verneuil.................................	625
XLIX. — Lettre écrite de Vienne, 10 juin 1735.......................	625
L. — Lettre écrite de Vienne, 11 juin 1835.............................	627
LI. — Le cardinal de Fleury à l'Empereur...............................	627
LII. — Le cardinal de Fleury à l'Empereur..............................	631
LIII. — Le cardinal de Fleury à l'Empereur.............................	633
LIV. — M. de Chauvelin à M. du Theil.................................	634
LV. — M. du Theil au cardinal de Fleury...............................	635
LVI. — Lettre de l'Empereur à son éminence le cardinal de Fleury........	636
LVIII. — Mme la duchesse de Lorraine à Mme la duchesse d'Orléans.......	638
LIX. — Mémoire de quelques observations à faire sur la Lorraine tant pour l'intérêt du roy que pour le bien du pays............................	639
LX. — Lettre de son altesse royale le duc de Lorraine à MM. les barons de Riocourt, comte de Rennel et Lefebvre, commissaires de son altesse royale pour la cession du Barrois..	643
LXI. — Déclaration de Stanislas, roi de Pologne, duc de Lorraine et de Bar.	644
LXII. — Déclaration du roi Louis XV au sujet de la Lorraine.............	647
LXIII. — Lettre écrite à M. le marquis de Stainville, grand-chambellan de S. A. R. le grand-duc de Toscane..	648
LXIV. — M. de La Galaizière à M. ***.................................	658
LXV. — M. de Lucé à M. de Choiseul..................................	659
LXVI. — M. le duc de Choiseul à M. de Lucé...........................	660
LVII. — Le roy Stanislas au roy de France	660

FIN DE LA TABLE DES CHAPITRES DU TOME QUATRIÈME.

www.ingramcontent.com/pod-product-compliance
Lightning Source LLC
Chambersburg PA
CBHW050313240426
43673CB00042B/1395